高等教育应用型本科人才培养系列教材

会计电算化

（第2版）

主编　刘　阳

哈尔滨工程大学出版社
Harbin Engineering University Press

内容简介

本书基于会计电算化的基础理论，辅以用友软件平台，以企业一个月的经济业务为例，讲解财务链、供应链的实务处理及注意事项，以达到理论与实践并重、业财融合一体化的教学目标。本书重点介绍了系统管理、基础设置、总账、UFO 报表系统、固定资产管理、采购管理、销售管理、库存管理、存货核算等系统的应用，并结合企业实际工作场景介绍了会计电算化系统的开发、实施、运行维护和内部控制。

本书可作为自考会计专业及相关专业的本科生、专科生教材，也可供会计电算化培训使用。

图书在版编目(CIP)数据

会计电算化 / 刘阳主编. —2 版. —哈尔滨：哈尔滨工程大学出版社，2020.12
ISBN 978-7-5661-2808-9

Ⅰ. ①会… Ⅱ. ①刘… Ⅲ. ①会计电算化 Ⅳ. ①F232

中国版本图书馆 CIP 数据核字(2020)第 236031 号

选题策划 夏飞洋
责任编辑 宗盼盼
封面设计 刘长友

出版发行 哈尔滨工程大学出版社
社　　址 哈尔滨市南岗区南通大街 145 号
邮政编码 150001
发行电话 0451-82519328
传　　真 0451-82519699
经　　销 新华书店
印　　刷 哈尔滨市石桥印务有限公司
开　　本 787 mm×1 092 mm　1/16
印　　张 21.5
字　　数 570 千字
版　　次 2020 年 12 月第 2 版
印　　次 2020 年 12 月第 1 次印刷
定　　价 49.00 元
http://www.hrbeupress.com
E-mail:heupress@hrbeu.edu.cn

前　言

本书基于会计电算化的基础理论，辅以用友软件平台，以企业一个月的经济业务为例，讲解财务链、供应链的实务处理及注意事项，以达到理论与实践并重、业财融合一体化的教学目标。本书重点介绍了系统管理、基础设置、总账、UFO 报表系统、固定资产管理、采购管理、销售管理、库存管理、存货核算等系统的应用，并结合企业实际工作场景介绍了会计电算化系统的开发、实施、运行维护和内部控制。

本书从自考应用型人才培养目标出发，结合会计电算化课程，注重可操作性，具有较强的实践性，力求促进计算机技术与会计、核算与管理、原理与应用的有机结合，既坚持了会计电算化的理论体系，又概述了财务共享、智能会计等新技术、新理念。

本书的编写人员都是担任本课程教学工作的教师。本书是编者多年教学经验的总结，内容新颖，结构完整，概念清晰，深入浅出，通俗易懂，可读性、可操作性和实用性强。其中，哈尔滨商业大学的刘阳编写了第 1 章至第 5 章、第 9 章、第 10 章；哈尔滨商业大学的章刘成编写了第 12 章；黑龙江商业职业学院的刘娜编写了第 6 章、第 7 章、第 8 章、第 11 章、第 13 章、第 15 章、第 16 章；哈尔滨商业大学的李文编写了第 14 章。全书由刘阳负责统稿和定稿。

本书在编写过程中参考了国内外同行的许多研究成果，为了反映国内软件的发展水平，借鉴了主流会计软件的不少处理方法，作者尽可能详细地在参考文献中将其列出，在此对这些专家学者表示深深的谢意。

由于会计电算化是一门新的学科，其理论和方法都在急速发展之中，加之编者水平有限，疏漏与错误之处在所难免，恳请读者批评指正。

编　者
2020 年 9 月

目　　录

第1章　会计电算化概述

在经济全球化和信息技术飞速发展的今天,信息化已成为企业提升管理水平和竞争力的有力武器。企业信息化的难点不是技术,也不是资金,而是管理思想的转变和更新。我国企业的信息化历来是以会计信息化(即会计电算化)为起点展开的,会计信息系统是企业管理信息系统中的一个重要子系统,企业70%以上的信息来自该系统,其在企业管理中发挥着非常重要的作用,所以不实现会计工作的信息化也就谈不上企业管理的信息化。通过本章学习,学生应该掌握会计电算化的基本概念;了解会计电算化的产生、发展;能够解释会计电算化对传统会计的影响;掌握会计电算化系统的构成和会计电算化系统与手工会计系统的区别;了解会计电算化的发展趋势。

1.1　会计电算化的基本概念

会计电算化是融会计学、计算机技术和管理信息系统为一体的交叉学科。在整个社会都围绕着计算机技术这一中心转动、改造和演化时,会计领域将计算机技术用于会计工作便成为该领域发展的必然,会计电算化已成为现代会计学的重要组成部分。

1.1.1　会计电算化的定义

1. 会计

会计是以货币为主要计量单位,并利用专门的方法和程序,对企业和行政事业单位的经济活动进行完整的、连续的、系统的反映和监督,目的在于提供经济信息和提高经济效益,是经济管理的重要组成部分。

2. 会计电算化

会计电算化的概念有广义和狭义之分。广义的会计电算化是指与实现会计工作电算化所有有关的工作,包括会计电算化软件的开发和应用、会计电算化人才的培训、会计电算化的宏观规划、会计电算化的制度建设、会计电算化软件市场的培育与发展等。狭义的会计电算化是以计算机为主的当代电子和信息技术应用到会计工作中的简称。它主要是应用计算机代替人工记账、算账、报账,以及代替部分由大脑完成的对会计信息的处理、分析和判断的过程。

会计电算化是会计发展史上的一次革命,对会计工作的各个方面都将产生深远的影响。发展会计电算化有利于促进会计工作的规范化,提高会计工作质量,减轻会计人员的劳动强度,提高会计工作的效率,更好地发挥会计的职能作用,为实现会计工作现代化奠定良好的基础。

1.1.2 数据与信息

1. 数据与信息的概念

(1)数据是记录下来的事物的属性及属性值。这里强调:①数据包括事物的属性和属性值两个方面。光有属性值,例如仅列出一系列会计科目的余额数:500,7 000,6 531.50,… 如果不列出其对应的科目,不能将它们视为科目余额数据,充其量只是一组没有任何意义的数字。②数据必须是已记录下来的,未被记录下来的不能视为数据。例如,一家企业某一时间点的各会计科目实际余额多少是客观存在的,但如果没有人去确认、计量、记录下来,就没有各科目余额数据。数据可以记录在纸质介质、计算机内存或外部存储介质上,甚至可以记在人们的头脑中。

(2)信息是由数据或其他资源(如文字等)所能直接或间接推导而得到的认识、知识和消息。因而信息比数据包含的范围更广。有些信息高于数据,它比数据更综合、更有用。数据与信息的关系如图 1－1 所示。

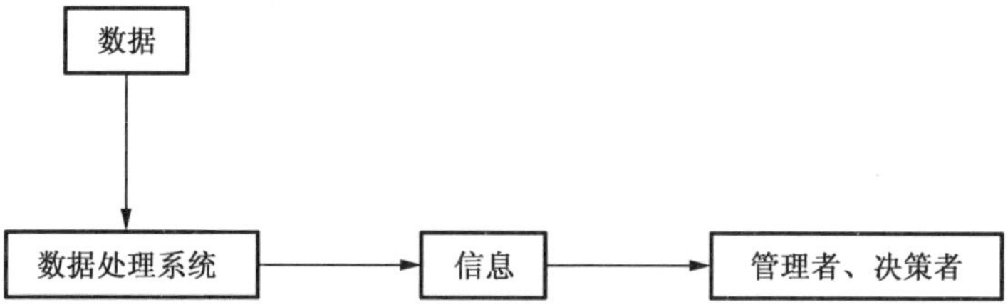

图 1－1 数据与信息的关系

(3)数据和信息并不是绝对对立的、绝对不同的两个概念,而是互相有联系的、相对的概念,在一定条件下可以互相转化。例如,上级单位用多个下级单位的报表编制汇总报表,可以认为下级的报表是数据,经过加工编制出的汇总报表是信息。但当把它再送往更上一级去编制汇总报表时,它相对于更上一级的报表来说又是源数据了。

(4)数据和信息在许多场合甚至是可以通用的,没有区别。例如,在计算机科学、信息系统、通信科学和网络技术中,我们经常看到,数据处理/信息处理,数据传输/信息传输,数据输入/信息输入,输出数据/输出信息,数据流程图/信息流程图等这些用法,它们的意义并无本质区别。因此,一本总账账簿,我们可以说“这是 X 厂的总账数据”,也可以说“这是 X 厂的总账信息”。

(5)在计算机的“数据”概念中,所有表中的内容都是数据。不仅一张表中的“数字”是数据(不能离开栏目名称,即事物属性),表中的文字包括汉字(如姓名、产品名称、凭证摘要等)、字母、其他符号等也都是数据,即一张二维表中全部内容都是数据,因为它们都是记录下来的某事物的属性值。

2. 会计数据与会计信息

会计数据是指采用“单、证、账、表”等形式记录会计事项处理所需的各种数字、字母和特殊符号的集合。它以货币为主要计量单位进行处理,具有来源广泛、数量繁多、连续性、系统性、周期性和可多重利用等特点。

会计信息是指会计数据经过加工处理后产生的，被会计核算与会计管理所需要的各项数据。

(1)会计信息的分类

①从内容上看，会计信息包括资产信息、负债信息、成本费用信息、收入信息，以及有关利润实现和分配的信息。

②从使用层次看，会计信息可分为财务信息、管理和决策信息。

a. 财务信息，是反映单位已发生的各种经济活动的信息。如会计凭证、会计账簿和会计报表中反映的信息。

b. 管理和决策信息，是指管理和决策所需要的信息。如量本利盈亏临界点分析信息、标准成本与实际成本差异分析信息、历史资料比较分析信息、客户信用等级信息、财务预算中的各年度规划、企业经营中的产品结构优化分析报告等。

(2)会计信息的特征

客观性、相关性、及时性、全面性和易理解性是对会计信息质量的基本要求。

①客观性

客观性是指会计信息必须真实可靠地反映经济活动。例如，如果一张利润表中反映的净利润(1 000 万元)能够正确反映该企业的经营成果，那么该信息就具有客观性；反之，如果该企业实际净利润为 900 万元，那么该张报表的信息则不客观。报表上的错误可能是由于输入不正确或数据处理不正确造成的。

②相关性

相关性是指会计信息对管理和决策是否有用，如果有用则会计信息是相关的，否则就是不相关的。例如，一张会计报表反映了某公司汽车销售的信息，但这些信息对经营彩电的公司来说不是相关信息，它们对经营彩电的公司的管理和决策不产生直接影响。

③及时性

及时性是指会计信息必须满足使用者在时间上的要求，否则就会失去会计信息的价值。例如，公司的财务人员给财务主管一份应付账款报表，该报表列示了在 10 天内付款可以获得 1% 的现金折扣，对于财务主管来说，如果该报表在 10 天内得到，那么该信息具有及时性。

④全面性

全面性是指会计信息是否包含所有相关的数据。例如，一份财务报告中不包含所有的经济业务，那么该报告提供的信息就不是全面完整的。

⑤易理解性

易理解性是指会计信息的表达形式对使用者来说是否容易理解。例如，一份财务报告虽然从内容上来讲是完整的，但财务报告的使用者很难看懂，那么该报告信息的易理解性就较差。

3. 会计数据处理及其特点

数据处理是指对数据进行采集、存储、加工、传输、检索、输出等一系列操作，将其转化为信息的过程。

会计数据处理是采用某种方式(人工、机械或计算机)，根据会计制度规定的核算程序和管理模式，将会计数据加工成会计信息的过程。在会计数据处理过程中，原始凭证是经济活动发生的书面证明，是记账的依据。会计人员根据原始凭证所记载的经济内容，审核后编制记账凭证，然后根据一定的账务核算程序，分门别类地登记到各种账簿中去，到了期末，根据账簿资料及其他资料编制各种会计报表。这样，会计数据记录才逐步系统化，从而形成一系列能总体反映企业经济活动的财务状况、经营成果、现金流量等指标，为企业管理者提供系统的经济信息。

会计数据处理除了具有数据处理的基本特点外，还具有如下特点：

(1)会计数据来源广泛、连续性强、数据量大、存储周期长、类型较复杂，输入时要进行严格的审核。

(2)计算工作简单，但准确性要非常高。

(3)会计信息输出频繁且量大，输出形式多种多样。

(4)处理环节较多，处理程序定期重复进行，处理过程必须符合会计制度和财经法规的要求，并方便审计。

(5)单、证、账、表种类繁多，数量大，必须作为会计档案长期保存，并方便查找。

(6)对会计数据处理的安全性、保密性有一定要求，杜绝舞弊和贪污。

1.1.3 系统

随着科学技术的发展和社会活动的日益复杂化，人类所要处理和解决的问题也越来越复杂。这些问题又都表现出整体性和系统性的特征，因此人们在一些领域中普遍运用“整体”和“系统”的思想来处理问题。在会计电算化系统的开发和研制过程中也不例外。

1. 系统、子系统的概念

系统是指具有某些特定功能或为了实现某些特定目标，由相互联系又相对独立的多个部分组成的统一体。子系统是指一个系统中相对独立的部分。系统、子系统总是相对的。例如，会计电算化系统对整体的管理信息系统来说，是管理信息系统下的一个子系统。但当我们仅研究会计信息子系统而不考虑整体的管理信息系统时，我们可以把会计信息子系统称为会计电算化系统。同样，会计电算化系统下的每个子系统，如账务处理子系统、人事工资管理子系统等，当我们专门研究其中某一个子系统时，也可以把它称为账务处理系统、人事工资管理系统等。子系统有时又称为模块。

2. 系统的基本特征

任何系统都由若干部分组成，系统的组成部分称为子系统，子系统是系统中的系统。子系统还可以进一步分解成下一级子系统。同时，一个系统可以是某个更大系统的子系统，每个系统都存在于一个系统层次上，这就是系统的层次。系统中的任一子系统都有自己的输入、控制和输出，这些输入、控制和输出提供了各子系统之间及靠近系统边界的子系统与外部环境之间相互作用、相互影响的手段。任何一个系统都具有如下特征。

(1)整体性

系统是诸要素的有机组合，而不是简单相加。系统的性质、功能与运行规律，不同于它的各组成要素在独立运行时的性质、功能与运行规律，即系统具有其整体属性、整体功能和整体运行规律。这种整体性是系统各要素之间相互联系、相互作用、协同动作的结果。

(2)相关性

系统各要素之间、各子系统之间、系统与环境之间都是相互联系、相互作用、相互依存、相互制约的,这一特征即为“相关性”或“关联性”。系统中每个要素和子系统都依赖于其他要素和子系统而存在,整个系统则依赖于环境而存在。任一要素或子系统发生变化,都会导致相关要素或子系统发生变化,并引起系统整体属性、整体功能和整体运行规律的变化。系统环境的变化也会对系统功能不断提出新的要求。

(3)层次性

系统可逐级分解细化,形成子系统。层次越低,所完成的功能越具体,结构就越简单;层次越高,所完成的功能越多种多样,结构就越复杂。上层系统对下层系统起统驭和控制作用;下层系统必须服从上层系统的总目标。

(4)动态性

系统均有其生命周期,即有一个从孕育、形成、完善、成熟到改进或消亡的过程。这一过程就是系统的“动态性”。

(5)目的性

任何系统都是为达到一定目的而建立的,即系统的目标是确定系统功能结构的依据。

(6)环境适应性

任何系统都存在于特定的环境之中,为适应不断变化的外部环境,必须不断调整和改进系统的目标与功能。系统的这种适应环境变化的能力,就是系统的环境适应性。

1.1.4 信息系统

1. 信息系统的概念

信息系统是指以加工处理信息为主的系统,它由人、硬件、软件和数据资源组成,目的是及时、正确地收集、处理、存储、传输和提供信息。广义上说,任何进行信息加工处理的系统都可以理解为信息系统,如生命信息系统、企业信息系统、文件信息系统、地理信息系统等。这里讨论的信息系统是狭义的概念,是一种基于计算机、通信技术等现代化信息技术手段且服务于管理领域的人-机系统。

2. 信息系统的基本功能

信息系统的功能是对信息进行采集、处理、传输、存储、检索和输出,并且能向有关管理人员提供有用的信息。

(1)信息的采集

信息的采集是信息系统其他功能得以实现的基础。采集的作用是将分布在不同信息源的信息收集起来。在原始数据的收集过程中,应当坚持目的性、准确性、适用性、系统性、纪实性和经济性等原则。信息采集一般要经过明确采集目的、形成并优化采集方案、制订采集计划、采集和分类汇总等环节。

(2)信息的处理

通过各种途径和方法收集的原始数据,必须经过综合加工处理,才能成为对企业有用的信息。信息处理一般需要真伪鉴别、排错校验、分类整理与加工分析四个环节。信息处理的方式包括排序、分类、归并、查询、统计、结算、预测、模拟,以及进行各种数学运算。现代信息处理系统以计算机为基础完成信息处理工作，其处理能力越来越强。

(3)信息的传输

从信息源采集的数据需要进行处理，经过加工处理后传送到使用者手中，这些都涉及信息的传输问题。信息通过传输形成信息流，信息流具有双向流特征，也就是信息传输包括正向传递和反馈两个方面。企业信息传输既有不同管理层之间的信息垂直传输，也有同一管理层各部门之间的信息横向传输。为了提高传输速度和效率，企业应当合理设置组织机构，明确规定信息传输的级别、流程、时限，以及接收方和传递方的职责，还应尽量采用信息化的工具，如电话、传真、计算机网络通信等，减少人工传递。

(4)信息的存储

数据进入信息系统后，经过加工处理形成对管理有用的信息。由于属性和时效的不同，加工处理后的信息，有的立即利用，有的暂时不用，有的只有一次性利用的价值，但大多数信息具有多次、长期利用的价值。因此，必须将这些信息进行存储保管，以便随时调用。当组织相当庞大时，所需存储的信息量也非常巨大，这时就要依靠先进的信息存储技术。信息的存储包括物理存储和逻辑存储两个方面：物理存储是指将信息存储在适当的介质上；逻辑存储是指按信息的内在联系组织和存储数据，把大量的信息组织成合理的结构。

(5)信息的检索

信息存储的目的是为了信息的再利用，存储于各种介质上的庞大数据要让使用者便于检索、查询。信息检索和信息存储属于同一问题的两个方面，两者密切相关，迅速准确的检索应以先进科学的存储为前提，为此，必须对信息进行科学的分类与编码，采用先进的存储媒介和检索工具。信息检索是以数据库技术和方法为基础的，数据库的处理方式和检索决定着信息检索速度的快慢。

(6)信息的输出

信息管理的目的是按管理职能的要求，保质保量并及时地输出信息。衡量信息管理有效性的关键不在于信息收集、加工、存储、传输等环节，而在于信息输出的时效、精度与数量等能否充分满足管理的要求。信息输出还要根据信息的特点，选择合适的输出媒介、输出格式、输出方式，以确保信息传递快捷准确、使用方便及符合保密需要等。

1.1.5 会计电算化

会计电算化也称计算机会计电算化系统，是企业管理信息系统的一个组成部分，同时也是企业管理信息系统的一个核心子系统。会计电算化主要反映企业的经济活动，反映企业的资金、成本、利润及供、销、存等有关信息。实际上，企业职能组织的全部成员都在一定范围内参与会计数据的产生，企业的每一项管理活动都在一定程度上利用会计信息。在会计电算化中，原始数据都来自企业各部门，如材料核算数据来自物资供应部门，销售数据来自销售部门，固定资产核算数据来自设备管理部门，成本核算数据来自生产、技术、物资、设备管理等部门，所以会计电算化被视为企业管理信息系统的核心和基础。企业在建立管理信息系统时大多是从建立会计电算化入手，通过会计电算化的建立带动整个企业管理信息系统的建立，而在建立会计电算化时，则要考虑留有与企业管理信息系统其他子系统的接口。

1.2　会计电算化数据处理及其技术的发展

1.2.1　数据处理

数据处理是指为了实现一定的目的，按照一定的规则和方法收集相关数据并加工成有用的信息的过程。其主要包括数据收集、数据输入、数据加工、数据存储，以及数据输出等。

1. 手工会计数据处理

在手工会计系统方式下，数据处理工具为算盘和计算器，通过反复操作运算进行相关会计数据处理，信息的载体是纸质单据、凭证、账簿和会计报表等。

手工会计系统的数据处理流程一般有“记账凭证账务处理程序”“汇总记账凭证处理程序”和“科目汇总表账务处理程序”等。在进行会计核算时，可以根据会计业务的繁简程度和管理的需要，选用其中一种进行账务数据处理，并通过总账、明细账及日记账等相互之间的核对，检查发现记账中的问题，对发现的账簿登记错误，分别采用画线、红字更正、补充登记等留有痕迹的方法修改，以便留下相应审计线索。手工会计系统数据处理流程如图1－2所示。

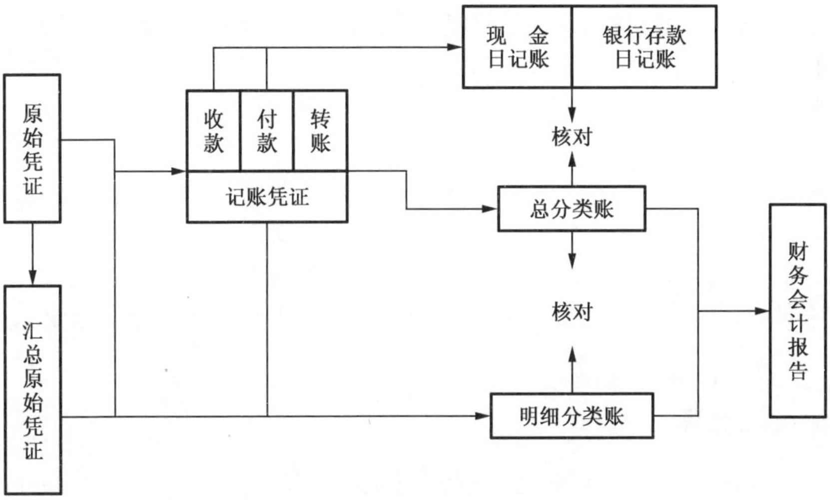

图1－2　手工会计系统数据处理流程

2. 会计电算化数据处理

会计电算化系统的数据处理工具是计算机，会计电算化系统与手工会计系统一样要从原始凭证中获取会计原始数据，为了方便、及时和自动处理的需要，会计电算化系统必须对会计原始数据进行代码化、规范化和标准化处理，然后按照一定的数据处理方式进行会计数据处理。在会计电算化系统中，最常见的会计数据处理方式有成批处理和实时处理两种。成批处理指定期收集会计数据，按组或按批进行处理的方式；而实时处理指经济业务一旦发生立即由计算机进行处理的方式，该处理方式要求计算机系统的响应时间快，安全可靠性高。

由于在会计电算化方式下，录入记账凭证作为数据处理的唯一起点，所有的数据一旦进入计算机，除输入过程外，数据的计算处理中间过程均由计算机自动进行，不受人工干预，从而使数据处理流程更加简捷、合理。会计电算化数据处理流程如图1－3所示。

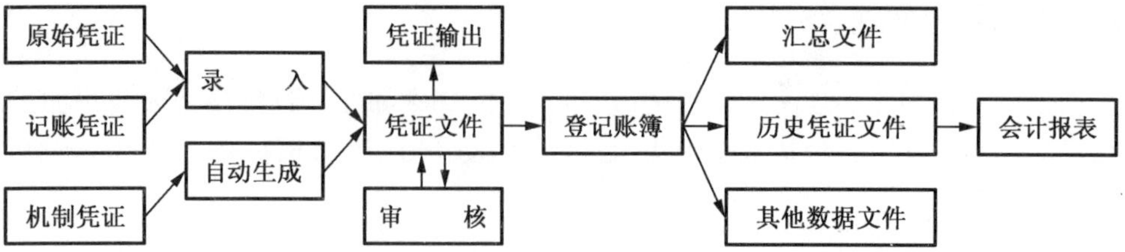

图1－3　会计电算化数据处理流程

1.2.2　会计数据处理技术的发展

会计数据处理技术是指对会计数据进行采集、传输、存储和加工等处理过程中所采用的技术方法。随着生产的发展和生产规模的日益扩大，会计工作由简单到复杂、由不完善到完善，逐渐形成一套完整的体系，在经济管理工作中发挥着越来越重要的作用。与此同时，随着经济管理对会计数据处理要求的日益提高和信息技术的进步，会计数据处理技术和方法也在不断发展变化，按照信息化程度的不同，可以分为手工处理、机械处理和计算机处理三个阶段。

1. 手工处理阶段

手工处理阶段是以算盘、计算器为计算工具，以纸质凭证、账簿和会计报表为数据载体的阶段。在该阶段，依靠各种专门的会计技术方法，对会计数据进行分类、记录、计算、汇总和编制报表等一系列数据处理工作。在该阶段，由于受到人们的阅读、记录和运算速度的制约，手工会计数据处理的缺陷也很明显，具体表现为“两低一高”，即低速度、低效率及高差错率。

2. 机械处理阶段

机械处理阶段是指用卡片穿孔机、卡片整理机和卡片分类机等对会计数据进行处理的阶段。在该阶段，卡片上的数据一次穿孔可以多次使用，避免了原始数据在手工操作中需要重复转抄加工的弱点，因而数据处理速度比手工操作快。但由于该阶段的数据加工处理过程的不连续性，更由于该阶段设备体系庞大、价格昂贵、操作稳定性较差等原因，导致此方法后来没有得到广泛推广。但机械化操作中的“数据共享”数据处理原则，在电算化操作中得到了进一步应用。

3. 计算机处理阶段

计算机处理阶段是指以计算机作为会计数据处理工具进行会计数据的录入、审核、记账和输出的阶段，是广泛运用以计算机技术和网络技术为核心的现代信息技术来加工处理会计数据的阶段。计算机作为一种现代化的计算与自动控制工具，具有运算速度快、计算精度高、记忆能力强、逻辑判断能力强、传输网络化等特点。在该阶段，运用电子计算机技术和数据库管理系统，按正确的业务数据处理流程，编制好相应财务软件，进行数据的输入、处理、存储、控制和输出工作，由计算机系统自动完成，这使得会计人员从繁重的简单重复劳动中解脱出来，大大提高了会计数据处理的速度和准确度，提供了会计数据共享的可能性，增强了及时提供具有相关性和可靠性信息的能力。

纵观会计发展史，我们可以看到，随着社会的发展，会计的理论体系逐渐完善，会计方法逐渐丰富，会计领域逐渐扩大，同时会计数据处理技术也经历了一个不断从低级向高级发展的过程，从而进一步提高会计数据处理能力。

1.3 会计电算化系统与手工会计系统的比较

会计电算化系统是以计算机替代算盘、计算器等进行的一项变革，与传统手工会计系统之间既有区别，也有联系。

1.3.1 会计电算化系统与手工会计系统的共同点

1. 基本原理相同

虽然会计电算化的运用，引起了会计操作技术的变革，提高了会计数据处理效率，但并没有改变会计的基本原理。无论是会计电算化系统还是手工会计系统都要遵循复式记账的基本原理，对发生的经济业务编制会计分录、登记账簿和编制会计报表。

2. 会计目标相同

会计电算化的应用，提高了会计信息的处理速度和质量，提升了会计信息的传输速度，但无论是会计电算化系统还是手工会计系统，会计的目标并没有因此而发生根本性的改变，都要运用一定的会计手段和方法，加强会计核算，提供准确及时的会计信息，为单位经济决策服务。

3. 遵循的会计理论和方法相同

会计理论是会计学科建立的基石，会计方法是完成会计任务的重要手段。无论是会计电算化系统还是手工会计系统，都应遵循会计核算的一般原则和基本前提等基本理论，采用设置账户、复式记账、填制和审核会计凭证、登记账簿以及编制会计报表等方法对发生的经济业务进行处理。当然，会计电算化会引起会计理论和会计方法的一些渐进变革。

4. 应遵守的会计法规和准则相同

无论是会计电算化系统还是手工会计系统都应严格遵守国家制定的会计法规和会计准则，这些法规和准则是所有会计工作都应严格遵守的规范。

5. 会计数据处理基本功能相同

无论是会计电算化系统还是手工会计系统，都必须具有信息的输入、加工处理、存储和输出等基本功能，满足会计业务处理的需要。

6. 都必须保存会计档案

会计档案是会计工作的重要历史资料，必须按照国家的有关规定妥善保管。在手工会计系统方式下，会计档案多为纸质档案，主要包括纸质凭证、账簿、报表及相关资料；而在会计电算化方式下，会计档案主要包括两部分，一部分是每月打印输出的凭证、报表以及按照规定定期打印输出的账簿，另一部分则是备份到磁性介质中的会计数据。

1.3.2 会计电算化系统与手工会计系统的不同点

1. 会计数据采集方式不同

手工处理流程下，各项会计数据均由财会人员手工进行收集、录入。在计算机处理流程下，会计数据的采集有多种方式。

（1）直接输入

直接输入指财会人员根据原始凭证或记账凭证，通过键盘、屏幕将数据直接输进计算机存入凭证文件的一种方式。在计算机处理流程下，系统提供了一个直观、方便、准确性高的输入模块，该模块利用逻辑判断、平衡法则、检验法等检测手段对输入的记账凭证进行正确性、合法性、有效性检查，及时发现错误并进行编辑修改，以提高凭证的输入速度，减少数据输入错误。

（2）间接输入

间接输入指财会人员首先将会计数据存储在磁介质中，然后再将其转换成计算机所能接受的凭证，并保存在凭证文件中。如某连锁店的营业员通过扫描装置将当日的销售数据录制到磁盘或当地的计算机中，一天营业结束后，该连锁店将装有会计数据的磁盘送到总店，或通过网络传输将会计数据传递到总店，总店根据这些数据生成凭证，并保存在凭证文件中。

（3）自动输入

自动输入指计算机自动编制凭证，并保存在凭证文件中。这种方式生成的凭证称为机制凭证，主要包括：

①各业务系统处理业务后自动编制并传递到总账管理系统的机制凭证，如固定资产管理系统转来的固定资产增、减、折旧计提等凭证，工资管理系统转来的工资费用分配凭证，销售管理系统转来的销售凭证等。

②总账管理系统自身自动生成的机制凭证，如月末辅助生产费用的分配结转凭证，月末把本期销售成本、销售税金、期间费用、销售收入等科目余额结转年利润科目等形成的凭证等。

由于机制凭证是计算机自动生成的，不需要人工干涉，因此这种方式生成的凭证更为及时、准确，效率更高。

2. 会计处理程序及方式不同

在手工账务处理程序下，出纳根据收款凭证和付款凭证，登记现金日记账和银行存款日记账，根据企业业务量的大小，分别由多名会计登记各种明细账簿，总账会计负责登记总账、编制会计报表等。无论采用哪种账务处理程序，都避免不了重复转抄，随之而来的是会计人员和处理环节的增多,不可避免地出现这样或那样的错误,所以要进行总账和明细账的核对、总账和日记账的核对。

在计算机账务处理程序下,其核算形式本质上是采用放射式的数据处理流程,即根据记账凭证文件(当期数据)和科目余额及发生额文件(余额数据)直接生成明细账、总账和会计报表,取消了手工会计的很多中间数据和处理,如会计报表的编制是根据上述两个数据库直接生成的,取消了明细账、总账、科目汇总表、汇总记账凭证和试算平衡表等。

在会计数据处理方式上,计算机处理流程摆脱了烦琐的手工记账、算账、报账等步骤,全部交由计算机自动处理。目前最常见的会计数据处理方式如下。

(1)成批处理

成批处理是指定期收集会计数据,按组或按批进行处理的方式。例如,输入并审核1~50张凭证后,要求计算机对这50张凭证进行记账,或者输入并审核了一天或这一周的凭证后,要求计算机对这一天或这一周的凭证进行记账,计算机就会自动、准确、高速地将这些数据分别登记在总账、明细账、日记账等"电子账簿"中。由于登记账簿的工作是由计算机自动完成的,不会出现人工记账时的错误,因此不需要进行总账和明细账的核对、总账和日记账的核对。成批处理是会计电算化系统中使用最广泛的一种处理方式,在处理过程中,人和计算机不发生任何交互作用,财会人员一般不需要介入,计算机可自动、高速地完成工作。

(2)实时处理

实时处理是指当产生会计数据或财会人员有处理要求时,计算机就立即进行处理的方式。例如,材料核算采用先进先出法,当收到或发出一笔材料时,便要求计算机立即进行数据处理,更改材料结存文件。实时处理方式要求计算机必须随时接受处理的要求,及时进行处理,因此对系统的响应时间、可靠性、安全性等要求都比较高。

3.会计数据存储方式不同

在手工处理流程下,无论是记账凭证、账簿,还是会计报表,都以纸质的形式保存,对会计资料的查询,也是以调阅纸质档案为基础的。

在计算机处理流程下,所有的会计数据和会计信息都是以数据库文件的形式存储在磁介质中,并以纸质保存的形式为辅,但与手工处理流程相比,对信息存储所要求的环境和技术等都提出了新的要求。

4.会计信息输出方式不同

在手工处理流程下,会计期末财会人员从账簿中或其他资料中摘取数据,并对其进行加工,以规定的格式编制成各种报表,并将报表发送给企业管理者、投资人及税务部门等信息使用者。

在计算机处理流程下,会计数据存储在磁介质中,只要从存储介质中提取相关信息,即可输出。目前最常见的方式如下。

(1)屏幕显示输出

屏幕显示输出是指用字符或图形的形式,将磁介质中的会计数据按照财会人员的要求输出到显示器上,如在计算机中查询有关的明细账。这种方式一般用于随机查询信息。

（2）打印输出

打印输出是指用字符或图形的形式，将磁介质中的会计数据按照需要通过打印机将有关信息打印在打印纸上，如会计人员打印输出各种会计报表。这种方式主要用于输出可长期归档保存的会计信息。

（3）文件格式输出

文件格式输出是指按指定的文件格式以电子文档的形式输出文件，其介质通常是移动存储设备、可写光盘等，这种输出形式常用来向其他部门或上级主管部门，以及其他系统传递数据。

（4）网络输出

网络输出是指通过计算机网络直接将会计信息从信息的提供者传递给信息的使用者。

5. 内部控制制度不同

在手工处理流程下，主要通过会计人员之间的职责分离来实现相互牵制，并由人工完成各种检查、核对和审核等工作，以提高会计信息的准确性、可靠性，做到查错防弊，其控制的重点是记账凭证以后的各个环节，即账簿的登记和报表的编制。

在计算机处理流程下，原来使用的靠账簿之间互相核对来实现的差错纠正控制已经不复存在，计算机磁介质也不同于纸张介质，它能不留痕迹地进行修改和删除。此外计算机在硬件和软件结构、环境要求、文档保存等方面的特点决定了会计电算化系统的内部控制必然具有新的内容，控制范围已经从财会部门转变为财会部门和计算机处理部门，控制的方式也从单纯的手工控制转变为组织控制、手工控制和程序控制相结合的全面内部控制。如会计电算化系统本身已建立起新的岗位责任制和严格的内部控制制度，会计电算化岗位设置系统管理员、系统操作员、凭证审核员、系统维护员、会计档案保管员等岗位；会计软件增加了安全可靠性措施，各类会计人员必须有自己的操作密码和操作权限，防止非指定人员擅自使用系统；系统本身增加各种自动平衡校验措施；定期对会计数据进行强制备份等。

6. 会计职能不同

在手工处理流程下，会计的主要职能是事后核算和监督。在计算机处理流程下，会计职能正逐渐从核算型转向管理型及决策支持型，这不但是国际会计电算化系统发展的主流，也是我国会计电算化系统发展的必然趋势。管理人员借助先进的管理软件工具可使已有的会计管理模型在计算机中得以部分运用，同时又可以不断研制和建立新的计算机管理模型，使管理人员利用计算机管理模型迅速地存储、传递以及输出大量会计核算信息和资料，并毫不费力地代替人脑进行各种复杂的数量分析、规划求解，及时、准确、全面地进行会计管理、分析和决策工作。这样，可以使会计职能成为一种跨事前、事中和事后三个阶段，集核算、监督、控制、分析、预测于一体的全方位、多功能的管理活动。

1.4 会计电算化系统的结构

会计电算化系统是一个人－机系统，不但需要计算机的支持，更需要财务人员的操作和管控，所以从系统的构成来看，会计电算化系统由计算机硬件、计算机软件、会计人员、数据和规程组成。

1.4.1　计算机硬件

计算机硬件是会计电算化系统中所有固定装置的总称，即进行会计数据输入、处理、存储及输出的各种电子设备。它是系统工作的物质基础，主要包括以下几部分。

1. 数据输入设备

数据输入设备是指能够把会计数据输入到计算机中的设备，常见的有键盘、鼠标、光笔、扫描仪等。

2. 数据处理设备

数据处理设备是指按一定的要求对数据进行加工、计算、分类、汇总、存储、转换及检索等的处理设备，主要指计算机主机。

3. 数据存储设备

数据存储设备是指用于存放数据的设备，常见的有硬盘、光盘等。

4. 数据输出设备

数据输出设备是指按照一定的方式和格式将存储设备中的数据进行输出的设备，如显示器、打印机等。此外还有网络通信设备、机房设备等。

1.4.2　计算机软件

计算机软件包括系统软件和应用软件两类。其中，系统软件是保证会计电算化系统能够正常运行的基础软件，如操作系统、数据库管理系统等；应用软件在会计电算化系统中主要指会计软件，它是专门用于会计核算和财务管理的软件，是会计电算化系统中最重要的组成部分。没有会计软件的信息系统就不能称之为会计电算化系统，它是会计电算化系统区别于其他信息系统的主要标志。有关会计软件开发的一些文档资料，如系统分析说明书、系统设计说明书、用户操作手册等，也是计算机软件的组成部分。

1.4.3　会计人员

会计人员是指会计电算化系统的使用人员和维护管理人员，是系统的主体，包括系统管理人员、系统开发人员、系统维护人员、系统操作人员、数据录入人员、数据审核人员、档案管理人员和分析人员等。会计人员也是会计电算化系统中的一个重要因素，只有高水平、高素质的研发、操作和管理人员队伍，才能保证会计电算化系统的正常、稳定运行。

1.4.4　数据

会计电算化系统中的数据即会计数据，是指用于描述经济业务活动的数字、文字和专用符号，如“单、证、账、表”上所有形式的符号。会计信息是指将会计数据进行加工处理后产生的为会计管理和企业经营决策所需的经济信息。在整个会计电算化系统的数据处理过程中，会计数据经过加工处理后形成的会计信息，又往往再次转入数据处理过程成为原始数据，它们之间的交替过程普遍存在。

会计信息按照用途不同可以分为三类：财务信息，指反映已经发生的经济活动的信息，如凭证、账簿、报表所反映的信息等；管理信息，指管理所需要的定向信息，如客户信用等级信息、财务分析报表等；决策信息，指为预测决策活动直接服务的信息，如量本利盈亏临界点分析信息等。它们都是对会计数据进行加工处理后得到的对企业管理和决策有价值的信息。

1.4.5　规程

会计电算化系统的运行规程是指保证信息系统正常运行的各种制度和控制程序，如相关会计法律法规、软硬件管理制度、数据管理制度、操作人员的运行权限和岗位责任制度、安全保密制度等。

1.5　会计电算化的发展历程和趋势

会计电算化从开始应用到逐渐普及，国外和国内的发展有很大的差异。由于引进国外技术速度较快，所以我国会计电算化的发展具有跳跃性的特点。

1.5.1　会计电算化发展历程

1. 以替代手工账为目标的会计电算化发展阶段

我国会计电算化工作起始于20世纪70年代末80年代初，1981年8月，在财政部、原第一机械工业部、中国会计学会的支持下，在长春第一汽车制造厂召开了“财务、会计、成本应用电子计算机专题学术研讨会”，会上正式把电子计算机在会计中的应用”简称为“会计电算化”。至此，“会计电算化”一词被广泛应用和流传。

所谓会计电算化，是指将计算机引入会计工作中来，利用计算机系统高速的数据处理能力，完成算账、记账和报账等任务，并对会计信息进行加工、分析、判断等。会计电算化的目标在于降低会计人员的工作强度，替代手工账，将会计人员从繁重的登账、转账、核算等工作中解放出来，提高了处理速度的同时，也提高了数据处理的准确性。这一概念的提出，是与当时的计算机发展水平相适应的，也是从企业管理的实际需求出发的。会计电算化的出现，特别是商品化会计软件的出现，将先进的工具引入了会计工作，提高了数据处理的效率。同时，电算化软件也成为企业管理信息系统中较早引入、较早成熟的信息系统，为企业管理信息化奠定了坚实的基础。

从1983年至1988年这段时间，由于经济体制改革的不断深化，企业领导认识到企业管理工作特别是会计工作的重要性，会计电算化的行政推广力度比较大，电子计算机在会计领域得以迅速发展，会计部门的计算机数量快速增长。据1988年3月财政部的调查统计，已有14%的单位开展会计电算化工作。尽管这一时期会计电算化工作取得很大的进步，但是也存在一些问题：理论准备和人才培养不能适应发展需要，软件不能适应单位的要求，管理工作滞后；使用单位各自为战，闭门造车，盲目重复开发，浪费人力、物力和财力。

1988年以后全国相继出现了以开发经营会计核算软件为主的专业公司，如用友公司、金蝶公司等，共几百家。他们在财政部及有关部门的支持下，业务发展较快，开启了我国会计电算化软件的商品化推广阶段。在这个阶段，除一些大企业自主开发外，许多中小企业、政府机关、学校等单位相继购买通用的财务软件。财务软件使用效果较好，逐步替代了手工账。在会计核算软件进入专业化开发、商品化推广阶段的同时，对会计电算化工作的管理也逐渐规范化。1989 年 12 月财政部发布了《会计核算软件管理的几项规定（试行）》，1990 年 7 月又发布了《关于会计核算软件评审问题的补充规定（试行）》，初步确定了我国会计电算化管理的框架。

2. 以实现财务业务一体化为目标的会计工作网络化阶段

这一阶段称为企业级会计信息系统阶段，是目前会计信息系统发展的主流方向。20 世纪 70 年代后期市场竞争加剧，企业越来越深刻地认识到：要提高企业的市场竞争力，仅靠提高某个职能部门的工作效率是不够的，需要企业各个业务部门紧密协同，才能从整体上提高企业的工作效率和经济效益。这个时期，如何将管理的思想、方法、模式与信息系统的研发和应用相结合日益受到重视，管理者希望通过信息技术的应用，使企业生产经营活动中的物流、资金流、信息流融为一体，在企业内畅通地流动，有效地支持管理和决策，推动企业管理的进步，为企业和客户创造价值。这个阶段，企业建立管理信息系统的目的是提高企业经济效益和核心竞争力，会计信息系统作为企业整个管理信息系统的一个有机子系统，其设计目标应充分考虑企业整体的管理和决策需求。这一阶段会计信息系统的主要特点如下：

（1）会计信息系统与企业业务信息系统进行了高度集成，是企业管理信息系统的一个有机组成部分。这个阶段的会计信息系统建设要打破职能部门的壁垒和局限，企业要进行业务流程的改进，按照企业的业务过程（如采购与付款过程、生产转换过程、销售与收款过程）来设立组织结构，实现企业业务流程、会计工作流程和信息流程的集成，从而使企业的物流、资金流、信息流和业务流整合为一体，彻底消除“信息孤岛”现象，极大地提高整个企业的信息共享性。

（2）企业级会计信息系统大多是基于 B/S（浏览器/服务器）结构的网络系统。企业高度集成的管理信息系统包括会计管理、人力资源管理、生产管理、成本管理、销售管理等所有业务管理的功能。这些业务部门的地理位置分布是广泛的，企业管理信息系统的网络应该是一个覆盖各个业务部门的整体的网络系统，能够实现各个业务部门之间的数据传递和企业范围内的信息共享。分布式数据库技术、互联网技术、中间件技术、系统集成技术等现代信息技术的发展为企业级会计信息系统提供了系统运行支撑平台，B/S 结构解决了整个企业的数据共享与分布存储问题，且方便操作和使用。

（3）企业级会计信息系统是事件驱动型系统，会计信息系统可以实时采集业务系统的会计数据。所谓事件驱动型系统，是指会计的业务流程与企业的业务执行系统融为一体，会计数据的采集、存储、处理、传输嵌入在业务处理系统中，当业务事件发生时能够实时、自动采集详细的业务和财务数据，执行处理的控制规则。事件驱动型系统的核心是集成，即业务处理和信息处理的集成、财务信息和非财务信息的集成、会计核算与会计管理的集成。

（4）会计信息系统的管理和控制功能得以发挥，会计信息系统的应用价值得以提升。实时采集和处理会计数据，使会计信息系统不仅能执行事后的核算和分析，还能够进行有效的事中控制；使会计工作的重点由核算转为管理和控制，并且可以充分利用业务和财务的综合信息和决策模型，为高层管理决策和企业发展战略提供支持。

3. 以实现会计信息资源整合为目标的会计信息化发展阶段

会计信息化是网络技术日新月异和企业管理水平适应市场经济不断发展变化的综合作用的产物，是在最初的会计电算化、会计工作网络化的基础上逐渐演变和发展而来的。所谓会计信息化是指基于现代信息技术平台，融物流、资金流和信息流为一体的，高效、实时、综合反映会计信息的信息处理系统。会计信息化的核心含义在于结合现代信息技术对传统会计进行重整，并据以建立开放的会计信息系统。这种系统将全面运用现代信息技术，使业务处理高度自动化，信息高度共享，能够主动和实时报告会计信息。会计信息化使企业组织内部人人都可能成为信息的处理者和使用者，并通过网络系统接受企业组织外部及信息使用者的监督。

会计信息化是在 20 世纪 90 年代末，随着会计界对企业资源管理及会计电算化认识的不断加深而提出的，并被迅速而广泛采用的概念。

4. 财务共享服务模式发展阶段

随着全球经济一体化和网络技术、信息系统技术的迅猛发展，企业国际化经营规模不断扩大，如何运用信息系统技术降低企业的经营管理成本，提高企业的核心竞争力成为新的研究课题。财务共享服务模式是大型公司或企业集团创新的一种内部市场化运作模式，也可以将其称为“会计业务内包”。基于 SaaS 的会计服务模式是一种彻底的市场化运作模式，企业把财会业务或者将财会业务连同相关职能和岗位转移给外部会计服务提供商，由外部会计服务提供商在规定时间内按协议提供标准化的财会服务，也可以说是一种面向市场的财务共享服务，或称之为“会计业务外包”。

（1）企业集团的财务共享服务模式

财务共享服务模式诞生于 20 世纪 90 年代，是在经济全球化和企业国际化经营规模不断扩大，大型企业集团（尤其是跨国集团）为解决集团成员单位各自为政而产生的财务机构重叠、财务人员与管理费用快速膨胀、财务流程效率降低、重复设备投资规模加大、内控风险上升、集团总部不能及时获得成员单位财务信息的形势下而创新的一种会计管理模式。财务共享服务模式源于共享服务的理念，以及信息技术与互联网技术所提供的运行平台的支持。

（2）共享服务的定义

共享服务的概念最早在布赖恩·伯杰伦的《共享服务精要》著作中定义为：“将一部分现有的经营职能集中到一个新的半自主的业务单元的合作战略，这个业务单元就像在公开市场展开竞争的企业一样，设有专门的管理机构，目的是提高效率、创造价值、节约成本以及提高对内部客户的服务质量。”该业务单元就叫共享服务中心，又可称为服务共享中心。其英文书写有两种形式：SSC（shared services center）或 CSS（center for shared services）。共享服务中心把一个组织的非核心业务从原来的组织体系中分离出来，转交给一个服务部门统一运作，即将分散的成本中心转化为逐步扩大的专业化事业部。原来的组织本身只专注于核心业务或最有竞争力、附加值高的业务，进而使组织扁平化。共享服务模式的本质是对公司人力、资本、时间以及其他资源的优化。共享服务的种类包括财务、人力资源、物流、IT 等。

(3)财务共享服务模式

财务共享服务模式是跨国公司或企业集团把公司内各业务群或集团中各成员企业共有的、重复的一些财会职能分离出来,将这些内部职能合并到一个独立的利润中心,即财务共享服务中心,为本公司的各个事业部或集团各成员单位提供统一、标准、专业化的财务共享服务。这种模式改变了跨国公司或企业集团财务管理组织架构,利用网络技术和信息系统支持,让财务在共享管理中直接体现出价值增值。

财务共享服务模式具备如下特点:①将工作性质近似或相同的工作纳入财务共享服务范围,实现专业化的合并;②将原来性质近似或者工作内容相同的组织、岗位进行重建、合并,纳入新设立的财务共享服务中心,带来规模效益;③财会制度和标准的统一运作;④在实施过程和运作中以信息技术为支撑;⑤改变了公司的财会运作流程;⑥财务共享服务的对象初始阶段都是内部员工和部门,随着总体职能向广阔和纵深发展,广义范围的服务让其具备增值的效应和可能。

财务共享服务模式对企业管理和企业扩展中财务模式的"复制"效益,可以降低企业扩张过程中的财务运作风险,节约管理成本,提高工作效率且具有可持续性,因为只要一个公司拥有多重业务,且每个业务单元都需要建立各自的财务体系,那就可以通过财务共享服务模式减少重复建设。财务共享服务模式保持对共享业务的基本控制,并通过合理信息系统平台架构加速企业标准化进程。共享服务中心仍是企业的利润中心,隶属于集团整体战略规划,母公司可以及时了解整个集团的财务状况、资金流向;通过共享服务中心建立起标准化的服务平台,统一规范不同业务单元所采用的流程,可以减少标准执行偏差及各业务单元可能的暗箱操作。当财务共享服务中心逐步成熟并面向外部客户时,相当于为企业培养了新的利润增长点,额外的投资回报甚至可以用来投入核心业务,直接提升企业价值。因此,建立财务共享服务模式是一种长远战略考虑,具有很强的生命力。

(4)财务共享服务模式发展过程

共享服务中心通常先被跨国公司或巨型地域公司所采用,它把公司内各业务群或业务部门中共有的一些功能分离出来,将这些内部职能合并到一个独立的利润中心,而该中心必须与那些外部提供商展开竞争,根据市场价格和服务水平为本公司的各个事业部提供服务,但不是以盈利为终极目标,而是为母公司的核心竞争力提升服务。财务共享服务最初是从集中实现本国账务一体化的财务共享服务开始的,逐步过渡到区域化财务共享服务、全球化财务共享服务。当财务共享服务模式成熟时,还可以扩展到为企业外的第三方提供共享服务。

①本国账务一体化共享服务阶段。由于本国所处的经济环境、法律环境类似,会计核算遵循同样的会计准则,信息系统易在全国范围内集成,因此财务共享服务的实施一般从本国范围内开始。集团在本国建立财务共享服务中心,将国内分支机构的财务全部进行集中,提供财务一体化共享服务。共享服务中心建立了一套较完善的账务核算支持体系,应收、应付、出纳、资金、总账、会计报告各模块都具备了完善的流程和制度体系保障,各模块的流程、接口和业务处理十分清晰,数据的准确性、及时性、集成性大大提高,较好地支持了集团级的经营管理决策,为推行集团区域化或全球化的财务共享服务积累了很好的实践经验。

②区域化财务共享服务阶段。由于不同国家的经济环境、法律环境、会计准则对外资机构的管制要求等都不相同,给跨国集团在国外推行财务共享服务模式带来极大挑战。因

此，企业集团首先可将具有类似外在环境的国家划为一个区域，分区域进行财务共享服务。例如，可在北美、欧洲和亚洲建立三个“共享服务中心”来覆盖其全球业务。

③全球化财务共享服务阶段。随着各国会计准则与国际会计准则的趋同，以及企业集团规模的进一步扩大，IT 网络环境、人员组成、公司对海外分支机构的管理等越来越国际化、支持多语言的 ERP 系统以及财务管理系统的功能越来越强大，在集中海外财务组织体系下，借助软件平台优势，建立全球化财务共享服务就水到渠成了。

④财务共享服务外包阶段。随着财务共享服务的发展与日渐成熟，共享服务不仅对企业内部提供服务，同时也可对外提供服务，这是未来财务共享服务的发展趋势之一。

1.5.2 会计电算化的发展趋势

1. 数据高度共享

具体表现为财务会计和管理会计对会计数据、企业内部各子系统之间的会计信息、会计信息系统与企业外部其他信息系统之间的信息共享。

2. 联机实时处理

会计数据的高度共享，使会计信息系统处理和披露由传统的及时性提升为实时性，从而避免了会计信息系统由于披露不及时造成的失真。

3. 信息存储、交换的电子化和无形化

计算机以二进制代码的形式，通过电子方法存储和交换信息，这个传输过程可以跟踪，但无法看到。这也给内部控制带来了许多新的课题：会计信息系统计算机程序的管理和维护、会计数据库文件的管理、系统安全防范等。

4. 系统开放化和网络化

建立 Intranet、Extranet 和 Internet 三个层次上的会计信息交流，使会计信息系统处于一个开放的空间。企业可以给不同的会计信息用户以不同的访问权限，使企业内部各部门使用者及企业外部各会计信息用户可以通过网络技术主动获取信息，不再处于被动等待会计报告的地位。

5. 会计决策支持系统智能化

智能化会计决策支持系统能综合各种因素，考虑历史变化，预测未来趋势，提出各种可供决策者选择的决策方案，为管理者进行经营决策提供帮助和支持。

第2章　会计电算化系统建立

会计电算化系统主要是由人、计算机（或计算机网络）以及运行在计算机中的软件系统组成的，软件系统包括计算机（或计算机网络）运行环境（如微机或网络操作系统、数据库管理系统、信息资源）以及会计软件系统，其中会计软件系统是会计电算化系统中最为核心的组成部分。

建立会计电算化系统首先需要建立会计软件运行平台，包括计算机（或计算机网络）硬件系统、计算机（或计算机网络）运行环境，其次需要选择适合本单位业务需求的会计软件系统，最后组织会计软件的实施与应用。

2.1　会计软件概述

财政部从1987年1月开始在全国范围内进行了广泛的调查研究，认为只有实现会计软件的商品化、服务的社会化，才能解决低水平、重复开发的问题。1989年12月财政部发布了第一个全国性的会计电算化的行政法规——《会计核算软件管理的几项规定（试行）》，规定了要由财政部或省级以上的财政厅（局）对商品化会计核算软件进行评审，以法规的形式对商品化软件加以肯定。

2.1.1　会计软件简介

会计软件是以会计理论和会计方法为核心，以会计制度为依据，以计算机及其应用技术为基础，以会计数据为处理对象，以会计核算、财务管理和企业经营管理提供信息资料为目标，将计算机应用于会计工作的软件系统。会计软件属于计算机应用软件的范畴。

2.1.2　会计软件的分类

会计软件按其适用性划分为通用软件和定点开发软件；按行业划分为工业企业会计软件、商业企业会计软件、行政事业会计软件等；按需要的计算机环境划分为单用户会计软件、多用户会计软件和网络级会计软件；按是否在市场上销售划分为商品化会计软件和非商品化会计软件。

2.1.3　会计软件的选择

1.会计电算化系统的实现途径

建立会计电算化系统，必然涉及会计软件的选择，获取系统所需会计软件的方式主要有以下几种。

(1)开发

开发软件可以获得最适用于企业的会计软件，获得可操作性、可维护性较好的软件，但是开发成本和系统的先进性、稳定性会受到一定的影响。开发方式有自行开发、委托开发和联合开发等三种形式。

(2)购买商品化会计软件

购买商品化会计软件是直接到市场上购买财务软件公司开发的商品化产品，这种方式可以以较低的成本获得具有先进技术的会计软件，性价比较高。

(3)二次开发

二次开发是第一种方式与第二种方式的结合，是指购买一部分的商品化会计软件，在购买商品化会计软件的基础上进行二次开发，使之适应企业的特殊要求，提高系统的可操作性和可维护性。这是目前会计软件获取的一种主流方式。

(4)使用主管部门推广的会计软件

大型集团公司或者区域性行业单位为了满足管理的需要，一般由主管部门统一组织开发会计软件供下属公司使用。

2. 商品化会计软件的特点

商品化会计软件市场的形成和发展是会计电算化发展到成熟阶段的标志。商品化会计软件已成为我国商品化软件发展最快、最成功的一种软件，它经历了从各单位分散开发到由专门的软件厂家集中研制生产，并配套有市场开拓、销售、培训、售后服务等环节，真正形成了我国的一种软件产业。目前，我国的主流商品化会计软件有用友、金蝶等，它们对推动我国会计电算化事业的不断发展起着重要作用。这些主流商品化会计软件具有以下共同特点。

(1)通用性

软件采用动态参数设计，为用户提供了自定义参数的功能，允许不同单位根据自己的实际情况自行定义，如自由选择记账方法、自定义会计凭证格式、自行设置账簿格式、自行设置各种账户、自动生成会计报表、自定义外币币种、自定义会计科目和编码长度等。通过参数定义，可将通用软件变成适合本单位使用的专用软件。另外，通过少量的二次开发，可适应不同单位和某一单位不同时期的财务管理需求。

(2)保密性

保密性是指商品化会计软件不给用户提供源程序代码，只提供经过加密的软件。在开发会计软件的过程中，会计软件厂家投入了大量的人力、物力、财力，因此开发出来的会计软件是一种商品。他们要防止模仿、拷贝，一般不会提供给用户可读的源程序代码。当然也有一部分商品化会计软件没有进行加密，给用户提供了源程序代码，但一般都是暂时的或有其他原因，比如通用性不强等。

(3)用户界面友好

用户界面又称为人－机界面，包括用户与程序进行相互沟通和交流的菜单、窗口、按钮、提示等。商品化会计软件都非常注重界面设计，在信息直观、操作简便高效、减少记忆、屏幕整洁美观、容错性较高和完整的在线帮助方面，与单位自行开发的软件相比具有明显的优势。

(4)商家进行软件维护

软件维护是一项任务量较大的经常性工作。由于商品化软件都经过加密，不给用户提供源程序代码，因此软件的维护一般由软件的开发设计单位及其代理商提供，而且普遍实行终身维护，为用户带来了方便。但从另一方面讲，能否为用户提供有效、周到、及时的维护服务，也成为会计软件市场竞争和用户选择软件的重要条件。

(5)与专用软件相比易学性较弱

商品化会计软件与专用软件相比要难学习，这主要有两方面的原因：一是专用软件是按使用单位的要求设计的，易于满足使用单位会计人员的习惯，学起来比较容易；商品化会计软件要面向众多的使用单位，不可能完全满足不同使用单位会计人员的习惯，往往还需要某些单位的会计人员改变自己的习惯以适应软件的要求，这样学起来就比较难。二是为了实现通用，软件中一般都设置自定义功能，用户要学会使用这些自定义功能较为困难。但应注意到，易学性较弱并不是绝对的，也不能说明软件的易用性差，相反，一旦学会使用商品化会计软件，其操作起来一般都比专用软件灵活、方便。

3. 选择商品化会计软件时应注意的问题

基于通用会计软件和专用会计软件的优缺点，用户单位使用通用会计软件，即商品化会计软件应该是实现会计电算化的捷径，也是发展趋势。目前，即使是资金雄厚的大中型企业也不自行开发会计软件，他们对于本单位比较通用的会计业务一般都使用商品化会计软件，而对于本单位特殊的需求，在商品化会计软件不能满足的情况下，再自行开发专用会计软件，然后通过会计软件提供的接口，将它们连接起来。

随着我国计算机应用的深入发展，商品化会计软件日益完善并且具有先进、实用的特点。财政部在推广商品化会计软件方面也做了大量的推动和管理工作。用户单位购买商品化会计软件一般要注意以下几个方面的问题。

(1)会计软件是否通过了省级以上财政部门的评审

评审是指评价和审核会计软件是否符合国家的统一规定。会计工作要遵循全国统一的会计准则和其他财经制度的有关规定，对执行会计工作的商品化会计软件也不例外，只有经过评审的会计软件才安全可靠。

(2)会计软件是否满足本单位会计业务处理的需求

这里的需求主要是指对系统的功能、性能、输入和输出、故障处理、接口，以及运行环境和软件的先进性、易使用性等方面提出的要求。通常情况下电算化会计软件应达到以下要求：

①在功能方面，应考查商品化会计软件在本单位是否实用，软件所提供的处理功能是否满足本单位会计业务处理的要求。

②在性能方面，应考查商品化会计软件在数据处理精度、时间和适应需求变化能力等方面是否适应会计工作所提出的要求。

③在输入和输出方面，不仅需要满足会计工作提出的要求，而且还要有效地防止差错的发生和及时查出错误、纠正错误。

④在故障处理方面，能提供各种手段，保证会计数据的安全与完整。

⑤在接口方面，要为从其他子系统接收数据、输出数据，以及今后要开展的电算化项目提供方便的接口。

⑥在运行环境方面，主要是考查单位所提供的条件是否配合商品化会计软件的需要。商品化会计软件的运行环境主要包括硬件环境和软件环境两部分。

(3)会计软件的先进性

所谓会计软件的先进性是指该软件在同类产品中的先进程度,包括安全性、可靠性、功能的完备性、通用性、运行效率等。

(4)会计软件的易使用性

易使用性是指商品化会计软件易学、易操作的性能。

(5)考查生产厂商的信誉及售后服务如何

信誉的考查主要看软件生产厂商是否重信誉、守合同。

售后服务主要是指操作培训和软件的保修及版本更新。商品化会计软件有许多自定义功能不易学习,如果用户购买软件后得不到好的应用培训,并且在使用过程中的疑难问题得不到及时指导和解决,势必影响会计软件的应用效果。会计软件的保修是指当软件损坏时,厂商应及时修理与更换。版本更新主要是指开发研制单位根据会计制度的变化、计算机技术的发展和用户的具体问题及时更新软件。一般来说,版本越高,功能越强。版本一旦升级,应及时给用户更新。

2.2　实现会计电算化系统的前期准备

会计电算化系统建设成败的关键在于应用软件系统的实施,这是会计电算化系统建设过程中最重要的一个环节。

2.2.1　会计电算化系统实施的条件

1. 配备了计算机硬件设备和会计软件

硬件的工作方式有单机系统、多机系统和计算机局域网络系统,各单位可根据实际情况进行选择,并配置相应的系统软件平台,可逐步建立起从单台普通微机到高档客户机/服务器网络结构。会计软件取得方式有商品化通用会计软件、定点开发会计软件、通用与定点开发相结合会计软件。各单位可根据实际情况进行选择,可逐步采用从商品化通用会计软件到通用会计软件与定点开发会计软件相结合的方式。

2. 进行会计电算化岗位培训,配备相应的会计电算化岗位人员

在准备替代手工记账之前,要指定会计电算化初期的会计电算化岗位人员,并完成各会计电算化岗位人员的培训。其他暂时不能上岗的会计人员,一边完成并行期间手工账的同时,也应开始参加会计电算化的培训,分期分批做好上岗准备。

3. 建立严格的内部管理制度

会计电算化内部管理是指对已建立的会计电算化系统进行全面管理,保证系统安全、正常运行,它是保证单位会计工作和会计电算化工作有序进行的重要措施。在准备替代手工记账之前,要针对会计电算化工作的特点,对内部会计管理制度的内容进行相应的调整。

2.2.2 初始数据准备

1.整理手工会计业务数据

按《会计核算软件基本功能规范》的要求做好会计数据输入前的准备,包括整理各项基础会计业务数据、清理往来账户和银行账户等;必要时还应与单位其他部门协调,在存货管理和销售、采购管理等方面取得有关部门的配合。

(1)重新核对各类凭证和账簿,做到账证、账账、账实相符

由于会计记录经过多人重复转抄,或多或少存在一定误差,在将基础数据移至计算机之前,需对会计数据按会计软件的要求进行整理和分类。

(2)整理各账户余额

如果是在年初建账,只需整理各账户期初余额;如果是在年中某月建账,需整理以前各月各账户发生额。

(3)清理往来账户和银行账户

手工方式下,各单位对往来账户的管理方法有所不同。有些会计部门将往来账户涉及的单位、个人作为往来账户的明细科目;而有些会计部门将其作为辅助账,进行单独核算和管理。同时,会计软件所提供的对往来账户管理方式不同,在将往来账移至计算机内之前,必须预先确定往来账的管理方式,并选择相应的会计软件。基于我国目前的状况,往来账存在大量呆账、坏账,所以应在将其移至计算机之前,按会计制度要求及时处理和冲销。同样道理,银行账一般均有未达账项,在采用计算机处理前,应及时核对银行账,对于未及时核销的未达账项,应及时清理,以保障采用计算机进行银行对账时初始金额的正确性。

2.建立会计账户体系并确定编码

会计账户体系是会计核算的基础,整个会计核算系统都是以会计账户体系为基础建立的。建立会计账户体系从一级会计科目开始,逐级向下设置明细科目。设置会计科目时应遵循以下原则:

(1)符合财政部和有关管理部门的规定;

(2)满足本单位会计核算与管理的要求;

(3)满足会计报表的要求,凡是报表所用数据,如需要从账务处理系统中取数的,必须设立相应科目;

(4)要保持体系完整,不能只有下级科目而没有上级科目;

(5)要保持相对稳定;

(6)要考虑与子系统的衔接,凡是与其他各子系统有关的科目,在整理时应将各子系统中的核算大类在账务处理系统中设为最底层科目。

为便于反映会计科目间的上下级关系,便于计算机识别和处理,减少输入工作量,提高输入速度,促进会计核算的规范化和标准化,需对会计科目进行编码。会计科目编码设计合理与否,直接关系到系统运行的可靠性,编码会影响系统内信息的收集、汇总、存储、检索、传输等各种操作。目前各种会计软件中编码设计水平相差较大,尤其对多级科目、物码、部门码、人员码都要有系统考虑,要考虑选择与现有的管理水平和管理需要相适应的编码。

编码时，一级会计科目编码按企业会计制度规定；明细科目编码按照具体编码规则设置（一般采用422结构形式）。

3. 规范各类账证表格式和会计核算方法与过程

手工方式下，会计人员按规定设置总账、明细账、日记账，按会计制度要求填制记账凭证，登记明细账、日记账、总账。在电算化方式下，这种账务处理过程仍旧保持着，但部分会计资料格式要重新设计或修改，以便在电算化方式下处理，达到真实、准确、安全。在电算化前，要全面考虑各类会计资料的规范性格式，分清必须修改与必须保留的内容，使重新确认的会计账、证、表更适于电算化工作特点。例如，记账凭证的类别，可以采用一种记账凭证或收、付、转三种凭证的形式；记账凭证的格式要按会计软件的要求进行统一规定，凭证格式是否适用最终影响系统的使用效果。凭证的主要信息有日期、凭证类别、凭证号、摘要、会计科目代码、借贷方金额等，常常还要增加一些特殊需要的信息，如数量、单价、外币、汇率、支票号等。

电算化方式下，会计核算过程自动化程度很高，要求会计部门预先确定各项工作的数据传递次序，以充分发挥计算机的优势。不同模块间，如材料核算、账务处理、成本核算等模块，需要预先确定数据传递次序。同一模块要事先确定录入、审核、记账次序，尤其对操作人员执行录入—审核—记账，或录入—审核—录入—审核—修改的时间与责任，应做明确规定。

除上述几项会计规范化工作外，会计部门还要适应计算机特点，重新确定各种会计核算方法，如成本计算方法、折旧计提方法、工资分类汇总口径等，要充分体现计算机的特点。例如，在手工方式下，直线法提取折旧均采用综合折旧率，这是出于能够节约工作人员的考虑。而在电算化方式下，能够单项计算固定资产的折旧额，可用个别折旧率进行计算，以便提高计算精确度。

4. 会计软件初始化

会计软件初始化是确定会计软件的核算规则与输入基础数据的过程，即根据使用单位的业务性质，对会计软件进行的具体限定以及输入基础数据等一系列准备工作，用来完成将通用会计软件转化为适合本单位实际情况的专用会计软件，以及从手工处理方式转换成会计电算化方式。例如，账务处理初始化的主要过程包括系统总体参数设置（设置核算单位、启用日期、编码规则等）、设置凭证类别、设置会计科目、输入期初余额、设置自动转账分录以及其他初始设置。工资核算初始化的主要过程包括设置部门编码、设置职工类型、设置工资项目、设置运算关系。成本核算初始化的主要过程包括设置产品目录代码、输入期初的产品成本、定额资料。报表处理初始化的主要过程包括报表注册、设置报表格式、设置计算公式和审核公式等。

2.3　会计电算化系统运行管理

在会计电算化系统投入正常运行之后，会计电算化系统运行管理便提到议事日程。会计电算化系统运行管理不仅要求建立运行管理制度，明确岗位与人员职责的分工，对于大型企业甚至还要设立相应的管理岗位与管理部门，而作为会计电算化系统投入正常运行的标志,就是实现了计算机替代手工记账,并在此基础上实现会计电算化系统的应用目标。最后还需要明确的是,为了保证大型会计电算化系统的实施成功,一般需要管理咨询公司的咨询顾问提供咨询服务,在我国当前咨询业不发达、企业咨询意识不强的情况下,弄清其中的缘由是非常重要的。会计电算化系统运行管理的基础工作主要包括建立适合会计电算化要求的管理机构、管理制度以及开展管理咨询。

2.3.1 会计电算化的管理机构

1. 开展会计电算化所需的人才

在企业的会计电算化机构中,配备合格的会计电算化人员,对做好会计电算化工作起决定性因素。

(1)数据准备人员

数据准备人员主要负责电算化后会计的手工工作部分,目的是为会计电算化准备好必要的数据。具体设有出纳员和会计凭证处理员。出纳员负责有关现金和银行存款的收支工作,但不再负责现金和银行存款日记账的记账工作。会计凭证处理员主要负责外来原始凭证的审核和本单位原始凭证的设计、汇集和审核。如果单位的会计电算化是以记账凭证为起点的,还需负责记账凭证的填制和审核工作,这些人员工作权限划分时要遵守内部牵制制度。

(2)系统分析员

系统分析员主要负责根据用户的需要,通过对现有手工会计电算化的接口界面、数据流和数据结构等进行全面的分析,并在可行性分析的基础上确定会计电算化的第一阶段,也是最重要的阶段,是下一步系统设计的主要依据。

会计电算化是一个很复杂的系统,它与企业其他管理信息系统有着密切的联系,其内部业务处理过程也十分复杂,因此要求系统分析员首先必须是一个财会专家,熟练掌握企业财会业务和企业管理知识,这是系统质量的保证;其次系统分析员还需要掌握系统分析技术和方法,如系统调查、可行性研究、数据流分析、数据结构分析,以及逻辑模型提出等技术和方法;此外,由于逻辑模型是为系统设计提供依据的,因此系统分析员还必须掌握系统开发的其他一些知识和技术,如设计技术、编程、计算机硬件、软件基本知识等,以便设计的逻辑模型符合系统设计的要求。

(3)系统设计员

系统设计员的主要职责是把系统逻辑模型转化成系统的物理模型,它告诉计算机“如何做”,即确定系统的硬件资源、软件资源、系统结构模块划分及功能、数据库设计等。对系统设计员来说,其所需知识主要为系统开发技术和计算机知识,同时为了更好更快地理解系统的逻辑模型,还要求具有一定的财会业务知识和企业管理知识。由系统设计员提出的系统的物理模型是系统程序员编制应用程序的依据。

(4)系统程序员

系统程序员的主要职责是以系统的物理模型为依据编制程序,并进行调试。

(5)系统管理员

系统管理员是会计电算化运行管理的具体负责人,一般由具备条件的财务部门负责人担任,主要职责是保证会计电算化系统的正常运行,负责日常管理工作。系统管理员的具体职责是对系统运行时发生的故障，要及时组织有关人员采取必要的措施恢复系统的正常运行；严格控制管理系统的各类使用人员的人数、操作权限等，并协调各类人员之间的工作关系；负责组织和监督系统运行环境的建立，以及系统建立时的各项初始化工作；负责系统软、硬件资源及文档资料的调用、修改和更新的审核；负责计算机输出的账表、凭证数据正确性和及时性的检查与审批。系统管理员可以调用系统的所有功能，具有很大的权限，因此不得由系统的开发人员担任，也不能兼管系统维护工作。

（6）系统操作员

系统操作员是会计电算化系统运行中可以调用系统的全部或部分功能的人员。其主要职责是严格按照系统操作说明进行日常运行的操作，包括数据的登录、汇总，数据的备份和输出账表的打印工作；负责各数据库的修改和更新操作；当系统发生故障时，应采取相应的处理措施，记录故障及处理结果，并及时报告系统管理员。系统操作员也不得由系统的开发人员担任，不得越权操作与自己无关的内容。

（7）数据录入员

数据录入员的职责是将数据准备人员及其他专职会计人员提供的数据录入系统。对不完整、不合法和不规范的凭证应退还有关人员更正。数据录入后要进行核对，确认无误后交数据审核员审核。当日的数据应当日录入。

（8）数据审核员

数据审核员的职责是审核系统输入和输出的数据。对数据录入员输入系统的数据进行审核，以保证数据的正确、完整和合法；对系统输出的账表数据进行正确性审核。

（9）系统维护员

系统维护员的职责是保证系统的安全和正常运行。其负责系统的安装和调试工作；定期检查软、硬件设备的运行工作，对系统发生的软、硬件故障进行排除，保证系统的正常运行；当会计工作和会计制度发生变化，或运行中发现软件错误时，可以按规定的程序进行软件的各种增、删、改等维护工作。由于系统维护员掌握软件的具体结构和源程序，所以不得兼任与系统的操作使用有关的工作。

（10）档案管理员和财务管理人员

档案管理员也可以称档案保管员，其职责是对系统开发的文档资料、各种数据磁盘、系统软盘和各类凭证、账表的存档保管工作负责，并保证其安全完整，不得擅自出借有关的磁盘和文档资料。

财务管理人员的主要职责是进行会计信息的分析、整理、参与决策和管理等工作。

如果单位的会计软件是上级单位组织开发或购买的商品化软件，单位可不设置系统分析员、系统设计员和系统程序员。如果单位的业务量不大或会计电算化的程度不高，系统操作员和数据录入员可合并由一人承担。

2. 会计电算化的内部组织

（1）总会计师

总会计师负责单位全面的财会管理工作，负责制订并组织实施会计电算化发展规划和各项具体计划，对会计电算化的硬件配置、软件开发和选择、人员调配、财务管理、与企业管理其他子系统的衔接和协调负有全面责任，与企业主管人员一起进行所有与财会管理有关的重大决策。

(2)会计部门负责人

会计部门负责人在总会计师直接领导下,具体负责本单位的会计电算化工作,具体制订并组织实施会计电算化发展规划、各阶段的项目开发计划,制定会计电算化各项规章制度,领导本部门内各小组的工作,进行会计电算化的日常运行、人员培训、系统维护及会计档案保管等工作的组织领导、管理、检查和监督等。

(3)数据准备组

数据准备组需设立出纳员,负责现金和银行存款的收支管理及现金保管工作,根据每天打印的现金日记账核对库存现金,根据打印的银行存款日记账及银行存款余额调节表定期核对银行存款。设立凭证员,负责收集整理和审核原始凭证,办理借款、报销手续。

(4)计算机操作维护组

计算机操作维护组是会计部门的核心单位之一,由系统管理员具体负责,下设操作员、审核员、硬件维护员和软件维护员。系统管理员具体负责会计电算化系统的日常运行管理和监督,进行系统重要数据的维护、操作员及其权限管理,负责系统安全保密工作。当系统需要维护时,系统管理员负责提出软硬件维护申请,进行维护后验收等工作。操作员负责数据录入、数据文件备份和恢复、系统操作运行及打印账表等工作。审核员负责对系统所有录入数据的安装调试、日常检查保养及故障排除工作。现在计算机硬件维护比较简单,大的故障一般直接更换部件或送电脑公司维修,因此可将各部门的计算机及其附属设备统管起来。硬件维护员不一定隶属于会计部门。软件维护员负责会计程序的维护,必须精通计算机程序设计和会计业务,熟悉系统并有一定的软件开发经验。

(5)财务管理组

财务管理组作为会计部门的核心单位之一,由财务主管具体负责,下设财务计划员、分析员、定额员、成本管理员、资金管理员及项目评估员等。他们使用系统输出的各种会计信息,主要负责编制并组织实施各类资金、成本、利润的计划和预算,控制成本费用开支,进行资金筹集调度,制定各类标准、定额,进行财务预测、分析工作,参与新产品开发、技术改造等重大项目的评估测算,进行日常的财会管理并参与企业决策。

(6)会计档案保管组

会计档案保管组设立会计档案员,具体负责各种会计凭证,账表书面资料,系统开发文档,会计软件及会计数据的备份磁盘、光盘和磁带等的整理、存档保管及借用归还等管理工作。在档案管理工作中,要认真进行会计档案的使用权限和保密控制,如操作员只能使用操作使用说明书以及经编译和加密后的目标程序,而不能借用源程序、系统开发文档等。

(7)系统开发组

计算机应用和会计电算化是一项长期的任务,各单位有条件的话,应设立自己的应用软件开发组织,该组织可由单位统管,也可由会计部门分管。如果主要从事会计软件的开发,应划归会计部门管理,如果进行各种企业管理软件开发,则应由单位统管。系统开发组主要由系统分析员、系统设计员和若干程序员组成,分别负责新系统的分析设计、程序编制和系统调试工作。软硬件维护工作也可由系统开发组兼管。

3. 会计电算化的组织机构设置

合理设置会计电算化的组织机构是单位开展会计电算化工作的组织保证。会计电算化系统的组织机构有以下三种设置形式。

(1)集中管理形式

①实质

集中管理形式就是在单位内部增设了一个与财会部门平级的计算机中心。会计工作由财会部门和计算机中心共同来完成，如图2－1所示。这种组织机构在会计电算化发展的初期使用较多，现在已很少使用。

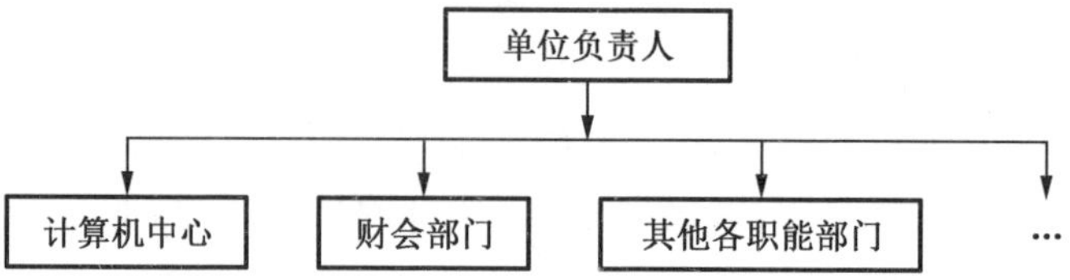

图2－1　集中管理形式

②职能

在集中管理形式下，计算机中心除了进行会计数据处理主要工作外，还要负责会计电算化系统的管理与维护工作；财会部门没有安装计算机设备，只是负责收集并定期按规定要求向计算机中心提供核算和管理所需的各种原始会计数据。

③优缺点

这种会计机构形式将电算化会计的管理、开发、使用和维护等工作都集中到计算机中心来统一领导、规划和组织，提高了数据的共享程度。但不利于调动会计人员学习和掌握会计电算化知识的积极性，也不便于会计业务的及时处理，加之计算机中心技术人员不熟悉会计业务，有时还会影响会计电算化工作的质量。

(2)分散管理形式

①实质

分散管理形式就是在财会等职能部门内部增设会计电算化组，单独配置计算机硬件设备和机房设施及其有关专业人员。会计电算化组与其他会计专业小组一起接受财会部门的领导，共同来完成会计核算与管理工作，如图2－2所示。这种组织机构是我国目前应用最普遍的一种形式。

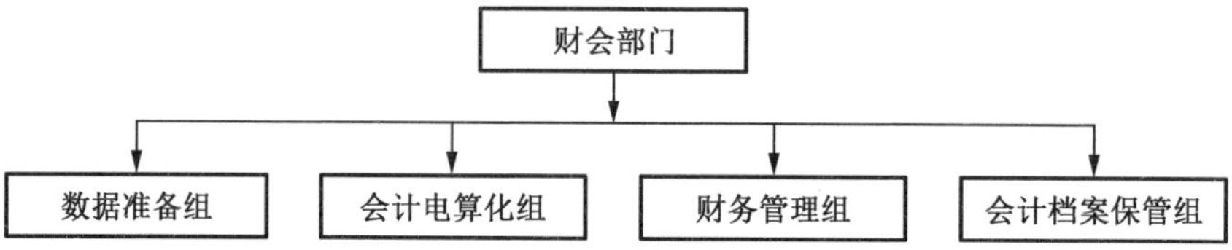

图2－2　分散管理形式

②职能

在分散管理形式下，会计电算化组主要负责会计数据的处理、机房设施与硬件设备的管理以及软件的维护工作，是日常会计工作的核心和主体；其他会计专业小组主要负责有关会计数据的收集、整理和管理工作，会计工作全部由财会部门来完成。

③优缺点

这种会计机构形式能够方便地组织和协调会计工作，也有利于会计人员学习和掌握会计电算化知识与技能，从而保证了会计工作的质量。但由于计算机分散在各个职能部门自行管理，不利于各职能部门之间共享数据，维护水平较低，从而影响系统的正常运行。

(3)一体化管理形式

①实质

一体化管理形式就是上述两种组织形式的有机结合，即设置一个与企业各业务职能部门平级的信息管理中心，各个业务职能部门内部同时也设置计算机应用小组，如图2－3所示。

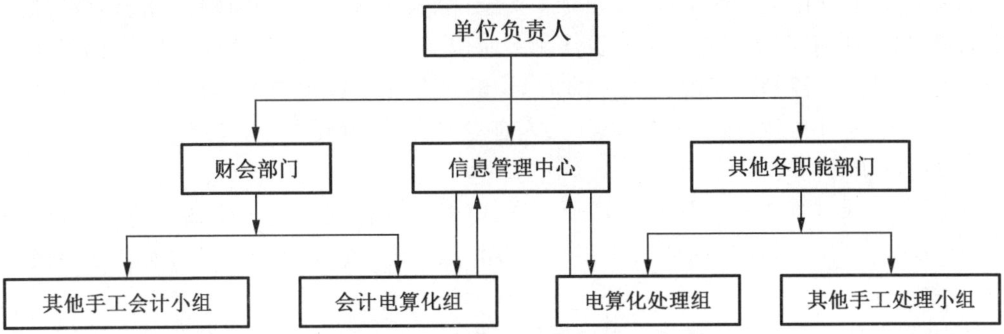

图2－3 一体化管理形式

②职能

在一体化管理形式下，财会部门不仅要完成会计工作，而且还要通过信息管理中心与其他职能部门共享数据。会计电算化组在业务上不仅归属于财会部门的领导，而且还要接受信息管理中心的指导。

③优缺点

这种会计机构形式使企业在财务管理方面更高效、快捷、直观，但必须依托于单位建立的网络系统，才能实现业务管理与财务管理一体化。

2.3.2 会计电算化管理制度

财政部制定的《会计电算化工作规范》指出："开展会计电算化的单位应根据工作需要，建立健全包括会计电算化岗位责任制、会计电算化操作管理制度、计算机硬件软件和数据管理制度、电算化会计档案管理制度的会计电算化内部管理制度，保证会计电算化工作的顺利开展。"实践证明，良好的会计管理工作是会计电算化工作顺利进行的重要保障，制定和严格执行会计电算化内部管理制度是会计电算化工作成功的基础。

之所以要建立会计电算化管理制度，主要是由于单位采用会计电算化系统后与手工会计业务处理过程有了许多不同之处，具体表现为以下几个方面：

(1)会计工作流程和工作重点发生了变化；

(2)对会计人员的协作性要求更强了；

(3)内部控制的内容和重点有所变化；

(4)会计人员分工和职责发生了变化；

(5)对会计人员的素质要求提高了；

(6)会计档案的形式和内容发生了变化。

针对上述实行会计电算化后出现的新特点,手工条件下会计工作中的有关内部会计管理制度也必须随之进行完善和相应的调整。目前,许多单位开展会计电算化的经验不多,还没有形成合理的工作习惯,没有建立健全管理制度,工作上易出现很多漏洞,有的已对正常的会计工作秩序产生了不利的影响。因此,实行会计电算化后,建立健全会计电算化内部管理制度是十分必要的。

1. 岗位责任制度的基本内容

开展会计电算化工作的单位,在制订了实施计划、配置了计算机硬件、系统软件和会计软件以后,下一步工作就是建立岗位责任制。岗位责任制的建立将为会计电算化工作的顺利实施提供保证。各单位应根据工作的需要,建立会计电算化岗位责任制,明确每个工作岗位的职责范围,切实做到事事有人管,人人有专责,办事有要求,工作有检查。

(1)电算主管的责任

①负责会计电算化系统的日常管理工作,监督并保证会计电算化系统的正常运行,达到合法、安全、可靠、可审计的要求。在系统发生故障时,应及时组织有关人员尽快恢复系统的正常运行。

②协调会计电算化系统各类人员之间的工作关系,制定岗位责任与经济责任的考核制度,负责对会计电算化系统各类人员的工作质量考证,以及提出任免意见。

③负责计算机输出账表、凭证的数据正确性和及时性检查工作。

④建立会计电算化系统各种资源(硬件资源和软件资源)的调用、修改和更新的审批制度,并监督执行。

⑤完善企业现有管理制度,充分发挥会计电算化系统的优势,提出单位会计工作的改进意见。

(2)软件操作员的责任

①负责所分管业务的数据输入、数据处理、数据备份和输出会计数据(包括打印输出凭证、账簿、报表)的工作。

②严格按照操作程序操作计算机和会计软件。

③数据输入操作完毕,应进行自检核对工作,核对无误后交审核记账员复核记账。对审核员提出的会计数据输入错误,应及时修改。

④每天操作结束后,应及时做好数据备份并妥善保管。

⑤注意安全保密,各自的操作口令不得随意泄密,定期更换自己的密码。

⑥离开机房前,应执行相应命令退出会计软件系统。

⑦操作过程中发现问题,应记录故障情况并及时向系统管理员报告。

⑧每次操作完毕后,应按照有关规定填写上机记录。

⑨出纳人员应做到“日清月结”,现金出纳每天都必须将现金日记账的余额与库存现金进行核对一致;银行出纳每月都必须将银行存款账户的余额与银行对账单进行核对一致。

⑩由原始凭证直接录入计算机并打印输出记账凭证的情况下,记账凭证上应有录入人员的签名或盖章;收付款记账凭证还应由出纳人员签名和盖章。

(3)审核记账员的责任

①审核原始凭证的真实性、正确性,对不符合规定的原始单据不作为记账凭证依据。

②对不真实、不合法、不完整、不规范的凭证退还给各有关人员更正修改后,再进行

审核。

③对操作员输入的凭证进行审核，及时记账，并打印出有关的账表。

④负责凭证的审核工作，包括各类代码的合法性、摘要的规范性、会计科目和会计数据的正确性，以及附件的完整性。

⑤对不符合要求的凭证和输出的账表不予签章确认。

⑥审核记账人员不得兼任出纳工作。

⑦结账前，检查已审核签字的记账凭证是否全部记账。

(4)电算维护员的责任

①定期检查会计电算化系统的软件、硬件的运行情况。

②应及时对会计电算化系统运行中软件、硬件的故障进行排除。

③负责会计电算化系统升级换版的调试工作。

④会计电算化人员变动或会计科目调整时，负责会计电算化系统的维护。

⑤会计软件不能满足单位需要时，与本单位软件开发人员或商品化会计软件开发商联系，进行软件功能的改进。

(5)会计档案资料保管员的责任

①按会计档案管理有关规定行使职权。

②负责本系统各类数据盘、系统盘及各类账表、凭证、资料的存档保管工作。

③做好各类数据、资料、凭证的安全保密工作，不得擅自出借。经批准允许借阅的会计资料，应认真进行借阅登记。

④按规定期限，向各类电算化岗位人员催交各种有关的电子数据资料和账表凭证等会计资料。

(6)电算审查员的责任

①负责监督计算机及会计软件系统的运行。

②审核电算化系统各类人员的工作岗位的设置是否合理、制定的内部牵制制度是否合理、各类人员是否越权使用软件，防止利用计算机进行舞弊。

③发现系统问题或隐患时，应及时向会计主管反映，提出处理意见。

(7)数据分析员的责任

①负责对计算机内的会计数据进行分析。

②制定适合单位实际情况的会计数据分析方法、分析模型和分析时间，为企业经营管理及时提供信息。

③每日、旬、月、季、年都要对企业的各种报表、账簿进行分析，为单位领导提供必要的信息。

④企业的重大项目实施前，应通过历史会计数据的分析，为决策提供翔实、准确、依据充分的事前预测分析报告；企业重大项目实施过程中，应通过对有关会计数据的分析，提供项目实施情况(如进度、成本、费用等)分析报告；企业的重大项目实施后，应通过对会计数据的分析，提供项目总结的分析报告。

⑤根据单位领导随时提出的分析要求，及时利用会计数据进行分析，以满足单位经营管理的需要。

(8)软件开发员的责任

①负责本单位会计软件的开发和软件维护工作。

②按规定的程序实施软件的完善性、适应性和正确性的维护。

③软件开发人员不得操作会计软件进行会计业务的处理。

④按电算主管的要求，及时完成本单位会计软件的修改和更新，并建立相关的文档资料。

2. 操作使用管理制度的基本内容

会计电算化操作使用管理，包括操作权限管理、操作规程管理和会计业务处理程序管理三部分。

(1)操作权限管理

系统管理员、数据录入员、数据审核员、系统操作员可上机分别运行本人权限控制范围内的功能，其他人员不得上机操作。所有人员都要经过专业培训并取得相应培训合格证书，经授权为现任在岗人员方可上机操作。系统开发员、软硬件维护员、档案管理员、不在现岗人员、与系统无关人员不得上机操作使用系统。

为保证系统安全可靠运行，防止发生计算机舞弊等不良现象，应由会计部门负责人授权并经系统管理员具体操作，为所有上机人员分别设置权限和相应的口令密码。系统管理员口令密码只能由本人设置和修改，其他操作员口令密码由系统管理员设置并通知本人。所有上机人员的口令密码，不得泄露、遗忘或告诉别人。

①操作员的增删及其操作权限管理，只能由系统管理员进行。机内自动记录的操作登记表，只能由系统管理员与审计人员查询和打印输出。系统管理员还负责系统的日常运行管理监督，进行系统重要数据维护，负责系统安全保密工作，负责提出软硬件维护申请并进行维护后的验收等工作。

②系统操作员和数据录入员最好分别设置，这样可相互制约和进行数据正确性控制。操作员和数据录入员负责数据的录入、核对、修改、查询、备份和恢复以及打印账表等工作。操作员必须严格执行凭证输入和修改数据有关规定，如发现凭证错误，不得自行修改凭证，应退回给有关会计人员修改后重新录入。若错误凭证已登记入账，则只能由会计采用编制冲销凭证的方法来更正错账。

③数据审核员负责系统所有录入数据的正确性、一致性检查，负责系统所有打印输出账表的审核、装订和分发工作。数据审核员不能由操作员兼任，操作员输入的所有凭证和数据必须由审核员复核签字后才能生效，并登记入账。

④硬件维护员负责协调安装调试、日常检查保养、故障排除工作。硬件维护员应该随时检查与保养所有计算机和其他硬件设备，发现硬件故障应及时报告系统管理员，经批准后启动备用设备使系统继续正常运行，然后才能对替换下来的设备实施维护。

⑤软件维护员负责会计程序的维护，发现故障或需进行功能扩充性维护时，应报请系统管理员和会计负责人批准，将原有系统程序和数据做好备份后，才能实施维护。维护时应在另行的机器上进行，不应影响系统正常运行。维护后的系统要经调试、试运行或验收，才能运行使用。

(2)操作规程管理

操作规程主要是指系统运行操作中的注意事项，它们是保证系统正确、安全运行，尽量减少差错，防止出现利用计算机舞弊等现象的有力措施。其主要内容是：

①所有操作员应进行操作登记，详细记录每次上机操作的开始与结束时间、操作员姓

名和操作内容,以分清责任,监督控制登记的使用。如系统内没有自动管理的操作日志,应设操作登记员,认真地进行手工记录。

②操作员必须严格按授予的权限操作,不得越权或擅自操作,不得更改软件、增删机内系统参数,不得直接打开数据文件进行操作。

③严格保守各自的口令密码,系统工作人员之间不能因相互熟悉而泄露口令或代替工作,工作结束或离开前,应及时退出系统,以防别人趁机使用。在实际工作中,有些单位的制度不能严格执行,致使口令形同虚设,根本起不到应有的控制作用。要特别注意电算化条件下的内部控制重点就是控制系统内部人员非法越权和串通作弊,在已发现的计算机犯罪案例中的相当一部分,就是系统内部人员所为,对于不懂计算机技术的人和外单位人员,则很难接近和使用系统作弊。

④每次上机完毕,应及时做好数据备份工作。备份前要准备好足够的已格式化磁盘、光盘和磁带,备份后注明时间,贴好标签和设置好防写缺口另处存放,以防发生意外事故。

⑤为避免计算机病毒的侵害,应禁止使用未经验测和杀毒的存储设备,外来存储设备一律先在另外的机器上检查和清除病毒后才能使用。

⑥非系统管理人员不得在会计系统计算机上进行硬盘格式化、重新划分硬盘分区、删除目录和文件等操作。

⑦为防止计算机病毒,应该避免使用来历不明和非法拷贝的软件,以及在计算机上玩游戏,以防止计算机病毒的感染和传入。另外,采用安装防病毒软件等外部措施,以避免计算机病毒进入的危险。

(3)会计业务处理程序管理

①要按照《会计基础工作规范》的要求处理会计业务。

②预防已输入计算机的原始凭证等会计数据未经审核而登入机内账簿,保证会计数据正确合法。

③替代手工记账后,各单位应做到当天发生的业务当天登记入账,现金和银行存款日记账必须日清月结。

④要保证会计记账凭证的连续编号。

⑤要按规定程序编制转账凭证。

⑥期末要按规定时间及时结账。

⑦期末应及时生成和打印输出会计报表,打印输出会计报表应防止本期还有未记账的凭证。

⑧在保证凭证、账簿清晰的条件下,计算机打印输出的凭证、账簿中表格可适当减少。

⑨在当期所有记账凭证数据和明细分类账数据都存储在计算机内的情况下,总分类账可以从这些数据中产生,因此可以用“总分类账户本期发生额及余额对照表”替代当期总分类账。

⑩要按有关规定装订会计原始凭证、记账凭证、账簿、报表等。

⑪要灵活运用计算机对数据进行综合分析,定期或不定期地向单位领导报告主要财务指标和分析结果。

3. 计算机硬件、软件和数据管理制度的内容

会计电算化的维护是指保证会计电算化正常运行的各种工作,它贯穿于会计电算化的

整个使用过程，搞好会计电算化的维护具有重要意义。从信息系统的角度来考虑，系统维护包括硬件维护、软件维护和数据维护三个方面，因此会计电算化必须建立计算机硬件、软件和数据管理制度。维护工作一般由电算维护员负责，但其权力应该有所限制并接受监督，在进行系统维护工作时，应该受操作员或电算主管的监督。

（1）计算机硬件设备的维护

机房设备安全和计算机正常运行是进行会计电算化的前提条件，计算机硬件的维护主要包括以下几点：

①要经常对有关设备进行保养，保持机房和设备的整洁，防止意外事故的发生。

②要定期对计算机场地的安全措施进行检查，如对消防和报警设备、地线和接地、防静电、防雷击、防鼠害、防电磁波等设备和措施进行检查，保证其有效性。

③在系统运行过程中出现硬件故障时，及时进行故障分析，并做好检查记录。

④在设备更新、扩充、修复后，由系统管理员与维护员共同研究决定，并由系统人员实施安装和调试。

⑤硬件维护工作中，小故障的维护可以通过计算机命令或各种软件工具来解决，一般都由本单位的维护人员来做。较大的故障，本单位的技术人员没有能力解决的，一般需要与硬件生产或销售厂家联系，协助解决。

⑥机房应该设置必要的防火设备，经常检查其完好性。

（2）会计软件和系统软件的维护

系统软件都是由系统软件开发商提供的，一般购买计算机时就已经配备，也可以通过购买得到。系统软件不需要修改，维护比较简单。系统软件维护的主要任务是检查系统文件的完整性、系统文件是否被非法删除和修改等，以及保证系统软件的正常运行。

会计软件的维护是会计电算化软件系统维护的主要工作，包括操作维护与程序维护两方面，会计软件的维护主要有以下内容：

①操作维护是日常维护工作，如通过操作软件进行索引、删除系统垃圾文件等。

②在日常使用软件过程中发现的问题，如不及时解决，将影响企业正常的会计工作。在这种情况下，系统维护员应尽早排除障碍。如不能排除，应马上求助软件开发商的专职维护人员或本单位的软件开发人员。

③对于使用商品化会计软件的单位，软件的修改、版本升级等程序是由软件开发商负责的，单位的软件维护人员的主要任务是与软件开发销售单位进行联系，及时得到新版会计软件。

④对于自行开发软件的单位，程序维护则包括了正确性维护、适应性维护和完善性维护等内容。正确性维护是指诊断和改正错误的过程；适应性维护是指当单位的会计工作发生变化时，为适应变化了的工作而进行的修改活动；完善性维护是为了修改已有功能的需求而进行的软件修改活动。单位一般应配备专职系统维护员进行程序维护。

⑤对正在使用的会计核算软件进行修改、对通用会计软件进行升级和计算机硬件设备进行更换等工作，要有一定的审批手续。

⑥在软件修改、升级和硬件更换过程中，要保证实际会计数据的连续和安全，并由有关人员进行监督。

⑦系统维护员负责会计软件的维护工作，及时排除故障，确保系统的正常运行。

(3)会计数据的安全维护

会计数据的安全维护是为了确保会计数据和会计软件的安全保密,防止对数据和软件的非法修改和删除,包括:

①必须经常进行备份工作(即每天数据发生变化后,就要进行数据备份;每月结账后,要进行数据备份,每月的数据备份不得覆盖;年度结账后,要进行数据备份,并作为档案保管),以避免意外和人为错误造成数据丢失,每日必须对计算机内的会计资料在计算机硬盘中进行备份。

②需要做备份的内容是能够完全恢复会计系统正常运行的最少的数据,一般包括系统设置文件、科目代码文件、期初余额文件、凭证、各种账簿、报表及其他核算子系统的数据文件。

③对磁性介质存储的数据要双备份,备份盘应定期复制,以保证数据没有丢失。

④系统维护一般由系统维护员或指定的专人负责,数据录入员、系统操作员等其他人员不得进行操作维护,系统管理员可进行操作维护,但不能执行程序维护。

⑤在软件修改、升级和硬件更换过程中,要制定保证实际会计数据的连续和安全的工作程序。

⑥健全必要的防治计算机病毒的措施,预防、检测、清除计算机病毒。计算机病毒的存在是会计电算化正常运行的隐患,它能够破坏会计软件和会计数据,因此应该避免使用来历不明的磁盘和各种非法拷贝的软件,以及在财务专用计算机上玩游戏,以防止计算机病毒的感染和传入。另外,采用安装防病毒软件等外部措施,以避免病毒进入的危险,使用防病毒软件的应该及时更换新版本。

⑦制定会计电算化发生意外事故时会计数据的维护制度,以解决因发生意外事故而使数据混乱或丢失的问题。实现会计电算化的单位,必须健全计算机硬件和软件出现故障时进行排除的管理措施,保证会计数据的完整性。

4.会计电算化系统档案管理制度的内容

会计电算化档案管理是重要的会计基础工作,各单位必须加强对会计档案管理工作的领导,建立和健全会计档案的立卷、归档、保管、调阅和销毁管理制度,切实做好会计档案管理工作。单位实现会计电算化后,会计档案具有磁性化和不可见的特点,而《会计档案管理办法》的有关规定没有包括这方面的内容,因此必须根据这些特点和《会计档案管理办法》的要点,修订本单位的会计档案管理制度。

(1)会计电算化档案的内容

会计电算化档案,包括存储在计算机中的会计数据(以磁介质或光盘存储的会计数据)和计算机打印出来的书面等形式的会计数据,会计数据是指记账凭证、会计账簿、会计报表(包括报表格式和计算公式)等数据以及会计软件系统开发运行中编制的各种文档及其他会计资料。

存储在计算机中的会计数据(以磁性介质和光盘存储的会计数据),是在会计电算化情况下新的会计档案形式。采用磁带、磁盘、光盘、微缩胶片等介质存储会计账簿、报表,具有磁性化和不可见的特点。作为会计档案保存,其保存期限同《会计档案管理办法》中规定的相应会计数据(书面形式的会计账簿、报表)一致。

采用计算机打印输出书面会计凭证、账簿、报表,应当符合国家统一会计制度的要求,采用中文或中外文对照，字迹清晰，作为会计档案保存，保存期限按《会计档案管理办法》的规定执行。

商品化通用会计软件、定点开发会计软件、通用与定点开发相结合会计软件的全套文档资料以及会计软件程序，视同会计档案保管，保管期截止该软件停止或有重大更改之后5年。

（2）会计账簿、报表的生成与管理

①现金日记账和银行存款日记账要每天登记并打印输出，做到日清月结。现金日记账和银行存款日记账的打印，由于受到打印机条件的限制，可采用计算机打印输出的活页账页装订成册，每天业务较少、不能满页打印的，也可按旬打印输出。

②一般账簿可以根据实际情况和工作需要按月或按季、按年打印；发生业务少的账簿，可满页打印。

③在所有记账凭证数据和明细分类账数据都存储在计算机内的情况下，总分类账可用“总分类账本期发生额及余额对照表”替代。

④在保证凭证、账簿清晰的条件下，计算机打印输出的凭证、账簿中表格线可适当减少。

⑤由原始凭证直接录入计算机并打印输出记账凭证的情况下，记账凭证上应有录入人员的签名和盖章、稽核人员签名或盖章、会计主管人员的签名或盖章。收付款记账凭证还应有出纳人员签名和盖章。打印生成的记账凭证视同手工填制的记账凭证，按《会计人员工作规则》和《会计档案管理办法》的有关规定立卷归档保管。

⑥在手工事先做好记账凭证，然后录入记账凭证进行处理的情况下，保存手工记账凭证或机制凭证皆可。

⑦计算机与手工并行工作期间，可采用计算机打印输出的记账凭证代替手工填制的记账凭证，根据有关规定进行审核并装订成册，作为会计档案保存，并据以登记手工账簿。

⑧记账凭证、总分类账、现金日记账和银行存款日记账，还要按照有关税务、审计等管理部门的要求，及时打印输出有关账簿、报表。

⑨采用磁带、磁盘、光盘、微缩胶片等介质存储会计账簿、报表，作为会计档案保存的单位，不再定期打印输出会计账簿，还应征得同级财政部门的同意。

⑩各单位每年形成的会计档案，都应由财务会计部门按照归档的要求，负责整理立卷或装订成册。当年会计档案在会计年度终了后，可暂由本单位财务会计部门保管一年。期满后，原则上应由财务会计部门编造清册移交本单位档案部门保管。

⑪各单位保存的会计档案应向本单位积极提供利用，向外单位提供利用时，档案原件原则上不得外借。

⑫各单位保存的会计档案必须进行科学管理，做到妥善保管、存放有序、查找方便。

（3）安全和保密措施

①对存档的会计资料要检查记账凭证上录入人员的签名和盖章、稽核人员的签名或盖章、会计主管人的签名或盖章，收付款记账凭证还应有出纳人员签名和盖章。

②对会计电算化档案管理要做好防磁、防火、防潮、防尘、防虫蛀、防霉烂和防鼠咬等工作，重要会计档案应准备双份，存放在两个不同的地点，最好在两个不同建筑物内。

③采用磁介质保存会计档案，要定期进行检查，定期进行复制，防止由于磁介质损坏而使会计档案丢失。

④大中型企业应采用磁带、光盘、微缩胶片等介质存储会计数据。

⑤存在会计信息磁性介质及其他介质，在未打印成书面形式输出之前，应妥善保管并留有副本，一般来说，为了便于利用计算机进行查询及在会计电算化系统出现故障时进行恢复，这些介质都应视同会计资料或档案进行保存，直到其中会计信息完全过时为止。

⑥严格执行安全和保密制度，会计档案不得随意堆放，严防毁损、散失和泄密。

⑦各种会计资料包括打印出来的会计资料以及存储会计资料的磁性介质，未经单位领导同意，不得外借和拿出单位。

⑧经领导同意借阅的会计档案，应该履行相应的借阅手续，经手人必须签字记录。存放在磁介质上的会计资料借阅归还时，还应该认真检查病毒，防止感染病毒。

(4)其他

对违反会计档案管理制度的，应该进行检查纠正，情节严重的，应当报告本单位领导或财政、审计机关严肃处理。

2.3.3 会计电算化的管理咨询

许多企业在购买和应用大型会计软件系统时目标很明确，就是规范企业管理、提高生产效率和取得更好的经济效益。但是企业在购买财务软件后却发现软件很难真正运行起来，有的企业即使按要求进行了软件实施，让系统运行起来了，但效果并不像软件开发商当初描述的那样优化流程、产生利润。有的企业管理者或者认为大型会计软件系统不好用，不符合本企业管理模式，或者是不愿意让计算机软件改变自己的工作习惯，换句话说，他们购买和应用大型企业管理软件系统，并没有真正领会这些软件系统所提供的规范管理模式与先进的管理思想，还是习惯于自己传统的落后管理模式与决策程序。

1.大型会计软件系统应用失败的教训——缺乏管理咨询

建立大型会计电算化系统的关键性工作是购买和应用大型会计软件系统，具体包括软件选型的调研、软件系统实施、系统运行的后续管理这三项工作。决定大型会计电算化系统建设成败的因素主要有三个。

(1)企业决策层是否明白自己真正需要什么样的大型会计软件系统

大型会计软件系统实际上也是企业管理信息系统，重点落在管理上。而许多企业在选购大型会计软件系统时，就是让软件开发商在半天、一天之内将软件演示一遍，然后决定是否购买。一套大型会计软件系统往往有上千个屏幕，在一天或半天之内看一遍演示如同走马观花，很难确定这套软件是否适合自己企业。还有一点，对于企业本身的需求，企业有没有做过细致的分析，没有充分调研，怎么能确定什么样的软件适合自己？当然，企业在引入大型会计软件系统之前，多少都做过一些需求分析，但往往是一些懂计算机的人和懂业务的人各自在自己的专业领域进行分析和猜测，真正知道企业管理存在的问题又懂得现代管理软件的人并不多。概括来说，需求不明晰、调研不充分，是大型会计软件系统应用失败的一个重要原因。

(2)企业决策层是否真正明白和接受大型会计软件系统提供的管理思想

一个大型会计软件系统通常都带有自己的管理思想和管理模式，企业在准备购买和应用大型会计软件系统之前，就应该清楚地意识到即将应用的大型会计软件系统会对自己原有的管理思想与管理模式产生冲击。

在实施大型会计软件系统过程中，一项很重要的活动就是要对原有的全部流程进行重组，包括业务流程的定义、评价与调整，以建立新的规范化业务处理流程。一般来说，这项工作既复杂又耗费资金和人力，通常需要专业管理咨询公司的管理专家提供帮助。

一个新的管理软件系统的实施是改变和优化业务处理过程的催化剂。整个软件实施过程要求调整和重新设计业务流程，使之与软件功能应用紧密结合在一起，同步进行。其中对企业管理将产生的冲击可能包括对竞争策略的改变、组织机构的调整及各部门职责的重新界定、对每个人工作职责及怎样完成自己工作的改变等。这些变化会更有利于企业商业目标的实现，同时也是对每个员工，包括所有管理人员和业务人员的挑战。

(3)企业决策层是否真正明白对职工培训的内容及其意义

这就是大型会计软件系统应用过程中人的因素。在生产过程中，复杂的数据处理要靠计算机，生产的流水线要靠计算机控制，但企业的生产作业计划、在制品定额和原材料采购等环节的控制决策却需要人来完成，人可以根据数据做判断。大型会计软件系统应用失败的很多原因是没有将人和计算机有机结合起来。大型会计软件系统应用的是其管理思想，而不仅仅是软件安装和初始化。许多企业在应用大型会计软件系统时，只是将以前手工的数据处理变为计算机处理，业务处理人员并没有真正按照软件要求的规范流程去工作。而且大多数业务人员使用计算机后，对待工作还是以前沿袭的那一套做法，整个工作流程没有按照现代管理思想去改造，大型会计软件系统应用也就失去意义。许多软件开发商在实施大型管理的同时，对企业员工进行培训，培训内容是教他们如何使用那些名目繁多的屏幕功能，培训结果只是教会用户操作技能，而不是掌握软件中所包含的先进的管理思想，不能真正体会认真处理的数据会产生什么样的管理价值。业务人员的作用在软件使用过程中没有充分体现出来。操作者的责任心和对待数据的态度不认真，将会使管理软件的信息流质量大打折扣。不是因为有了计算机就可以使人的工作量减轻，或者就可以进行裁员从而获得更高的利润。使用计算机的目的是使人的作用发挥得更大，生产效率得到真正的提高。

大型会计软件系统应用失败大多是在上述三个方面出了问题，主要原因也就是在大型会计软件系统和企业之间缺乏一个环节，这就是对大型会计软件系统应用的咨询工作。企业在实施企业管理软件前进行专家咨询，系统交付后进行专家不定期审核是至关重要的。在国外，任何一家企业在实施大型会计软件系统之前，他们首先要找的不是软件开发商，而是专业的管理咨询公司，聘请深具行业知识和企业管理软件知识的专家组来对企业进行充分调研和需求分析，甚至对管理流程重新设计，将企业的核心问题归纳出来，分析企业最需要什么样的管理和什么样的管理软件。对企业员工进行管理意识培训，而不完全手把手地进行操作技能培训。在企业实施管理软件过程中，管理咨询专家又会根据自己的丰富经验监督企业进行业务流程重组和软件系统实施的进度，看其是否偏离管理目标。在系统交付运行后，又会定期进行系统运行效率评估，及时调整管理软件在企业管理中出现的误区。目前国内许多企业尚未认识到管理咨询的重要性，而不愿将钱花在“看不见摸不着”的咨询上，这种价值观本身就不利于大型会计软件系统的成功应用。

2. 大型会计软件系统应用的关键环节——软件实施过程

大型会计软件系统在功能、系统结构、数据关联复杂性以及软件应用难度等方面完全不同于众所周知的财务软件或其他小型应用软件，主要表现在以下几个方面。

(1)管理领域扩大

财务管理只是企业管理的重要组成部分,主要是对企业资金流的管理,而大型会计软件系统则是对企业进行全面管理的计算机软件系统,涵盖企业管理全部业务流程,包括企业资金流、物流、信息流的全面一体化管理。

(2)功能齐全

大型会计软件系统一般包括四个方面的功能:财务管理、供应链管理、生产管理、人力资源管理。由于企业管理模式千差万别,企业管理软件的商品化需要软件适应各种企业管理模式的要求,这对于企业管理软件功能的适应性提出了很高的要求。

(3)数据关联复杂

大型会计软件系统是一个一体化设计、集成运行的软件系统,由于涉及企业整个业务流程或多个部门,系统内不仅要实现数据共享,还要对数据一致性与安全性进行严格控制,因此整个系统内的数据关联关系复杂。

(4)软件应用难度大

由于大型会计软件系统功能丰富、结构复杂,每个人很难在一两年内掌握系统全部功能的操作使用。一般情况下,应用大型会计软件系统的企业,每个业务部门或岗位上的人只能掌握自己的业务处理功能,数据在系统内形成一个流程,与企业实际业务处理流程相匹配。业务处理的各个环节要相互配合,才能使整个软件系统正常运行,从而规范企业管理。

一般的财务软件或其他小型应用软件,只要软件开发商或经销商对用户稍做培训,用户便可以操作软件。软件应用效果好坏主要取决于软件本身的质量,软件“实施”这个环节基本上不存在。企业管理软件则大不相同,企业管理软件能否成功应用受诸多环节、诸多因素的影响,事先不进行充分的准备和制订缜密的计划,往往会导致应用失败。领导重视并作为“一把手工程”来抓,是企业管理软件成功应用的前提,对应用软件进行规范化“实施”则是其中最重要的环节。这正是人们通常所说的“三分软件,七分实施”的道理。

大型会计软件系统实施包括以下几个方面:

①企业管理软件的实施难度很大,需要有实施方法论的指导,需要一支职业化专门从事软件实施的队伍,需要针对软件编制标准化培训教材。

②企业管理软件实施不仅仅是对用户进行软件操作培训,更重要的是应首先对企业进行业务流程重组,理顺和规范企业管理。这是企业管理软件实施的一个重要步骤。

③企业管理软件实施不仅仅是指导用户如何使用软件,而且要协助用户进行信息标准化和规范化编码。

④企业管理软件实施不仅仅要求企业适应软件提供的规范管理模式,还要求在实施过程中也能根据用户的特殊业务处理需求对软件进行客户化改造。

⑤企业管理软件实施是一个耗费时间、人力与资金的过程,实施周期短则半年,长则二至四年。实施费用少则与软件价格相当,多则达到购买价的数倍。

3.大型会计软件系统实施成功的保障——专业咨询公司

对于大型会计软件系统而言,软件开发和经销一般由软件开发商完成,而软件实施、技术支持与运行维护则需要一支专业化咨询服务队伍,这些咨询专家组成独立的管理咨询公司,为企业应用大型企业管理软件提供专业化咨询服务。这不仅是大型会计软件系统“实施”过程复杂性所要求的，也符合企业管理软件国际发展经验以及现代化发展的分工细化原则。

（1）组织软件实施的咨询顾问一般具备多方面的综合能力与素质，主要包括财务知识与财务管理能力、对各行业企业实际管理模式与业务处理流程的理解能力与经验、对计算机技术的综合运用能力、与客户交往及对客户心理的把握、培训与讲解能力等。这是专门从事计算机软件产品开发的技术人员不完全具备的。

（2）管理咨询公司培训和拥有一支专业化顾问队伍，可以为多家企业提供服务，进而掌握各家企业管理软件产品的特点，从而根据企业特定的业务的需求为企业选择合适的软件产品。

（3）软件开发商在开发软件方面占据优势，在激烈的软件产品市场竞争中，可以集中精力不断改进和完善自己的产品。管理咨询公司则在软件实施方面占据优势，可以改进软件实施方法，积累在各行业实施管理软件的经验，提高软件实施的成功率。

管理咨询公司作为企业管理软件开发商与应用企业之间的桥梁，不仅对企业管理软件开发商在推出软件产品之后的进一步发展起推动作用，而且对于推动企业管理软件在企业的成功应用，实现企业管理规范化与现代化也是非常必要的。

在企业选择与应用大型会计软件系统时，专业咨询顾问人员的主要工作内容包括：

（1）准确把握与描述企业应用需求；

（2）为企业制订合理的技术解决方案；

（3）辅助企业选择合适的应用软件；

（4）对企业原有业务流程进行重组，制定规范合理的新的业务处理流程；

（5）辅助软件在企业的安装、调试和系统集成；

（6）结合软件功能和新的业务流程，组织软件实施过程；

（7）组织用户培训；

（8）负责使应用软件系统在企业正常运转；

（9）根据应用软件，为企业编制衡量管理绩效的数据监控体系和内部管理报表体系；

（10）为企业编制决策数据体系和决策数据分析方法；

（11）辅助企业建立计算机信息系统的管理制度；

（12）负责系统正常运行后的运行审查。

第3章　会计电算化系统开发

会计电算化系统的开发与维护本质上是一个逻辑思维过程，比其他工程项目要复杂与困难得多，它涉及组织的内部结构、管理模式、经营管理过程、会计核算方法、计算机硬件和软件的管理与应用等方面。此外，会计电算化系统涉及信息多，数据结构复杂。因此，会计电算化系统的开发和设计是一项专业性、技术性很强的工程，需要采用科学系统的开发方法和工程化的开发步骤，才能确保整个开发工作顺利进行。要建立这样一个系统，必须遵循完整的系统开发的规范化程式。目前开发的方法有多种，我们试图对这些方法进行分类，以期对各种方法有个完整的概念。会计电算化系统的开发方法主要有生命周期法、原型法、面向对象法以及计算机辅助开发方法等。会计电算化系统一般会综合应用这些方法，尤其是综合应用生命周期法与快速原型法进行开发。本章着重讨论软件危机和软件工程、会计电算化系统的开发方法和原则，使学生能够掌握会计电算化系统的开发方法、步骤、特征、适用范围等，为学生在今后能够更好地理解、设计和评价会计电算化系统奠定基础。

3.1　软件危机和软件工程

3.1.1　软件危机

1. 软件危机及其产生的原因

在20世纪70年代以前，软件研制工作没有科学方法的指导，因而遇到了很大困难，人财物及时间的耗费很大，效果却很差，产生了软件供不应求的局面，这种现象就是所谓的软件危机。

软件危机产生的原因：

(1)软件需求猛增；

(2)软件规模庞大、结构复杂、逻辑严密，开发难度大；

(3)软件开发工作量大、费用高、周期长，开发过程难于控制；

(4)系统维护工作量大并且难于进行。

2. 解决软件危机的途径

软件开发不是某种个体劳动的神秘技巧，而应该是一种组织良好、管理严密、各类人员协同配合、共同完成的工程项目，必须充分吸取和借鉴人类长期以来从事各种工程项目所积累的行之有效的原理、概念、技术和方法，特别要吸取几十年来人类从事计算机硬件研究和开发的经验教训，即要把软件开发作为一个工程项目来加以严格的管理。

此外，要推广使用在实践中总结出来的开发软件的成功技术和方法，并且研究探索更好、更有效的技术和方法，尽快消除原有的一些错误概念和做法，还要开发和使用更好的软件工具。正如机械工具可以“放大”人类的体力一样，软件工具可以“放大”人类的智力。在软件开发的每个阶段都有许多烦琐重复的工作需要做，在适当的软件工具辅助下，开发人员可以把这类工作做得既快又好。如果把各个阶段使用的软件工具有机集合成一个整体，支持软件开发的全过程，则称为软件工程支撑环境。

总之，为了解决软件危机，既要有技术措施（方法和工具），又要有必要的组织管理措施。软件工程正是从管理和技术两方面研究如何更好地开发和维护计算机软件的一门新兴学科。

3.1.2 软件工程的基本原理

软件工程是指导计算机软件开发和维护的工程学科。采用工程的概念、原理、技术和方法来开发与维护软件，把经过时间考验而证明正确的管理技术和当前能够得到的最好的技术方法结合起来，这就是软件工程。

1. 用分阶段的生命周期计划严格管理

计算机软件从形成概念开始，经过开发、使用和不断维护，直到最后被淘汰的整个过程是软件的一个生命周期。在软件的生命周期中，需要完成许多性质各异的工作。这条基本原理意味着，应该把软件生命周期划分成若干个阶段，并相应地制订出切实可行的计划，然后严格按照计划对软件的开发与维护工作进行管理。

不同层次的管理人员都必须严格按照计划各尽其职地管理软件开发与维护工作，绝不能受客户或上级人员的影响而擅自改变预定计划。

2. 坚持进行阶段评审

经统计，在软件错误中，设计错误占 63%，编码错误占 37%。可见，大部分的软件错误是在编码之前造成的。因而，软件的质量保证工作不能等到编码阶段结束之后再进行，要在每个阶段都进行严格的评审，以便尽早发现在软件开发过程中所犯的错误。坚持进行阶段评审是一条必须遵循的重要原则。

3. 实行严格的产品控制

在软件开发过程中不应随意改变需求，因为改变一项需求往往需要付出较高的代价。但是，在软件开发过程中改变需求又是难免的，由于外部环境的变化，相应地改变用户需求是一种客观需要，显然又不能硬性禁止客户提出改变需求的要求，只能依靠科学的产品控制技术来顺应这种要求。因此，当改变需求时，一切对软件修改的建议都必须按照严格的规程进行评审，获得批准后才能实施修改。绝对不能谁想修改软件（包括尚在开发中的软件）就随意进行修改。

4. 采用现代程序设计技术

从提出软件工程的概念开始，人们一直把主要精力用于研究各种新的程序设计技术。实践表明，采用先进的技术，既可提高软件开发的效率，又可提高软件维护的效率。

5. 结果应能清楚地审查

软件产品不同于一般的物理产品,它是看不见、摸不着的逻辑产品。软件开发人员(或开发小组)的工作进展情况可见性差,难以准确度量,从而使得软件产品的开发过程比一般产品的开发过程更难于评价和管理。为了提高软件开发过程的可见性和更好地进行管理,应该根据软件开发项目的总目标及完成期限,规定开发组织的责任和产品标准,从而使得所得到的结果能够被清楚地审查。

6. 开发小组的人员应该少而精

这条基本原则的含义是,软件开发小组组成人员的素质应该好,而人数不宜过多。开发小组人员的素质和数量是影响软件产品质量与开发效率的重要因素,随着开发小组人员数量的增加,因交流情况、讨论问题而造成的通信开销也急剧增加,这往往会增加开发成本,有时还会延缓开发进度。因此,组成少而精的开发小组是软件工程的一条基本原理。

遵循上述六条基本原理,就能够按照当代软件工程基本原理实现软件的工程化生产。在实践中,还要积极主动地采纳新的软件技术,不断总结经验,如收集进度和资源耗费数据、收集出错类型和问题报告数据等。这些数据不仅可以用来评价新的软件技术的效果,而且可以用来指明那些必须着重开发的软件工具和应该优先研究的技术。

3.2 会计软件开发方法

3.2.1 生命周期法

生命周期法是软件工程的传统途径,研究较早也较成熟,所以也是目前国内外较流行的信息系统开发方法,在系统开发中得到了广泛的应用和推广,尤其是在开发复杂的大系统时显示出了无比的优越性。

生命周期法就是从时间角度对软件开发和维护的复杂问题进行分解,把软件生命的漫长周期依次划分为若干个阶段,每个阶段有相对独立的任务,然后逐步完成每个阶段的任务。

从旧系统的消亡到新系统的产生,这种周而复始、新老更迭的循环过程有以下特点:

(1)开发过程有明显的阶段性;

(2)开发是一个循环过程,不是简单重复螺旋式地上升,而是一个不断发展和提高的过程;

(3)用户至上,每一个开发阶段及开发步骤不仅要从用户的需求出发,而且要得到用户的同意。

按照生命周期进行系统开发的方法称为生命周期法,它包括四个阶段和若干个步骤。

1. 第一阶段:系统分析

该阶段的主要任务是分析与确定系统的目标,也就是明确系统究竟要"干什么",经过确定目标、初步调查后,提出可行性研究报告,并进行逻辑设计,形成逻辑模型。

2. 第二阶段：系统设计

按照系统分析阶段提出的逻辑模型，设计出能由电子计算机实现的设计方案，其内容包括计算机系统配置、代码设计、数据库文件设计、模块结构和功能设计、输入与输出设计，以及正确性、可靠性设计等，并写出系统设计说明书。

3. 第三阶段：系统实施

该阶段的内容有计算机系统的购置和调试，会计软件系统的编制和调试、新系统（会计软件系统）与旧系统（手工系统）的转换，经用户验收后，移交给用户运行。在系统实施开始时，需拟订系统实施进度计划，结束时需提交系统测试报告、用户手册、系统试运行报告和文档资料。

4. 第四阶段：系统维护

该阶段的主要内容有系统软件维护、数据维护、代码维护、设备维护等。同时，系统应具有环境适应能力，这就要求对系统进行修改和扩充。在本阶段应提交运行、维护记录，以及运行和维护等有关管理制度文档资料。

软件生命周期每个阶段的名称、关键问题和结束标准见表3－1。

表3－1　软件生命周期表

阶段名称	关键问题	结束标准
确定目标	确定系统要干什么	关于规模和目标的报告书
可行性研究	是否有可行的方案	可行性认证报告、项目实施计划
需求分析	系统必须做什么	需要规格说明（逻辑模型）
概要设计	应该如何解决这个问题	结构图或层次图（物理模型）
详细设计	怎样具体地实现这个系统	编码规格说明（物理模型）
单元测试	正确的程序模块	源程序清单、单元测试结单
综合测试	符合要求的软件	符合测试方案和结果
维护	持久地满足使用部门需要的软件	完整、准确的维护记录

在实际研制和开发过程中，为了保证系统的质量，从对任务的抽象逻辑分析开始，一个阶段一个阶段地进行开发。前一个阶段任务的完成是开始进行后一个阶段工作的前提和基础，而后一个阶段任务的完成通常使前一个阶段提出的解法进一步具体化，加进了更多的实现细节，其过程形成了图3－1所示的生命周期图。每一个阶段的开始和结束都有严格的标准，对于任何两个相邻的阶段而言，前一个阶段的结束标准就是后一个阶段的开始标准。在每一个阶段结束之前都必须进行正式严格的技术审查和管理复审，从技术和管理两方面对这个阶段的开发成果进行检查，通过之后这个阶段才算结束。如果审核通不过，则必须停止前进，沿着所经由的阶段返回，进行必要的返工，返工后还要再经过审核。审核的一条主要标准就是每个阶段都应该交出“最新式的”（即和所开发的软件完全一致的）、高质量的文档资料，从而保证在软件开发工程结束时有一个完整准确的软件配置交付使用。文

档是通信的工具、交流信息的基础，它们清楚准确地说明了到这个时候为止，关于该项工程已经知道了什么，同时确立了下一步工作的基础。此外，文档也起备忘录的作用，如果文档不完整，那么一定是某些工作忘记做了，在进入生命周期的下一个阶段之前，必须补足这些遗漏的细节。在完成生命周期每个阶段的任务时，应该采用适合该阶段任务特点的结构化思想。

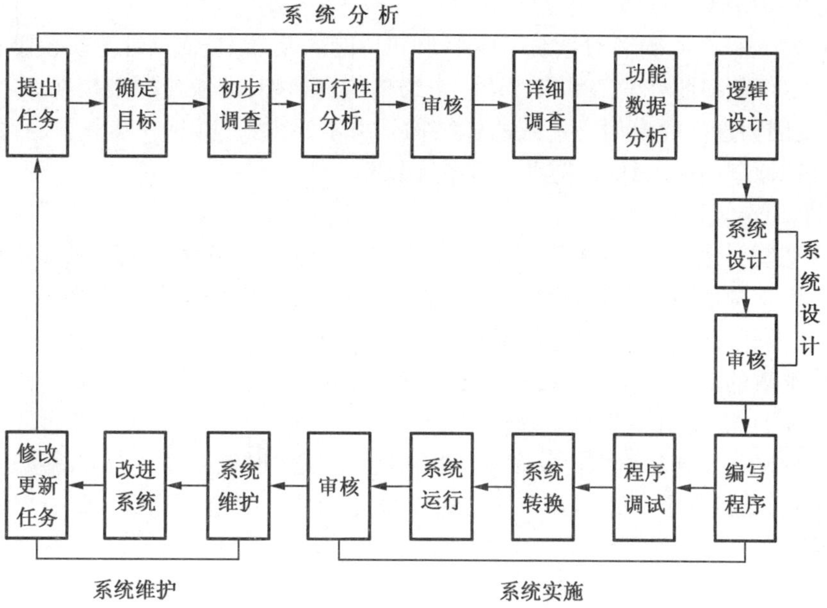

图3－1　系统生命周期表示意图

把软件生命周期划分成若干个阶段，每个阶段的任务相对独立而且比较简单，便于不同人员分工协作，从而降低了整个软件开发工程的困难程度。在软件生命周期的每个阶段都采用科学的管理技术和良好的技术方法，而且在每个阶段结束之前都从技术和管理两个角度进行严格的审核，合格之后才开始下一个阶段的工作，这就使软件开发工程的全过程以一种有条不紊的方式进行，保证了软件的质量，特别是提高了软件的可维护性。总之，采用生命周期法可以大大提高软件开发的成功率，软件开发的生产率也能明显提高。

3.2.2　原型法

1. 原型法的基本思想

原型法是在投入大量的人力、物力之前，在限定的时间内，用最经济的方法开发出一个可实际运行的系统模型，用户在运行使用整个原型的基础上，通过对其评价，提出改进意见。对原型进行修改→用户试用→评价过程反复进行，使原型逐步完善，直到完全满足用户的需求为止。

原型法是指在获取一组基本的需求定义后，利用高级软件工具可视化的开发环境，快速地建立一个目标系统的最初版本，并把它交给用户试用、补充和修改，再进行新的版本开发。反复进行这个过程，直到得出系统的“精确解”，即用户满意为止。

2. 原型法的开发过程

（1）确定用户的基本需求

由用户提出对新系统的基本要求，如功能、界面的基本形式、所需要的数据、应用范围、运行环境等，开发者根据这些信息估算开发该系统所需的费用，并建立简明的系统模型。

（2）构造初始原型

系统开发人员在明确了对系统基本要求和功能的基础上，依据计算机模型，以尽可能快的速度和尽可能多的开发工具来建造一个结构仿真模型，即快速原型构架。之所以称为原型构架，是因为这样的模型是系统总体结构。由于要求快速，这一步骤要尽可能使用一些软件工具和原型制造工具，以辅助进行系统开发。

（3）运行、评价、修改原型

快速原型框架建造成后，就要交给用户立即投入试运行，各类人员对其进行试用、检查分析效果。由于构造原型中强调的是快速，省略了许多细节，一定存在许多不合理的部分。所以，在试用中开发人员和用户之间要进行充分的沟通，尤其要对用户提出的不满意的地方进行认真细致的反复修改、完善，直到用户满意为止。

（4）形成最终的会计电算化系统

如果用户和开发者对原型比较满意，则将其作为正式原型。经过双方继续进行细致的工作，把开发原型过程中的许多细节问题逐个补充、完善、求精，最后形成一个适用的会计电算化系统。

原型法的开发过程如图 3－2 所示。

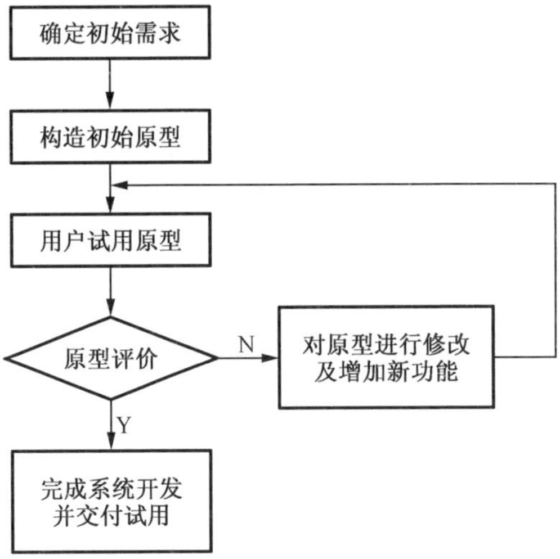

图 3－2　原型法的开发过程

3. 原型法的工作步骤

利用原型法进行会计电算化系统的设计过程中，分四步进行：首先快速分析，弄清用户/设计者的基本信息需求；其次构造原型，开发初始原型系统；再次，用户和系统开发人员使用并评价原型；最后，系统开发人员修改和完善原型系统。

4. 初始原型的构造原则

原型法的实质是尽快地构造一个原型，以尽快明确用户需求，适应变化的开发环境。但是如何构造一个系统的初始原型？

构造系统原型可以从以下三个方面考虑：

(1)尽可能利用现成软件和模型来构造原型。随着软件产品的商品化，这种积木式产生原型的方法是完全可行的，而且会大大减少开发费用，缩短开发周期。

(2)按最小系统原则构造一个规模较小、基本能反映用户系统需求的原型，经用户评价和迭代修改，再补充完善系统的其余部分。

(3)利用高效率软件工具生成原型。如第四代语言较第三代语言编程能力和编程效率高，这样可大大节省编程时间，缩短开发周期。

5. 原型法特点

(1)优点

符合人们认识事物的规律，系统开发循序渐进，反复修改，确保较好的用户满意度；开发周期短，费用相对少；由于有用户的直接参与，系统更加贴近实际；易学易用，减少用户的培训时间；应变能力强。

(2)缺点

不适合大规模系统的开发；开发过程管理要求高，整个开发过程要经过“修改—评价—再修改”的多次反复；用户过早看到系统原型，误认为系统就是这个模样，易使用户失去信心；开发人员易将原型取代系统分析；缺乏规范化的文档资料。

(3)适用范围

处理过程明确、简单的系统；涉及面窄的小型系统。

(4)不适用范围

大型、复杂、难以模拟的系统；存在大量运算、逻辑性强的处理系统；管理基础工作不完善、处理过程不规范的系统；大批量处理系统。

3.2.3 面向对象法

面向对象的系统开发方法(面向对象法)是20世纪80年代以来根据各种面向对象的程序设计方法逐渐发展起来的。它从面向对象的角度出发，为我们认识事物、开发系统提供了一种全新的方法。

面向对象法的基本思想是：客观世界是由各种各样的对象组成的，每种对象都有各自的内部状态和运动规律，不同的对象之间的相互作用和联系就构成了各种不同的系统。当我们设计和实现一个客观的会计电算化系统时，如果能够在满足需求的条件下，把系统设计成由一些不可变的部分组成的最小集合，这些不可变的部分就是所谓的对象。

1. 面向对象法的开发过程

(1)系统调查和需求分析：对所要研究的系统面临的具体管理问题以及用户对系统开

发的需求进行调查研究，搞清楚系统的目的和用户的需求是什么。

（2）面向对象分析阶段：把繁杂的问题进行分解并抽象成一些类或对象，分析这些对象的结构、属性、方法，以及对象间的联系等。

（3）面向对象设计阶段：根据分析阶段的文档资料，对分析结果做进一步的抽象归纳、整理，从而给出对象的实现描述，并最后以范式的形式将它们确定下来。

（4）面向对象实现阶段：根据设计阶段的文档资料，选用面向对象的程序设计语言实现设计阶段抽象整理出来的范式形式的对象，形成相应的应用程序软件。

2. 面向对象法的优缺点及其适应范围

面向对象法是以对象为基础，利用特定的软件工具直接完成从对象客体的描述到软件之间的转换。因此，缩短了系统开发周期，简化了分析和设计过程，具有较强的应变能力。但面向对象法有一定的局限性，需要有一定的软件基础支持才可应用，对于大型系统而言，不进行自顶向下的整体划分，而直接采用自底向上的开发，易造成系统结构不合理，各部分关系失调等问题，也容易使系统整体功能协调性差，效率降低。

3.2.4 计算机辅助开发方法

自计算机在金融、会计等经济领域应用以来，系统开发过程中的系统分析、设计等过程一直是制约信息系统发展的一个瓶颈。20 世纪 80 年代末，人们将计算机图形处理技术、程序生成技术、关系数据库技术和各类开发工具相结合，形成支持系统开发的综合计算机辅助软件工程开发环境，简称 CASE。在 CASE 环境中可以让计算机辅助信息系统开发，这种辅助主要体现在它能够帮助开发者方便、快捷、自动地产生出系统开发过程中的各种图表（如数据流图、结构图、层次化功能图）、程序和说明性文档。这样基本解决了信息系统开发的瓶颈问题。由于 CASE 环境的出现从根本上改变了开发信息系统的物质基础，从而使得利用 CASE 开发一个系统时，在考虑问题的角度、开发过程的做法以及实现系统的措施等方面都与传统方法有所不同，故人们又将其称为 CASE 方法。

CASE 方法的基本思路是：在实际开发一个系统时，CASE 的应用必须依赖于一种具体的开发方法，如生命周期法、原型法、面向对象法等，并提供支持上述各种方法的开发环境，如生命周期法中，业务流程分析→数据流程分析图绘制→功能模块设计→程序设计等，CASE 都提供专门的软件工具来支持系统开发过程，实现计算机辅助开发工作。

以上介绍了四种系统开发方法，这些方法各有优点，但又各有缺陷。

原型法是一种基于 4GLS（第四代程序生成语言）的快速模拟方法，它通过模拟以及对模拟后原型的不断讨论和修改最终建立系统。但是要想将这样一种方法应用于一个大型信息系统开发过程中的所有环节就比较困难，因此它多应用于小型局部系统或处理过程比较简单的系统的设计到实现环节。面向对象法是一种围绕对象进行系统分析和设计，然后用面向对象的工具建立系统的方法。由于这种方法不能涉及系统分析以前的开发环节，因此不能成为支持系统开发全过程的方法。

CASE 方法是一种除系统调查外的全面支持系统开发的自动化开发方法，但是，CASE 必须依赖于一种具体的开发方法，因此也是一种辅助开发方法。

生命周期法是真正能够全面支持整个系统开发过程的方法,其他几种方法尽管有很多优点,但都只能作为生命周期法在局部开发环节上的补充,暂时都还不能替代其在系统开发过程中的主导地位,尤其是在占目前系统开发工作量最大的系统调查和系统分析这两个重要环节。

会计电算化系统作为管理信息系统的一个组成部分,与管理信息系统的其他子系统相比具有许多共同之处,但又有其本身独具的一些特征:数据量大;数据结构、关系复杂;数据加工处理方法要求严格;数据的真实性、准确性要求高;要有充分的安全性、可靠性保证;与其他子系统联系紧密;人为因素多,数据处理方法因单位而异等。因此,会计电算化系统的开发是一项庞大的系统工程,应该采用生命周期法为主、其他方法为辅的开发方法。

3.3 会计电算化系统开发原则

会计电算化系统开发所应遵循的原则一般包括以下几个方面:

(1)领导参与的原则。会计电算化信息系统的开发是一项庞大的系统工程,它涉及组织日常管理工作的各个方面,所以领导出面组织力量,协调各方面的工作是系统开发成功的首要条件。在会计电算化工作中,几乎涉及企业的所有部门和人员,同时还涉及管理机构及管理体制的变动,这都需要企业领导出面组织和协调。没有领导的重视与支持,企业实施会计电算化所遇到的问题,如人员配置、资金问题、部门间的合作与协调、配套改革等,将很难得到解决。因此,在会计电算化工作中企业财务部门负责人应领导该项工作,有条件时还可吸收有关部门领导组成会计电算化领导小组,领导整个企业的会计电算化工作。

(2)优化与创新的原则。会计电算化信息系统的开发不能模拟旧的管理模式和处理过程,它必须根据实际情况和科学管理的要求加以优化与创新。

(3)充分利用信息资源的原则。数据尽可能共享,减少系统的输入输出,对已有的数据、信息做进一步分析处理,充分发挥深层次加工信息的作用。

(4)实用和时效的原则。要求从制订系统开发方案到最终形成信息系统都必须是实用的、及时的和有效的。实用的系统要求易操作性强,会计电算化系统的使用者是会计人员,因此系统必须尽可能方便用户使用,具有友好的界面、准确简明的操作提示、简单方便的操作过程,并要求尽可能使用会计术语,使会计人员一学即会。

(5)规范化原则。要求按照标准化、工程化的方法和技术来开发系统,包括系统设计的规范性、管理制度的规范性、数据信息的规范性等。有了这些规范性的要求,可避免由于人的主观因素而造成系统实施的偏差,从而避免会计电算化工作失败的可能性。

(6)发展变化的原则。即易扩充性,整个系统在运行周期内,由于环境条件的变化,从而要求系统随之进行改变的难易程度,易扩充性要求对系统的修改和扩充能够非常容易地进行。充分考虑组织和管理模式可能发生的变化,使得系统具有适应环境变化的能力。

(7)效益性原则。提高经济效益是会计电算化的最终目的。提高经济效益也要从两方面斟酌:一是直接经济效益,即直接投入直接产出的效益;二是间接经济效益,即因为会计电算化而引起公司的现代化,发生的非直接经济效益。

以下几个方面需要特别注意：

第一，在系统实施前，应对经济效益、技术能力、管理水平、各种约束条件进行全面剖析，先进行整个系统的可行性剖析，以肯定是否具备条件进行会计电算化工作。

第二，可行性研究要围绕公司的最终经济效益来开展。一般来说，评价会计电算化系统的经济效益，要从会计电算化能否节约公司的流动资金占用量，能否准确、及时和全面地提供必需的信息，能否提高公司管理工作的效率和质量，以及决策水平等方面着眼。也就是说，要从计算机是现代化管理的辅助工具这个角度来评估它的效益。

第三，在系统设计历程中，也应坚持效益性原则，力求降低设计开发成本，提高会计信息系统的质量。

第 4 章　会计电算化系统分析

系统分析在会计电算化系统中具有重要地位,是系统开发过程中最重要的工作之一。系统分析的目的是通过调查和分析,弄清用户对系统的全部需求,其基本任务是建立一个会计电算化系统的逻辑模型。逻辑模型是计算机信息系统的一个逻辑设计方案,主要是研究“做什么”的问题,而不是研究“如何做”的问题,它直接影响将来实现的信息系统的功能和性能。本章主要介绍结构化系统分析方法。

4.1　会计电算化系统的可行性研究

这一阶段是根据用户的系统开发请求,进行初步调查,明确问题,确定系统目标和总体结构,确定实施进度,然后进行可行性研究。

4.1.1　系统初步调查

初步调查只需要对原有的会计电算化系统(可能是手工的,也可能是电算化的)进行大致的调查,概括了解原有系统的现状及存在的问题,为可行性分析服务。初步调查的重点是原有系统的总体功能及其与外部的联系,特别是制约系统开发的外部环境的情况。初步调查的内容包括以下方面。

1. 原系统的基本情况

其主要包括原有的会计电算化系统的组织机构与人员配置、主要功能、工作方式、需要处理的业务及数量、系统与各部门的关系、各部门对系统信息的需求情况、数据处理流程和当前系统存在的主要问题等。

2. 新系统的目标

新系统要解决当前存在的哪些问题,根据各部门对系统信息的需求和使用情况,了解新系统需要增加哪些功能,达到什么目标。

经过系统初步调查,下一步就可以进行可行性分析,主要分析开发会计电算化系统在经济上和技术上是否有足够的保障。

会计业务比较复杂,条件多变,而各个环节既互相联系,又互相制约。因此,在开始设计会计系统时,要全面考虑各种要求,制定一个目标,使后面各种局部环节的设计都可以围绕这个目标进行,但这个目标的确定不能只凭主观愿望,要根据本部门的实际情况制定一个符合实际条件的综合目标。如果草草制定一个目标就仓促上马,在工作进展到一定程度时就会感到各个环节难以协调,以致顾此失彼,无法形成一个统一的会计系统,而这时已投入了大量的人力,浪费了宝贵的时间,就会造成不必要的损失。

因此,在整个系统分析设计时,也就是在目标确定的过程中要全面考虑各种情况和要求,尽可能做到计划周密。对系统的使用者而言,要尽可能将要求和希望达到的目的提出;

对系统的设计者来说，应尽可能和会计人员多接触，了解他们的要求，多做些调查工作，切忌赶时间而草草确定目标，否则会给今后的设计和实施带来很多不利因素，严重时会导致前功尽弃。目标确定下来后，系统开发者（以下简称甲方）和用户（以下简称乙方）一般要签订一份协议（计划任务书），在这份计划任务书中，要规定系统的目标。例如，要开发账务处理系统，它的目标一般为：从输入记账凭证（包括原始凭证）开始，经过计算机处理，输出日记账、科目汇总表、明细账、总账，达到数据共享。这样一份计划任务书可以起到三个作用：

（1）可以作为甲方安排工作进度的依据；

（2）可以作为乙方验收系统是否完成的依据；

（3）也是第三方（公证机关）对该系统进行评审时的最低要求。

4.1.2 可行性分析

1. 可行性分析的必要性

有的企业由于规模较小，对开发新系统的要求不迫切，现有的会计电算化系统基本上能满足企业会计核算和管理的需要，因此就没有必要再开发新系统。有的企业目前缺乏开发新系统的某些条件，比如会计基础工作太差，勉强上马开发，也不会收到好的效果，所以也不具备可行性。有的企业现用的系统已不能适应企业管理或外部环境的要求，迫切需要尽快开发新系统，以提高企业的管理水平。那么，就要从技术、经济及运行环境等方面进行可行性分析研究。

2. 可行性分析的内容

（1）技术可行性

为实现系统目标，是否具备了必要的计算机硬件和通信设备条件、软件技术手段和系统开发的技术条件。硬件设备条件主要指计算机的处理速度、存储容量、可靠性、数量等能否满足新系统的要求。根据系统规模和业务量大小确定新系统的硬件结构，如采用单机、多用户还是计算机局部网络分布式处理。对于需要联网的企业，则还要考虑现有的通信设备等资源情况。软件的技术条件主要是指实现系统目标所需的软件技术和数学模型、管理模型等，包括操作系统、数据库管理系统、程序设计语言、应用软件包、工具软件和汉字处理技术等能否满足新系统的要求。根据系统规模和复杂程度，分析系统开发人员的数量及其技术水平（能力、开发经验）能否胜任，能否在限定的时间内完成开发。

（2）经济可行性

经济可行性研究主要是对系统开发成本费用、经济效益进行估算分析，以确定开发新系统在经济上是否划算。

①系统开发费用。其主要包括修建或改造机房的投资；计算机主机及外部设备、外围设备和通信设备的购置与安装费用；系统软件、工具软件、管理软件包的购置费；会计软件的购置或开发研制费。系统投入使用后的费用有硬件、软件的维护费，人员工资，打印纸等消耗材料的费用。

②会计电算化的经济效益。其主要包括直接效益和间接效益两个方面。直接效益是指可以用货币计量的效益，间接效益是指无法直接定量测算的那部分效益。

直接效益包括系统的转让费，系统投入使用后节省的人工处理费，会计电算化提高了企业经营管理水平带来的经济效益。如减少发出商品的资金占用,加强了应收账款的管理,加速了资金回收,加强了对材料采购与库存管理的控制,减少了储备资金占用,避免了停工待料的发生等;加强材料收发管理,严格定额领料,加强工时安排与生产计划的控制执行都有利于降低产品生产成本,加强整个企业的资金管理与调度,从而减少银行贷款而节约利息支出等。

间接效益包括:会计电算化提高了会计处理的质量和传递速度,及时为企业有关部门提供更多准确可靠的信息,使领导决策更科学、更有效;会计电算化促进了会计工作规范化、程序化和标准化,可采用更先进的方法,如管理会计、责任会计、投入产出、运筹学、经济计量学等数学模型和方法,对生产经营进行更有效的控制。

电算化使广大财会人员从日常繁忙的记账、算账和报账中解脱出来,实现会计工作向事前预测、事中控制和事后分析的转变,也有利于提高财会人员素质,所以会计电算化必然会给企业带来巨大的经济效益。尽管这些效益是无形的,要在较长的时间内才能体现出来,也没有统一的公式可以测算,但在进行经济可行性分析时,仍要予以充分的考虑。

(3)运行可行性

会计电算化系统是一个在现用系统基础上开发的人－机系统。因此,它既依赖现行系统的应用环境,又强调人－机交互、管理体制、人员构成及其素质。运行可行性包括要考察单位的会计基础工作、管理水平、财会人员的业务素质,是否具备运行计算机信息系统的必要条件;会计与企业其他职能部门的业务往来;要分析新系统会给企业各级管理人员、财会人员带来什么影响,能否被他们接受,所以要注意他们的态度并做好解释工作。

运行可行性还要了解新系统能否被有关上级部门接受,如主管部门、银行、税务、工商、海关等方面的态度,打印的凭证、账簿和报表是否能被有关部门认可,机制凭证有无法律效力等。运行可行性要充分考虑系统开发和使用过程中会出现的各种问题,以便在开发与使用时采取必要的措施加以控制或进行调整,使开发工作能顺利进行。同时要将这些可能出现的问题告诉用户,让他们提前对这些问题进行研究,以免因思想观念、管理机制等方面的问题而贻误系统的建立和正常使用。

3. 撰写可行性分析报告

可行性分析报告就是用书面的形式记录可行性分析结果,作为论证和进一步开发的依据。

可行性报告主要由如下内容组成。

(1)系统环境分析

系统环境分析包括企业的地理位置及分布、企业的现有资源及可供今后使用的情况、系统外部环境的影响因素、与企业内部其他信息系统的接口要求、与企业外部其他组织的信息系统的接口要求等。对企业地理位置及分布的分析可以提出以后地理设计的要求及约束;对企业现有资源的分析可以提供新系统可用的现有资源的情况,从而减少新的投资;对外部环境的分析,可以了解上级及其他组织的指导与约束作用(如资金、会计管理工作等);对企业内、外部其他信息系统接口的分析,有助于共享、利用其他信息系统资源。

(2)系统的初步逻辑模型和规模

在可行性报告中应描述新系统的初步逻辑模型和规模、软硬件配置、投资预算、开发人员要求及数量等,为企业进行全局资金预算、技术人员引进等提供依据。

（3）建立会计电算化系统必要性与可能性论述

用简洁充分的论据论述需要建立会计电算化系统的必要性，同时从领导是否支持、资金是否保证、技术是否可行、人员是否配备和环境是否允许等诸方面论述实现的可能性。与此同时，对系统可能遇到的风险进行简单的分析。

（4）结论

可行性报告最后应明确写上结论。结论有三种：可以开发新系统；对现行系统进行修改扩充；维持原状。

4.2　系统的分析

系统分析阶段的任务是在可行性分析的基础上，对原有系统进行详细调查分析，收集原系统的文件（凭证、账簿、报表等）样本，明确用户对系统的全面需求（包括功能、性能、安全等），然后根据分析的结果，建立新会计电算化系统的逻辑模型。系统分析阶段的主要任务是解决“做什么”的问题。

4.2.1　系统分析的步骤

（1）对现有系统进行详细调查，获得现用系统的具体模型。具体模型是完全如实、照相式地反映客观事物，它包含了许多具体的、非本质的因素，涉及业务人员或实物等。

（2）去掉具体模型中的非本质因素，抽象现行系统的逻辑模型。逻辑模型是对客观事物本质特征的抽象描述，也就是说，该模型只反映必需的、本质的处理过程和内容，不受个别因素的影响。

（3）通过调查，详细了解用户对新系统的各种需求，确定系统目标及应具有的功能。分析当前系统与目标系统之间的差别，从而建立起目标系统逻辑模型。

目标系统的功能不应该只是简单地模仿现用系统，而应该比现用系统更强和更好，应充分考虑计算机处理的特点以及现代化管理的需要，要注意改造原系统不合理、不恰当的处理流程，要注意各子系统之间数据的共享性。新系统逻辑模型建立起来后，要及时交给用户审核并与之讨论，征求用户意见并做好记录。

（4）根据用户的补充要求和反馈意见，对新系统逻辑模型进行修改和完善，使之能充分满足用户的需求，同时对用户不合理的要求也要做好解释。在此基础上，合理地确定人-机界面，补充处理细节，并编写需求说明书。

（5）对需求说明书进行复审，直到没有错误，文档齐全，能完全满足用户的需求为止。

4.2.2　现行系统的详细调查

在可行性研究阶段，通过初步调查，已对组织机构、系统功能等有了大致的了解，但对具体的业务处理过程及方法仍不十分清楚，需要做进一步详细调查。通过详细调查，使系统分析人员全面细致地了解整个系统的业务流程以及各种计划、单据和报表的输入、存储、处理、输出等各个环节，为建立新系统的逻辑模型打下基础。新系统是在原系统的基础上开发的，要真正了解用户对新系统的确切要求，明确所开发的系统应该具有什么功能，必须对原有系统做详细调查。此阶段所做的调查比初步调查详细得多。

1. 调查的方法

系统调查的目的是要获得完整详细的现有会计电算化系统的真实资料,得到现有会计电算化系统的“真实模型”。系统调查过程是运用各种方法使现有会计电算化系统的核算步骤、数据处理等内容在系统调查人员的头脑中再现的过程,并通过书面文件表现出来。系统调查可采用下列几种方法。

(1)系统调查表

系统调查表由问题和答案两部分组成,问题由主持系统调查工作的系统分析人员列出,答案主要由被调查单位会计给出。利用系统调查表进行调查可以减轻被调查单位的工作负担,方便系统调查人员开展调查工作,得到的调查结果系统且准确。用系统调查表进行调查,关键在于设计好调查表的各种问题,如果问题设计得不明确或不全面,得到的调查结果也不会令人满意。

(2)访问会计人员

系统调查可通过直接访问会计电算化系统有关人员获得现有系统的详细资料,访问过程中要选择合适的调查对象,并做好访问记录。直接访问会计人员,可以了解到一些系统调查表所不能得到的情况,特别是会计人员对建立新的会计电算化系统的看法。

(3)开讨论会

会计中的有些问题常涉及众多会计人员,通过开会讨论的方式往往能尽快弄清这些问题的来龙去脉,把握问题的全貌。在深入调查和征求对新建立的会计电算化系统的看法时,开会讨论的调查方法更能发挥作用。

(4)参加业务实践

对于某些关键又缺乏必要规范性的业务环节,开发人员可参与一定的业务实践,以便了解其实质,提出改进方案。

2. 调查的内容

(1)单位的组织机构调查

主要是了解现行系统内部是由哪些部门及单位组成的,这些部门及单位相互关系如何。组织机构调查的结果是画出单位的组织结构图,目的是便于设计部门编码,了解各部门对系统处理和信息的需求,避免今后进行系统和程序设计时遗漏某一部门的数据。

(2)原系统的内部运作与业务处理调查

其主要包括以下内容:

①原系统的各种业务处理在哪些部门执行,其核算数据来自哪些部门,各种凭单和报表要分送到哪些部门。

②详细了解各部门所提供的原始数据载体(凭证、表格、通知等)的名称、格式、内容、数量、传递等。把各种凭证、表格、账页、通知等资料都收集一份做样本,以便系统分析、设计、编程时参考。

③现有的会计与财务制度、有关规定等,包括国家的、行业的、上级部门的、本单位的各种规定,如缺勤扣款的规定、计件工资的规定、奖励规定等。

④各部门业务处理和各会计核算环节的处理和控制过程。如各项业务如何处理,怎样收集各种业务处理的原始凭证,各种业务怎样核算,单据与报表如何传送与使用,有哪些核

对与控制，原系统的核算与管理有什么需要或可能改进的地方等。

（3）系统的外部环境关系

系统与本单位外部的哪些单位有关系，有什么关系，什么部门或单位需要本单位的会计信息或其他有关信息，对信息的要求如何，信息提供的方式如何等。

（4）薄弱环节调查

在对现行系统进行详细调查的过程中要特别注意薄弱环节。薄弱环节是新系统设计时要解决的主要问题，薄弱环节的解决可极大地提高新系统的效益。在总体规划中，薄弱环节也是新系统目标的重要组成部分。可通过座谈、访问、书面调查、分析资料和直接参加业务实践来发现系统的薄弱环节。

详细调查可以用文字或用业务处理流程图的方法把业务处理过程详细记录下来：前者容易记得详细、准确，但以后阅读时不能一目了然，系统调查、分析人员与业务主管人员再次交流核对时不那么有效、直观；后者是用图示的方法表示业务的处理过程，容易理解且较直观，便于调查、分析人员与业务人员复核交流，其缺点是有些细节可能不容易表达清楚。

4.2.3 系统的需求分析

会计电算化系统基于手工会计系统又高于手工会计系统。会计电算化系统的功能不但要满足手工会计核算的所有功能，而且还要根据计算机计算速度快、存储量大的特点，完成手工系统所无法实现的功能，如费用的分析控制、成本的分析控制、预测、决策等功能。因此，分析会计电算化系统需求时，应先理解现行手工会计系统，以现行的手工会计系统为模型，建立会计电算化系统的模型。

1. 手工会计业务流程分析

对手工会计业务流程的分析应按以下顺序进行：画出各有关部门的业务流程图；与业务人员讨论业务流程图是否符合实际情况；分析业务流程中存在的问题，如处理内容是否重复，流程是否符合逻辑等；与业务人员讨论，提出改进的业务流程；将新业务流程交企业最高管理层研究决定。

在系统调查过程中，除对企业的会计业务进行调查外，还要调查会计人员以及各级管理层对会计电算化系统的需求。这些需求可归纳为以下三项内容。

（1）对日常事务处理能力的需求

①日常事务处理的组织。某项会计事务是由什么内容组成的，由哪个部门负责，涉及哪些业务部门，组成会计事务的各个过程、步骤和功能是什么，是否满足专门的管理目标，哪些方面需要改进等。

②日常事务处理活动量。每项事务处理的频繁度，是否有周期性，会计人员工作量的需求。

③日常事务处理的会计控制。用什么方法来控制，用什么标准来测量和评价性能，在控制中使用什么方法来检测差错，有没有专门的安全措施来防止错误的活动以及哪些方面需要专门控制，可否对事务处理的结果进行预测，用什么方法预测等。

（2）对管理决策功能的需求

①管理决策功能。做什么样的决策，解决什么问题，信息输出形式要求等。

②管理决策信息来源。管理决策使用什么信息，历史数据是否丰富，信息的来源是什

么等。

③管理决策与日常事务之间的联系。哪些日常会计事务处理需要的数据产生于决策中,哪些管理决策过程需要日常会计事务处理的结果等。

(3)企业的需求

企业的需求实际上也分为日常事务处理需求和管理决策功能需求,内容与上述基本一致。但是企业需求更强调企业领导对会计事务处理和管理决策功能,企业领导经营企业的侧重点是企业的长远发展中有关企业会计、财务方面的发展需求。

通过对以上三项内容的调查,可以确立企业会计电算化系统的需求目标。对需求目标进行的分析是:结合业务流程图,分析会计日常事务处理能力需求的合理性;分析管理决策功能需求的合理性;根据需求内容和企业对会计电算化的投资规模,分析和综合平衡各项需求,找出关键需求,拟出解决这些问题的初步规划。

需求分析的结果是需求分析报告,报告的内容应包括需求内容、对需求内容的分析、解决问题的步骤等。

2. 数据分析形成逻辑模型

数据分析是对系统调查过程中收集到的资料进行综合、归纳的过程。

在系统调查的过程中,系统分析人员尽可能全面地收集企业现行会计电算化系统的数据。这些收集到的原始数据往往存在不足:在收集数据时不加选择;数据之间的逻辑关系不明确;冗余度极大;数据的来源和要到达的目的地并不十分明确,企业各部门按自己的需要及习惯处理业务数据,数据没有统一的形式。

为了克服以上这些缺点,以便在建立系统的数据模型时能以精确、逻辑严密的数据作为基础,开发人员对手工会计工作进行全面细致地调查分析后,需要用专门的方法,清晰、简明、准确地描述会计电算化系统的逻辑模型,结构化分析方法是一种有效、实用的方法,是进行会计电算化系统分析的有力工具。

4.3 结构化分析方法

结构化分析(SA)方法是面向数据流进行系统分析的方法,它采用“自顶向下,逐层分解”的思想来描述系统。也就是说,将一个系统的复杂功能逐步分解为若干个次级复杂功能,然后再将次级复杂功能分解为更次级的复杂功能,如此下去,直到分解为若干“基本功能”为止。这些基本功能是计算机能直接处理的。这也就做到了由繁到简,由难到易。

系统分析的结果是产生新系统的逻辑模型。新系统的逻辑模型由一组图表工具组成,包括数据流程图、数据字典等。它们不仅在逻辑上表示新系统目标所具备的各自功能,而且还表达了输入、输出、数据存储、数据流程和系统环境等。

4.3.1 数据流程图

数据流程图(DFD)不但表达了数据在系统内部的逻辑流向,还表达了系统的逻辑功能和数据的逻辑变换过程,同时,还能形象、准确地表达新系统的逻辑模型,是结构化系统分析的主要表达工具。

1. 数据流程图的基本符号

数据流程图所采用的基本符号有外部项、处理逻辑、数据存储和数据流。

(1)外部项

外部项是指处于系统之外的人、机构或另一个系统，它表示进入系统的数据来源或处理后数据流出系统的最终去向，是系统与外界的数据接口。在数据流程图中，外部项用一个方框表示，框内写上外部项的名称，通常把外部项画在DFD的四周，其作用是表达系统的范围和与外界的数据联系。外部项的表示方法如图4－1所示。

图4－1　外部项的表示方法

(2)处理逻辑

处理逻辑也称加工，表示对数据进行处理或变换的功能，即把流向它的一组数据流加工成另一组数据流。加工在DFD上用一个圆圈（泡）表示，圈中写上该加工的名称。加工名称要简洁、容易理解，能反映该加工的含义，常用“动词＋名词”作为加工名。加工的表示方法如图4－2所示。

图4－2　加工的表示方法

(3)数据存储

数据存储又叫文件，表示处理中需要暂存或永久保存的数据集合。文件用两根平行的线段表示，在线段的上方、下方或中间写上该文件的名称。文件的表示方法如图4－3所示。

图4－3　文件的表示方法

(4)数据流

数据流由一组固定成分的数据项组成，用带箭头的直线标识，表示一束按特定方向流动的数据。除了表示流入或流出文件的数据流外，还应在直线的附近注明该数据流的名称，以便理解其含义。数据流的表示方法如图4－4所示。

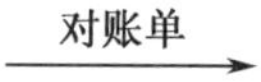

图4－4　数据流的表示方法

数据流可以从外部项流入加工或从加工流入外部项，可以从一个加工流到另一个加工，也可以从文件流入加工或从加工流入文件。也就是说，所有数据流都必须与加工有联系。

2. 数据流程图的画法

新系统逻辑模型的主要表达工具是数据流程图,它是在分析现有系统具体模型及用户需求的基础上去掉非本质因素抽象出来的,在分析中要考虑当前系统与目标系统的差别,进行改造和优化,以便抽象出目标系统的逻辑模型。

(1)画数据流程图的原则

首先,应充分考虑人与机器处理的特点,合理确定人-机界面。人与计算机处理数据有不同的特点,因此在建立新系统逻辑模型的过程中,要充分考虑人与机器处理特点和各种会计业务特点,扬长避短,合理划分人工与计算机处理的范围,确定人-机界面。其次,要改进原系统,不能简单模仿。新系统数据流程图不应该仅仅是当前系统的简单模仿,其功能应该比当前系统更强和更好,因此画数据流程图是一个不断分析、归纳与抽象的过程。最后,画数据流程图是一个不断试探和修改重画的过程。通常要先找出流入和流出系统的数据流,然后由外向内顺着或逆着数据流的方向一步一步地展开。所以画数据流程图就是从系统的"输入数据流"到系统的"输出数据流",中间由一连串加工来实现这个数据的转换过程。刚开始画时,数据可能会有冗余或遗漏,但随着对问题的深入了解和进一步分析,可以逐步把错误检查出来并更正,所以画数据流程图是一个不断试探和修改重画的过程。

(2)画层次数据流程图的一般步骤

在分层的数据流程图中,下层图是对上层图中某个加工的细化,下层图为上层图的子图,上层图为下层图的父图。所以,父图中有多少个加工,就可以画出同样数目的子图,除非父图中某个加工较简单,不需要再继续分解,如图4-5所示。

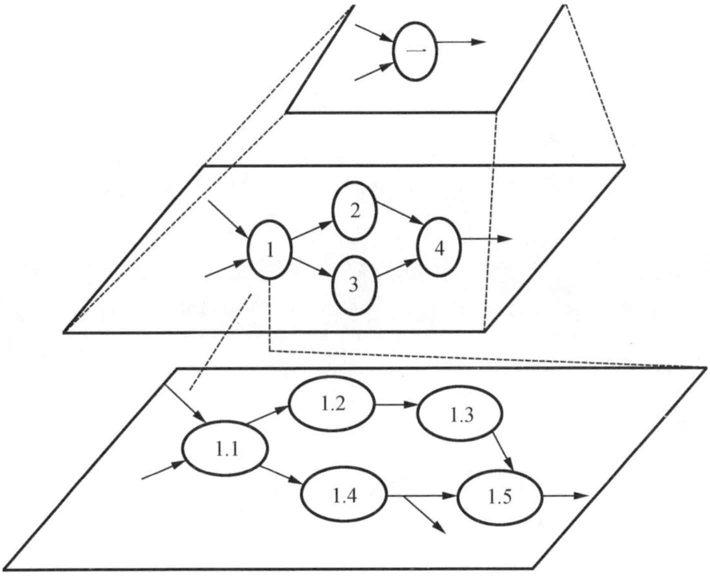

图4-5 自顶向下逐层分解细化示意图

①先画顶层图。画分层的DFD,首先对系统高度抽象,如"账务处理";并画出流入和流出该系统的数据流,即确定系统的原始输入数据和最终输出信息,这样就得到了顶层的DFD。

②按照“自顶向下，由外到内，逐层分解”的思路，逐层画出各层次数据流程图，直到画出底层图为止。

第一步对顶层的 DFD 进行分解，画出该系统的几个最主要的加工，于是得到第 0 层的 DFD。

第二步对第 0 层 DFD 中每一个加工再分解，即分析这个加工应该由哪些步骤（子加工）完成，画出第 1 层的 DFD。

如果其中某一个加工还很复杂，则分解还可以继续进行下去，从而画出第 2 层、第 3 层等数据流程图，一直分解到每一个加工都比较简单，不必再分解了为止。这样的加工称为基本加工，由基本加工组成的数据流程图称为底层图。

③修改、完善数据流程图并最终定稿。画分层的数据流程图就是由顶向下逐步求精的过程，也是一个不断探索、创造和修改完善的过程。先考虑整体与全局，即忽略枝节问题先画出整体；然后有控制地分解，逐步过渡，一步一步地考虑局部和细节，不断地修改与完善，直到把用户的需求完整、准确地表达出来为止，然后定稿。

定稿后的分层数据流程图应对加工进行编号，以方便阅读、理解和管理。这样，根据加工的编号就可以知道这张子图位于哪一层，也可以知道该图的父图是哪一张。

4.3.2 数据词典

数据流程图是对系统逻辑模型的综合性描述，表达了系统的功能框架，图中列出了许多加工、数据流和文件的名称，但是这些名称的具体内容还不清楚，需要用数据词典对它们进行详细的描述。数据词典是对数据流程图的补充说明，是表达系统逻辑模型的重要工具。

1. 数据词典的编制方法

数据词典是对数据流程图中的数据流、文件所做的详细说明。该说明不但软件人员在新系统开发过程的不同阶段需要查阅，而且以后软件使用者或维护人员也需要随时查阅，以获得有关信息与技术资料。随着数据流程图自顶向下的扩展，数据词典的内容也应不断充实和完善。

对数据流程图的修改与完善，必将导致修改数据词典，保持数据词典内容的一致性和完整性就显得特别重要。数据词典的编制与维护不但工作量大，而且要求严格，因此应该设专人负责。

2. 数据词典的建立方式

一种是手工方式，将词典的有关内容随时建立在卡片上，一个条目一张卡片，并对卡片编号，分类排序后装订成册，就是一本可供需要者查阅的词典。

另一种方式是使用自动化的数据词典管理软件，由计算机完成这些工作。由计算机管理的词典，不仅能提供完善的数据条目建立、编辑和检索查阅功能，而且具有正确性、一致性检查和维护功能。功能强的词典软件甚至还可以自动生成用于源程序的数据描述格式。

3. 数据词典中使用的符号

为使定义简明，数据词典中允许使用的符号及其含义见表 4－1。

表4-1 数据词典中允许使用的符号及其含义

符号	含义
=	等于,定义为
+	加,还有
[……]	选择符,表示对[ ]中的内容可以任选其一
{……}	重复符,表示对{ }中的内容可视需要重复使用。使用{……}表示重复时,可以在花括号的前、后或左花括号的下角和上角分别标出重复次数的下限和上限,如"3{……}6",表示重复3~6次
(……)	可选符,表示对( )中的内容可由设计者决定取舍

4.数据条目的内容

数据词典要描述三类条目,即数据流条目、数据文件条目和数据项条目。这三类数据条目的唯一标识是数据"名称",在软件设计中必须以"名称"为准,以便唯一地标识它。

对于数据项要描述它的类型、取值范围、字节数、小数位及值的含义;对于数据流和文件主要说明其数据结构,即它的组成及特点;对于文件还需要说明对它有无查询的要求,若有则要指出查询关键字;备注用于说明其他需要说明的内容。

(1)数据流条目

数据流是指系统中具有指定运动方向的数据集合,在数据词典中只需定义进入到系统的数据流和从系统输出的数据流,而在系统内部流动的数据流一般就不需再单独定义了,因为通过文件和数据流条目可以更详细地了解系统内部数据流的内容。

例如,对于从外界进入系统的数据流"记账凭证"的描述:

数据流名:记账凭证。

别名:凭证。

简述:根据原始凭证或计算单编制的会计记账凭证。

组成:日期+凭证号+摘要+{科目+对方科目+记账方向+数量+金额+票据号}。

数据流来源:财务科。

数据流去向:加工"输入凭证"。

数据流量:平均80张/天,月末150张/天。

(2)数据存储(文件)条目

在会计电算化系统中,大量数据需要长期保存。因此,许多数据存储(文件)是信息系统的核心。在系统分析阶段着眼于数据存储结构的逻辑描述,即需要保存的数据内容以及对它们的检索和查询要求。若数据流程图中对文件已有编号,则在文件条目中要注明。

例如,对数据文件"在产品成本"的描述:

编号:D84。

文件名:在产品成本。

别名:无。

简述:存放未完工产品的成本费用及数量。

组成:月份+产品码+批号+投产数量+在生产数量+材料费+材料差异+废品损失+

工资及福利费＋动力费＋制造费用。

查询关键字:月份＋产品码＋批号。

(3)数据项条目

数据流和数据文件都是由数据项组成的,要了解它们的结构,就要弄清楚其中的数据项,因此需要对数据项进行描述。对于特别简单、不会引起歧义性的数据项,如姓名、性别等可以不单独编写数据项条目。

例如,对数据项“数量”的描述:

数据项名:数量。

别名:销售数量。

简述:某种产品的销售数量。

类型:数值。

长度:5(位)。

取值:整数。

注解:数值为负表示退货数量。

在实际工作中,可以把上述几种类型的条目编制成统一的卡片。

4.3.3 系统分析报告

系统分析阶段的最后任务是收集整理分析结果,编写成系统分析报告(或称系统说明书)。系统分析报告是系统的功能、性能等需求说明书,是系统设计的基础和依据,也是用户验收系统的标准。它相当于用户与开发人员达成的协议,因此表述应尽量确切。

系统分析报告的内容包括:

(1)原系统的概况。根据详细调查的结果,概要说明原系统的组织结构、业务处理情况、存在问题,以及调查中收集的各种凭证、账页、报表格式等原始材料。

(2)原系统的数据流程图。

(3)新系统的目标与需求。通过调查分析,用户必须明确系统的功能、可靠性、容量速度、数据精度、存储要求、输入输出、安全保密、信息的利用、各子系统的联系、开发费用、时间要求、系统硬件、系统软件和开发工具等各种要求,尽可能量化,并记录在系统分析报告中。

(4)新系统的数据流程图、数据词典等。

系统分析报告要经过领导、专家、有关部门主管和分析人员共同审查。审查通过后,系统调查分析阶段就结束了,如没有通过,则还要继续调查、重新分析、修改完善,再提交审查。

第5章　会计电算化系统设计

系统设计是在系统分析的基础上,根据系统分析报告提出的逻辑模型,确定物理上可以实现的实施方案,即建立新系统的物理模型。系统设计一般分为总体设计和详细设计,其中总体设计用于设计系统模块,而详细设计则设计每一个模块的内部执行过程。系统设计也借助某种工具进行,其中总体设计一般采用结构化设计方法,而详细设计一般要按结构化程序设计的思想进行。系统设计是会计电算化系统开发过程中最重要的阶段之一,它主要解决会计电算化系统“如何做”的问题。本章主要介绍会计电算化系统的结构化设计方法、总体设计和详细设计。

5.1　系统设计的任务和要求

系统设计也称系统物理设计,是根据新系统的逻辑模型来构造物理模型,即根据新系统的逻辑功能要求,结合实际条件进行总体设计和详细设计,解决系统“怎样做”的问题。系统设计的结果是一系列的系统设计文件(蓝图),这些文件是物理地实现一个系统(包括安装硬件和编制软件程序)的重要基础。

5.1.1　系统设计的任务

系统设计的任务就是建立新系统的物理模型,也就是在系统分析的基础上,根据系统分析报告提出的逻辑模型,确定系统在物理上可以实现的技术实施方案,最终完成系统设计报告。通常把系统的设计工作分为总体设计和详细设计两部分。

1. 总体设计

总体设计的任务是确定系统的总体结构,也就是确定系统的多层次的模块化结构以及各个模块之间的相互关系。最终要把由数据流程图表达的处理功能转化成由不同模块完成的功能。

2. 详细设计

详细设计是在系统总体设计的基础上,对每个功能模块处理步骤和细节的设计。详细设计的任务是为每个模块选择合理的处理方法和技术手段。系统的详细设计主要包括以下几种。

(1)文件设计

文件设计是将会计系统中的凭证、账簿及报表等全部转换成可供计算机处理的文件,包括要建立文件的种类和文件结构的设计。

(2)输入设计

输入设计是合理地组织数据资源,并将其及时准确地输入计算机内,包括录入什么样的数据和如何录入数据的设计。

(3)输出设计

输出设计的任务是把计算机处理的结果根据用户的要求,按一定的格式打印或显示输出。输出设计包括输出方式和输出格式的设计。

(4)代码设计

代码设计是将会计对象中所有的会计科目、设备、材料、人员、部门等按照某种规律进行编码,以利于数据的识别和处理以及减少存储空间的占用等。

(5)人－机对话设计

人－机对话设计是为了方便用户使用计算机所普遍采用的最有效的设计方法,对话设计的目标有两个:一是帮助用户把数据输入计算机;二是回答用户的询问。

5.1.2 系统设计的基本要求

1. 满足用户要求

这是系统设计工作中最基本的要求,也是衡量系统功能的最基本的标准。

2. 安全可靠性

安全可靠性即指数据处理的结果能满足会计制度对数据真实性、可靠性、准确性的要求,防止出现差错,防止数据的破坏和遗失。安全可靠性是会计信息系统的重要特征,是对会计信息系统最重要的要求。

3. 可变更性

可变更性是指系统对外界环境变化有较强的适应能力。应用软件的生命力就在于它的可变更性,会计信息系统外界环境变化较多,如果外界环境变化时,系统不能提供相应的信息,那么这个系统也就失去了生命力。要实现系统的可变更性,必须采用结构化设计方法,使一个系统分解成一个多层次的模块结构,各模块均具有相对的独立性。

4. 完整统一性

会计信息系统是一个数量大、数据结构复杂、处理内容庞大的信息系统,系统内部包括许多子系统,有多个独立功能模块和程序模块。因此,要求各个组成部分必须协调一致,相互衔接,使系统尽可能完整统一。

5. 简便性

简便性是指系统在满足安全可靠、完整、具有可变更性等条件下,系统的结构应尽量简单,处理流程应简短。复杂的系统不仅出现故障的频率较高,而且可靠性难以保证;简单的结构不仅能够提高系统的效率,而且可靠性高。

6. 经济实用性

经济实用性是指系统具有显著的经济效果。在设计中应力求以较少的支出,取得尽可能大的效益;还应力求使系统简捷、灵活、操作简便,以满足用户的实用要求。

7. 设计文档齐全

系统设计阶段的成果是系统设计说明书,它是系统实施阶段和系统评审工作的依据,因此文档资料必须齐全完整。

5.2 系统的总体设计

系统的总体设计面对的问题是如何将系统划分为若干个模块,明确模块间的调用关系和模块间传送的数据以及如何评价模块结构的质量等。系统的总体设计是系统开发过程中的关键环节,总体设计的好坏决定了系统质量的高低与性能的优劣。最具代表性的系统设计方法是结构化设计方法。

5.2.1 结构化设计方法的基本内容

结构化设计方法(SD 方法)是从数据流程图中导出系统模块结构图,以低耦合、高内聚作为模块划分的原则。先将整个系统划分为若干个较大模块。每个模块实现其中一部分功能,再将较大的模块划分为较小的模块,直至每个最底层模块都是功能单一、不能再分的模块为止。若干不同层次的模块相互联系,互相配合,完成系统的全部功能。结构化设计的基本思想是由大到小,自顶向下,层层分解。

模块结构图是系统设计阶段描述系统结构的主要工具,作为一种文档,它不仅严格地定义了模块的名字、功能和接口,而且还集中地反映了设计思想。模块结构图主要由以下成分组成。

1. 模块

模块以矩形表示,其中标有模块名字。模块名字可以是模块的功能说明,也可以是模块的简称。模块的表示方法如图 5－1 所示。

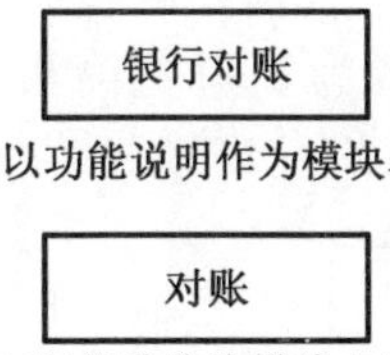

(a)以功能说明作为模块名字

(b)以简称作为模块名字

图 5－1 模块的表示方法

2. 调用

调用用箭头表示,箭头总是从调用模块指向被调用模块,它说明调用模块中含有对被调用模块的调用。图 5－2 表示模块 A 中含有对模块 B 的调用,当模块 A 调用模块 B 时,模块 B 执行完本身的功能后,再返回 A 调用 B 的地方,A 中有调用模块 B 的语句,A 有调用 B 的能力。

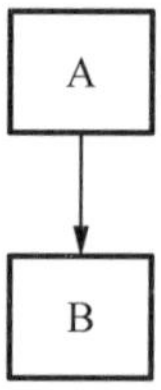

图 5－2　模块间的调用

3. 数据

当一个模块调用另一个模块时，调用模块可以将数据传送到被调用模块，被调用模块将数据处理的结果送回调用模块，在模块之间传送的数据，用调用箭头旁边带空心圆的小箭头表示，小箭头指向数据传送的方向，在小箭头旁边注明数据的名称，模块间除传送数据外，还传送控制信息。例如，文件读到末尾产生的文件结束标志 EOF（end of file），输入数据结束时给出的结束标志等都属于控制信息，但这些控制信息用带空心圆的小箭头表示，例如查账模块将账号送给读账模块，如图 5－3 所示。若该模块送回“无此账户”标志信息，则表示账号有错，没有查到账号的账户记录。

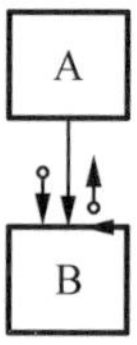

图 5－3　模块间信息的传递

4. 转接符号

如果模块结构图在一张纸上画不下，需要转接到另一张上，或在同一张纸上因地方所限，需要将一部分画在另一位置，或者为了避免箭头交叉都可以用转接符号，如图 5－4 所示。

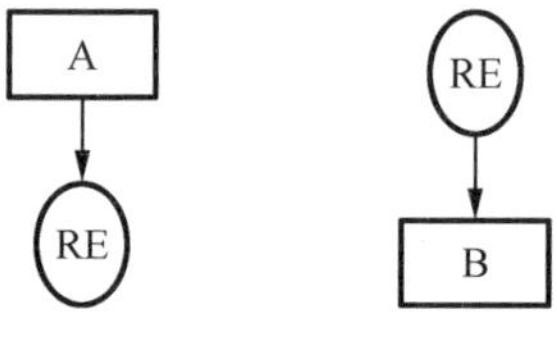

图 5－4　模块间的转接

5. 绘制系统结构图的要求

一个上级模块可以有一个或多个下级模块。一个下级模块也可以有一个或多个上级模块。上级模块只能调用直属的下级模块，同级模块不能相互调用，下级模块不能调用上级模块。模块间通信只限于直属上、下级模块间进行，可以是双向的。系统结构图要合理布局,一般应自左向右安排,并避免调用线交叉。自左向右安排是通常的习惯,输入模块在左侧,处理模块在中间,输出模块在右侧。系统结构图中的各个模块要标出名称,而且最好也标出系统化的标识。其标识可用字母打头与数字混合使用,还应体现其功能、隶属关系及层次关系,这种标识可直接作为程序设计中的程序及子程序或过程的标识。

应该指出的是,“结构图”与“框图”是两种不同的描述工具:“结构图”描述的是程序的层次,而“框图”却是描述程序的执行过程。在系统总体设计阶段,人们关心的是程序的层次结构,而不是执行过程,所以采用结构图作为描述工具。

采用结构化方法进行系统的总体设计分两步:首先根据数据流程图建立系统的初始结构,然后对初始结构做改进,以求得到一个符合设计要求的模块结构图。

5.2.2 系统设计的策略

系统设计的策略是系统结构设计工作为实现系统设计的目标而采取的手段。它可以帮助系统设计人员运用系统的观点从数据流程图中导出初始的系统结构,以供其进一步优化和改进。系统设计有两个基本策略:变换中心设计策略和事务中心设计策略。

1. 数据流程图的典型结构

数据流程图的典型结构通常有变换型结构和事务型结构。变换型结构是一种线性状的结构,可以分为输入、变换(处理)、输出的顺序结构。事务型结构一般具有事务中心,以及不同类型的事务处理的分支结构,它是一个树型结构的数据流程图,其特点是从系统外部传入的数据流,根据其类型的不同将经过不同的处理路径。

对数据流程图的两种典型结构,可以分别采用“变换中心设计策略”和“事务中心设计策略”,导出“变换型”和“事务型”模块结构图。这两种方法都是先设计顶层模块,然后“由顶向下,逐步分解”,按照数据流程图所表达的用户要求,逐层设计下层模块。

2. 变换中心设计策略

变换型结构的数据流程图,由输入、变换(处理)和输出三部分组成。其中处理是系统的中心部分。它的输入数据流称为系统的“逻辑输入”,输出数据流称为系统的“逻辑输出”;而系统输入端的数据流称为“物理输入”,系统输出端的数据流称为“物理输出”。一般来说,从物理输入到逻辑输入要经过编辑、审核、格式转换等一系列辅助加工过程。从逻辑输出到物理输出也要经过格式转换、组成物理块等辅助加工过程。在数据流程图上,从物理输入到逻辑输入构成系统的输入部分,从逻辑输出到物理输出构成系统的输出部分,逻辑输入与逻辑输出之间的部分才是处理,仅由输入和输出两部分组成,只将输入数据变换成另一种格式输出。变换中心设计策略可分为以下三步。

(1)确定变换中心

所谓变换中心是指系统中执行主要逻辑处理功能的部分。它是对数据进行实质性的处理,将输入的数据流经过处理后,转换成可以传递出去的新数据流。变换中心可以是一项处理功能,也可以是几项处理功能。在做这一步时,暂不考虑数据流程图中的一些支流,如出错处理等。确定变换中心的方法有两种:一是数据流程图中如果存在几股数据流的汇合处往往就是变换中心;二是数据流程图中如果没有明显的数据流汇合点,可以通过寻找系统的逻辑输入和逻辑输出来确定变换中心,一般是从物理输入端开始,逐步向中间移动,每移动一步就判断所在的数据流是否仍可作为系统的输入，直至数据流不再被看作系统的输入为止。

它的前一个数据流就是系统的逻辑输入，即离物理输入最远但仍被看作系统输入的数据流。同样，从系统的物理输出端开始，逐步向中间寻找，可以找到离物理输出最远但仍被看作系统输出的数据流，就是要找的逻辑输出。逻辑输入与逻辑输出之间的处理就是变换中心。如果寻找的结果为逻辑输入就是逻辑输出，那么可以断定这个系统没有主加工，只有输入和输出部分。

需要说明的是，在寻找变换中心的过程中，由于认识上的差异，不同人对输入和输出部分的认识不可能完全相同，所确定的变换中心会有差异，但一般不会相差很大。

（2）设计顶层模块和第一层模块

确定了系统的变换中心后，就确定了模块结构图中主模块的位置；主模块的位置确定以后，就可以按输入、变换、输出的模式设计第一层模块。

（3）设计第一层模块的下层模块

设计第一层模块的下层模块的顺序是任意的，但通常按输入、输出、变换的顺序设计。

3. 事务中心设计策略

所谓事务中心设计策略，就是根据事务型数据流程图导出初始模块结构图的设计。它先分析数据流程图，确定事务中心，然后再设计模块结构。事务中心设计策略的步骤如下。

（1）确定事务中心

所谓事务中心是指在系统当中主要执行数据的集散功能，具有以下几种功能：获得事务数据；确定事务的类型；为每项事务选择逻辑处理路径；确保每项得到完全的处理。

（2）按类划分事务

确定每种事务类型所需要的处理操作，为每种类型的事务或联系密切的一组事务建立一个专用事务处理模块。

（3）为每一个事务处理模块建立全部的下层操作模块

其建立方法与变换中心设计策略类似。但要注意将各模块中相同的处理操作分离出来，建立公用操作模块，为有关事务处理模块共享。

（4）必要时规定操作模块的全部细节模块

应尽可能使细节模块为若干操作模块共用。

变换中心设计策略和事务中心设计策略是系统结构设计的两种最基本的策略。在实际工作中，数据流程图往往都是比较复杂的，所以在导出初始系统结构图时，经常要配合使用这两种策略。一种情况是某一数据流程图既不是严格线性的，也不是严格的树型结构，可能是一个网状结构，这就需要纵观全局，抓住主流，从总体上确定其或者属于变换型或者属于事务型，然后选择两种设计策略导出系统的结构；另一种情况是将某一数据流程图从总体上看作一种类型，其各个具体组成部分仍是某种类型，但这个类型可能与总体类型一致，也可能不一致。这就要求循环使用或交替使用这两种设计策略。因此，在实际工作中，应当仔细分析数据流程图的特点，灵活运用这两种基本设计。

5.2.3 系统设计的原则

系统设计的原则也称为模块设计原则或模块划分的标准，它是系统结构设计所应遵循的准则,可以帮助系统设计人员优化和改进系统结构,同时也是评价一个系统结构好坏的标准。

1. 提高模块的内聚度

模块的内聚度是指模块功能的专一性,也就是模块内部各部分关系的紧密程度。如果本身内容有充分联系,与外部联系少,则模块内聚度高,否则就低。较高的内聚度能使模块具有较强的独立性,使系统的修改和维护只能在指定的模块内进行,从而有效地防止系统各模块间的相互干扰,保证系统的稳定性。

模块内聚度的类型主要有六种,内聚度从小到大排列如下。

(1)巧合内聚

模块内各成分之间没有任何联系。

(2)逻辑内聚

模块内各成分的逻辑功能相似。

(3)瞬时内聚

将需要同时执行的成分放在一个模块中。

(4)通信内聚

模块中各成分所处理的输入数据相同,或产生的输出数据相同。

(5)顺序内聚

模块中一个成分的输出是下一个成分的输入。

(6)功能内聚

将完成一个功能所必需的全部成分组成一个模块。

2. 降低模块间的耦合度

模块间的耦合度是指模块之间的依赖关系,包括控制关系、调用关系、数据传递关系等。降低模块间耦合度能减少模块间的影响,防止对某一模块修改所引起的“牵一发而动全身”的水波效应,保证系统设计顺利进行。

模块之间的耦合度主要受两个因素的影响:一是接口的复杂性,二是耦合的方式。接口的复杂性与调用语句中所包含的参数个数有关,模块间接口的参数个数越少,块间耦合度越低;耦合方式是影响模块之间耦合度的最主要因素,两个模块之间的耦合方式主要有以下四种。

(1)数据耦合

两个模块间通过调用来传递被处理的数据。

(2)特征耦合

模块间与同一个数据结构有关,使某些本来独立的模块相互依赖。

(3)控制耦合

模块之间传递的是控制信息。

(4)公共耦合

两个或多个模块共用一个数据域,这样两个模块不经调用,彼此直接修改或使用对方数据。

综上所述,系统设计的目标是获得“耦合小,内聚大”的模块结构。这就要求在做系统设计时，一方面按功能划分模块，使每个模块最好都只执行一个功能，因为单一功能的模块可以单独地理解、设计、编制、调试，然后再同其他模块连接起来，每个模块应具有较高的内聚度；另一方面，要使模块间只保留必要的数据耦合、极少的特征耦合，决不能出现控制耦合与公共耦合。

5.2.4 会计电算化系统的功能设计

功能设计是指如何根据传统的会计核算工作的特点、方式，结合计算机处理的特点，把系统的总体功能分解成若干个基本的具体的子功能，即子系统的划分。手工会计系统的特点是数据多、结构复杂、处理流程复杂、规模较大，而且不同部分在数据处理上各有特点。一般的会计电算化系统应主要包括以下子系统（图5－5）。

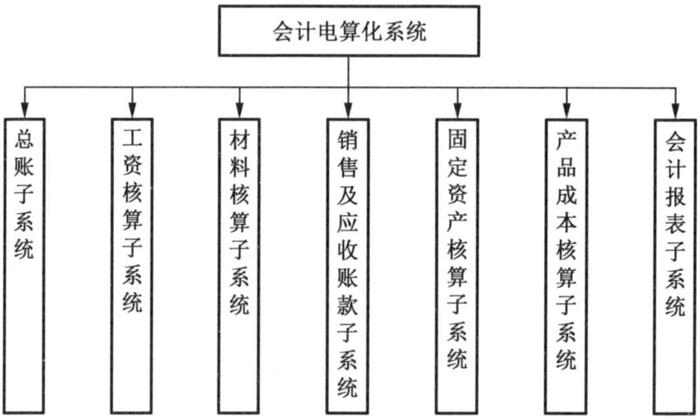

图5－5 系统功能模块

1. 总账子系统

该系统输入各类记账凭证（收款凭证、付款凭证、转账凭证或通用记账凭证）、登记日记账、明细账，进行科目汇总，输出日记账、明细账、科目汇总表及总账等。

2. 工资核算子系统

该系统根据企业职工的工资数据及增、减款项，计算每个职工的应发工资和实发工资，输出工资发放结算单，并进一步汇总、编制工资汇总表和工资费用分配表等。

3. 材料核算子系统

该系统输入材料核算各类凭证，计算材料的实际成本，进行材料收、发、存的核算，输出各类材料的库存动态表、成本明细表、材料分配表等。

4. 销售及应收账款子系统

该系统包括产成品核算、销售核算及应收账款核算。产成品核算是指对库存产成品收入、发出和结存的核算；销售核算是指销售收入、销售成本、销售税金及附加和销售利润的核算；应收账款核算是指对应收账款进行管理。

5. 固定资产核算子系统

该系统是建立企业各种固定资产数据库,处理固定资产的增加、减少和统计汇总,进行固定资产折旧的计算,并按部门统计每月应提的折旧费。输出表格主要有按使用部门分类的固定资产明细表和固定资产增减统计表等。

6. 产品成本核算子系统

该系统根据其他子系统的数据来源,如账务处理系统中的生产成本、制造费用等明细账数据。首先按用途归集本期发生的各项要素费用,然后将归集的各项费用按使用对象计入各产品成本,并将本期发生的费用加上期初在产品成本,在完工产品与在产品之间进行分配,以求得本期的产成品成本。输出的报表有产成品成本汇总表和期末在产品成本汇总表等。

7. 会计报表子系统

根据上述子系统输出的数据,编制并打印输出有关会计报表,如资产负债表、利润表、现金流量表、产品成本计算表等。

5.3 系统的详细设计

总体设计的任务是建立系统的模块结构,而详细设计的任务则是给出模块实现的方法和必要的细节。详细设计的内容通常包括数据库文件设计、代码设计、输出设计、输入设计、人-机接口设计和程序流程设计。

5.3.1 数据库文件设计

数据库文件设计就是把会计电算化系统涉及的文件进行物理定义,把所有文件设计成可用计算机进行存取的物理形式。数据库文件设计的依据是系统分析中编制的数据流程图和数据词典。在进行数据库文件设计时,应该考虑以下几个问题。

1. 确定系统需要建立的文件种类

为了满足会计电算化系统对会计数据存储、处理、输入、输出的要求,需要根据系统分析的数据流程图和数据词典的要求及特点建立数据库。

2. 数据库文件的组织形式

数据库文件的组织形式是指一个文件中记录的排列方式,它决定了文件的存取方式。文件的组织形式通常有:

(1)顺序组织方式,是指其内部的记录按建立时间先后顺序进行排列和处理;

(2)索引组织方式,是指对按顺序组织的文件建立索引文件。

3. 数据库结构设计

数据库结构设计的任务是根据数据词典中的定义，确定每个数据库的名称、字段的个数和字段名、字段类型和字段的长度等。

字段名应力求准确、简单、明了，字段名要和该字段存放的数据有关，命名要有规律。在软件工程中，为保证命名的可读性和程序员编程的方便以及计算机处理的方便，强调标准化命名的方法，如字段名可用汉语拼音的缩写。如对记账凭证文件中的凭证编号命名，字段名可命名为 PZBH（凭证编号）。

字段类型有字符型（用 Character 表示）、数值型（用 Numeric 表示）、日期型（用 Date 表示）、逻辑型（用 Logic 表示）等。字段类型的确定，取决于字段本身的逻辑特性和对该字段进行的运算。在记账凭证文件中凭证编号可定义为字符型，数量或金额应定义为数值型，日期应定义为日期型（也可定义为字符型）。

字段的长度取决于存储的数据项的长度及用户的实际需要，长度用位来表示，每位占一个字节（1 Byte）。每个汉字占 2 位，数值型字段长度中还需表示出小数点后的位数。发生金额字段是数值型，其整数部分有 9 位，小数点后有 2 位，则其长度宜设计成 12 位，其中小数点本身占 1 位。

字段的个数应按存储对象的数据项确定，有多少个数据项就设计多少个字段。简单的记账凭证的数据库结构见表 5－1。

表 5－1　记账凭证的数据库结构

数据项名	字段名称	类型	长度	小数位
日期	RQ	Date	8	
凭证类型	PZLX	Character	4	
摘要	ZY	Character	36	
借方科目编号	JFKMBH	Character	3	
借方科目名称	JFKMMC	Character	16	
贷方科目编号	DFKMBH	Character	3	
贷方科目名称	DFKMMC	Character	16	
借方发生额	JFJE	Numeric	16	2
贷方发生额	DFJE	Numeric	16	2

5.3.2　代码设计

代码是代表客观存在的实体或者属性的符号。在信息系统中，代码是人和计算机取得共同语言的基础，是人和计算机交换信息的工具。因此，代码设计的科学性、合理性不仅影响系统运行的效率，而且将直接影响系统的正确性和实用性。

1. 代码设计的原则

代码设计是一项重要的工作。如果代码设计不合适，就会对程序产生重要的负面影响。代码设计一般应遵循下列原则。

(1)唯一确定性

必须保证每一个所描述的实体(或属性)都有一个确定的代码来表示,反过来,每一个代码仅代表一个唯一的实体(或属性)。

(2)标准化与通用性

国家有关编码标准是代码设计的重要依据,此外,系统内部使用的同一种代码应做到统一,使代码在一定的业务范围内能够通用。

(3)稳定性和可扩展性

确定后的代码要能够使用较长的时间,无特殊情况一般不要随意变动,同时要考虑系统的发展和变化,便于增加代码或减少代码,而无须改动原来的代码体系。

(4)规律性

代码的层次和顺序应当有一定的逻辑规律,这样,通过排序就可以自然地得到具有实际意义的分组。

(5)简明性

代码结构要清晰、易记、易用,在其他要求都满足的条件下,代码长度尽可能简短。代码越长,输入或操作越容易出错。

2. 代码的分类

代码的种类很多,每种代码有其各自的优缺点,在实际工作中,要根据具体情况综合运用,设计出高质量的代码系统。

(1)顺序码

这是一种最简单的代码体系,它是将编码对象按顺序排列进行编号。顺序码比较直观,适用于时序排列、相对稳定的事物,便于管理和控制,但不便于增删和插入编码。例如,记账凭证中的凭证日期和凭证编号都可用顺序码。

(2)组码

组码是将编码对象按数字顺序分组,以此来表示不同项目的区别。例如,一级科目中表示会计科目的性质,可用组码,规定“1000 ~ 1999”表示资产类科目,规定“2000 ~ 2999”表示负债类科目。

(3)群码

群码是将所编代码分成若干段,每一段包括固定的位数,规定一个特定的含义。这种编码常用于校验、分类和归并,缺点是位数长,不便于记忆。会计科目中的二级科目、三级科目的分类,可用这种编码方法。例如,某面包厂原材料设三级明细科目,则“原材料—原料及主要材料—面粉”可编码为 12110103。其中,1211 为一级科目“原材料”的代码,01 为二级科目“原料及主要材料”的代码,03 为三级科目“面粉”的代码。

(4)助记码

以代码对象本身常用符号来编码,便于记忆。例如,用 kg 来作为“千克”的代码。

3. 校验码的设计

代码是系统的重要数据,通常作为关键字使用,它的正确与否直接关系系统的工作质量。为了保证代码的正确性，可以在原有代码基础上加上校验码。校验码是对原有代码进行某种关系运算而得到的，以后在代码使用过程中用这种运算关系可以验证代码的正确性。设计校验码的方法一般有以下几种。

(1)几何级数法

将原代码的各数码分别以几何级数为权数相乘，然后相加，并除以“模”，再用“模”数减去余数所得的差就是校验码。例如，原码 1120203，代码长 7 位，求其校验码的计算过程如下：

$1\times64+1\times32+2\times16+0\times8+2\times4+0\times2+3\times1=139$

$139\div9=15\cdots\cdots4$　　校验码为 $9-4=5$

将校验码附在原码之后，原代码就成为 11202035，最后一位 5 是校验码。

(2)算术级数法

这种方法是以算术级数为权数与各数码分别相乘，然后乘积相加，再除以“模”数，余数即为校验码。例如，原代码为 1120203，将其分别乘以算术级数 7，6，5，4，3，2，1，然后乘积相加，再除以“模”9，余数即为校验码。计算过程如下：

$1\times7+1\times6+2\times5+0\times4+2\times3+0\times2+3\times1=30$

$30\div9=3\cdots\cdots3$

余数 3，为该代码的校验码，附有校验码的原代码成为 11202033 的形式。

(3)质数法

这种方法是将各数码分别乘以质数 2 与 3，然后乘积相加，再除以“模”，余数即为校验码。

例如，原代码为 1120203，其计算过程为：

$1\times2+1\times3+2\times2+0\times3+2\times2+0\times3+3\times2=19$

$19\div10=1\cdots\cdots9$

余数为 9，即该代码的校验码为 9，原代码就可以写成 11202039 的形式。

以上方法总称检验数位法，主要用于以数字进行编码的代码系统，其模数的确定由其原代码的位数而定，即模数 = 代码位数 +2。若原代码为 7 位数，模数应为 9。以此类推，其校验码通过计算来产生。

(4)拼音法校验

拼音法校验是指将汉语拼音字头作为其代码的校验码。例如，“银行存款—工行”的科目代码是 100201，可以选用工行的拼音字母 G 作为检验码，那么校验码的科目代码就为 100201G。

4. 代码设计说明书的编制

代码设计说明书是用以说明系统中各种代码的名称、编码方法、代码位数、适用范围以及代码构成的意义等文书资料，代码设计说明书是整个会计电算化系统中不可缺少的一份重要的说明资料。例如，凭证文件库的代码设计说明书见表 5－2。

表 5－2 代码设计说明书

<table>
<tr><td>编码名称</td><td>凭证号</td><td>代码对象</td><td>记账凭证</td></tr>
<tr><td>代码类型</td><td>组码＋顺序码</td><td>使用范围</td><td>账务核算系统</td></tr>
<tr><td>代码位数</td><td>4</td><td>使用期限</td><td>长期</td></tr>
<tr><td colspan="2">代码结构：
× ××××
凭证种类 该类顺序码</td><td colspan="2">编码说明：
凭证种类的意义："1"表示收款凭证；
"2"表示付款凭证；"3"表示转账凭证。
如 1036 表示收款凭证中的第 36 号凭证。</td></tr>
<tr><td colspan="4">备注：</td></tr>
</table>

5.3.3 输出设计

及时准确地输出各种会计核算信息，是会计电算化系统开发的最终目的。在设计工作中必须根据管理上的要求先确定输出，然后再按输出的需要组织数据的输入和处理。会计电算化系统的输出设计既要考虑对外会计报表的需要，又要考虑对内日常管理的需要。

1. 输出方式设计

会计电算化系统中使用较多的输出方式是打印输出、屏幕显示输出和文件格式输出。

(1)打印输出

这种形式的输出介质是打印纸，它把系统输出的信息打印在纸张上。目的是为了满足对外(包括上级主管部门、财政、工商、税务、银行等部门)和对内业务管理的需要。通常打印输出的主要有对外报送的各种会计报表、企业所需要的总账科目试算表、日记账等。

(2)屏幕显示输出

这种方式的介质是显示器，它把系统输出的信息显示在显示器屏幕上。主要目的是为了查询。与打印输出相比，前者可以保存信息，而后者只能阅读，不能保存信息。凡是打印输出的内容都可以用显示方式输出，显示输出既可以加快查询速度和系统效率，又可以节约时间和纸张。

(3)文件格式输出

文件格式输出是指按指定的文件格式以电子文档的形式输出文件，这种输出方式的介质通常有磁盘、磁带等。这种输出形式常用来向其他部门或上级主管以及其他系统传递数据。

2. 输出格式设计的原则

输出格式设计的基本原则主要有：

(1)输出格式要符合用户要求；

(2)尽量保持和原手工格式一致，并改造手工格式中的不合理之处；

(3)格式的设计要考虑系统发展的需要，要留有备用项目与数据长度；

(4)打印输出的报表格式要规范、标准，符合现行制度的要求，屏幕显示输出的报表格式要简明、易读。

5.3.4 输入设计

对于电算化信息系统来说，输入设计至关重要。在加工处理正确的前提下，输出信息的正确性完全取决于输入信息的正确性，可以说，最佳的系统始于最佳的输入。因此，输入设计必须认真对待，全面考虑，精心设计，防止“垃圾”进入系统。

1. 输入数据的来源

会计数据的特点是数量大，数据庞杂，因而电算化信息系统输入数据的来源比较杂乱，但总的来说可以分为：

（1）外输入

它是系统的最基本输入，如原始凭证的输入、记账凭证的输入等；

（2）内输入

它是指计算机通信或储存系统提供的输入，如把销售及应收账款子系统的数据作为账务处理系统的数据输入等。

2. 输入数据的方式

会计电算化系统的输入工作主要是指数据的采集、整理、输入。因此，进行输入设计，首先应调查清楚有哪些种类的输入形式可供选用。目前常用的输入方式有以下两种。

（1）集中输入

集中输入是将所发生的各种原始凭证，以一定时间单位收集录入到计算机。其优点是集中进行信息的输入，节省人力，输入设备的利用率较高，费用较少。其缺点是责任不分明，发生错误时不便于检查。

（2）分散输入

分散输入是在信息发生时进行输入（即分散进行）。其优点是相对于集中输入形式来说责任较为明确，一旦出现错误容易采取措施，工作的灵活性大。其缺点是人力及设备的利用率低。

3. 输入数据的要求

在会计电算化系统中，会计将资料录入到计算机之前，要对数据加以整理。具体应从以下方面做起。

（1）对输入数据进行分类

根据用户和系统的要求，输出数据分为固定输入数据和可变输入数据。所谓固定输入数据并不是指永久不发生变动的数据，而是指在一定时期内，这些数据是一个固定不变的数值。例如，工资核算子系统中，职工的姓名、参加工作的时间等在一定时间内不会发生变化。对于这种固定的输入数据，应该在整个系统的实施过程中，统一地一次输入，不必每运行一次输入一次，而只是在这些数据项有了变动时，才修改或重新输入一次。所谓可变输入数据是指那些在系统每次重新运行时，都有可能变化的数据项。例如，工资核算子系统中，职工加班、加点工资是可变输入数据。对于可变的输入数据，需要系统在每一次运行时，进行重新输入。划分输入数据的固定部分和可变部分，可以节省整个系统的运行时间，同时也会减少出错的机会。此外，在数据输入前，对将要输入的数据做好归类工作，将同一类型的数据归在一起,这样可以提高输入的速度,也可以减少输入的错误。

(2)输入数据要避免重复性

输入数据要尽可能简练,避免重复输入;不能完全照搬手工操作,在满足会计电算化系统需要的前提下,对于那些可以由计算机计算出来的数据或从已存储的数据库中查找到的数据,不应作为输入数据项。例如,对销售发票的输入,需要输入的有客户名称、产品名、发票号、数量等,而对于常见产品的单价应该列为固定数据,一次性输入,而金额可以由数量乘以单价计算得出。

(3)输入数据要具有统一性、规范性

在数据输入前,对将要输入的数据先做好归类和整理工作,将同类型的数据归在一起,这样可以减少输入错误,以达到提高输入的目的。例如,在输入各类凭证时。先将凭证分为现金收款凭证、现金付款凭证、银行收款凭证、银行付款凭证和转账凭证等。在输入时,对于现金收款凭证其借方科目总是现金,故借方科目就可以不必输入,由计算机自动生成,从而提高输入速度。

(4)避免同一数据的多重入口

在会计电算化系统中会遇到两个或两个以上的子系统和功能模块需要使用同一数据,如果输入设计不好就会在多个功能模块中多次输入,这不仅浪费了输入时间和大量的人力,还可能造成数据的不一致。

4. 输入设计的要求

输入设计的目标是:在保证输入信息正确性和满足需要的前提下,应做到输入方法简单、迅速、经济,为使用者提供方便。输入设计一般要遵循下列原则:

(1)保证数据的完整性,满足输出要求。输出信息是对输入加工处理的结果。输入数据的完整性直接关系到输出信息的完整性,也关系到整个会计电算化系统质量的好坏。

(2)提高输入的可靠性。可靠性是电算化信息系统的重要指标,数据输入一定要保证真实可靠,以满足会计制度的要求。

(3)输入方式要灵活方便,输入速度要快捷。

5. 输入格式设计

输入格式的设计非常重要,它是实现数据录入高效、准确的一个先决条件,对输入格式设计的要求应做到以下几个方面:

(1)尽量使输入画面与有关凭证、单据、报表的格式一致;

(2)少用填写项目,尽量用固定项目、固定位数代替可变项目和可变位数;

(3)格式尽量通用化,对不同种类的凭证如收款凭证、付款凭证和转账凭证,可统一设置录入格式;

(4)输入过程中应有全屏幕修改功能;

(5)代码性的内容,输入时应有代码名帮助的功能,输入后应有代码名称还原显示功能;

(6)合理利用屏幕空间,提示信息简单明了,色彩搭配美观明快;

(7)对输入数据要有一定的校验功能设计。

6. 输入信息的校验设计

输入设计最重要的问题是如何保证输入数据的正确性,而对输入信息进行校验是保证输入正确的主要措施。

(1)校验的对象

校验的对象首先是主文件数据,它是系统的基础数据,在处理过程中频繁使用,必须进行重点校验;其次是各种金额和数量数据,这类数据要求特别准确,如果出现差错就会引起业务处理的混乱。对于实时输入的数据,一定要及时校验。

(2)数据校验的方法

①视觉校验

由输入者直接观察刚输入的屏幕画面上显示的数据与手工填制的数据是否一致,从而找出错误,由于长时间目测,容易使人疲劳,所以目测校验的有效率可能会降低。

②重复输入校验

同一凭证先后两次输入,由计算机自动进行校验,若两次输入的内容经过计算机逐条检验后完全一致,程序才会进入下一步骤,否则就把错误之处显示出来供修改,修改后再进行校验,直到两次输入的内容完全一致为止。这种方法虽然输入的时间需要多一些,但校验的有效率最高,且从整个系统的效率来看,远大于其他校验方法,所以两次输入法在信息系统中,特别是在账务处理凭证的输入中用得最多、最广泛。

③代码自身校验

为代码设置校验位,这是代码校验最常用的方法。

④匹配校验

业务文件的代码与代码文件中的内容核对,如果不匹配则数据错误。例如,在输入凭证时,输入的科目代号在科目库中找不到,则可能科目代号输入有错,或要增加新的科目。

⑤界限校验法

该方法是检查某个项目的内容是否在规定的范围之内(或逻辑关系之内),凡是超出此范围的数据,则认为其有错,如最大月份为12,最大日期为31,若输入的月份大于12或日期大于31则为错。这种方法由于不可能将信息的全部逻辑关系都包括在内,因而有一定的局限性。

⑥平衡校验法

该方法在信息系统中用得比较多,它是利用“有借必有贷,借贷必相等”的原理进行校验的。

(3)差错的纠正

经过数据校验,检查出错误后,应修改错误,保证数据的正确性。为此,在输入过程中,必须设置如下功能:

①增加功能

操作人员在输入时若漏输了凭证的某项内容,可用此功能在编辑状态下补上。

②删除功能

操作员若多输或重输了凭证上的某项内容,可用此功能把多输或重输的内容删去,若发现该凭证无用,可用此功能删除整张凭证。

③修改功能

输入任一数据时,如发现有错可用此功能修改、更正。

④插入功能

若发现输漏了某一张凭证,可用此功能进行插入。

5.3.5 系统设计说明书

系统设计说明书是一个综述性的报告,是一个全面描述新系统物理模型的文档资料。它是系统设计中的各项内容的概括和总结,是系统设计阶段的主要成果,也是系统实施阶段的主要依据,通常系统设计报告主要具有下述内容。

1. 概述

概述部分主要包括系统名称、用户及使用范围、项目承担者、与其他子系统的关系、开发项目所需条件等。

2. 系统总体设计

系统总体设计部分主要包括新系统的系统结构图、新系统的配置设计、配置需求清单,以及配置说明等。

3. 系统详细设计

系统详细设计部分主要包括数据库设计和代码设计、输出设计和输入设计等说明。

4. 系统实施计划

系统实施计划主要包括工作任务分解、每项任务的进度、经费预算等。

第6章　会计电算化系统实施

完成会计电算化系统设计,建立起新系统和物理模型之后,对新系统的开发工作就进入了计算机的程序设计、程序调试、系统试运行等过程,这就是系统的实施阶段。会计信息系统的实施,就是通过一系列的专业方法彻底实现新的系统,使它能够进行正常工作,完全取代旧的系统。会计电算化系统的实施工作,一般包括计算机程序设计与调试、系统转换、替代手工记账的审批等几方面的内容。系统实施占整个系统开发周期工作量的50%左右,而程序设计与调试又是系统实施阶段的中心环节。系统实施是新系统开发的最后一个阶段。所谓实施是指系统设计阶段的结果在计算机上实现,包括:

(1)按总体设计方案购置和安装计算机网络系统;

(2)建立数据库系统;

(3)程序设计与调试;

(4)整理基础数据,培训操作人员;

(5)系统试运行;

(6)组织系统评审验收。

下面把其中较重要部分加以说明。

6.1　会计电算化系统程序设计与调试

详细设计阶段工作结束之后,软件开发便进入编程阶段。这一阶段的主要任务就是根据详细设计阶段给出的程序逻辑结构,选择某种计算机程序语言,按照编程规范,编写程序代码,并对写好的源程序进行调试,直到每一个程序能单独运行通过。程序设计一般采用一定的专门程序设计方法,由程序员完成。

有关程序设计的方法、技术等内容在各种计算机程序语言书中都有详细介绍,这里不再复述。但需要指出的是,程序设计工作与计算机技术的发展密切相关,当今的程序设计无论从设计思想、方法技巧,还是从评价指标上都发生了一些根本性的变化。

6.1.1　编程语言的选择

在众多可选用的语言中,究竟选择哪种语言作为实现会计电算化编程语言,在选择会计电算化编程语言时要考虑什么因素,这些问题,将对电算化软件产品有着重要影响。当然程序设计语言的选择,一般都不是在编程阶段才产生的,而是在软件设计阶段就已对哪些模块采用何种语言做出了默认选择。

1. 程序设计语言的分类

不全面了解不同程序设计语言的特点和构造细节,就无法决定某个项目应该使用哪种程序设计语言。程序设计语言的分类如图6-1所示。

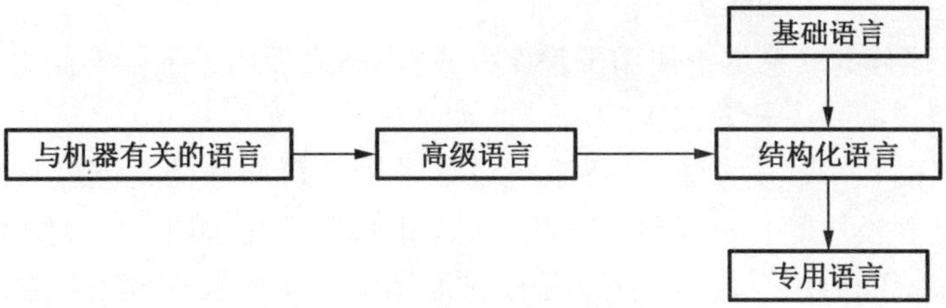

图 6－1　程序设计语言的分类

2. 数据库软件的选择依据

数据库软件的选择,直接影响硬件效率的发挥和应用系统的质量。在选择数据库软件时,需要从下列几个方面进行考虑:

(1)编码和维护的成本

实践表明,对于某一特定应用项目,语言选择不适当,会显著地增加程序的编码量及在日常维护工作中的难度。

(2)兼容性和可移植性

应用软件在其生存周期中,可能会在不同的硬件环境下运行。因此,就必须考虑到兼容性和可移植性。

(3)支撑软件的可用性

软件工具,如交叉引用表、文档管理、报表生成器、菜单生成器、屏幕生成器等工具,在支持程序设计过程中起着重要作用。这类工具对于具体的语言是否可用,决定了应用系统是否容易实现和测试。

(4)数据库语言特性

数据库语言特性即通常所说的技术指标。如占用内存的大小、可同时打开的文件数、支持 SQL 的能力、支持网络运行的能力、对安全的控制能力等。例如,在网络上开发大型数据库并有一定安全控制要求的应用项目,选用 Oracle 语言就比选用 FoxPro 语言可能要好些。

(5)应用项目的特点和程序员的知识水平

尽管所有的通用程序设计语言都能够适应会计电算化系统的开发,但针对不同的应用要求和应用范围,以及程序员的专业技术水平和开发经验的不同,选择某种语言或许比选择其他语言更为合适。

6.1.2　程序的编制

目前程序设计的方法大多是按照结构化方法、原型法等进行。

1. 结构化程序设计方法

结构化程序设计方法是当今程序设计的主流方法,它提倡采用自顶向下和逐步细化的原则。自顶向下和逐步细化就是把整个设计过程分出层次来,逐步加以解决。在这种方法中主要强调三点:

(1)模块内部程序各部分要以自顶向下的结构划分;

(2)各程序部分应按功能组合；

(3)各程序部分的联系尽量使用子程序方式，不用或少用无条件转向方式。

2. 速成原型式的程序开发方法

速成原型式的程序开发方法，是将系统设计中带有普遍性的功能模块集中(如菜单模块、查询模块、报表模块等)，去寻找有无相应的、可用的程序，如果没有，则可以考虑开发一个能适合各子系统的通用模块，然后用现有的工具生成这些程序模块原型，采用此方法可以很快地开发出所要的程序。

最后需要提醒的是，编程的目的是为了实现开发者在系统分析和系统设计阶段提出的会计电算化系统处理数据的方法和构想，编程不是系统开发的目的。所以，在编程和实现中，建议应尽量使用已有的程序和各种开发工具，尽快地实现系统，不要在具体的编程和调试中花费过多的精力和时间。

6.1.3 系统测试

程序编好后，可能有许多语法和逻辑错误，所以需要在计算机上以各种可能的数据和操作条件对程序进行实验，以找出各种错误并予以纠正，保证程序的可取性。另外，也要对由所有程序模块组装后的系统进行调试，以检查整体系统的结构是否设计合理，模块之间的接口是否存在问题等。

1. 程序测试

程序测试是一项复杂、挑剔和揭短的工作，稍有不慎就会造成疏漏错误而给系统留下隐患。同时，我们还应认识到，测试只能证明有些错误存在，但绝不能证明所有错误都不存在，因而测试错误只能做到尽量完全、彻底。

程序测试有以下几个重要注意事项：

(1)测试数据的选择既要保证其能尽可能多地经过主要路径、主要模块和功能，同时又要防止测试工作量过大；

(2)应模拟输入各种错误数据和错误操作，以检查系统的排错、纠错能力；

(3)从操作到各种显示输出，都应进行全面检查验证，看其是否与设计要求一致；

(4)应对所有的计算和分析结果进行核对。

2. 程序测试的方法

对程序测试的方法有很多，但较为常用的有黑盒测试(功能测试)法和白盒测试(路径测试或逻辑覆盖)法。

(1)黑盒测试法

黑盒测试法即是把程序作为一个“黑盒”，不考虑程序的内部结构和内部特性，只是检查程序是否符合它的“功能说明”。使用黑盒测试法时，测试用例完全是根据程序的模块说明书来设计的，即按程序的要求输入测试数据，按规定检查输出，如果没有达到预期结果，则说明程序有错。要想用黑盒测试法发现程序中的所有错误，就需将所有可能的数据输入并进行测试，这显然是不可能的，因为我们不可能穷举程序的所有数据，因而黑盒测试法只是一种非完全测试法。

(2)白盒测试法

白盒测试法是指设计一组输入数据,以使程序的每个语句都至少执行一次,以检测程序中可能隐含的错误。由于从输入到输出,排列组合可能有近乎无数多个路径,因而要使每条语句都执行一次,则至少使程序中每种可能的路径都被经过一次,这显然也是不可能的。因此,白盒测试法也是一种非完全测试法。

直到目前为止,在进行程序测试时还没有一种有效手段能将系统中的所有错误测试出来。因此,对程序的测试我们只能尽量从系统的用途和重要性出发,提出相对的测试要求:

①对典型的测试数据要有正确的结果;

②对无效或错误的数据要有校验和纠错的能力;

③对设计说明书中的可能测试数据要有正确的结果。

3. 系统测试

(1)分调

按照结构化设计思想,系统由模块组成,而模块又由一个或几个程序组成。当单个程序的调试工作结束后,尚需进行各个功能模块的调试,即将一个功能模块内各程序按次序串联起来进行调试,此项工作称为模块的分调。分调的主要目的就是检查模块中各程序的接口与模块说明书中的要求是否一致,以查找模块内部的逻辑错误。

在模块测试时,应预先在模块中安排测试点,以便能从测试输出结果或从程序中断现象中比较直接地确定错误的位置。

要完成对基本处理、特殊处理和出错处理三个方面的测试任务,其中基本处理是系统最基本、最主要的处理活动,是系统的正常功能。调试基本处理的数据必须要完整、系统,以便能对基本处理活动的各个方面都测试到。特殊处理虽然不是系统的正常功能,但在数据处理中很可能出现。如文件中无记录,文件不在当前盘上,打印机没有接通电源等。如果系统设计没有考虑到这些特殊处理,就会影响系统的正常运行。出错处理是对输入错误的数据和误操作进行的处理,如输入非法的会计科目代码或输入借贷不平衡的会计凭证等,实际上,出错处理的测试就是检查系统是否具有内部控制功能的测试。

(2)联调

联调是在分调的基础上进行的。当各模块的分调工作完成后,要按系统的整体要求将各个模块组装起来进行测试,此项工作称为系统的联调。联调的主要目的就是要测试组装后的系统整体性能。系统联调的主要方法有"自顶向下"和"自底向上"两种,下面我们重点介绍一下"自顶向下"的方法思路。

"自顶向下"的方法要求首先测试顶层(即主控模块),然后再逐步一层一层地将下级模块添加上去进行测试,直到将所有的模块都联结起来进行测试完毕为止。按照这种测试方法,在测试上层模块时,暂不要把下层模块联结起来。当需要上层模块调用下层功能模块时,可在上层模块中设计模拟下层模块功能的桩模块。桩模块主要是模拟下层模块的输入、输出参数和显示信息,而模块本身的处理过程被省略。当上层模块调用桩模块时,桩模块根据上层模块传来的参数进行判断,并回送相应的参数给上层模块。

当顶层模块测试完后,就可以将其中的一个桩模块用实际模块替代,同时为这个实际模块再配上所需要的桩模块。通过这样的逐步替换,直到将所有的实际模块都联结起来,测试才算完成。

"自底向上"是把一个或多个模块组成模块组,先测试这个模块组,再联入软件系统中。

模块组通常是由完成系统主要功能的模块组成。

在实际中，很多时候联调往往是将“自顶向下”和“自底向上”两种方法结合起来进行的。需要说明的是，若使用了应用生成系统进行自动编程，则程序调试的过程将会大大缩短，因为自动生成的程序都是经过反复验证的，因而一般不需要调试，而此时系统调试的主要侧重点将集中在某些特殊功能模块及联调上。

6.2 会计电算化系统转换

系统经过严格的测试后，实现阶段的最后一步是用新建立的会计电算化系统以某种方式取代现行的会计系统，即系统的转换。

6.2.1 系统转换的时间选择

在系统转换时，系统转换的时间选择是一个重要的问题，要根据用户的实际情况来确定。根据实际工作经验，选择两种时间比较稳妥。第一种是在年初进行转换，这是因为会计工作是以年度为循环周期的，在年初运行新的系统，将大大减少工作量，容易实现系统的转换。第二种是在第三季度末实施转换，这是考虑到系统实施前有一个过渡时期，试运行一个季度比较合适。对工资核算、固定资产等子系统，由于与年度数据关系不大，可在某月初或月终实施转换。

6.2.2 系统转换方式

系统转换可以是整个系统的替代，也可以是某个子系统的替代。系统转换一般有以下四种方式。

1. 直接转换

在某一适当的时刻，现行的会计电算化系统停止运行，新系统正式启动，新系统的工作完全取代现行系统的工作。这种做法对会计电算化系统来说，人员和费用最为经济，但有较大风险。一般是在新系统经过较长时间考验，即在有把握的情况下所采用的转换方式，或不得不采用的转换方式。如现行系统无法同时并行工作，采用直接转换方式继续会计工作。此时应准备应急措施，以保证对会计工作没有大的影响。

2. 并行转换

在某一段适当的时间内，新系统和现行系统并行运行，然后再将现行系统淘汰，这是由手工系统过渡到会计电算化系统的合理方式。这种方式安全，但费用和资源消耗较大，所以在验证新系统能够正常工作后应及时启用新系统，停止使用现行系统，避免不必要的浪费。

3. 逐步转换

为了避免并行的巨大开支，可以将系统的转换工作分阶段进行。分步转换是上述两种转换的结合，由新系统一步一步地、一部分一部分地替换现行系统。新系统的一部分经过一段时间的运行,确定稳定下来之后,再替换另一部分系统。这是一种折中的方式,也可能是一种最可行的方式,可做到会计电算化系统转换平稳、可靠、易于管理,但总的转换时间不宜拉得太长。

4. 导航方式

导航方式是指新系统处理的业务量由少到多,最终达到取代旧系统的目的。例如,工资管理系统,开始时可以由计算机管理企业的两个下属单位的职工工资,然后逐步增加,最终全部由计算机进行管理。又如,材料管理,开始可以由计算机管理一个仓库或一部分材料,然后逐步增加。

通常,会计电算化系统在转换过程中甚至转换以后,仍然可能出现一些问题,这是正常现象。

一旦发现系统出现问题,应由系统管理部门与系统开发部门共同商讨,按系统应急计划书或系统维护规程拟定补救办法和措施,由系统维护人员修改程序,而不能由运行人员任意修改。

6.2.3 会计电算化系统试运行

会计电算化系统试运行是指会计软件使用的最初阶段人工与计算机同时进行会计处理的过程。此阶段的主要任务是:检查建立的会计电算化核算系统是否充分满足要求,使用人员对软件的操作是否存在问题,对运行中发现的问题是否还应进行修改,并逐步建立比较完善的电算化内部管理制度。

在试运行阶段,会计人员要进行双重劳动,这是十分必要的。在此期间,通过进行手工与计算机处理结果的双向对比与检验,能够考查会计软件数据处理的正确性,能够考查相关人员的操作熟练程度和业务处理能力,并通过实践进行电算化内部管理制度的建立。应该说,这是手工会计系统移至会计电算化系统的试验阶段,也是手工系统与计算机系统相互适应的阶段。它的顺利进行,是此后一定阶段会计电算化系统持续正常运行的前提。

试运行的时间,应放在年初、年末、季初、季末等特殊会计时期,且并行时间3个月以上(一般不超过6个月),这样才能最全面地比较人机数据,预先估计可能出现的问题。一旦出现问题,要及时采取措施,进行防错纠错。

在试运行阶段,前期以人工为主、计算机为辅,后期则以计算机处理为主。会计单位只有假设计算机在处理实际账务,才会充分考虑可能发生的问题,促进操作熟练程度的迅速提高。

计算机与手工并行工作期间,可以采用计算机打印输出的记账凭证替代手工填制的记账凭证,原始凭证应附于相关记账凭证的背面,根据有关规定进行审核并装订成册,作为会计档案保存,并据以登记手工账簿。如果计算机与手工核算结果不一致,要由专人查明原因并向本单位领导书面报告。

1. 试运行的主要工作

在试运行阶段,人工与计算机数据对比时,要进行如下工作。

(1)检验各种核算方法

对电算化方式下采用的各种核算方法进行检验，发生偏差时及时调整。

(2)检查会计科目体系正确性和完整性

通过数据对比，检查初始化阶段建立的会计科目体系的完整性、合理性，看其能否适应核算要求、报表要求、管理要求和会计制度要求。

(3)考查操作熟练程度

通过数据对比发现差错时，如属于人为原因，要确定责任人。

(4)纠正会计软件程序错误或业务处理错误

通过数据对比发现错误时，如属于软件设计错误或系统缺陷，要及时通知会计软件开发和销售单位，责成其迅速调整或改进功能。尤其当软件存在严重违反会计制度规定的业务处理功能，或人机数据不符原因是会计软件设计错误时，必须暂停会计软件试运行，通知设计人员修改。

2. 试运行期间要注意的问题

(1)适当安排好实施进度，试运行期间及时总结、定期检查。实施效果不理想时，向软件公司咨询，修订实施方案，及时发现并解决试运行中存在的问题，尽量缩短手工与计算机并行时间。

(2)实施复杂的大系统时，应向有关方面的专家顾问咨询，或向有经验的单位学习经验，尽量少走弯路。

(3)做好申请替代手工记账前的准备工作，争取一次性通过审查。

6.3 替代手工记账的审批

用计算机替代手工记账是会计电算化的目的之一，这不仅仅是会计核算和分析手段的变革，还涉及会计核算单位内部和外部的各个方面。为提高会计电算化后会计工作质量，以及保证符合国家的有关法规，得到上级管理部门的认可，单位在正式使用计算机代替手工记账之前，应进行验收。

验收工作主要包括软件的评审及以计算机替代手工记账的审批。会计核算软件的评审主要是对使用的会计软件是否符合现行会计制度，以及对软件安全性和可靠性进行评价。商品化核算软件的评审工作主要由各级财政部门进行，对已评审的核算软件在验收中可不再进行软件的评审工作。除软件评审工作外，验收工作主要是检查与软件相配合的运行环境的建立情况和管理制度的建立情况。

财政部制定的《会计电算化管理办法》中明确规定，由各省、自治区、直辖市、计划单列市财政厅（局）和国务院业务主管部门，制定用计算机替代手工记账的具体管理办法。对此，各省、市财政部门都已做出相应的管理办法，可归纳为两种管理形式：一种形式是由财政部门直接负责对申请替代手工记账的单位进行审查，一般做法是财政部门会同国税、地税、审计、业务主管部门等，实地进行审查验收，验收合格发给替代手工记账的许可证；另一形式是财政部门间接管理，由申请替代手工记账的单位委托会计师事务所验收，由事务所出具合格报告，财政部门只负责对会计师事务所的审查报告审核后做出正式批复。

对替代手工记账的单位不论采取何种管理形式进行审查，依据的标准是《会计电算化管理办法》和《会计电算化工作规范》。审查计算机替代手工记账的过程是对替代手工记账的单位在双轨并行期间会计工作全面的检查和总结，既能帮助企业达到《会计电算化工作规范》的要求，也起到咨询服务或交流经验的作用。因此，审查计算机替代手工记账不应马马虎虎走过场，而应认认真真地对待。替代手工记账的审批主要有以下几个方面的内容。

6.3.1 审查3个月并行期间手工账与计算机账的一致性

1. 选择申请替代手工记账前3个月作为审查期间

确定抽查双轨并行期间一般是选择审查日期前3个月最为合适。因为最近的三个月对会计软件熟悉掌握较好，操作水平高，相对差错率小，能体现当前会计电算化的管理水平。另外，并行期间并不是越短越好，并行期间的长与短应从单位会计软件使用效果、人员培训状况、各项管理制度等方面条件成熟程度综合考虑。

2. 审查并行期间会计数据的内容和处理方法

一般运用统计抽样方法对3个月并行期间的会计数据进行符合性测试，内容涉及会计凭证、总账及明细账、会计报表等会计核算资料。抽样数量应在保证抽样质量的前提下视被审查单位的会计业务量而定，抽取的必要样本包括：

(1)初始化工作结束后，打印输出所有科目的发生额及余额的试算平衡表，包括年初余额、本期和累计发生额、期末余额。在此基础上还应有会计恒等式平衡，即资产 = 负债 + 所有者权益的检查。将初始化样本与手工账核对，并应有责任人的签章。试算平衡表的格式，可以自行设计，但有关内容不应省略。初始化审查工作十分重要，是账务处理系统运行的基础，会计电算化规范应从初始化工作做起。

(2)3个月并行期间计算机总分类账与手工总账核对。由于发挥了计算机处理、存储会计科目发生额及余额的特点，传统手工条件下的三栏式总账形式可用发生额及余额对照表代替总账。财政部发布的《会计核算软件基本功能规范》和《会计电算化工作规范》中对此做出了明确规定。计算机打印输出的总分类账使用起来最为方便。

(3)对会计凭证和明细账的核对，可以采取先抽取部分手工会计凭证样本和抽取部分明细账样本，在计算机上通过屏幕查询的方法进行核对。填制“手工会计凭证与计算机内会计凭证抽查结果对照表”和“手工会计明细账与计算机内明细账抽查结果对照表”作为工作底稿。必要时可打印出部分所抽样本的会计凭证和明细账。

(4)对会计报表的审查包括3个月并行期间的资产负债表和权益表。一般以月报表为主，重点审查账务处理系统生成的会计报表是否符合会计制度的要求，对软件还应审查是否符合会计核算软件基本功能规范的要求，尤其对根据机内会计凭证和据以登记的相应账簿生成的各种机内会计报表数据，会计核算软件不应该提供直接修改功能，否则会造成账表不符，最好能对自动生成的会计报表打印一个特殊标记，与不是自动生成的报表项目以示区别。

6.3.2 审查会计档案保管制度

会计电算化后，会计档案分为采用磁带、磁盘、光盘等介质存储，以及采用打印输出纸介质存储两种形式。各单位根据设备条件和管理要求，采取以一种形式为主另一种形式为辅或者两种形式并重的方法管理会计档案。

(1)会计凭证作为会计档案最为重要的部分,都必须以纸质保存。不论是手工填制的记账凭证,还是用计算机打印输出的机制记账凭证,都必须有必要的原始凭证,按顺序编号、装订成册保存。

采用磁性介质进行会计凭证日备份、月备份、年备份是为了出现计算机故障后便于恢复。审查会计凭证的磁盘备份制度时,一般建议采用2～3套盘作日备份,轮流使用保证输入凭证的安全。

(2)会计账簿、会计报表应根据管理的要求及时打印输出。经常需要查询的总分类、现金日记账、银行日记账及定期进行经济活动分析使用的明细账,都应及时打印。不经常使用的账簿或发生业务较少者,可按年、按季打印,这些打印出的会计资料都应作为会计档案妥善保管。

《会计电算化工作规范》中规定,采用磁带、磁盘、光盘、微缩胶片等介质存储会计数据,不再定期打印输出会计账簿,应征得同级财政部门的同意。设备配置好、安全性高、查询方便、利用机内会计数据进行分析更为有利的单位,可采用磁带、磁盘、光盘、微缩胶片等介质存储会计数据,可不再定期打印输出会计账簿。

(3)审查并行期间的会计档案应该以手工方式下会计档案为主,以计算机的会计档案为辅,不要求将并行期间的会计档案打印输出,只要能完成抽样查询工作就可以。这样既可以减轻并行期间的打印工作量,同时在保存手工方式下的会计档案的基础上,也可满足会计档案的要求。

6.3.3 审查会计人员电算化岗位分工制度

审查双轨并行期间会计人员电算化岗位设置及初始化权限分配也是一个重要工作内容。

(1)审查双轨并行期间对指定操作人员实行权限控制的执行情况。有的软件提供的安全性控制较好,如录入人员和审核人员不能是同一个人,而有的软件这方面的控制较差,需要制定有关内部控制制度,明确不同人员的操作权限,保证会计系统的安全。

(2)制定的会计电算化岗位职责,应当落实到每个上岗的会计人员身上,尤其是电算化主管应真正负起责任,管理好权限口令设置和人员权限分配。替代手工记账审查报告中应将电算化岗位责任制执行情况及权限设置人员作为审查报告附件内容之一,如果有改进意见也应该在审查报告中写明。这样既能说明替代手工记账审查时会计人员岗位设置的管理状况,也便于今后进行计算机审计工作时保留双轨并行期间电算化岗位分工的全面资料。

以上所说的三个方面是针对使用的已经通过财政部门评审的会计软件而说的。有些申请替代手工记账的单位所使用的会计软件没有经过购物部门评审,如自行开发使用的、行业推广使用的、从国外购买的会计软件等。凡没有经过财政部门评审的软件,在使用单位申请替代手工记账时,应先按《会计核算软件基本功能规范》的要求进行模拟数据测试,达到规范的标准后再进行替代手工记账的审查工作。这样做有利于各种会计软件的推广使用,也能保证替代手工记账单位所使用的会计软件的质量。由于测试工作首先要对软件有所了解,出具模拟数据还要适应使用单位行业特点,相对来讲工作量大,必须提前做好各项准备工作。这项工作可以由财政部门来做,也可以委托会计师事务所承担。包括替代手工记账的审查工作都由会计师事务所来承担,是今后发展的方向,财政部门的主要任务是负责制定办法、监督检查。

6.3.4 甩掉手工记账

甩掉手工记账,是采用会计软件的目的之一,也是试运行的最终结果,它标志着会计电算化系统的正式使用。使用计算机代替手工记账必须符合有关规定,经过财政部门的批准,具体程序如下:

(1)企业单位向财政部门的主管单位提出申请。提出申请时应提供以下资料;会计电算化系统使用单位的会计电算化内部管理制度;替代手工记账会计科目代码和其他有关代码及编制说明;使用单位试运行的简况,打印输出的凭证、账簿、报表等;甩账审批单位要求的其他资料。

(2)甩账审批单位审核使用单位的甩账资格,并给予正式批复。如同意单位甩账,则同时将批复抄送有关税务、审计等部门。

(3)会计软件使用单位在得到同意甩账的批复后,开始甩掉手工记账的工作,进入正式运行阶段。

6.3.5 会计软件的正式运行

系统正式运行后,手工会计信息系统下重复繁重的会计核算和记账工作转由计算机来完成。这一阶段的主要工作是:

(1)按软件的要求在计算机上完成各项会计核算工作的初始化工作;

(2)常记账凭证的输入工作;

(3)记账凭证的复核和修改;

(4)完成各种核算,扩大各种会计核算的广度,加深各种核算的深度,并建立相应的账务数据;

(5)查询和打印输出各种会计数据资料,为本单位的其他部门和管理人员提供数据资料;

(6)记账并输出各种账页;

(7)编制输出各种报表;

(8)完成会计软件所提供的其他功能。

第7章　电算化审计

IT技术被广泛应用于社会的各个领域,成为社会发展的重要支柱。会计电算化工作近年来发展尤其迅速。我国会计电算化的日益普及不仅使原有的会计数据处理流程发生了改变,还极大地改变了会计环境,从而使审计工作的环境与对象、审计范围、审计线索等基本审计因素都发生了巨大的改变,审计人员面临"进不了门,打不开账"的尴尬局面,传统审计面临巨大的挑战。于是,人们开始对传统审计重新进行审视,开始研究IT技术影响下的电算化审计。

7.1　电算化审计概述

7.1.1　电算化审计含义

电算化审计的含义包括两个方面。

1. 对电算化系统审计

对电算化系统审计,即计算机环境下的审计,是指审计人员对被审单位会计电算化系统进行审计,审计客体是电算化系统,是相对于手工会计系统审计而言的。

2. 计算机辅助审计

计算机辅助审计是指审计人员利用计算机来开展审计工作。审计人员以计算机为工具,通过计算机的功能和软件技术来执行审计程序,收集审计证据,以及编制审计工作底稿等。

电算化审计同手工审计相比,在本质上没有区别,它们的审计目标、审计职能相同,但在审计具体对象、方法、审计环境和审计手段上有差异。

7.1.2　会计电算化对审计的影响

1. 会计电算化环境对审计线索的影响

由于会计实行电算化,使审计线索发生很大变化,传统的手工会计系统中的审计线索在电算化系统中有的将会中断甚至消失。

在手工系统中,由原始凭证到记账凭证,由过账到财务报表的编制,每一步都有文字记录,都有经手人签字,审计线索十分清楚。审计人员进行审查,完全可以根据需要进行顺查、逆查或抽查。但在会计电算化系统中,传统的账簿没有了,取而代之的是以机器可读的形式储存的电子数据。此外,从原始数据进入计算机,到财务报表的输出,中间的全部会计处理集中由计算机按程序指令自动完成,传统的审计线索在这里中断了、消失了。会计电算化对审计线索的具体影响有以下几个方面。

(1)原始凭证一旦转换成账务格式的电子数据后,就不再在处理过程中使用。

(2)数据之间的主从线索消失。在主文件中可能看不出计算汇总所依据的明细数据,而且明细数据作为过程文件可能已不存在。

(3)在电算化系统中,某些会计数据和其他信息只能以电子形式存在,并且只能在某一时点或某一期间得到。例如,明细账通常是用记账凭证替代的,明细账只有在查询或打印时才在计算机中生成。因而,从记账凭证到明细账或从明细账到记账凭证的审计线索不复存在。

(4)系统打印功能通常是在打印时才从数据库中提取记录生成打印结果的,在不打印时,没有数据处理记录,也不保存要打印的数据的处理结果。

(5)电子数据修改无痕迹,且难以直接观察。

上述会计电算化对审计线索的影响,使得对数据输入、处理和输出的控制及计算机的操作过程成为审计的重要内容。因此,会计电算化环境对审计的时间安排、测试的性质和测试的范围均有较大的影响。

2. 会计电算化对审计内容的影响

在会计电算化条件下,审计的目的和范围没有改变,但审计内容却发生了一些变化,主要表现在:

(1)目前,大多数财务软件是管理型财务软件,软件的功能越来越强大,结构越来越复杂。而各财务软件公司在开发财务软件时通常没有考虑电算化审计的要求,有的财务软件甚至也不提供财务软件的标准数据接口。同时,基于财务数据安全的考虑,财务软件的数据结构不对外开放,并有可能对财务数据库进行加密处理,为审计工作自动获取电子数据带来困难,加大了电算化审计的工作内容和负担。

(2)会计电算化系统中的会计数据由计算机会计系统按照软件程序自动进行处理,如果系统的应用程序被不知不觉地嵌入非法舞弊程序,则完全可能为不法分子侵吞企业的财物提供方便;或者会计电算化系统本身存在缺陷,财务软件按程序运行得出一个错误的结果。因此,电算化会计需要对会计电算化系统的安全性、正确性、稳定性进行必要的测试,从而增加了电算化审计人员对会计电算化软件进行审计的工作量。

(3)电算化会计与手工会计相比较,在数据处理、内部控制、数据存储和档案管理等诸多方面发生根本性变化。因此,电算化审计必然要增加对计算机系统处理和控制功能审查的内容,也就意味着电算化审计人员要花费较多的时间和精力了解与审查企事业单位使用的计算机会计系统的功能,以证实其数据处理是否合法、正确、安全和完整。

3. 会计电算化对审计技术的影响

在手工系统中,可采用顺查、逆查、审阅、分析性程序、比较、验算等方法进行审计。但在会计电算化环境下,仅采用这些方法有可能难以实现审计目标。电算化系统数据处理的全部过程是手工操作和计算机处理相结合的过程。因此,审计方法也应该适应这种变化,采用常规的手工系统审计方法和电算化系统审计方法相结合的审计方法,计算机辅助审计的技术也随之被审计人员所运用。在会计电算化环境下,人工的各种审查方法仍然有效,但计算机辅助审计技术效率更高,甚至效果更好。比如,在手工环境下,对凭证抽查采用随机抽样会比较困难或者效率太低,但采用电算化审计手段却比较容易实现,且成本比较低,效率高。因此，审计人员应针对电子数据处理系统的特点，选用恰当的方法对电子数据处理系统的可靠性和有效性及其输出信息的正确性和合法性进行评价与审查。针对会计电算化环境，审计人员一般考虑采用计算机辅助审计技术，以发挥计算机在技术上的优势，如由审计辅助软件自动执行分析程序，执行审计抽样等。

4. 电算化系统对审计人员的影响

由于使用计算机，审计环境和数据控制发生的变化为审计人员创造了新的机会，电子数据处理系统的许多特征明显地影响了审计人员和审计工作。

（1）计算机辅助审计技术的采用，对审计人员提出更高的要求。审计人员除了掌握原来的手工环境下的审计技术，还应该掌握一定的电子计算机的知识和应用技术，掌握计算机辅助审计技术。

（2）数据处理的集中化要求审计人员评价数据处理部门的组织控制程序，保证数据处理为不相容的职能分离，保证资产的安全，保证有效使用电子数据处理部门的人力和物力资源。

（3）由于电子数据处理系统的复杂性，文件记录和系统操作都必须标准化，使审计人员有机会确认这种标准是否存在，被审单位是否有效执行这种标准。

（4）处理会计数据和财务数据控制的程序化，使审计人员有机会评价被审单位使用的程序控制，确定这种控制是否健全有效。

（5）由于越来越多的数据采取机读的形式，审计人员有机会使用计算机完成审计任务。计算机运行的高速度计算能力，使审计人员能在较短的时间里处理大量的业务文件。

（6）由于会计数据和经营数据集中在机读形式的文件和数据库中，审计人员可以不用大量时间，就能完成过去根本不可能完成的审计步骤。

审计线索的改变要求审计人员重新检查系统的审计步骤。由于数据处理系统的复杂性和数据的集中，要求审计人员熟悉电子数据处理系统的计划、程序和记录。了解电子数据处理系统及其控制，成为审计人员评价内部控制和使用计算机进行审计的关键。

在计算机数据处理环境下，对被审计单位的会计报表及其相关资料进行审计时，要求审计人员考虑利用计算机作为一种审计的工具，利用计算机辅助审计技术进行审计。通过利用计算机辅助审计技术可以改进审计程序的效果并提高效率。

7.1.3 会计电算化系统的优点

1. 会计电算化系统中减少了差错

计算机进行会计核算是非常严格和精确的，只要输入的记账凭证准确无误，运行程序及其核算方法恰当合理，计算机就会得出正确结果。自动化处理避免了会计人员因笔误或汇总错误而出现的各种核算错误，从而可相对减少审计人员复核的工作量，提高审计效率和质量。

2. 方便的信息查询功能

由于计算机具有储存信息量大、运行速度快的特点，因此企业所有的经济活动资料都可以通过适当的程序而被分类整理，并储存在磁盘上。审计人员只要正确操作，就可以让计算机输出所需要的资料，为其收集资料和获取证据提供方便。

会计电算化系统一般都有由总账到明细账、由明细账到记账凭证的联查功能，大大方便审计人员执行顺查或逆查程序。

会计电算化系统一般都有科目汇总、凭证汇总、试算平衡、自动对账等功能，审计人员还可以方便地利用这些功能进行计算、核对、查验，这些都减轻了审计人员的劳动强度。

会计电算化系统的历史档案容易查阅。对会计电算化系统而言，查阅不同年份的会计档案只需要输入对应年份的登录日期就可以实现。因此，查阅历史档案的效率得到极大提高。

3. 增强了审计能力

在电算化审计工作中，内部控制制度的测评、审计工作底稿和审计报告的编写都可以利用计算机来实现，未审工作底稿还可以由审计软件自动生成。利用计算机进行查证、测试、计算、分析等工作，使得整个审计过程更加简练、清晰。例如，不同级次审计工作底稿间的钩稽关系可以由审计软件自动维护，大大减轻审计人员复算、核对的工作量；在利用计算机进行统计抽样时，审计人员可方便实现分层抽样，自动选择选样方法，并可以用计算机对抽样结果进行初评估，增加了抽样作业与评估的科学性。

7.2 电算化审计的程序与方法

7.2.1 电算化审计的程序

会计电算化系统的审计步骤与手工会计系统的审计步骤一样，分为准备阶段、实施阶段和终结阶段，但两者在每个阶段的工作和重点不一样。

1. 审计准备阶段

第一步，明确审计目的、任务和要求。

要明确，是对整个系统进行审计，还是对某个子系统进行审计；是在系统开发阶段进行审计，或在系统测试阶段进行审计，还是在系统已投入运行后进行审计；是进行财务合规、合法性审计，还是对系统的经济效益进行审计。

第二步，初步调查被审单位会计电算化系统的概况。

主要调查被审单位计算机系统的结构、功能和系统软件的配置，系统开发的程度，系统使用的语言，系统文档资料的齐全程度，充分了解系统管理状况、工作人员的责任和表现等。

第三步，调查了解内部控制系统。

该项基础工作包括调查和了解内部控制系统的设计及其健全程度，重点调查了解控制系统是否健全。对内部控制系统进行调查的内容主要包括：

(1)控制环境调查；

(2)会计系统调查；

(3)采购与付款循环、销售与收款循环等会计业务循环内控调查。

第四步，制订审计实施计划。

通过调查研究、收集资料，由审计组制订审计实施计划。

制订审计总体计划，其内容包括审计范围、内容、重点方式、具体实施步骤、人员分工和预计完成时间等。

制订具体审计计划，确定具体审计项目要实施的审计程序及其要求。

2. 审计实施阶段

首先，对会计电算化系统的内部控制制度进行健全性调查，对其执行情况进行符合性测试。

其次，评价会计电算化系统的内部控制制度。通过前面的健全性调查和控制测试，即可对被审单位会计电算化系统内部控制制度的完善性、合法性、有效性进行评价，以此决定细节测试的性质和范围及其审计的重点领域。如果系统安全可靠性比较高，则应对该系统给予较高的信赖，在细节测试时，就可以相应地减少测试的样本量。在会计电算化系统的控制测试项目中，主要内容应该是确认输入资料是否正确完整，计算机处理过程是否符合要求，系统控制是否有效等。

最后，进行细节测试，根据对内部控制制度的评价结果以及审计实施计划的内容，对被审单位的数据文件进行审查，收集证据，以证实被审单位的各账户余额以及财务报表中数据的真实性、正确性。这一过程既要使用函证、盘点等传统的手工审计方法，也要使用计算机辅助审计技术，进行重新计算、分类、比较、分析等。

3. 审计终结阶段

这一步骤的工作主要包括整理审计工作底稿、分类归纳核实材料、汇总审计差异、提请被审单位对审计差异进行调整、编写审计报告、做出审计结论和决定等。由于被审的是会计电算化系统，在审计报告中，除了要对被审单位的财政或财务收支的合法性、真实性和效益性或对报表的一贯性发表意见、做出结论外，还要对被审会计电算化系统的处理功能和内部控制进行评价，必要时可出具专门管理建议书。

7.2.2 电算化审计的方法

1. 绕过计算机审计法

(1)绕过计算机审计法的含义

绕过计算机审计法是一种间接审计方法，即把计算机中的会计软件系统比作“黑箱”，审计人员直接把测试的数据输入“黑箱”，再对“黑箱”输出的结果进行评价的方法。该方法假定会计信息系统和计算机处理过程是可靠的审计人员通过这种可靠的处理结果来评价有关信息和内部控制系统是否达到审计目标，所以审计人员可以绕过计算机，在不知道计算机数据处理具体内容和方法的情况下，通过检查输入和输出文件，形成判断或结论。如果输入是正确的，而输出错误，则可以肯定计算机处理过程存在问题。使用绕过计算机审计法进行审计测试，重点在于检查核对，以验证输出结果的正确性，具体做法是：审计人员首先从被审系统的输入数据中抽取一组样本进行输入控制检查，然后人工计算其结果，并与同一样本的计算机输出进行比较。如果一致，则可以认为系统的运行适当无误，否则，则可以认为电算化系统处理存在问题。

(2)绕过计算机审计法的分类

在绕过计算机审计过程中,仍然使用传统的手工审计过程中所使用的方法。常用的审计方法,概括起来有以下几种。

①审阅法

审阅法是对计算机输入数据和输出结果进行审查,查其有无差错。输入数据如原始凭证或记账凭证,输出结果如明细账、总分类账、报表等。

②核对法

核对法是用核对、复核的方法对计算机输入数据和输出数据有无差错、计算是否正确等情况进行查对的一种审计方法。以下内容可采用核对法:

a. 原始凭证上数量、单价、金额与合计数;

b. 记账凭证是否全部输入机内;

c. 计算机输出总分类账、各账户的金额与输出的会计报表的各相应项目;

d. 输出的账面金额与库存实物、银行存款的实际数。

③抽查法

在间接审计过程中,由于输入、输出的数据较多,不能一一进行审计,所以对于金额较大的业务或重要业务采取抽查的方法。

④比较法

比较法就是用分析对比的方法进行审计。步骤如下:

a. 审计人员首先将计算机处理后的各类账户余额、报表数据打印输出;

b. 选择具有代表性的部分记账凭证输入机内,通过运行数据处理等模块形成报表资料;

c. 审计人员采用手工审核的办法将输入系统内的记账凭证进行分类、汇总,并将其加计 a 步骤的报表数据中去;

d. 将 b 步骤的报表资料与 c 步骤的报表资料相互比较。

(3)绕过计算机审计法的适用条件

①审计线索完整可见,所有的业务均保留原始凭证,并在有关的输出账簿中留有详细记录。

②系统处理过程相对简单明了。在某些情况下,计算机输入与输出的关系较为简单直接,检查核对的工作量就比较小;如果输入与输出的关系相当复杂,检查核对的工作量就很大。

③审计人员可以得到完整的系统文档。文档中列明了系统的处理和控制功能,通过对它们的查阅,使审计证据更有证明力。

④系统应用软件被广泛使用,并经过严格测试。在这种情况下,会计电算化系统的功能一般比较齐全可靠,审计人员不对电算化系统内部进行检查一般也不会遗漏重大的控制弱点。

由于使用这种方法要找到必要的审计证据和审计线索,而这是相当困难的,即使间接审计法可以找到会计电算化系统处理结果中存在的问题,但也无法为审计人员提供系统问题和错误出现在哪个环节,因此这种方法是一种过渡性的被动方法。要真正完成对会计电算化的审计任务,只有对会计电算化系统进行直接审计。

2. 穿过计算机审计法

(1)穿过计算机审计法的含义

穿过计算机审计法是指审计人员除了审查输入和输出数据以外，还要对计算机内的程序和文件进行审查的方法，是将计算机的输入、输出和数据处理本身都作为审计的直接对象。它强调的是要测试电算化系统本身，使用计算机检查系统的正确性，要求审计人员既要测试计算机操作和程序内部控制是否合理，又要测试计算机内部处理是否准确。

(2)穿过计算机审计法的分类

穿过计算机审计法常用的方法有以下几种。

①重新处理法

该方法是指将被审单位的原始数据在原系统中重新处理一遍，然后看其结果是否与原来的结果一样。在重新处理过程中，要严格按照规定要求调用指定程序，输入应该输入的原始数据，准确使用各项操作命令，不允许出现任何差错，即从原始数据的采集到调用的程序与使用的命令，均应与原处理过程完全一样，才能确保其可比性。

②编程序验证法

该方法是使用审计人员手中的会计软件对被审单位的原始数据进行处理，然后将其结果与被审单位原先处理的结果核对，如果不一致，则证明被审单位的会计电算化系统存在问题。

③模拟数据测试法

审计人员将模拟数据输入被审单位的计算机中，对输入的模拟数据进行处理，最后将机器得出的结果与审计人员事先处理的结果进行核对，以检查被审单位的会计电算化系统是否存在问题。

(3)穿过计算机审计法的适用条件

①电算化系统的输入、输出量非常大，难以对它们的正确性一一测试。

②电算化系统内包含了重要的控制功能。

③电算化系统的逻辑结构比较复杂。

④电算化系统中可见的审计线索不够。

穿过计算机审计法能够解释审查工作中所出现问题的原因，审查结论较能令人信服，且能增加审计人员的工作信心和被信任感。但是使用该法，审计人员的工作量比较大，且要求他们掌握相关的计算机知识。

7.3 电算化审计软件

7.3.1 审计软件的含义

审计软件是为利用计算机辅助审计而编写的计算机程序。按照适用范围，通常将审计软件划分为通用审计软件和专用审计软件。

通用审计软件是根据审计业务的共性设计的适用于对各类或多数计算机会计电算化审计的计算机程序。

通用审计软件可以通过审计项目初始化的方法来输入被审单位信息、设置审计参数来适应不同单位或行业的特点。例如,通过选用不同的审计模板来适应不同的行业审计的需要。一般地,在同一行业,由于审计的目标在被审计的计算机信息系统之间差别不大,审计人员无须为检查类似的各系统逐一开发计算机审计程序,而采用通用审计软件可以提高审计工作效率。例如,工业企业财务收支审计软件,通常有对工业企业计算机会计电算化数据的正确性、真实性审查的标准审计程序。要保证审计软件的通用性,必须先将系统的数据文件按标准格式予以转换。有可能行业中各系统所需转换程序不同。只要数据按标准格式存放,转换后的数据文件就可使用通用审计软件处理。

专用审计软件是为特定被审计的计算机会计电算化系统,或为执行特定审计任务设计的审计软件。由于这类软件通常是针对特定项目设计的,因而不具有通用性。例如,针对特定行业财务软件的专用数据接口程序,针对待定审计目的开发的程序包或方法库等。

在某些情况下,使用通用审计软件达不到具体的审计目的,审计人员只能通过开发专门的计算机程序来达到审计的目的。专用审计软件是专门为解决具体问题编写的程序,所以它的运行效率通常较高,但是专用审计软件的开发与使用成本相对说来也比较高,软件复用的概率低。

7.3.2 通用审计软件的功能

从审计作业的角度看,通用审计软件一般应具备以下主要功能。

1. 审计管理功能

其主要包括审计机构管理、审计项目管理、审计档案管理等。

2. 审计计划

(1)总体计划

提供重要性水平计算及分配工具,根据客户提供的会计报表,自动计算并确定审计项目重要性水平及分配,确定重点审计项目。

(2)具体计划

提供基本审计程序,包括审计准备阶段、内控调查阶段、符合性测试阶段、实质性阶段及审计完成阶段的基本审计程序。

(3)审计计划审核

总体计划和具体计划确定后,由项目管理负责人对计划进行复核批准。

3. 财务软件数据接口功能

其主要包括同财务软件进行对接,自动获取财务数据的功能;将财务软件对外输入的数据文件转换为审计软件可处理的数据文件,以便通过审计软件进行处理、查询等操作。很多财务软件可以按照财务软件数据接口标准输出财务数据文件,审计软件通常应具有读取这些标准数据接口数据文件的功能。

4. 审计工作底稿自动生成和编辑功能

在获取必要的财务数据后,审计软件应能自动生成一些未审工作底稿。如自动生成各科目的明细表,自动根据下级底稿汇总形成上级底稿等。同时,审计软件应该有很强的审计底稿编辑功能，审计人员应该能通过审计软件直接编辑审计底稿。

5. 审计查证功能

（1）比对功能

其包括审计软件按所获取的财务数据自动生成的账簿、报表与会计电算化系统的账簿、报表比对；记账凭证与明细账的一致性比对；数据验算比对，审计软件可以根据财务数据按一定的规则加工处理数据，并将处理结果与被审单位使用的财务软件的处理结果进行比对，以确定被审单位的处理结果是否真实正确，如对财务软件的固定资产折旧进行比对验证等。

（2）审计抽样功能

审计软件应能对审计对象进行抽样审计，如对会计凭证进行属性抽样并生成凭证抽查表；应收账款函证时对往来单位进行抽样选到函证对象。同时，审计软件也可以对所取样本进行初步的评估，以帮助审计人员评价审计抽查结果等。

（3）审计分析功能

其包括自动执行分析性程序，如对报表进行趋势分析、比率分析；科目余额分析，如科目负值分析；凭证科目对应关系分析，发现凭证中的异常对应科目等。

6. 审计差异汇总功能

审计软件应能将各个审计工作底稿上的审计差异（调整差异和重分类）进行汇总，自动生成审计差异汇总表，并根据被审计单位的调整情况自动进行试算平衡；对审计说明与审计结论进行汇总；自动形成审计总结初稿的功能，自动生成审定报表等。

7. 报表合并

其主要功能包括创建报表合并底稿，读取子项目审定报表；自动生成或编制抵消分录；试算平衡及生成合并报表等。

8. 审计法律法规查阅功能

审计软件可以提供常用的同审计相关的法律法规，以备审计人员查阅。

第8章 企业资源计划中的会计电算化系统

会计电算化系统可以是一个独立的系统,也可以是企业信息系统即企业管理软件的一个子系统。企业管理软件以信息技术为支撑,但它不是一个纯技术系统,其灵魂是管理思想,主体是蕴涵管想的管理应模式。目前企业管理软件的主要代表是企业资源计划 ERP,产生于美国。它并非产生于理论家的灵感迸发,而是源自市场竞争的需求和实践经验的总结。它是信息技术与先进管理理论相融合的产物,其实施将有利于企业资源的良好配置、调度和充分运用,使企业管理规范化、科学化,提高企业管理水平与市场竞争力。它的思想和方法已经在美国等工业发达国家得到了广泛的应用,并取得了显著的经济效益。

8.1 企业资源计划系统

8.1.1 ERP 的概念

企业资源计划(enterprise resource planning,ERP)是建立在信息技术的基础上,利用现代企业的先进管理思想,为企业提供决策、计划、控制与经营业绩评估的全方位、系统化的管理平台。它以市场和客户需求为导向,以实行企业内外资源的优化配置,最大限度消除生产经营过程中的一切无效劳动和资源,实现信息流、物流、资金流、价值流与业务流的有机集成和提高客户满意度为目标,以计划与控制为主线,以网络和信息技术为平台,集客户、市场、销售、采购、计划、生产、财务、质量、账务、信息集成和业务流程重组(business process reengineering, BPR)等功能为一体,是一种面向供应链管理(supply chain management,SCM)为核心的现代企业管理思想和方法。

ERP 的内涵可以体现为以下三个方面:

(1) ERP 是一种企业管理理念、原理、方法——在制造资源计划(manufacturing resources planning,MRP Ⅱ)基础上进一步发展而成的面向供应链的管理思想。

(2)ERP 是一套企业管理应用软件——采用先进的信息技术开发的计算机软件产品。

(3)ERP 是一个管理与决策的平台——同时集先进管理思想和当代信息技术为一体的高度集成的企业资源管理与决策系统。

8.1.2 ERP 的产生和发展

ERP 发展至今,大致经历了以下几个主要的发展阶段。

1. 管理信息系统(management information system,MIS)

其本质是企业的信息管理系统,主要功能是记录大量原始数据,支持查询、汇总等方面的工作。对企业来说,库存太多会占用太多资金,库存太少又会导致订货总次数太多引起的订货成本过高,这时就产生了在两者之间进行协调找出最佳订货点的需求,以使企业订货成本最低。但其缺点在于未考虑市场对企业产品需求的动态变化。

2. 物料需求计划(material require planning,MRP)

随着计算机技术的发展,计算机技术应用的范围不断扩大,人们对数据处理的能力大大提高,于是提出了 MRP 理论,即物料需求计划。这一时期的 MRP 主要将市场的动态需求考虑进来,企业根据产品的市场需求、产品的物料清单和企业的生产管理等来确定相关的原材料或零部件的需求,并根据库存量最终确定订货量。即不但要考虑市场对企业产品的需求,还要考虑企业的生产能力是否能满足市场的需求以及如何安排生产能力才能使企业最大限度地满足市场的需求。如生产能力管理、加班管理、外包管理、订货优先级管理等。但其缺点在于未将企业的物流和资金流一并考虑。

3. 闭环 MRP

闭环 MRP 也称制造业的方程式。由于它没有考虑生产能力,所制订的生产计划在生产能力不足时,可能无法完成,因此必须把企业的生产能力考虑进来,才有可能制订出切实可行的生产计划。当生产能力不够时,调整生产计划,重新制订物料需求计划,再次进行生产能力平衡,直到生产计划、生产能力和物料需求计划相适应为止,这样不断调整使反馈的 MRP 成为闭环 MRP。

4. 制造资源计划(manufacture resource planning,MRP Ⅱ)

随着网络技术的迅速发展,企业资源系统也有了新的发展。要使企业能满足瞬息万变的市场,必然要求将企业的物流和资金流协同考虑,将企业的采购、生产、销售、财务等职能部门组成一个能协同工作的大系统,使企业内部的信息得到充分的共享,于是就在 MRP 的基础上提出了 MRP Ⅱ理论。MRP Ⅱ就是将企业的物流和资金流同步集成到企业资源系统中,将企业的采购、生产、销售和财务等部门的信息做到充分的共享,使企业能够及时、有效地管理供、产、销全过程。

5. 企业资源计划(enterprise resource planning,ERP)

到了 20 世纪 90 年代初,在 MRP Ⅱ的基础上,采用了更先进的技术,如 Internet 网络技术、图形界面、第四代计算机语言、关系型数据库、客户机账务器型分布式数据库处理、开放系统和简化集成等。在功能方面,ERP 的功能更强大,能够支持多种制造类型和混合制造,集成更多的功能模块,并将系统延伸到供应商和客户。随着 ERP 作为企业管理工具功能的不断加强,其应用领域也扩展到金融、通信、零售和高科技等第三产业。

8.2.3 ERP 系统的管理思想

ERP 的核心管理思想就是实现对整个供应链的有效管理,主要体现在三个方面。

1. 体现对整个供应链资源进行管理的思想

在知识经济时代仅靠自己企业的资源不可能有效地参与市场竞争,还必须把经营过程中的有关各方,如供应商、制造工厂、分销网络、客户等纳入一个紧密的供应链中,才能有效地安排企业的供、产、销活动,满足企业利用全社会一切市场资源快速高效地进行生产经营的需求,以期进一步提高效率和在市场上获得竞争优势。换句话说,现代企业竞争不是单一企业与单一企业间的竞争,而是一个企业供应链与另一个企业供应链之间的竞争。ERP系统实现了对整个企业供应链的管理,适应了企业在知识经济时代市场竞争的需要。

2. 体现精益生产、同步工程和敏捷制造的思想

ERP系统支持对混合型生产方式的管理,其管理思想表现在两个方面:其一是“精益生产(lean production,LP)”的思想。它是由美国麻省理工学院(MIT)提出的一种企业经营战略体系,即企业按大批量生产方式组织生产时,把客户、销售代理商、供应商、协作单位纳入生产体系,企业同其销售代理、客户和供应商的关系,已不再简单地是业务往来关系,而是利益共享的合作伙伴关系,这种合作伙伴关系组成了一个企业的供应链,这即是精益生产的核心思想。其二是“敏捷制造(agile manufacturing,AM)”的思想。当市场发生变化,企业遇有特定的市场和产品需求时,企业的基本合作伙伴不一定能满足新产品开发生产的要求,这时,企业会组织一个由特定的供应商和销售渠道组成的短期或一次性供应链,形成“虚拟工厂”,把供应和协作单位看成企业的一个组成部分,运用“同步工程(SE)”,组织生产,用最短的时间将新产品打入市场,时刻保持产品的高质量、多样化和灵活性,这即是“敏捷制造”的核心思想。

3. 体现事先计划与事中控制的思想

ERP系统中的计划体系主要包括生产计划、物料需求计划、能力计划、采购计划、销售执行计划、利润计划、财务预算和人力资源计划等,而且这些计划功能与价值控制功能已完全集成到整个供应链系统中。

另一方面,ERP系统通过定义事务处理(transaction)、相关的会计核算科目与核算方式,以便在事务处理发生的同时自动生成会计核算分录,保证了资金流与物流的同步记录和数据的一致性,从而实现了根据财务资金现状,可以追溯资金的来龙去脉,并进一步追溯所发生的相关业务活动,改变了资金信息滞后于物料信息的状况,便于实现事中控制和实时做出决策。

8.2 ERP在会计电算化系统中的应用

8.2.1 ERP中的财务管理

无论在传统的MRP Ⅱ还是在ERP中,财务管理始终是核心的模块和职能。会计和财务管理的对象是企业资金流,是企业运营效果和效率的衡量与表现,因而会计电算化系统一直是各种行业企业实施ERP时关注的重点。

从20世纪90年代中后期开始,为了确立竞争优势,各国企业更加关注进入市场的时间、产品的质量、账务的水平和运营成本的高低,并且为适应市场全球化的要求,组织结构和投资结构也趋向于分布式和扁平化。企业家们意识到,企业不仅需要合理规划和运用自身各项资源,还需要将经营环境的各方面,如客户、供应商、分销商和代理网络、各地制造工厂和库存等的经营资源紧密结合起来,形成供应链,并准确及时地反映各方的动态信息,监控经营成本和资金流向,提高企业对市场反应的灵活性和财务效率。与此相对应,一方面企业开始重组组织结构和管理模式,即所谓业务流程重组;另一方面重视利用先进信息技

术的促进作用，在 MRP Ⅱ的基础上，实施 ERP 系统，以求更有效地支持新的供应链和战略决策。可以说，供应链的概念和集成的财务管理是 ERP 对传统的 MRP Ⅱ进行改造和超越的两个核心。总体上讲，ERP 在会计与财务管理中的应用有两个特点：一是宏观层面的 ERP 的构架在扩张；二是微观层面，即 ERP 物理模块在不断细分化。这两者的互动中，推进了会计作业模式的变化。

从宏观层面讲，会计财务的作业方式，长期以来主要体现在事后收集和反映会计数据上，在管理控制和决策支持方面的功能相对较弱，不论是时效性上，还是针对性上，都难以展现它的作用。当企业发生危机时，它又总是首先反映在财务危机上，不是缺少现金，就是缺乏持续经营所需的资本。在引入 ERP 以前，随着电脑的普及，会计系统的信息处理一般都是应用电脑作业，或是引入其他硬件来提高其自动化水平，这对满足会计核算的一般要求来说已是一大进步。但在业务流程的临近和与其他系统的集成上，则受到技术与功能不足的限制。因此，ERP 在会计与财务管理中的应用，不仅很大程度上反映了上述缺陷，而且依托这一平台，可以进行更广泛的，包括客户、供应商、分销商和代理网络、各地制造工厂等的各种经营资源、各种信息的集成，从而为企业科学决策提供更好的账务。

从微观层面讲，即 ERP 物理模块走向细分化。现阶段在会计领域，主要涉及以下方面。

1. ERP 系统在会计中的应用

会计核算主要是记录、核算、反映和分析资金在企业经济活动中的变动过程及其结果。它由总账、应收账、应付账、现金、固定资产、多币制等部分构成。因此，从物理层面看，ERP 的会计核算模块，涉及总账模块、应收账模块、应付账模块、现金管理模块、固定资产核算模块、多币制模块和工资核算模块等。

以现金管理模块为例，它主要是对现金流入流出的控制以及零用现金及银行存款的核算。它包括对硬币、纸币、支票、汇票和银行存款的管理。在 ERP 软件中，一般都具有票据维护、票据打印、付款维护、银行清单打印、付款查询、银行查询和支票查询等与现金有关的功能。此外，它还和应收账、应付账、总账等模块集成，自动产生凭证，过入总账。

2. ERP 系统在财务管理中的应用

财务管理的功能主要是基于会计核算的数据，再加以分析，从而进行相应的预测、管理和控制活动。它侧重于财务计划、控制、分析和预测，强调事前计划、事中控制和事后反馈。然而，ERP 系统中的财务管理模块已经完成了从事后财会信息的反映，到财务管理信息处理，再到多层次、一体化的财务管理支持。这种转变体现在，它吸收并内嵌了先进企业的财务管理实践，改善了企业会计核算和财务管理的业务流程。它在支持企业的全球化经营上，为分布在世界各地的分支机构提供一个统一的会计核算和财务管理平台，同时也能支持各国当地的财务法规和报表要求。如提供多币种会计处理能力，支持各币种间的转换；支持多国会计实体的财务报表合并；支持基于 Web 的财务信息处理等。为支持企业发展电子商务和基于 Internet 的应用系统（如销售订单处理等），部分财务信息还可以通过 Web 方式收集和发布。总之，这一切，倘若在非 ERP 的环境下，即使靠“人海战术”来完成，其效益也是有限的。

3. ERP 系统在成本管理中的应用

现代成本管理需要一个能协调计划、监控和管理企业各种成本发生的全面集成化系统,从而协助企业的各项业务活动都面向市场来进行运作。在典型的 ERP 系统中,所有的成本管理应用程序都共用同样的数据源并且使用一个标准化的报告系统,用户界面的同一结构使这个系统具有容易操作的特点,成本与收入的监控可贯穿所有职能部门。差异或有问题的项目一旦出现就能被分离出来,并可采取措施去纠正。具体来说,典型的或高层次的 ERP 成本管理涉及成本中心会计、订单和项目会计、获利能力分析等系统。

以订单和项目会计为例,它是一个全面网络化的管理会计系统,带有订单成本结算的详细操作规程。该系统收集成本,并用计划与实际结果之间的对比来协助对订单与项目的监控。该系统提供了备选的成本核算及成本分析方案,从而有助于优化一个企业对其业务活动的计划与执行。

再以获利能力分析为例,哪一类产品或市场会产生最好的效益?一个特定的订单利润是怎样构成的?这些都是获利能力分析必须涉及的问题。获利能力分析模块将帮助我们找到答案。同时,销售、市场、产品管理、战略经营计划等模块也将根据从获利能力分析所提供的第一手来自市场的信息来进行进一步的分析处理,公司因而能判断它目前在现存市场中的位置,并对新市场的潜力进行评估。

归纳上述三个方面技术特征的应用效应,有以下表现:

其一,即时性。在 ERP 状态下,资料是联动的而且可以随时更新,每个有关人员都可以随时掌握即时的资讯,这在过去只能依赖大量的人力与时间才能完成。一般来说,影响企业竞争力固然有许多因素,但一个很重要的因素,在于它对企业内部各种信息的把握,以及对外部市场的资讯、现状变化的了解。在当今信息社会里,不仅要知己知彼,还要贵在"即时",能否如此,其效果迥异。以外汇市场为例,企业的国际化经营不仅使外币结算业务增多,而且还面临一个如何规避多元货币、汇率变动的风险的问题,如果不能对各种货币的汇率消长变化、各国客户订单、各种交易,包括应收账、应付账、总账等进行即时运作,那么,即使到手的企业利润,也会因汇率的波动或缓慢的作业而缩水。

其二,集成性。在 ERP 状态下,各种信息的集成将为决策的科学化提供必要条件。在 ERP 尚未导入之前,知识库的信息资讯是属于过时的,更多的是局部的信息、片面的信息,乃至失真的信息。导致这种现象的原因,除了其他因素外,信息的集成机制不完善,无疑是一个重要因素。另一方面,以往的会计电算化系统在面临组织增减变化时,需要花比较多的时间去修改与串联。在导入 ERP 之后,面对这样的变化,便可以很轻松地进行衔接,预算规划更为精确,控制更为落实,也使得实际发生的数字与预算之间的差异分析、管理控制更为容易与快速。

其三,远见性。ERP 系统的会计子系统与 ERP 系统的其他子系统融合在一起,会计子系统又集财务会计、管理会计、成本会计于一体。这种系统整合及其系统的信息供给,有利于财务进行前瞻性分析与预测。

8.2.2 ERP 中的会计人员角色转变

1. 资料的收集和键入

ERP 系统的最大特点是财务信息和业务信息的集成，实行财务和业务的一体化管理，从信息的采集方式来看，ERP 环境中的信息是由完成业务过程的各部门一次采集完成并通过网络实现自动化传递。企业中的全部业务活动的全部数据，包括财务信息和非财务信息的收集，都不需要人为干预或很少人为干预，这样，许多原本由会计人员来完成的基础工作已被取代。

2. 会计信息处理过程自动化

ERP 环境中会计凭证不是都由会计人员填制的。各部门在完成各自业务的同时，ERP 系统会根据事先的设置，先由有关业务人员完成相应的业务凭证填制过程，再传输到会计信息子系统，由会计信息子系统自动生成凭证，会计人员只是对这部分会计凭证进行审核。

3. 账簿、报表等信息输出的自动化

在传统的会计电算化系统中，会计人员要根据审核无误的记账凭证登记各种总账、明细账、日记账，并据此填制会计报表，工作量非常大，会计人员的核算角色在此体现得很充分，但在 ERP 环境中，会计数据大多以原始的、不经处理的方式存放，在需要输出时可以按照用户的需要，任意组合，准确地报告会计信息，将会计人员从传统的庞大工作量中解放出来。

从表面上看，ERP 的导入对会计人员来说，确实是一大冲击，或者说是一种“会计人员无事可做”的危机。但从深层次看，ERP 的导入，本质上是会计工作内涵的新发展，是会计工作的重心转移，即从以往对数字的计量与记录，转向对信息的加工、再加工、深加工。对这一会计作业新模式，如果借用美国 IMA 的话说，就是“未来会计人员将不再扮演账房，而是企业咨询者的角色。同时，会计人员提供企业咨询、分析的价值将愈来愈受到重视。会计人员在组织中所占的地位及扮演的功能也日益重要”。

从对信息的加工层面讲，由于导入 ERP，不仅是一个硬软件的引进与安装的问题，而且是实施 ERP 系统所取得的效益的问题。而这效益的取得及其增值，相当程度上取决于会计人员对信息进行加工的层次性，所以“再加工—深加工”是会计新模式的基本特点。以前，管理人员需要从财务报表中获取信息来做经营及绩效上的管理，如今的信息科技已转为可随时提供管理人员有用的信息，如此的转变强调了管理会计的贡献及重要角色。总之，随着 ERP 在会计领域应用的发展，将赋予新的会计作业模式以更丰富的特色。

8.2.3 ERP 环境下会计人员职能转变趋势

在实施 ERP 的环境中，会计人员的相当一部分工作由计算机来代替，这是否真的会验证美国会计学者提出的“21 世纪是否还需要会计”的质疑呢？或者会计人员的工作将会发生哪些变化呢？实质上，会计作为一种高知识含量的工作，经济越发展，会计就越重要，会计人员的地位具有不可替代性。只是会计人员要不断提高自身素质，掌握多方面技能，将只对会计问题的重视转移到企业业务问题上来，实时、动态地为用户提供信息半成品、产成品或相关的参考框架，而将真正的决策权赋予信息使用者自身。企业导入 ERP 后，会计人员的主要工作或角色应体现在以下几个方面：

(1)在收集、加工、披露会计信息过程中发挥自我优势，实现会计的记录、报告等基本职能。企业导入 ERP 后会计所需的原始信息由各业务部门填制并通过网络适时传递给财务系统，由财务系统按照预先设定的程序和格式自动生成会计凭证，并按选定的会计政策和报告格式自动生成不同类型的会计报表。但这并不意味着会计可以完全被 ERP 系统所取代，仍有许多重要的"后台"工作需要会计人员完成。例如，在信息收集阶段需要会计人员对数据的真实性进行审核与确认；在加工与披露阶段需要会计人员面向信息使用者，按需提供信息产品(会计报告)，也就是说除提供通用会计报告外，会计人员还要按信息使用者的不同需求，选择相应的会计政策，提供适合不同决策需要的会计信息，充分发挥会计人员的专业优势和主观能动性。

(2)针对企业管理的需要，突出会计人员参与企业管理、辅助经营决策的职能。ERP 系统中的财务管理模块已经完成了从事后财会信息的反映，到财务管理信息处理，再到多层次、一体化的财务管理支持。它侧重于财务计划、控制、分析和预测，强调事前计划、事中控制和事后反馈。与传统的财务管理模式下只注意会计的记录和报告职能，而忽视了其参与管理、辅助决策的职能相比，ERP 时代企业的理财环境发生了巨大变化，会计工作的重心也相应发生转移。会计人员除了发挥会计的基本职能外，更重要的是发挥其参与管理，辅助决策的职能。会计人员要基于会计核算的数据，再加以分析，从而进行相应的预测、管理和控制活动，更好地参与到企业的整个管理系统中。

(3)在 ERP 环境下，更多的会计人员将改变工作场所，直接进入生产经营部门工作，并发挥重要作用。按传统观念，会计人员在远离生产经营部门的会计部门工作，但随着 ERP 的导入，不论企业规模大小，均有相当部分的会计人员走出会计部门，进入生产经营部门工作。作为这些部门的重要成员，他们利用自己的专业经验、分析能力与其他技能(预算、预测与成本会计等)，在生产经营部门中扮演领导者、组织者、顾问、规划与业务整合方面的专家等各种角色，促使各部门人员协调工作，保证过程有效，决策正确。

(4)会计人员既是会计电算化系统的使用者，同时也是系统的维护者。在系统开发初期，会计人员应充分考虑本单位经济业务与管理活动发展的需要，参与会计电算化系统的需求分析和设计，在考虑成本效益的基础上进行系统优化，兼顾会计电算化系统的通用性与专用性。在系统建成并投入使用之后，应由专职会计人员进行系统维护以保证系统安全、高效运行。此外，ERP 时代加强内部控制具有更加紧迫和现实的意义，ERP 中的财务带来内部审计工作的变革，给审计工作带来了新的挑战，从而对企业会计人员提出了更高的要求。

(5)ERP 时代的会计人员应该具有全局观念，要从企业战略全局出发，实现财务与企业整个管理系统的协调一致，发挥财务战略与研发战略、采购战略、生产战略、营销战略、人力资源战略的协同效应。会计人员将主要从事长期战略计划、过程改进、产品与顾客的盈利分析、会计系统和财务报告、短期预算、合并与收购、财务和经济分析、外部财务报告、计算机系统运作等工作，为实现企业价值链各环节的一体化和提高企业的整体竞争优势，发挥会计人员的作用。

(6)随着 ERP 系统的不断运用和发展，决策支持系统将会成为企业未来发展的重要工具和管理思想，同时企业联盟、虚拟企业等组织形式不断出现，未来的企业决策形式不断呈现出动态的、个性化的决策，这不仅带来企业组织理论与管理理念的巨大变化，而且对传统会计与审计理论和方法都带来巨大冲击。这些变化和冲击都为会计提出了新的研究课题。安全会计、人力资源会计、绿色会计、无形资产会计、衍生金融工具会计、诉讼会计等都需要企业会计人员和学者来从事相关的理论研究和实务工作。

第9章　系统管理

【理论知识目标】

- 熟悉账套备份的操作内容
- 掌握账套创建和用户管理的操作内容

【实务应用目标】

- 能够根据需要创建账套
- 能够根据部门人员分工设置操作员
- 能够进行账套备份

系统管理是会计电算化初次使用时，根据单位的实际情况进行参数设置的过程。系统管理是一项非常重要的工作，它是整个会计电算化运行的基础，这项工作的好坏直接影响会计电算化软件的质量及其运作，因此必须认真做好系统管理工作。

由于系统管理工作中的一些初始项目的设置只能在第一次使用时确定好，以后不能修改，因此使用者要认真对待。

首次使用账务处理软件时，应确定软件启用时间、使用单位、科目编码规则、账簿格式、凭证分类等内容，因为这些内容决定软件在进行会计数据处理时的处理方式及数据输入输出形式等，所以设置参数工作至关重要。

1. 设置系统使用时间

系统使用时间是手工方式与计算机核算方式转换的起点，对于保证会计数据的延续性有重要意义。

2. 确定系统使用单位(也称设置账套)

确定系统使用单位的目的是定义会计核算主体，便于在显示及打印时应用。

3. 设置操作员及权限

设置完账套后，要对操作软件的会计人员进行设置与权限划分，以符合会计制度的要求，主要包括设置操作员姓名、权限及口令。

9.1 启动与注册

9.1.1 理论知识

系统允许以两种身份注册系统管理，一是以系统管理员的身份，二是以账套主管的身份。

1. 系统管理员

系统管理员负责整个应用系统的总体控制和维护工作，管理该系统中所有的账套。以系统管理员的身份注册系统管理，可以进行账套的建立、引入和输出，设置用户、角色和权限，设置备份计划，监控系统运行过程，清除异常任务等。

系统管理员无预定口令，即系统管理员的初始密码为空。因在教学中多人共用一套系统，所以不建议设置系统管理员的密码；但在实际工作中应及时为系统管理员加设密码。

2. 账套主管

账套主管负责所选账套的维护工作，包括对所管理的账套进行修改、对年度账的管理（包括创建、清空、引入、输出以及各子系统的年末结转），以及该账套操作员权限和设置。

账套主管可由会计主管兼任。

如果是初次使用本系统，第一次必须以系统管理员身份注册系统管理，建立账套和指定相应账套主管后，才能以账套主管身份注册系统管理。

9.1.2 实务应用

1. 实训要求

- 启动系统管理
- 注册系统管理

2. 实训资料

2020年9月1日，秉仓有限责任公司领导层决定从手工会计业务处理转换为会计核算软件处理。

3. 实训指导

（1）启动系统管理

执行“开始”菜单—“程序”—“用友ERP.872”—“系统服务”—“系统管理”命令，打开“系统管理”窗口。

（2）注册系统管理

执行“系统”—“注册”命令，打开“登录”对话框（图9－1）。

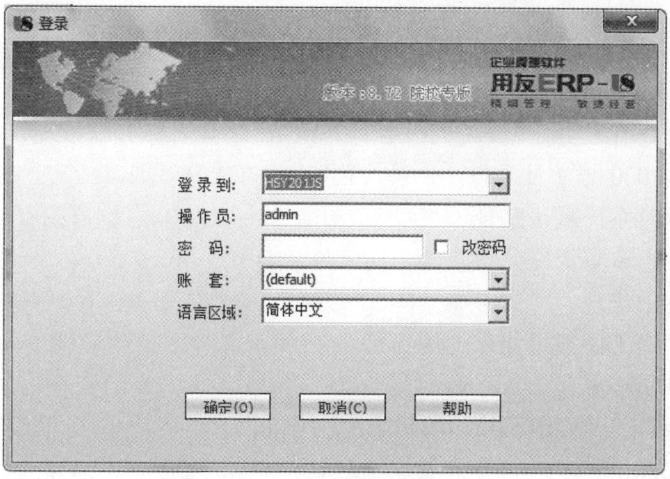

图9-1 登录系统管理

注:首次使用本系统,应以系统管理员身份登录。

9.2 账套管理

9.2.1 理论知识

账套是存放会计数据的文件。一个账套只能存放一个会计主体的业务资料。首先要确定账套的名称,在报表、账簿和其他资料打印输出时使用。建账前要了解企业采用的是哪一种会计分期,以及从哪一个会计期间开始启用账务处理软件处理会计业务。

许多软件都提供了多种外币核算功能,以此应该指定一种货币作为记账本位币,其他币别必须以记账本位币为基础进行折算。

一般单位只有一套账,也有的有几套账,如预算内账、预算外账等。

9.2.2 实务应用

建立账套的工作应由系统管理员在"系统管理"功能中完成,包括设置账套信息、单位信息、核算类型、基础信息及确定分类编码方案和数据精度。

会计电算化系统可以为多个企业(或企业内部多个核算部门)分别建账,且各账套数据之间相互独立,相互影响,使资源得以最大限度的利用。系统最多允许建立999个账套。

1. 实训要求

- 建立账套
- 设置编码方案
- 设置数据精度
- 启用所需系统

2. 实训资料

账套号:111(同一台计算机上,账套号不能重复)。
账套名称:秉仓有限责任公司(同一台计算机上,账套名称可以重复)。
启用会计期:2020 年 9 月 1 日。
账套存储路径:系统默认路径。
单位名称:秉仓有限责任公司。
法人代表:赵秉华。
开户银行:中国工商银行北京上地支行。
账号:010001569546。
社会信用代码:130250897655899556。
本币代码:人民币。
企业类型:工业。
行业类型:2007 年新会计制度科目。
按行业性质预置会计科目:是。
基本信息:无外币核算、不需要对存货、供应商、客户进行分类。
编码方案:4 -2 -2 -2,其他的默认。
数据精度:默认。
需启用系统:总账、应收款管理、应付款管理、固定资产、薪资管理。

3. 实训指导

(1)以系统管理员身份登录"系统管理"。执行"账套"—"建立"命令,打开"创建账套—账套信息"对话框。

(2)在"创建账套—账套信息"对话框中,依次输入新建的账套号、账套名称及启用会计期(图 9 -2)。单击"下一步"按钮,打开"创建账套—单位信息"对话框。

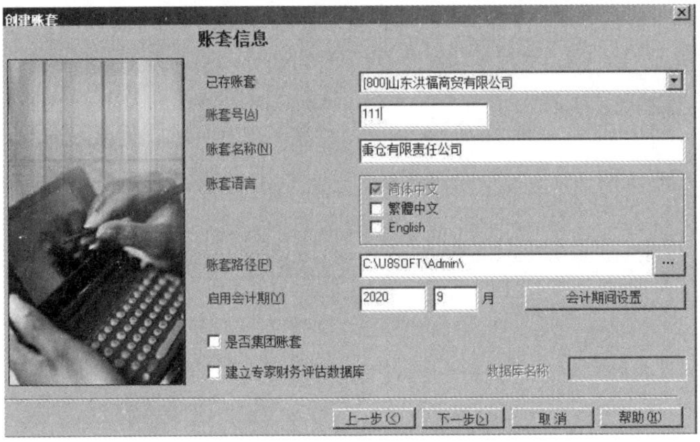

图 9 -2　账套信息对话框

(3)在"创建账套—单位信息"对话框中,依次输入单位有关信息。单击"下一步"按钮,打开"创建账套—核算类型"对话框。

(4)在"创建账套—核算类型"对话框中,输入本币代码、本币名称;选择"企业类型""行业性质""账套主管";选中"按行业性质预置科目"复选框(图9-3)。单击"下一步"按钮,打开"创建账套—基础信息"对话框。

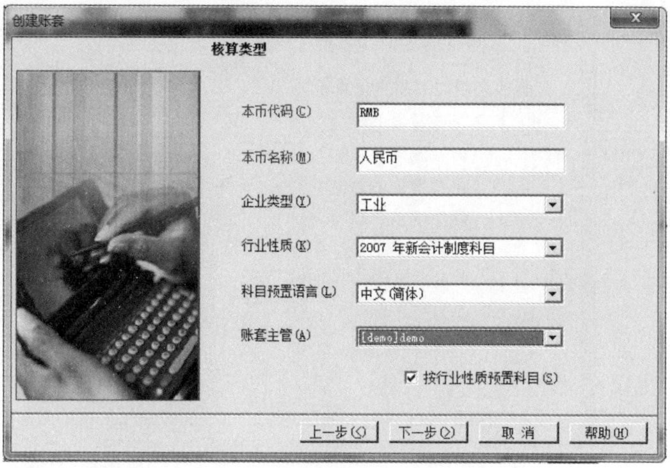

图9-3　核算类型对话框

(5)在"创建账套—基础信息"对话框中,根据需要选中"存货是否分类""客户是否分类""供应商是否分类""有无外币核算"复选框;单击"完成"按钮,打开"创建账套"对话框。在"创建账套"对话框中,单击"是"按钮,打开"编码方案"对话框。

(6)在"编码方案"对话框中,根据需要,分别填写会计科目编码级次、客户权限组级次、客户分类编码级次、部门编码级次、地区分类编码级次、存货权限组级次、存货分类编码级次、货位编码级次、收发类别编码级次、结算方式编码级次、供应商权限组级次、供应商分类编码级次等(图9-4)。点击"确认"按钮,打开"数据精度"对话框。

项目	最大级数	最大长度	单级最大长度	第1级	第2级	第3级	第4级	第5级	第6级	第7级	第8级	第9级
科目编码级次	13	40	9	4	2	2	2					
部门编码级次	9	12	9	1	2							
地区分类编码级次	5	12	9	2	3	4						
费用项目分类	5	12	9	1	2							
结算方式编码级次	2	3	3	1	2							
货位编码级次	8	20	9	2	3	4						
收发类别编码级次	3	5	5	1	1	1						
项目设备	8	30	9	2	2							
责任中心分类档案	5	30	9	2	2							
项目要素分类档案	6	30	9	2	2							
客户权限组级次	5	12	9	2	3	4						
供应商权限组级次	5	12	9	2	3	4						
存货权限组级次	8	12	9	2	2	2	2	3				
行业分类级次	5	12	9	1	2	3						

图9-4　编码方案对话框

（7）在“数据精度”对话框中，根据单位资料，确定所有小数位（图9－5）。单击“确认”按钮，打开“系统启用”的设置提示框，单击“否”按钮，结束建账，返回系统管理窗口；若按“是”，则启用系统。

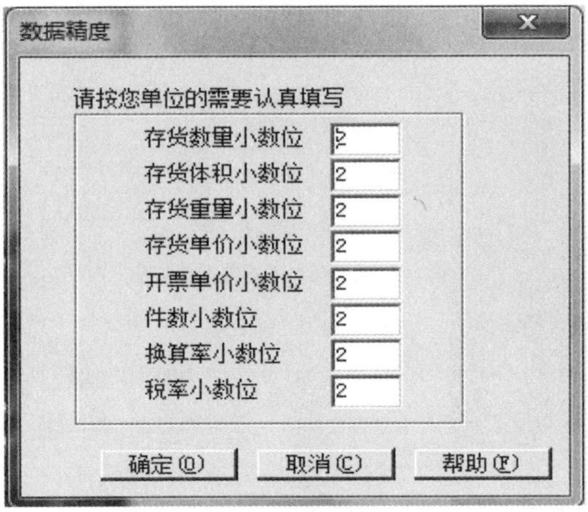

图9－5　数据精度对话框

9.3　权限管理

9.3.1　理论知识

1. 角色和用户管理

（1）角色管理

角色是指在企业管理中拥有某一类职能的组织，这个角色组织可以是实际的部门，也可以是由拥有同一类职能的人构成的虚拟组织。例如，实际工作中最常见的会计和出纳两个角色。我们在设置了角色之后，可以定义角色的权限。当用户归属某一角色后，就相应地拥有了该角色的权限。设置角色的好处是方便控制操作员权限，可以依据职能统一进行权限的划分。角色管理主要完成账套中角色的增加、删除、修改等维护工作。

（2）用户管理

用户是指有权登录系统，对应用系统进行操作的人员，即通常意义上的“操作员”，每次注册登录应用系统，都要进行用户身份的合法性检查。只有设置了具体的用户之后，才能进行相关的操作。

用户管理主要完成用户的增加、删除、修改等维护工作。设置用户主要包括如下内容：

①编号：用来标志所设置的用户的编号，必须输入且唯一，最大不能超过20位，不能输入数字、字母、汉字之外的非法字符。

②姓名：是指有权进入系统的人员名称，必须输入，不能为空，最大不能超过20位，不能输入数字、字母、汉字之外的非法字符。

③用户类型：选择该用户的类型，是普通用户还是管理员用户，默认为“普通用户”。

④认证方式：选择该用户登录时的认证方式，可以是用户＋口令、动态密码或CA认证。

⑤口令:即密码,是指设置操作员进行系统登录时的口令。可以为空,最长不能超过20位,输入时以隐含符号“ * ”代替输入信息。为了保证系统的安全、保密和分清责任,最好设置口令,并且需要牢记。在第一次进入系统前,可由系统管理员代为建立密码,并通知操作员本人,进入系统后,再由操作员自行修改。

⑥确认口令:输入与前面完全一致的口令。目的是核对口令并且记住。

⑦所属部门:是指设置的操作员属于哪个部门。可以为空,但不能输入非法字符。

⑧E-mail 地址:是指设置的操作员的邮箱。可以为空,最大不能超过100位,不能输入非法字符。

⑨手机号:是指设置的操作员的手机号码。可以为空,最大不能超过20位,不能输入非法字符。

⑩不允许修改登录日期:设置用户登录门户时是否可以修改登录日期。勾选此项后,该用户登录门户时不能修改日期,强制要求操作员以正常时间处理业务,从而规避一些风险。比如,通过滞后制单享受已过期的价格优惠等。

⑪所属角色:是指设置的操作员属于哪个角色。在此选择用户所属的角色名称和ID号。

2. 设置操作员权限

设置操作员权限即财务分工,是指对允许使用财务软件的操作员规定操作权限。使用系统之前,需对操作员进行岗位分工,对指定的操作员实行使用权限控制,防止与业务无关的人擅自使用软件,以保证会计数据的安全和保密。

系统管理员和账套主管都有权进行权限设置,但两者权限又有所区别。系统管理员可以指定某账套的账套主管,还可以对各个账套的操作员进行权限设置,而账套主管只可以对所管辖账套的操作员进行权限设置。

设置操作员权限的工作在“系统管理”功能中的权限中完成。在权限功能中,既可以对角色授权,又可以对用户授权。如果在设置账套时已经正确选择了该账套的主管,则此时可以查看;若没有,则可以在权限功能中重新选择账套主管,如果在设置用户时已经指定该用户的所属角色,并且该角色已经被授权,则该用户已经拥有了与该角色相同的权限。如果在设置用户时并未指定该用户所属的角色,或虽已指定,但对该角色并未进行权限设置,则该用户的权限应首先在权限功能中进行设置,或应先设置角色的权限后再设置用户并指定该用户所属的角色,这样该用户的权限就可以事先确定了。

9.3.2 实务应用

只有系统管理员才有权限设置或取消账套主管,而账套主管则有权对所管辖账套进行各子系统的权限设置。

设置权限时应注意分别选中用户及相应的账套。

1. 实训要求

- 设置操作员
- 设置操作员权限

2. 实训资料(表9－1)

表9－1　实训资料

编码	姓名	权限
001	李静	账套主管
002	王一虹	总账中除“审核凭证”“记账”“恢复记账前状态”之外的全部权限
003	陈萍	总账除了“出纳签字”“出纳”之外的全部权限

3. 实训指导

(1)增加角色

以系统管理员的身份注册进入系统管理窗口。执行“权限”—“用户”命令,打开”角色管理”窗口。单击“增加“按钮,打开“增加角色”对话框,输入角色编号和角色名称。单击“增加”按钮,保存新设置。

(2)增加用户

以系统管理员的身份注册进入系统管理窗口。执行“权限”—“用户”命令,打开“用户管理”窗口。单击“增加”按钮,打开“增加用户”对话框,输入用户编号、姓名、口令以及所属部门等有关信息。并在“所属角色”列表框中选中该新增用户所属的角色。单击“增加”按钮,完成一条增加记录的输入(图9－6)。

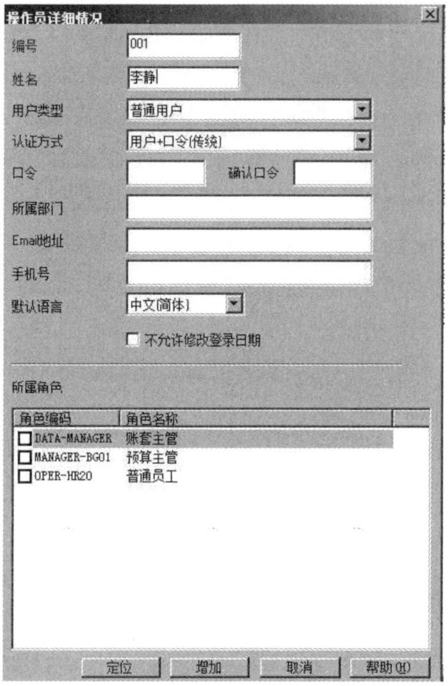

图9－6　操作员详细情况对话框

(3)设置权限

以系统管理员的身份注册进入系统管理窗口。执行"权限"—"权限"命令,打开"操作员权限"窗口。从左侧的操作员列表框中选择操作员,单击"修改"按钮,打开"增加和调整权限"对话框,选中相应的复选框,将该权限分给当前用户,单击"确定"完成设置(图9-7)。

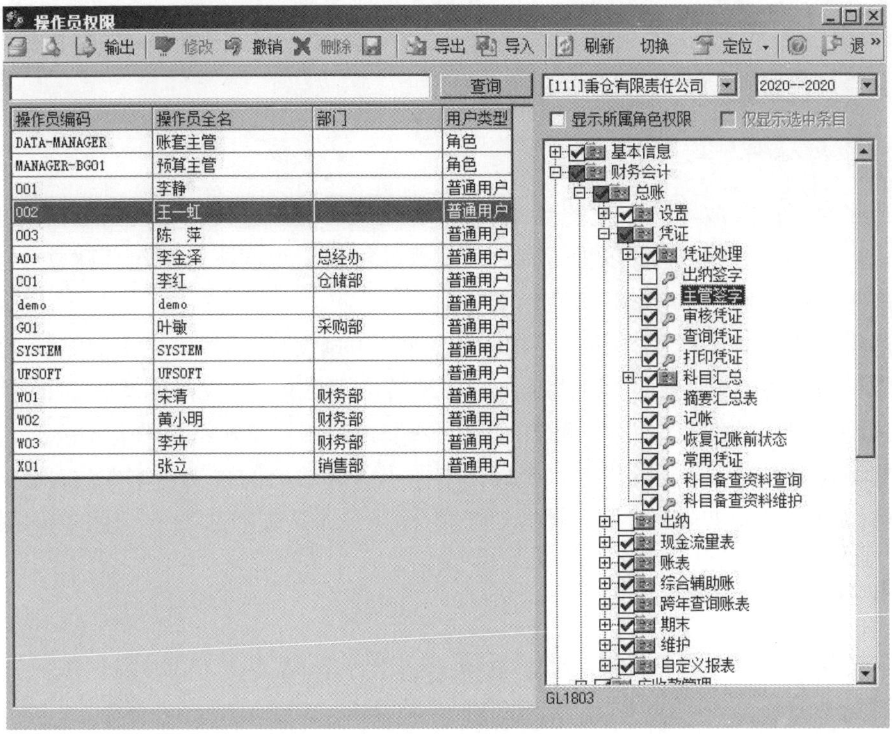

图9-7 操作员权限窗口

9.4 系统维护

9.4.1 理论知识

1. 修改账套

系统管理员建立账套并设置了账套主管后,在未使用相关信息的前提下,需要对某些信息进行调整,以便使信息更真实准确地反映企业的相关内容,可以对账套信息进行适当的调整。只有账套主管可以修改其具有权限的年度账套中的信息,系统管理员无权修改。

2. 账套备份、引入

企业实际运营中,存在很多不可预知的不安全因素。如何在意外发生时将企业的损失降到最低,是每个企业共同关注的问题。对于企业系统管理员来讲,定时地将企业数据备份出来存储到不同的介质上，对数据的安全性是非常重要的。备份数据一方面用于必要时恢复数据之用；另一方面，对于异地管理的公司，此种方法还可以解决审计和数据汇总的问题。

引入账套功能是指将系统外某账套数据引入本系统中。该功能的增加将有利于集团公司的操作，子公司的账套数据可以定期被引入母公司系统中，以便进行有关账套数据的分析和合并工作。如果是作为集团公司的管理人员应用本系统，最好在建立账套之前就预先做好规划，为每个子公司分配不同的账套号，以有效避免引入子公司数据时因为账套号相同而覆盖其他账套的数据。

3. 年度账管理

每个账套可以存放不同年度的会计数据，不同年度的账存放在不同的数据表中，称为年度账。只有账套主管才有权限进行有关年度账的管理。年度账管理包括建立年度账、引入和输出年度账、结转上年数据、清空年度数据等。

启用新建的年度账时，必须将上年度中相关账户的余额及其他信息全部结转至新年度账中。为了保证各个子系统之间的数据联系，结转上年数据时，应首先结转购销存系统的上年余额，再结转应收系统和应付系统的上年余额，最后结转总账系统的上年余额。

年度账管理中的引入和输出与账套操作中的引入和输出的含义基本一致，所不同的是年度账操作中的引入和输出不是针对某个账套，而是针对账套中的某一年度的年度账。

9.4.2 实务应用

可以修改的账套信息有账套信息（账套名称）、单位信息、核算信息（除企业类型和行业性质外）、基本信息。

企业类型只能由商业企业改为医药流通企业，其他类型不允许修改。账套分类信息和数据精度信息可以修改全部信息。

1. 实训要求

- 修改账套信息
- 输出、引入账套

2. 实训资料

对存货、客户、供应商进行分类。

3. 实训指导

(1)修改账套

以账套主管的身份注册，选择相应的账套（图 9－8），进入系统管理窗口，执行“账套”—“修改”命令，即可进行修改账套（图 9－9）。

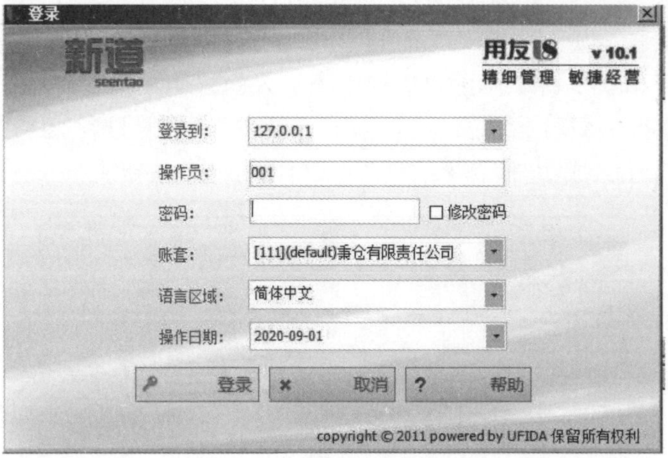

图 9－8 账套主管登录窗口

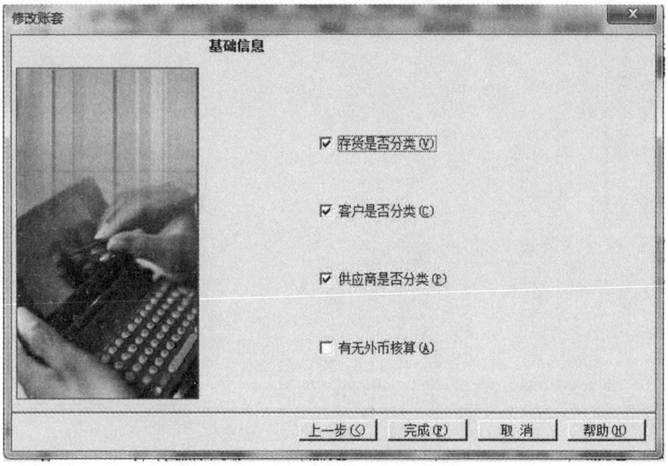

图 9－9 修改账套对话框

注:系统管理员无权修改。

(2)输出账套

以系统管理员的身份注册进入系统管理窗口。执行“账套”—“输出”命令,打开“账套输出”对话框(图 9－10)。选择要输出的账套,单击“确认”按钮,经过压缩过程,打开“选择备份目标”对话框,打开存放各份数据的文件夹,单击“确认”按钮。

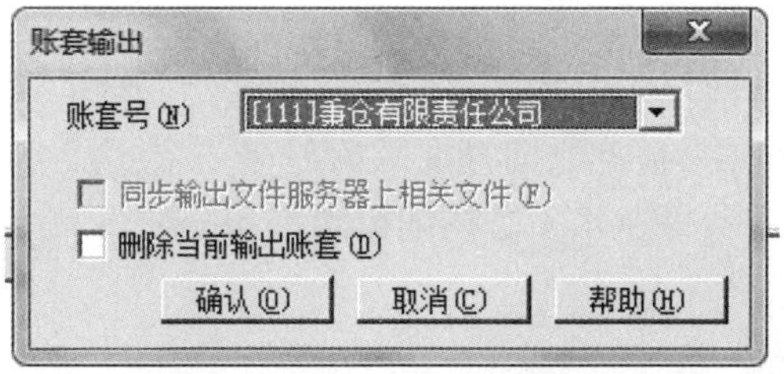

图 9－10 账套输出对话框

(3)引入账套

以系统管理员的身份注册进入系统管理窗口。执行“账套”—“引入”命令,打开“引入账套数据”对话框,如图 9 - 11 所示。选择所要引入的账套数据备份文件,单击“确定”按钮,当系统弹出提示对话框时,单击“是”按钮;系统进入“恢复过程”中。经过一段恢复过程,系统弹出“账套引入成功”信息提示对话框,单击“确定”按钮。

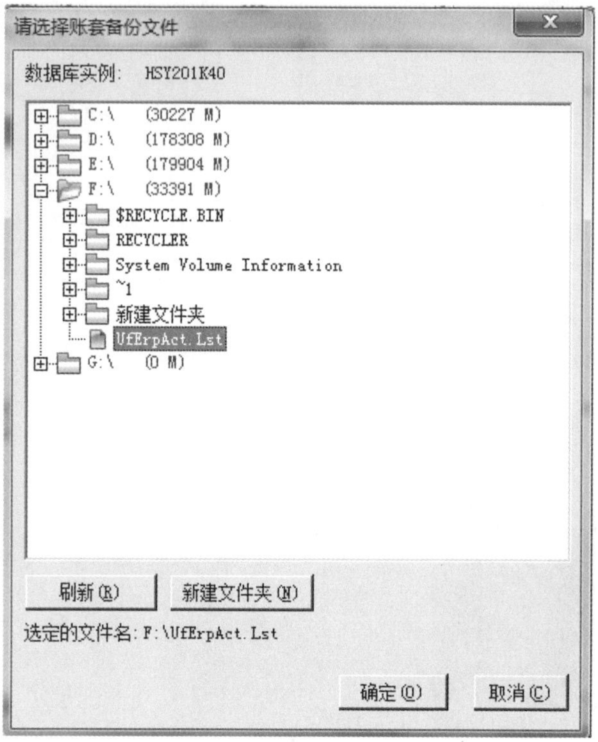

图 9 - 11 引入账套对话框

(4)年度账建立

以账套主管的身份注册进入系统管理窗口。执行“年度账”—“建立”命令,打开“建立年度账的”窗口。建立年度账界面中有两个栏目“账套”和“会计年度”,均为系统默认,不能修改,“账套”栏自动显示的是用户注册进入时所选的账套;“会计年度”栏自动显示的是当前会计年的下一个年度。

注:只有建立了上年度的账套后,才能建立下一年的年度账(初次使用的客户要特别提示)。

(5)结转上年数据

以账套主管的身份注册进入系统管理窗口(此时注册的年度应该是需要进行结转的年度)。单击“年度账”—“结转上年数据”,选择相应模块结转功能进行上年数据的结转。

注:由于系统内模块众多,彼此之间存在数据传递关系,因此结转上年数据的操作要遵从一定的顺序。图 9 - 12 中,对于水平方向的模块是不分先后顺序的,但对垂直方向的顺序是自上而下的。

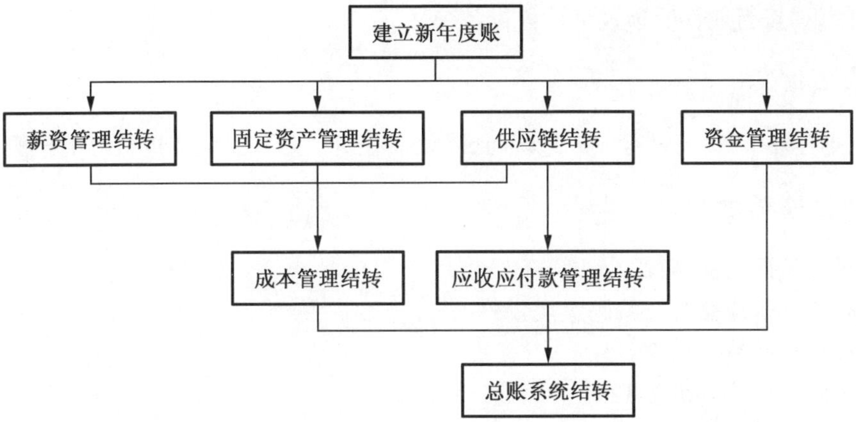

图 9－12 各模块结转顺序图

课后实训

一、建立新账套

1. 账套信息

(1)账套号:456。
(2)账套名称:海利尔制造厂。
(3)账套路径:(默认)。
(4)启用会计期:2020 年 9 月(可根据实训年度确定年份)。
(5)会计期间设置:1 月 1 日至 12 月 31 日。

2. 单位信息

(1)单位名称:海利尔制造厂。
(2)单位简称:海利尔。
(3)单位地址:哈尔滨市松北区糖厂路 354 号。
(4)法人代表:张新宇。
(5)邮政编码:150001。
(6)联系电话及传真:0451－88605678。
(7)电子邮件:8m2x@163.com。
(8)社会信用代码:110103660610078012。

3. 核算类型

(1)该企业记账本位币:人民币(RMB)。
(2)企业类型:工业。
(3)行业性质:2007 年新会计制度科目。
(4)账套主管:李利。

(5)禁止“按行业性质预置会计科目”。

4. 基础信息

该企业有外币核算，进行业务处理时，需要对存货、客户、供应商进行分类核算。

5. 分类编码方案

(1)科目编码级次:42222。
(2)客户和供应商分类编码级次:233。
(3)存货分类编码级次:13。
(4)收发类别编码级次 12。
(5)部门编码级次:22。
(6)结算方式编码级次:12。
(7)其他均为默认。

6. 数据精度

该企业的存货数量、单价小数值等均定为 2 位。

7. 系统启用

企业启用总账、薪资管理、固定资产、应收款管理、应付款管理，启用日期为 2020 年 9 月。

二、财务分工

1. 0201　李利——账套主管

负责财务软件运行环境的建立以及各项初始设置工作；负责财务软件的日常管理工作，监督并保证系统的有效、安全、正常运行；账簿查询、月末结账工作；负责报表管理及其财务分析工作；具有系统所有模块的全部权限；负责总账系统的凭证审核和记账等工作。

2. 0202　张佳——会计

负责总账系统的凭证管理工作以及客户往来和供应商往来管理工作录入、设置，报表、总账、薪资、固定资产、应收应付等系统的操作权限。

3. 0203　张芳——出纳

负责现金、银行账管理工作；具有出纳签字权、现金银行存款日记账和资金日报表的查询及打印权、支票登记权以及银行对账的全部操作权限。

第10章　基础设置

【理论知识目标】

- 了解会计电算化软件的基本功能
- 掌握常用基础档案的设置内容和设置方法

【实务应用目标】

- 能够根据需要设置各类基础档案

会计电算化软件为了使系统资源能够高效、合理地使用,更好地连接企业员工、用户和合作伙伴,在系统中设立了企业门户功能。通过企业门户,系统使用者能够方便地进入任何一个有权限的模块,定义自己的业务工作,设计自己的工作流程。

10.1　基本信息

10.1.1　理论知识

1. 系统启用

启用企业门户,在基础信息中用户可以进行基本信息设置、数据权限设置、单据设置、基础档案设置。基本信息设置包括系统启用设置、编码方案设置和数据精度设置,在系统管理中已做了介绍。数据权限设置包括数据权限控制设置、数据权限设置和金额权限分配等内容,必须在系统管理中定义角色或用户、完成权限分配后才能进行;单据设置包括单据格式设置和单据编号设置,便于显示和打印。基础档案包括机构设置、往来单位、存货、财务、收付结算和业务设置等,是账套中各功能模块共享的公共信息,部分基础档案也可在各功能模块中进行设置。基础档案设置就是把手工资料经过加工整理,根据本单位建立信息化管理的需要,建立软件系统应用平台,是手工业务的延续和提高。

2. 编码方案

为了便于用户进行分级核算、统计和管理,会计电算化可以对基础数据的编码进行分级设置,可分级设置的内容有科目编码、客户分类编码、部门编码、存货分类编码、地区分类编码、货位编码、供应商分类编码、收发类别编码和结算方式编码等。

编码级次及各级编码长度的设置将决定用户单位如何编制基础数据的编号,进而构成用户分级核算、统计和管理的基础,因此必须认真准确地进行设置。

3. 数据精度

由于各用户企业对数量、单价的核算精度要求不一致，为了适应各用户企业的不同需求，本系统提供了自定义数据精度的功能。需要设置的数据精度主要有存货数量小数位、存货单价小数值、开票单价小数位、件数小数位数、换算率小数位数和税率小数位数。用户可根据企业的实际情况来进行设置。应收、应付、销售、采购、库存、存货、采购计划系统均需使用数据精度。

10.1.2 实务应用

如果在建立账套时未设置系统启用，也可以在企业应用平台中进行设置。

1. 实训要求

- 启动子系统

2. 实训资料

启用总账、应收款管理、应付款管理、固定资产、薪资管理
启用时间:2020 年 9 月 1 日。

3. 实训指导

(1)在“设置”页签，单击左侧列表中的“基本信息”，单击“系统启用”，进入“系统启用”窗口。

(2)在“系统启用”窗口中，在“总账”前打勾，并输入启用日期(图 10－1)。

系统编码	系统名称	启用会计期间	启用自然日期	启用人
☑GL	总账	2020-09	2020-09-01	admin
☑AR	应收款管理	2020-09	2020-09-01	admin
☑AP	应付款管理	2020-09	2020-09-01	admin
☑FA	固定资产	2020-09	2020-09-01	admin
☐NE	网上报销			
☐NB	网上银行			
☐WH	报账中心			
☐SC	出纳管理			
☐CA	成本管理			
☐PM	项目成本			
☐FM	资金管理			
☐BM	预算管理			
☐CM	合同管理			
☐PA	售前分析			
☐SA	销售管理			
☐PU	采购管理			
☐ST	库存管理			
☐IA	存货核算			

图 10－1　系统启用窗口

注:只有账套主管才有权在“企业应用平台”中启用系统。

(3)用相同的方法启用其余系统。

各系统的启用时间必须大于等于账套的启用时间。

10.2 基础档案

10.2.1 理论知识

基础档案是系统日常业务处理必需的基础资料,是系统运行的基石。一个账套是由若干个子系统构成的,这些子系统共享公用的基础档案信息。在启用新账套之前,应根据企业的实际情况,结合系统基础档案设置的要求,事先做好基础数据的准备工作,以便使初始建账顺利进行。基础档案的设置是在“基础设置”中的“基础档案”中进行的。

1. 部门档案

通常,在总账系统进行部门辅助核算时,在工资系统、固定资产系统、存货系统中以部门作为统计项时,在财务分析系统需要按部门进行预算管理时,都需要调用部门档案。部门档案既可以在企业门户控制台的基础档案中进行设置,也可以在用到部门档案的其他功能模块中进行设置,系统模块中基础档案信息是共享的。

部门档案设置,就是企业组织结构按照系统要求所形成的财务软件系统进行分类报送,用于记录企业各部门情况,包括部门编码、名称、负责人、部门属性等。部门档案是会计科目设置中部门核算的名称和个人往来核算中个人所在的部门的名称,部门编码必须符合账套管理中分类编码方案的原则,其编码和名称必须是唯一的,其他内容可以为空。“负责人”栏先不能进行设置,须在职员档案设置完成后再返回此处修改补充完成。建立部门档案时,应先从上级部门开始输入,然后再建立下级部门档案。

2. 人员类别

人员类别是指按某种特定的分类方式将企业职工分成若干类型,不同类别的人员工资水平可能不同,设置人员类别有助于实现工资的多级化管理。人员类别的设置还与工资费用的分配、分摊有关,合理设置人员类别,便于按人员类别进行工资的汇总计算,为企业提供不同人员类别的工资信息。例如,将企业中所有的车间管理人员的基本工资增加100元,此时可以通过人员类别来实现自动调整,而不必手工逐个去更改。人员类别在没有使用的情况下可以修改,但只有一个人员类别时则不能修改。人员类别一般按树形层次结构进行分类,系统预置在职人员、离退人员、离职人员和其他人员四类顶级类别,用户可以自定义扩充人员子类别。

3. 职员(人员)档案

人员档案主要用于设置企业各职能部门中需要进行核算和业务管理的职员信息,必须先设置好部门档案才能在这些部门下设置相应的职员档案。除了固定资产和成本管理系统外,其他系统均需使用人员档案。人员档案包括人员编码、人员姓名、性别、人员类别、行政部门、人员属性、证件类型、证件号码、出生日期、银行及账号等信息。其中人员编码、人员姓名、性别、人员类别、行政部门必须录入。

4. 客户分类

客户分类就是企业根据需要对客户进行分类管理，目的在于对客户数量大的企业进行客户管理，构建客户分类体系。客户分类可以按照客户所在的行业、客户与企业的合作时间的长短、客户所在的地区等标准进行划分。在建账时，如果没有选中“客户是否分类”复选框，则在此不能进行分类设置，可由账套主管注册“系统管理”进行账套修改。客户分类编码必须符合编码规则，且要注意客户类别编码必须唯一。

5. 客户档案

客户档案用于记录往来客户的档案信息，其作用在于对客户资料进行管理和录入、分类、汇总、查询业务数据。在设置客户档案前要先收集好与企业有业务往来的客户的基本信息，以便能够准确地输入信息。如果输入单据的某客户不在客户档案中，则必须在此建立该客户的档案信息。

客户档案设置包括录入客户的基本信息、客户联系信息、客户信用信息。客户联系信息，主要是为了方便和客户联系；客户信用信息，主要是为了降低企业因应收账款发生坏账而产生的风险。

6. 供应商分类

供应商分类就是企业根据需要对供应商进行分类管理，目的在于帮助供应商数量大的企业便于供应商管理，构建供应商分类体系。供应商分类可以按照供应商所在的行业、供应商与企业的合作时间的长短、供应商所在的地区等标准进行划分。在建账时，如果没有选中“供应商是否分类”复选框，则在此不能进行分类设置，可由账套主管注册“系统管理”进行账套修改。

7. 供应商档案

供应商档案用于记录往来供应商的档案信息，其作用在于对供应商资料进行管理和录入、分类、汇总、查询业务数据，为企业的采购管理、库存管理、应付账款管理提供服务。在设置供应商档案前先要收集好与企业有业务往来的供应商的基本信息，以便能够准确输入信息。

10.2.2 实务应用

1. 实训要求

- 设置部门、人员档案
- 设置供应商、客户分类
- 设置供应商、客户档案

2. 实训资料

（1）部门档案（表10－1）

表10－1 部门档案

部门编码	部门名称	部门编码	部门名称
1	厂办公室	5	生产部
2	财务部	501	基本生产车间
3	销售部	502	辅助生产车间
4	采购部	6	仓库

（2）人员档案（表10－2）

表10－2 人员档案

人员编码	姓名	人员类别	行政部门	性别	是否操作员
101	赵秉华	企业管理人员	厂办公室	男	是
201	李静	企业管理人员	财务部	女	是
202	王一虹	企业管理人员	财务部	女	是
203	陈萍	企业管理人员	财务部	女	是
301	孙强	销售人员	销售部	男	是
302	陈鑫	销售人员	销售部	男	是
401	李浩	采购人员	采购部	女	是
402	王海	采购人员	采购部	男	是
501	张兰	生产人员	基本生产车间	女	是
502	钱丽	生产人员	辅助生产车间	女	是
503	赵梅	生产人员	基本生产车间	女	是
504	周峰	生产人员	辅助生产车间	男	是
601	李悦	企业管理人员	仓库	女	是

（3）客户分类及档案（表10－3）

客户分类:01 本地客户　　02 外地客户

表10－3 客户档案

编码	名称	所属分类	社会信用代码	银行及账号
001	北京新发电子公司	本地客户	110250897601245	工商银行 3695008021
002	北京电子应用公司	本地客户	110250897621576	建设银行 7879856003
003	上海电子应用公司	外地客户	120654798923566	农业银行 4579247638
004	天津新产品开发公司	外地客户	105875596287963	招商银行 5896306813

（4）供应商分类及档案（表10－4）

供应商分类：01 本地供应商　　02 外地供应商

表10－4　供应商档案

编码	名称	所属分类	社会信用代码	银行及账号
001	北京新电子配件公司	本地供应商	110857416396522	北京银行 8596635262
002	北京南海电子公司	本地供应商	110421786324746	兴业银行 3697416536
003	英特尔公司	外地供应商	651796218563374	工商银行 5986638796
004	微软公司	外地供应商	558938856354963	交通银行 6548324163

3. 实训指导

（1）设置部门档案

在企业应用平台—设置页签中，选择工作列表中“基础设置”，执行“基础档案”—“机构人员”中的“部门档案”命令，打开“部门档案”窗口（图10－2）。

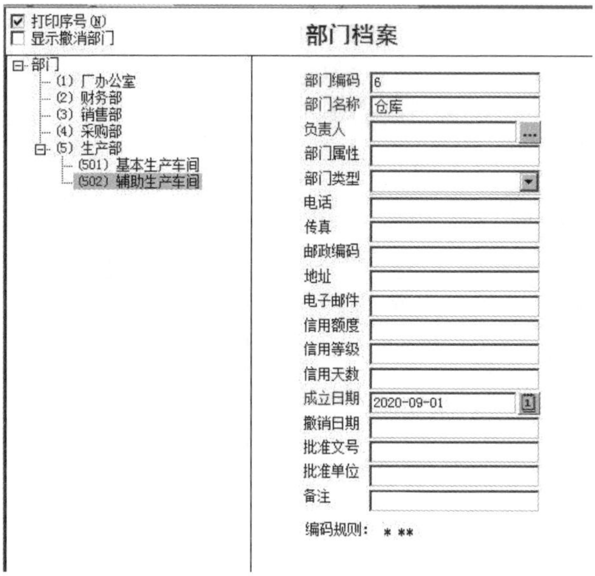

图10－2　部门档案窗口

单击“增加”按钮，录入部门编码、部门名称及部门属性等资料，单击“保存”按钮。

重复上述操作完成其他部门档案的设置。

（2）设置人员类别

在企业应用平台—设置页签中，选择工作列表中“基础设置”，执行“基础档案”—“机构人员”中的“人员类别”命令，打开“人员类别”窗口（图10－3）。

选择最末级“在职人员”，单击“增加”按钮，打开“增加档案项”对话框，录入人员档案编码1011，录入档案名称“企业管理人员”，单击“确定”按钮，系统即保存录入信息。

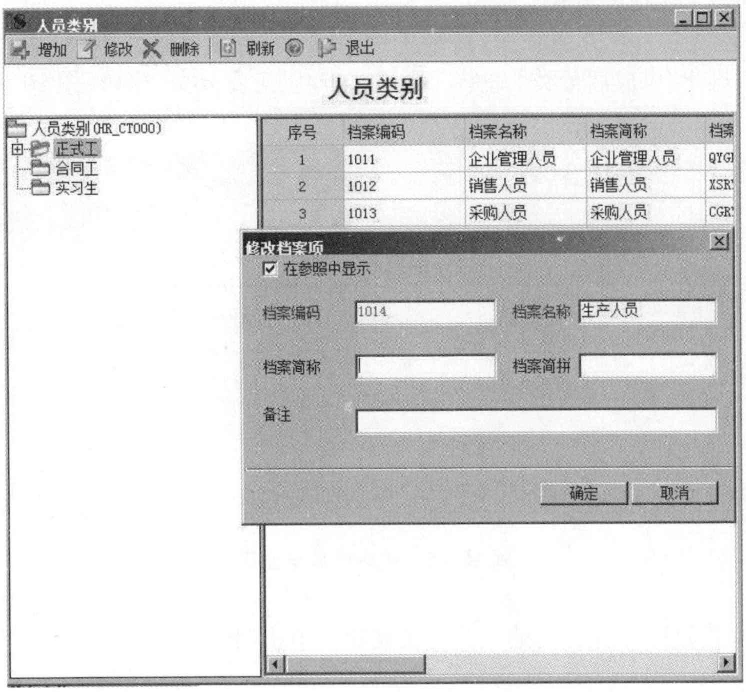

图 10－3　人员类别窗口

(3)设置人员档案

在企业应用平台—设置页签中,选择工作列表中"基础设置",执行"基础档案"—"机构人员"中的"人员档案"命令,打开"人员档案"窗口(图 10－4)。

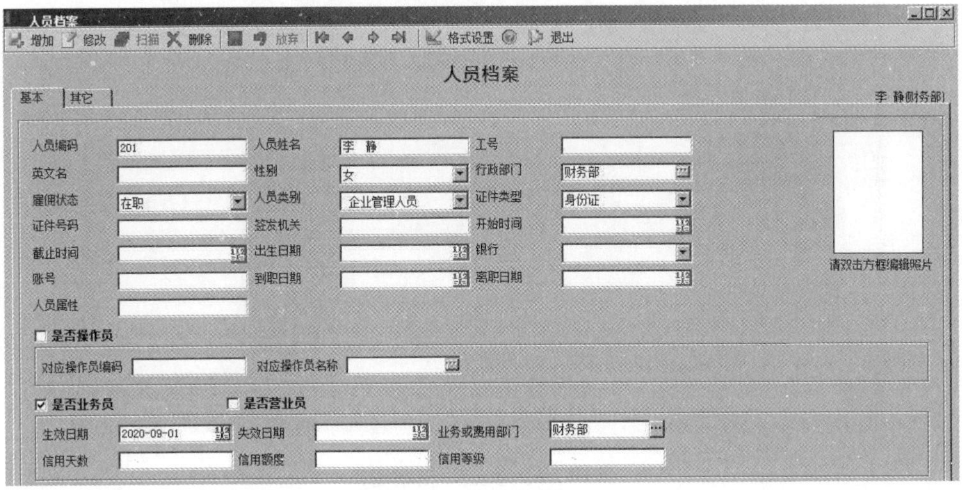

图 10－4　人员档案窗口

单击"增加"按钮,打开"人员列表"录入界面。录入人员档案信息,凡是能用参照选择的,都要尽可能通过参照方式选择录入,录入完成后单击"保存"按钮,即可录入下一位人员档案信息,全部录入完毕后,单击"退出"按钮,录入的人员档案信息显示在"人员列表"中。

(4)设置客户/供应商分类

在企业应用平台—设置页签中，选择工作列表中“基础设置”，执行“基础档案”—“客商信息”中的“客户/供应商分类”命令，打开“客户/供应商分类”窗口(图10－5)。

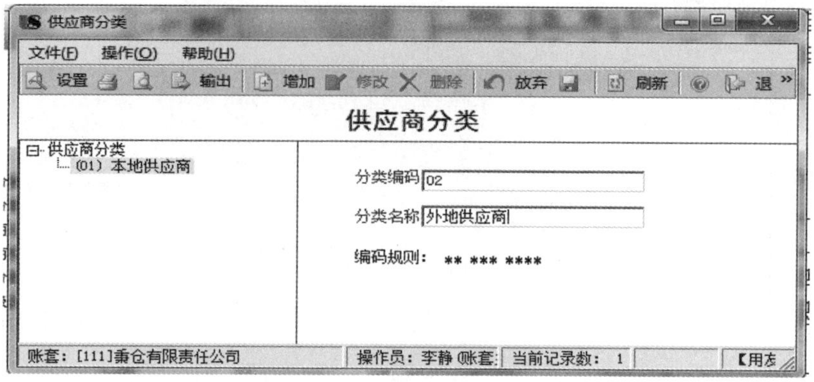

图10－5　供应商分类窗口

单击“增加”按钮，录入分类编码及分类名称。单击“保存”按钮。按此方法录入其他的客户/供应商分类。

(5)设置客户/供应商档案

在企业应用平台—设置页签中，选择工作列表中“基础设置”，执行“基础档案”—“客商信息”中的“客户/供应商档案”命令，打开“客户/供应商档案”窗口(图10－6)。

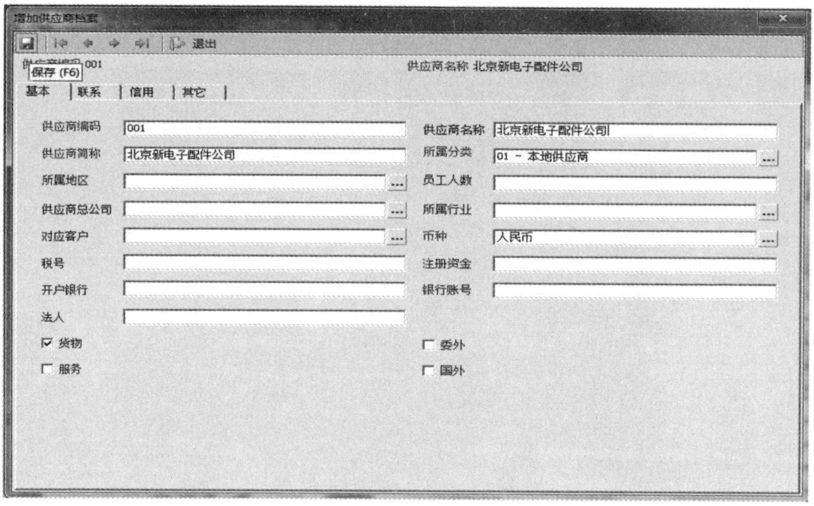

图10－6　供应商档案窗口

单击“增加”按钮，依次录入编码、名称、简称、所属分类等相关信息。

在客户档案窗口，单击“银行”“地址”“联系”“开票”按钮，在打开的相关窗口中，单击“增加”按钮，录入相关信息保存退出(图10－7)。按此方法录入其他的客户/供应商档案。

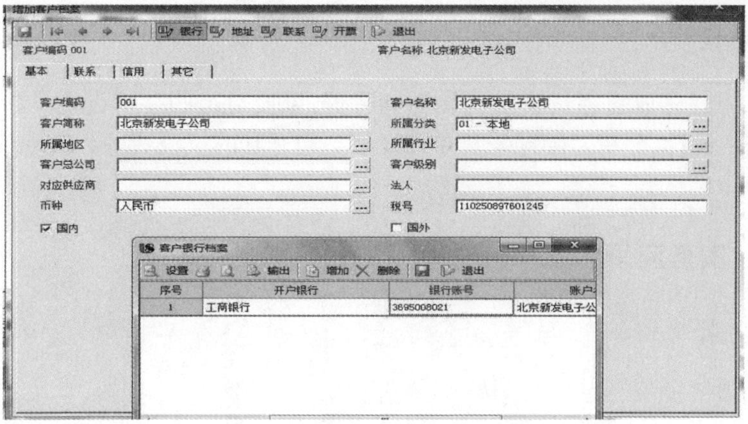

图 10－7 增加客户档案窗口

10.3 存货档案

10.3.1 理论知识

1. 存货分类

企业可以根据对存货的管理要求对存货进行分类管理，以便对企业数据的统计和分析。

存货分类用于设置存货分类编码、名称及所属经济分类。工业企业的存货可以分为三类：材料、产成品、应税劳务，材料、产成品在此基础上可以继续分类。商业企业的存货一般可以分为两类：商品、应税劳务，商品在此基础上可以继续分类。

2. 计量单位

企业的存货种类繁多，不同的存货具有不同的计量单位。同一种存货用于不同的业务，其计量单位也可能不同。在基础设置中，必须定义好存货的计量单位。计量单位的设置包括计量单位组和计量单位两项内容，必须先增加计量单位组，然后再在该组下增加具体的计量单位内容。

(1)计量单位组编码：录入，保证唯一性。

(2)计量单价组名称：录入，保证唯一性。

(3)计量单位组类别：单选，选择内容为无换算、固定换算、浮动换算。存货档案中每一种存货只能选择一个计量单位组。

(4)是否默认组：设置是否是默认计量单位组，所有计量单位组只能设置一个默认值。如果勾选该选项，在新增存货时自动带入该计量单位组和该组设置的主计量单位等信息。

注：已经有数据的存货不允许修改其计量单位组，已经使用过的计量单位组不能修改其已经存在的计量单位信息。

3. 存货档案

存货档案主要完成对存货目录的设立和管理,以便对这些存货进行资料管理,实物管理和业务数据的统计、分析。随同发货单或发票一起开具的应税劳务(如运输费)也应设置在存货档案中。

10.3.2 实务应用

1. 实训要求

- 设置存货信息

2. 实训资料(表 10-5 至表 10-8)

表 10-5 存货分类

编码	分类名称
01	原材料
02	库存商品

表 10-6 计量单位组

编码	名称	类别
01	无换算关系	无换算

表 10-7 计量单位

计量单位编号	计量单位名称	所属计量单位组	计量单位组类别
01	条	无换算	无换算关系
02	个	无换算	无换算关系

表 10-8 存货档案

存货编码	存货名称	存货分类	计量单位	税率	存货属性
0101	内存条	原材料	条	17%	外购、生产耗用
0102	机芯	原材料	个	17%	外购、生产耗用
0201	U 盘	库存商品	个	17%	自制、销售
0202	mp3	库存商品	个	17%	自制、销售

注:存货属性中的销售是指外销和内销两种,本书中的存货属性中的销售均是此意。

3. 实训指导

(1)存货分类

在企业应用平台—设置页签中,选择工作列表中"基础设置",执行"基础档案"—"存货”—“存货分类”命令，打开“存货分类”窗口（图10－8）。

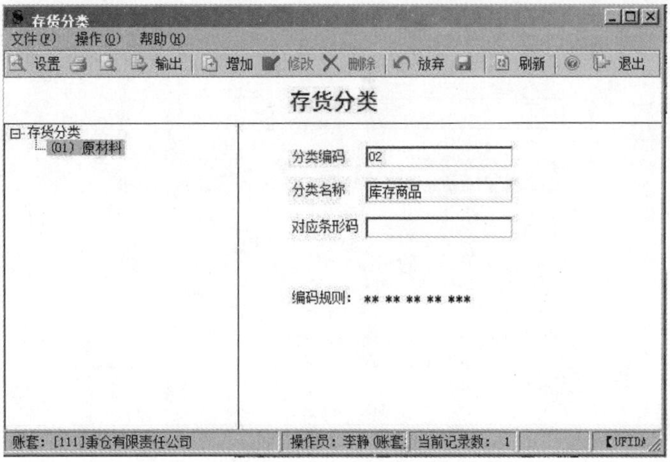

图10－8　存货分类窗口

单击“增加”按钮，按要求录入存货分类编码、分类名称等，单击“保存”按钮，存储信息。

(2)计量单位

在企业应用平台—设置页签中，选择工作列表中“基础设置”，执行“基础档案”—“存货”—“计量单位”命令，打开“计量单位”窗口。

单击“分组”按钮，打开“计量单位组”对话框（图10－9），单击“增加”按钮，按要求逐一录入分组信息；录入完毕，单击“退出”按钮。

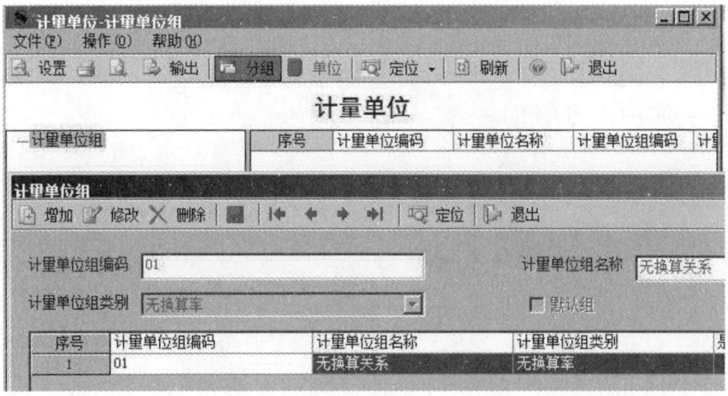

图10－9　计量单位组对话框

进入“计量单位”窗口（图10－10），单击“单位”按钮，分别录入计量单位编码、计量单位名称等，单击“保存”按钮，存储信息。

(3)存货档案

在企业应用平台—设置页签中，选择工作列表中“基础设置”，执行“基础档案”—“存货”—“存货档案”命令，打开“存货档案”窗口（图10－11）。

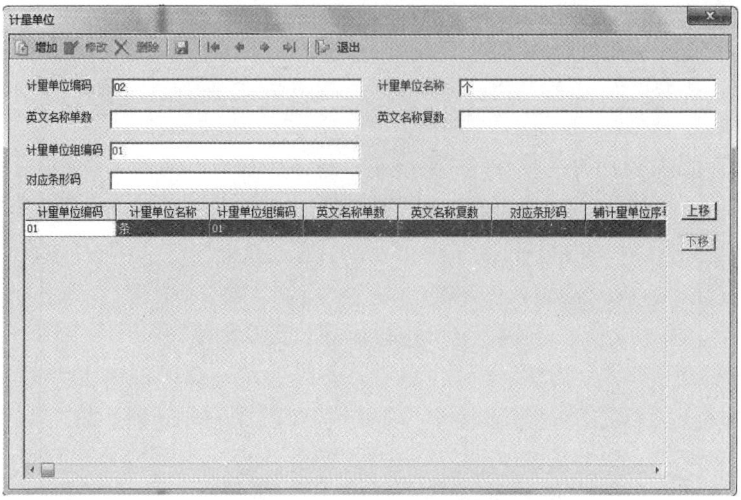

图 10－10　计量单位窗口

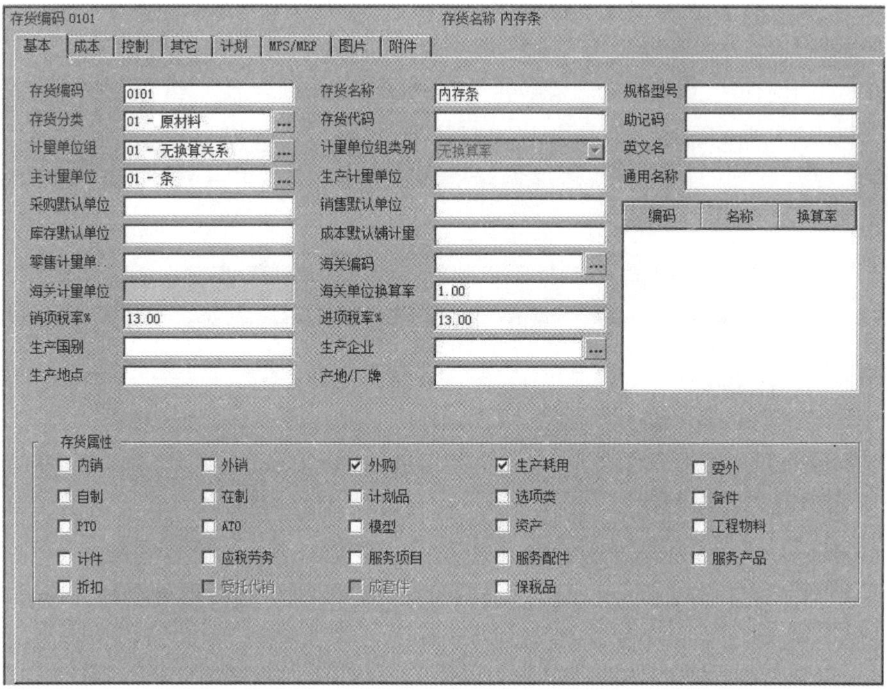

图 10－11　存货档案窗口

单击“增加”按钮，按要求输入存货编码、存货名称、主计量单位、存货属性等，单击“保存”按钮，存储信息。

①存货编码：必须输入。

②存货名称：存货名称。本页中蓝色字体的项目为必填项，必须输入。

③计量单位组：可参照选择录入。

④计量单位组类别：根据已选的计量单位组系统自动带入。

⑤主计量单位:根据已选的计量单位组,显示或选择不同的计量单位。

⑥存货分类:系统根据用户增加存货前所选择的存货分类自动填写,用户可以修改。

⑦存货属性:系统为存货设置了多种属性。同一存货可以设置多个属性。

⑧内销(外销):具有该属性的存货可用于销售。发货单、发票、销售出库单等与销售有关的单据参照存货时,参照的都是具有销售属性的存货。开在发货单或发票上的应税劳务,也应设置为销售属性,否则开发货单或发票时无法参照。升级的数据默认为内销属性。

⑨外购:具有该属性的存货可用于采购。到货单、采购发票、采购入库单等与采购有关的单据参照存货时,参照的都是具有外购属性的存货。开在采购专用发票、普通发票、运费发票等票据上的采购费用,也应设置为外购属性,否则开具采购发票时无法参照。

⑩生产耗用:具有该属性的存货可用于生产耗用。如生产产品耗用的原材料、辅助材料等。具有该属性的存货可用于材料的领用,材料出库单参照存货时,参照的都是具有生产耗用属性的存货。

⑪自制:具有该属性的存货可由企业生产自制,如工业企业生产的产成品、半成品等存货。具有该属性的存货可用于产成品或半成品的入库,产成品入库单可参照存货,参照的都是具有自制属性的存货。

⑫应税劳务:开具在采购发票上的运费费用、包装费等采购费用或开具在销售发票或发货单上的应税劳务。应税劳务属性应与"自制""在制""生产耗用"属性互斥。

10.4 财务基础

10.4.1 理论知识

1. 会计科目

会计科目是会计工作内容进行科学分类核算的项目,用于分门别类地反映企业的经济业务,同时也是登记账簿、编制会计报告的基础。一般的财务软件中都预置了现行会计制度规定的一级会计科目和部分二级科目。用户可以根据需要增加明细科目或修改科目属性,甚至删除不需要的会计科目,出纳专管科目还需指定。

(1)增加会计科目

如果用户所使用的会计科目基本上与所选行业会计制度规定的一级科目一致,则可以在建立账套时选择预置会计科目,这样在会计科目设置时只需对不同的会计科目进行修改,对缺少的会计科目进行增加处理即可。如果所使用的会计科目与会计制度规定的会计科目相差太多,则可以在建立账套时选择不预置会计科目,这样可以根据自身需要自行设置全部会计科目。

会计科目增加窗口内容中一般会涉及以下项目内容:

①科目编码:科目编码必须唯一,必须按其级次的先后次序建立。科目编码只能由数字(0~9)表示,其他字符(如&、空格等)禁止使用。

②科目名称:分为科目中文名称和科目英文名称,可以是汉字、英文字母或数字,但不能输入其他字符。科目中文名称最多可输入20个汉字;科目英文名称最多可输入100个英文字母。

③科目类型:科目类型分为资产类、负债类、所有者权益类、共同类、成本类、损益类,没有共同类的企业可不设共同类。

④账页格式:定义该科目在账簿打印时的默认打印格式。系统提供了金额式、外币金额式、数量金额式、外币数量式四种账页格式可供选择。一般情况下,有外币核算的科目可设为外币金额式,有数量核算的科目可设为数量金额式,既有外币又有数量核算的科目可设为外币数量式,既无外币又无数量核算的科目可设为金额式。

⑤助记码:用于帮助记忆科目,一般可用科目名称中各个汉字拼音的头一个字母组成。例如,“管理费用”的助记码可设为管理费用的拼音头一个字母,即“GLFY”,这样在制单或查账中录入“管理费用”时,可录其助记码“GLFY”,而不用录汉字管理费用,这样可加快录入速度,也可减少汉字录入的工作量。在需要录入科目的地方输入助记码,系统可自动将助记码转换成科目名称。

⑥外币核算;用于设定该科目是否有外币核算,以及核算的外币名称。一个科目只能核算一种外币,只有有外币核算要求的科目才允许也必须设定外币币名。如果此科目核算的外币币种没有定义,可以用鼠标点取外币币种下拉列表框旁边的“参照”按钮,进入“外币设置”中进行定义。

⑦数量核算:用于设定该科目是否有数量核算,以及数量计量单位。计量单位可以是任何汉字或字符,如千克、件、台等。

⑧汇总打印:在同一张凭证中当某科目或有同一上级科目的末级科目有多笔同方向的分录时,如果希望将这些分录按科目汇总成一笔打印,则需要将该科目设置汇总打印,汇总到的科目设置成该科目的本身或其上级科目。

⑨封存:被封存的科目在制单时不可以使用。此选项只能在科目修改时进行设置。

⑩科目性质(余额方向):增加登记在借方的科目,科目性质为借方;增加登记在贷方的科目,科目性质为贷方。一般情况下,资产类、成本类科目的性质为借方,负债类、所有者权益类科目的性质为贷方。只能在一级科目设置科目性质,下级科目的性质与其一级科目的性质相同。已有数据的科目不能再修改科目性质。

⑪辅助核算:也叫辅助账类。用于说明本科目是否有其他核算要求,系统除完成一般的总账、明细账核算外,还提供部门核算、个人往来核算、客户往来核算、供应商往来核算和项目核算等几种专项核算功能供用户选用。

⑫其他核算:用于说明本科目是否有其他核算要求,如银行账、日记账等。一般情况下,现金科目要设为日记账,银行存款科目要设为银行账和日记账。

⑬受控系统:为了加强各功能模块、系统间的无缝连接,在其他功能模块中可以使用总账系统的会计科目,这些会计科目就是其他系统的受控科目,而其他系统为该科目的受控系统。例如,应收系统的受控科目是应收账款、应收票据等科目,应付账款科目的受控系统是应付系统。

这些项目用户可以根据实际需要,进行增加设置。

(2)修改会计科目

如果要对已经设置完成的会计科目名称、编码及辅助项目等内容进行修改,应在会计科目未使用之前在会计科目的修改功能中完成。通常需要对会计科目进行修改的情况有三种:一是系统预置的科目中未指定辅助核算内容,需要在修改中进行辅助修改;二是系统中预置的会计科目不完全符合企业的实际情况,需要修改;三是需要在修改中设置“汇总打印”和“封存”。

由于不启用往来款系统,往来业务的核算在总账系统中进行,所以在设置客户往来和供应商往来款项的辅助核算项时,应不设置受控系统。如果默认了系统设置的受控系统,则往来科目应主要在往来款系统中使用。

修改时要注意:

①已经使用过的末级会计科目不能再修改。

②非末级会计科目的编码不能修改或删除。

③已有数据的会计科目,应先将该科目及其下级科目余额清零后,再修改或删除。

④被封存的科目在制单时不可以使用。

⑤只有末级科目才能设置汇总打印,且只能汇总到该科目本身或其上级科目。

⑥只有处于修改状态才能设置汇总打印和封存。

(3)删除会计科目

如果某些会计科目目前暂时不需用或者不适合企业科目体系的特点,可以在未使用之前将其删除。删除会计科目时应遵循自下而上的顺序,即非末级科目不能删除。若有数据,应先将该科目及其下级科目余额清零后再删除。被指定为现金、银行科目的会计科目不能删除,如想删除,必须先取消指定。

(4)指定会计科目

指定会计科目是指定出纳所专管的科目,通常是现金和银行存款科目。系统中只有指定科目后,才能执行出纳签字,查询现金日记账及银行存款日记账,从而实现现金、银行存款管理的保密性。

2. 外币设置

货币是进行财务核算的基本计量单位,核算单位涉及外币业务,需要进行汇率管理时,可以进行外币设置,既可以减少录入汇率的次数和差错,又可以避免在汇率发生变化时出现错误。

外币设置必须是在建立账套过程中选择了有外币核算后才能操作,外币设置窗口中,需要输入币符、币名、固定汇率、浮动汇率、记账汇率、调整汇率、汇率小数位及折算方式等信息。此处仅供用户输入固定汇率和浮动汇率,并不决定制单时使用何种汇率,用户可以在“选项”中设置汇率方式时,选择使用固定汇率还是浮动汇率。如果选择固定汇率(即使用月初或年初汇率)作为记账汇率时,在填制每月的凭证前,应预先在此录入该月的记账汇率,否则在填制该月外币凭证时,将会出现汇率为零的错误。如果使用变动汇率(即使用当日汇率)作为记账汇率时,在填制某天的凭证前,应预先在此录入该天的记账汇率。调整汇率即月末汇率,在期末计算汇兑损益时使用,平时可不需输入。

3. 凭证类别

为了便于管理和填制凭证,通常要对记账凭证进行分类编制,系统提供了常用的凭证分类方式，用户可以从中选择，也可以根据实际情况自行定义。

（1）记账凭证。

（2）收款凭证、付款凭证、转账凭证。

（3）现金凭证、银行凭证、转账凭证。

（4）现金收款凭证、现金付款凭证、银行收款凭证、银行付款凭证、转账凭证。

（5）自定义。

如果选择了“收款凭证、付款凭证、转账凭证”的分类方式，应根据凭证分类的特点进行相应限制条件的设置，以便提高凭证处理的准确性。

（1）无限制。制单时，此类凭证可使用所有合法的科目。

（2）借方必有。制单时，此类凭证借方至少有一个限制科目有发生额。

（3）贷方必有。制单时，此类凭证贷方至少有一个限制科目有发生额。

（4）凭证必有。制单时，此类凭证无论借方还是贷方至少有一个限制科目有发生额。

（5）凭证必无。制单时，此类凭证无论借方还是贷方不可有一个限制科目有发生额。

（6）借方必无。即金额发生在借方的科目集必须不包含借方必无科目。可在凭证保存时检查。

（7）贷方必无。即金额发生在贷方的科目集必须不包含贷方必无科目。可在凭证保存时检查。

凭证类别定义并使用后，不能进行修改，否则会造成不同时期凭证类别的混乱，影响凭证的查询和打印。

4. 结算方式

结算方式设置是用来建立和管理用户在经营活动中所涉及的结算方式，它与财务结算方式一致，如现金结算、支票结算等。结算方式最多可以分为2级，一旦被引用，便不能修改和删除。

结算方式必须按照结算方式编码级次的先后录入，内容必须唯一。如果勾选“是否票据管理”项，则在执行该种结算方式时，系统会提示记录发生该笔业务的票据信息，否则不会提示。用户可以根据实际需要选择是否需要。

5. 设置本单位开户银行

企业在进行收付结算时，需要设置开户银行。会计电算化支持多个开户行及账号的情况。设置本单位开户银行功能用于维护及查询使用单位的开户银行信息。开户银行一旦被引用，便不能进行修改和删除的操作。

（1）编号：用来标志某开户银行及账号。可以手工输入，也可以由系统自动给定。录入值必须唯一。编号可以数字0～9或字符A～Z表示，但编号中“&、，；－”以及空格禁止使用。开户银行编号最多可输入3个字符。

（2）开户银行：用来输入使用单位的开户银行名称。用户必须输入，名称可以重复。开户银行名称最多可输入30个字符或15个汉字。

（3）账号：用来输入使用单位在开户银行中的账号名称。用户必须输入，且必须唯一。

银行账号最多可输入20个字符。

(4)暂封标志:用来标志账号的使用状态。如果这个账号临时不用,可以用鼠标点击来设置暂封标志为有效。

(5)所属银行:指开户银行所属的总行名称,参照银行档案录入。

(6)账户名称:指账号的用户名称,可输入任意值。

(7)开户行地址:指开户的银行所在位置,可输入任意值。

(8)省/自治区:指开户银行所在的地区,参照行政区划档案录入。

(9)市/县:指开户银行所在的地区,可输入任意值,也可参照行政区划档案录入。

(10)币种:指账户所使用的币种,目前只支持一个账户使用一种币种的情况,参照币种档案录入。

(11)开户日期:指开立账户的日期。

(12)对应总账科目:指做凭证时所登录的科目账,参照科目档案录入。

(13)当前余额:指账户中剩余的余额。

(14)账号属性:记录账号的特性,可输入任意值。

(15)客户编号:如果所属银行为“中国建设银行”,则此项必输,可输入任意值。

(16)机构号:如果所属银行为“中国建设银行”,则此项必输,可输入任意值。

(17)联行号:如果所属银行为“中国建设银行”,则此项必输,可输入任意值。

(18)签约标志:单项选择,选项为检查收付款账号、只检查付款账号,默认为检查收付款账号,可随时修改。

6. 项目目录

项目目录是账务系统辅助核算的一项重要功能。所谓项目可以是一个专门的经营项目内容。一个单位项目核算的种类可能多种多样,如在建工程、对外投资等。为了满足企业的实际需要,在计算机账务系统中,借助于计算机处理数据的特点,设计了项目核算与管理功能,企业可以将具有相同特性的一类项目定义成一个项目大类,在总账处理业务处理的同时进行项目核算与管理。一个项目可以核算多个项目,为了便于管理,企业还可以对这些项目进行分组管理。

在项目目录设置中首先需要进行项目核算的项目大类,其次再定义该项目大类的项目级别(共可分为8级),再次在该项目大类下再定义项目小类,建立完成项目小类后,开始建立具体的项目的档案,最后为该项目大类指定对其进行核算的会计科目。

10.4.2 实务应用

1. 实训要求

- 增加、修改会计科目
- 指定会计科目
- 设置凭证类别
- 设置结算方式

2. 实训资料

(1)会计科目(表10－9)。

表10－9　会计科目

科目	辅助项
库存现金	日记账
银行存款	日记账、银行账
原材料	数量金额式
内存条	数量金额式(条)
机芯	数量金额式(个)
库存商品	数量金额式
U盘	数量金额式(个)
mp3	数量金额式(个)
应收账款	客户往来
坏账准备	
预收账款	供应商往来
其他应收款	个人往来
固定资产	
累计折旧	
固定资产减值准备	
短期借款	
应付账款	供应商往来
预付账款	客户往来
应交税费	
应交增值税	
进项税额	
销项税额	
未交税金	
未分配利润	
股本	
制造费用	部门核算
管理费用	部门核算
主营业务收入	数量金额式
U盘	数量金额式(个)
mp3	数量金额式(个)
主营业务成本	数量金额式
U盘	数量金额式(个)
mp3	数量金额式(个)

(2)指定科目:现金、银行存款。
(3)凭证类别: 记账凭证,限制类型为无。
(4)结算方式(表 10－10)。

表 10－10 结算方式

编码	结算方式	票据管理标志
1	现金支票	是
2	转账支票	是
3	银行汇票	
4	商业汇票	

(5)本单位开户银行:工行,账号: 622204789348。

3. 实训指导

(1)增加会计科目

在企业应用平台—设置页签中,选择工作列表中“基础设置”,执行“基础档案”—“财务”—“会计科目”命令,打开“会计科目”窗口。

在“会计科目”窗口中,单击“增加”按钮,打开“新增会计科目”窗口(图 10－12),用户根据需要在该窗口中录入“科目编码”“科目名称”,是否需要进行“数量核算”、是否需要进行“辅助核算”以及选择是否需要“受控系统”等。相关信息录入完毕,单击“确定”按钮,系统自动按科目编码顺序保存增加的会计科目。

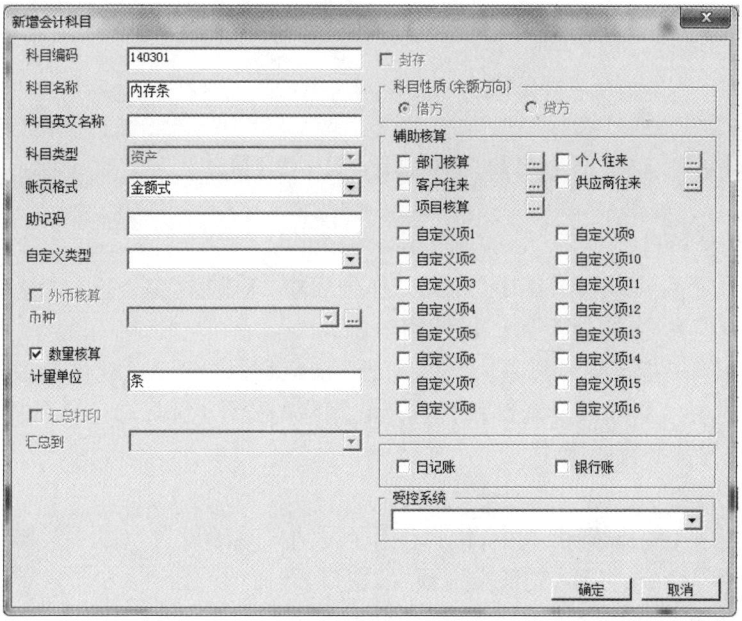

图 10－12 新增会计科目窗口

(2)修改会计科目

在企业应用平台—设置页签中,选择工作列表中“基础设置”,执行“基础档案”—“财务”—“会计科目”命令,打开“会计科目”窗口。

在“会计科目”窗口中,选择要修改的会计科目,单击“修改”按钮,或直接双击要修改的会计科目,打开“会计科目—修改”窗口(图10-13),单击右下角的“修改”按钮,进入科目修改的可编辑状态,根据需要对所选科目进行修改,修改完毕单击“确定”按钮进行保存。设置完毕后单击“退出”按钮退出。

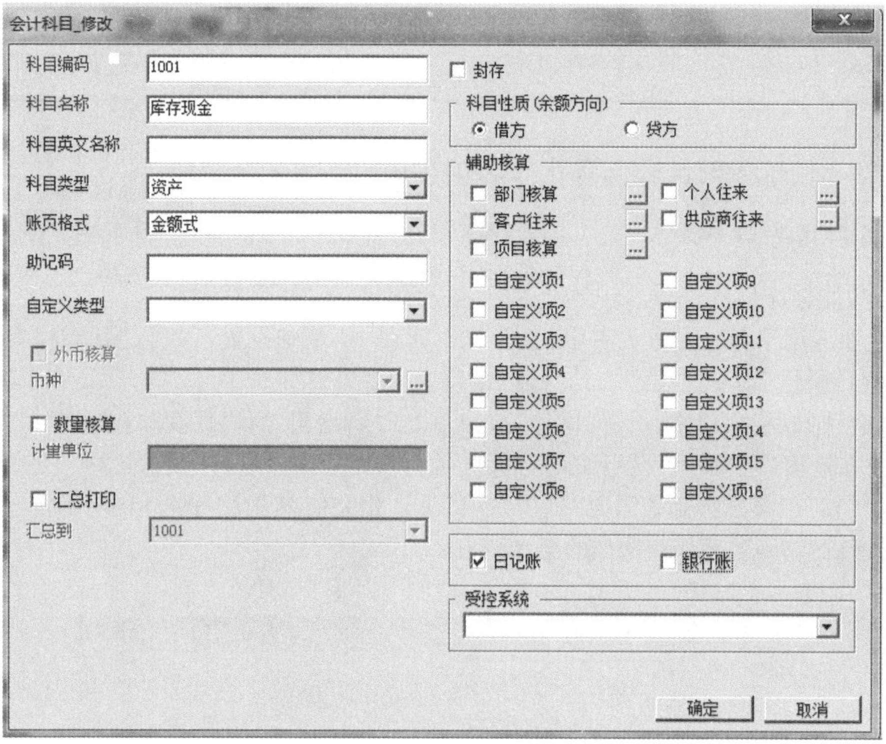

图10-13 会计科目—修改窗口

(3)指定会计科目

在企业应用平台—设置页签中,选择工作列表中“基础设置”,执行“基础档案”—“财务”—“会计科目”命令,打开“会计科目”窗口。

执行“编辑”—“指定会计科目”命令,打开“指定科目”窗口。通过右边窗口的功能键完成单个科目选择或删除以及全部科目选择或删除的操作过程,选定科目后,单击“确定”按钮,即可完成指定科目的操作。

(4)设置凭证类别

在企业应用平台—设置页签中,选择工作列表中“基础设置”,执行“基础档案”—“财务”—“凭证类别”命令,打开“凭证类别预置”窗口。

系统提供了五种凭证设置方案,并默认分类方式为“记账凭证”,单击“确定”按钮,打开“凭证类别”窗口(图10-14)。

如果不需要进行限制类型的设置,点击“退出”按钮即可。

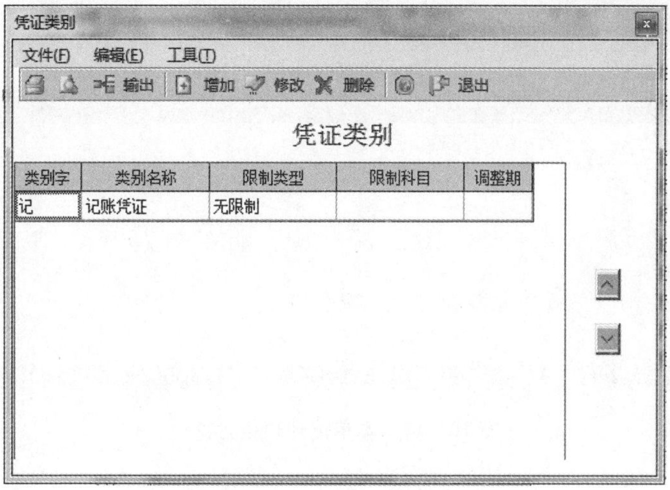

图 10－14 凭证类别窗口

(5)设置结算方式

在企业应用平台—设置页签中,选择工作列表中“基础设置”,执行“基础档案”—“收付结算”—“结算方式”命令,打开“结算方式”窗口(图 10－15)。

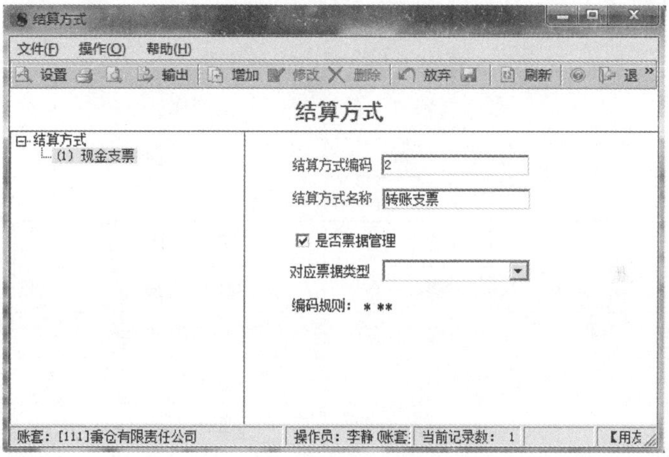

图 10－15 结算方式窗口

单击“增加”按钮,输入“结算方式编码”和“结算方式名称”。输入完毕单击“保存”按钮。全部设置完毕,单击“退出”按钮返回。

(6)本单位开户银行

在企业应用平台—设置页签中,选择工作列表中“基础设置”,执行“基础档案”—“收付结算”—“结算方式”命令,打开“本单位开户银行”窗口(图 10－16)。

单击“增加”按钮,输入“编码”“银行账号”和“所属银行编码”。输入完毕单击“保存”按钮。全部设置完毕,单击“退出”按钮返回。

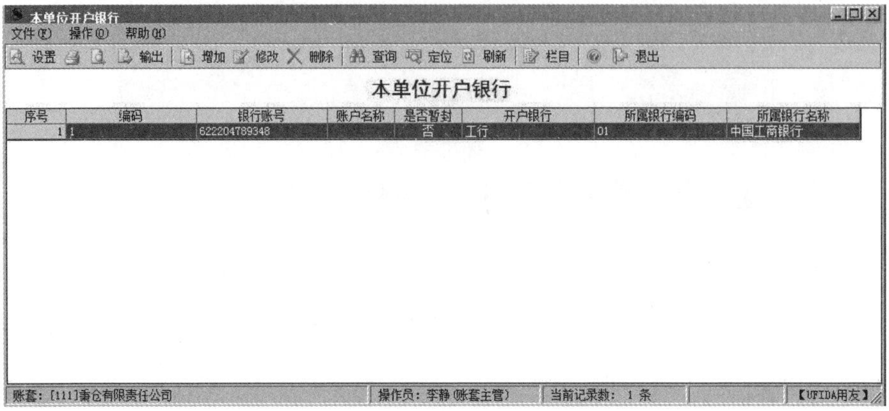

图 10－16　本单位开户银行窗口

课 后 实 训

一、设置基础档案

1. 机构人员设置(表 10－11 至表 10－13)

表 10－11　部门档案资料

部门编码	部门名称	部门属性	负责人
01	总经理办公室	企业管理	张新宁
02	财务部	财务	李利
03	供应部	采购供应	魏华
04	销售部	产品销售	韩毅
05	生产部	产品生产	
0501	生产一部	基本生产	李伟
0502	生产二部	基本生产	李月

表 10－12　人员类别

编号	人员类别
101	行政管理人员
102	车间管理人员
103	生产人员
104	销售人员

表 10-13 人员档案

编码	姓名	性别	人员类别	行政部门	人员属性	银行	账号
0101	张新宁	男	101	总经理办公室	总经理	工行	158101
0102	顾丽	女	101	总经理办公室	总经理助理	工行	158102
0201	李利	男	101	财务部	财务主管	工行	158201
0202	张佳	女	101	财务部	会计	工行	158202
0203	张芳	女	101	财务部	出纳	工行	158203
0204	刘林	男	101	财务部	会计	工行	158204
0205	刘方明	男	101	财务部	会计	工行	158205
0301	魏华(业务员)	男	101	供应部	采购主管	工行	158301
0302	张靖(业务员)	女	101	供应部	采购员	工行	158302
0401	韩毅(业务员)	男	104	销售部	销售主管	工行	158401
0402	陈方(业务员)	男	104	销售部	销售员	工行	158402
0511	李伟	男	102	生产一部	车间主任	工行	158511
0512	陈小明	男	102	生产一部	技术员	工行	158512
0513	蒋立	男	103	生产一部	工人	工行	158513
0514	王萌	女	103	生产一部	工人	工行	158514
0515	张大力	男	103	生产一部	工人	工行	158515
0521	李月	女	102	生产二部	车间主任	工行	158521
0522	张正	男	103	生产二部	工人	工行	158522
0523	孙利	男	103	生产二部	工人	工行	158523
0524	杜鹃	女	103	生产二部	工人	工行	158524
0525	韩阳	男	103	生产二部	工人	工行	158525

2. 客商信息(表 10-14 至表 10-17)

表 10-14 客户分类

分类编码	分类名称
01	本地客户
02	外地客户

表 10-15 供应商分类

分类编码	分类名称
01	本地供应商
02	外地供应商

表 10－16　客户档案

编号	名称	简称	所属分类码	分管部门	专管业务员
001	丰收公司	丰收	01	销售部	韩毅
002	宏大公司	宏大	01	销售部	陈方
003	运通集团公司	运通	02	销售部	陈方
004	中兴集团公司	中兴	02	销售部	陈方

表 10－17　供应商档案

编号	名称	简称	所属分类码	分管部门	专管业务员
001	邯郸钢铁公司	邯钢	02	供应部	张靖
002	首都钢铁公司	首钢	02	供应部	魏华
003	武汉钢铁公司	武钢	02	供应部	张靖
004	唐山钢铁公司	唐钢	01	供应部	张靖

3. 财务信息（表 10－18 至表 10－21）

表 10－18　外币设置（采用固定汇率）

币符	币名	汇率
USD	美元	6.832 4
EUR	欧元	8.083 41

表 10－19　会计科目

类型	科目编码	科目名称	方向	辅助账类型	币别/计量	账页格式
资产	1001	库存现金	借	日记账		金额式
资产	1002	银行存款	借	日记账、银行账		金额式
资产	100201	工行存款	借	日记账、银行账	人民币	金额式
资产	100202	中行存款	借	日记账、银行账	美元	外币金额式
资产	1012	其他货币资金	借			金额式
资产	101201	外埠存款	借			金额式
资产	101202	银行本票	借			金额式
资产	101203	银行汇票	借			金额式
资产	101204	信用卡	借			金额式
资产	1121	应收票据	借	客户往来		金额式
资产	1122	应收账款	借	客户往来		金额式
资产	1123	预付账款	借	供应商往来		金额式
资产	1221	其他应收款	借	个人往来		金额式

表 10－19(续 1)

类型	科目编码	科目名称	方向	辅助账类型	币别/计量	账页格式
资产	1231	坏账准备	贷			金额式
资产	1401	材料采购	借			金额式
资产	140101	唐钢	借			金额式
资产	14010101	A 材料	借			金额式
资产	14010102	B 材料	借			金额式
资产	140102	首钢	借			金额式
资产	14010201	A 材料	借			金额式
资产	14010202	B 材料	借			金额式
资产	1403	原材料	借			金额式
资产	140301	A 材料	借	数量金额	千克	数量金额式
资产	140302	B 材料	借	数量金额	千克	数量金额式
资产	1405	库存商品	借			金额式
资产	140501	A 材料	借	数量金额	台	数量金额式
资产	140502	B 材料	借	数量金额	台	数量金额式
资产	1471	存货低价准备	贷			金额式
资产	1601	固定资产	借	部门核算		金额式
资产	1602	累计折旧	贷	部门核算		金额式
资产	1603	固定资产减值准备	贷			金额式
资产	1606	固定资产清理	借			金额式
资产	1701	无形资产	借			金额式
资产	1702	累计摊销	贷			金额式
资产	1811	递延所得税资产	借			金额式
负债	2001	短期借款	贷			金额式
负债	2201	应付票据	贷	供应商往来		金额式
负债	2202	应付账款	贷	供应商往来		金额式
负债	2203	预收账款	贷	客户往来		金额式
负债	2211	应付职工薪酬	贷			金额式
负债	221101	工资	贷			金额式
负债	2221	应交税费	贷			金额式
负债	222101	应交增值税	贷			金额式
负债	22210101	进项税额	贷			金额式
负债	22210102	已交税金	贷			金额式
负债	22210103	销项税额	贷			金额式
负债	222102	未交增值税	贷			金额式
负债	222104	应交所得税	贷			金额式
负债	2231	应付利息	贷			金额式

表 10-19(续 2)

类型	科目编码	科目名称	方向	辅助账类型	币别/计量	账页格式
权益	4001	实收资本	贷			金额式
权益	4002	资本公积	贷			金额式
权益	4103	本年利润	贷			金额式
权益	4104	利润分配	贷			金额式
权益	410406	未分配利润	贷			金额式
成本	5001	生产成本	借	项目核算		金额式
成本	500101	直接材料	借	项目核算		金额式
成本	500102	直接人工	借	项目核算		金额式
成本	500103	制造费用	借	项目核算		金额式
成本	5101	制造费用	借			金额式
成本	510101	材料费	借			金额式
成本	510102	工资	借			金额式
成本	510103	折旧费	借			金额式
成本	510110	其他	借			金额式
损益	6001	主营业务收入	收入			金额式
损益	600101	甲产品		数量金额	台	数量金额式
损益	600102	乙产品		数量金额	台	数量金额式
损益	6401	主营业务成本	支出			金额式
损益	640101	甲产品		数量金额	台	数量金额式
损益	640102	乙产品		数量金额	台	数量金额式
损益	6601	销售费用	支出			金额式
损益	660101	广告费				金额式
损益	660102	工资				金额式
损益	660103	折旧费				金额式
损益	660110	其他				金额式
损益	6602	管理费用				金额式
损益	660201	工资		部门核算		金额式
损益	660202	折旧费		部门核算		金额式
损益	660203	差旅费		部门核算		金额式
损益	660220	其他		部门核算		金额式
损益	6603	财务费用				金额式
损益	660301	利息				金额式
损益	6701	资产减值损失				金额式
损益	6801	所得税费用				金额式

表 10－20 凭证类别

类别字	类别名称	限制类型	限制科目
收	收款凭证	借方必有	1001,1002
付	付款凭证	贷方必有	1001,1002
转	转账凭证	凭证必无	1001,1002

表 10－21 项目目录

项目设置步骤	设置内容
项目大类	产品核算
核算一级科目	生产成本
核算二级科目	直接材料 直接人工 制造费用
项目分类	产成品
项目名称	甲产品 乙产品

4. 收付结算(表 10－22、表 10－23)

表 10－22 结算方式

编码	名称	票据管理	编码	名称	票据管理
1	现金结算	否	6	托收承付	否
2	支票结算	否	7	汇兑结算	否
201	现金支票	是	8	商业汇票	否
202	转账支票	是	801	商业承兑汇票	否
3	银行汇票	否	802	银行承兑汇票	否
4	银行本票	否	9	其他	否
5	委托收款	否			

表 10－23 本单位开户银行

编码	银行账号	账户名称	币种	开户银行	所属银行
1	123456789012	海利尔制造厂	人民币	工行哈尔滨支行	工行
2	234567890123	海利尔制造厂	美元	中行哈尔滨支行	中行

第11章　总　　账

【理论知识目标】

- 理解总账系统的基本原理和功能
- 掌握日常业务处理流程
- 了解在不同模块组合下如何灵活运用总账系统功能

【实务应用目标】

- 懂得总账系统初始化设置的操作方法
- 学会凭证处理和记账结账的操作方法
- 熟悉期末业务处理的内容和操作方法

总账系统属于财务管理系统的一部分,而财务系统与其他系统成并行关系。账务系统既可独立运行,也可同其他系统协同运转。它概括地反映企业供产销等全部经济业务的综合信息,它在财务管理系统中处于中枢地位。总账系统的任务就是利用建立的会计科目体系,输入和处理各种记账凭证,完成记账、结账以及对账工作,输出各种总分类账、日记账、明细账和有关辅助账。

总账系统适用于各类企事业单位。其主要提供凭证处理、账簿处理、出纳管理和期末转账等基本核算功能,并提供个人、部门、客户、供应商、项目核算和备查簿等辅助管理功能。本章系统介绍了总账系统的基本业务处理及操作方法。

11.1　总账系统初始化

11.1.1　理论知识

1. 总账参数设置

初次启动总账系统时,需要确定总账系统核算要求的各项参数,使得通用总账系统适用于本单位的具体核算要求。系统参数设定后可以查看或调整。

通过确定凭证填制方法、凭证控制、凭证编号等方面的要求和规范,可使凭证管理适合特定单位管理要求,保证凭证填制的正确性、规范性与统一性。

总账管理系统的“选项”对话框包括“凭证”“账簿”“凭证打印”“预算控制”“权限”“会计日历”“其他”和“自定义项核算”八个选项卡。

(1)“凭证”选项卡

①制单控制。它主要设置在填制凭证时,系统应对哪些操作进行控制。

a. 制单序时控制:此项和“系统编号”选项联用,制单时凭证编号必须按日期顺序排列,如果有特殊需要可以将其改为不序时制单。

b. 支票控制:若选择此项,在制单时使用银行科目编制凭证时,系统针对票据管理的结算方式进行登记,如果录入支票号在支票登记簿中已存,系统提供登记支票报销的功能;否则,系统提供登记支票登记簿的功能。

c. 赤字控制:若选择了此项,在制单时,当“资金及往来科目”或“全部科目”的最新余额出现负数时,系统将予以提示。

d. 可以使用应收受控科目:若科目为应收款系统的受控科目,为了防止重复制单,只允许应收系统使用此科目进行制单,总账系统是不能使用此科目制单的。所以如果希望在总账系统中也能使用这些科目填制凭证,则应选择此项。

e. 可以使用应付受控科目:若科目为应付款系统的受控科目,为了防止重复制单,只允许应付系统使用此科目进行制单,总账系统是不能使用此科目制单的。所以如果希望在总账系统中也能使用这些科目填制凭证,则应选择此项。

f. 可以使用存货受控科目:若科目为存货核算系统的受控科目,为了防止重复制单,只允许存货核算系统使用此科目进行制单,总账系统是不能使用此科目制单的。所以如果希望在总账系统中也能使用这些科目填制凭证,则应选择此项。

②凭证控制。

a. 现金流量科目必录现金流量项目;选择此项后,在录入凭证时如果使用现金流量科目则必须输入现金流量项目及金额。

b. 自动填补凭证断号:如果选择凭证编号方式为系统编号,则在新增凭证时,系统按凭证类别自动查询本月的第一个断号默认为本次新增凭证的凭证号。如无断号则为新号,与原编号规则一致。

c. 批量审核凭证进行合法性校验:批量审核凭证时针对凭证进行二次审核,提高凭证输入的正确率,合法性校验与保存凭证时的合法性校验相同。

d. 凭证录入时结算方式及票据号是否必录。

e. 同步删除外部系统凭证:选中此项后,外部系统删除凭证时相应地将总账的凭证同步删除。否则,将总账凭证作废,不予删除。

③凭证编号方式。系统在“填制凭证”功能中一般按照凭证类别按月自动编制凭证编号,即“系统编号”;但有的企业需要系统允许在制单时手工录入凭证编号,即“手工编号”。

(2)“账簿”选项卡

①打印位数宽度:定义正式账簿打印时各栏目的宽度,包括摘要、金额、外币、数量、汇率、单价。

②明细账(日记账、多栏账)打印输出方式:打印正式明细账、日记账或多栏账时,按月排页还是按年排页。按月排页,即打印时从所选月份范围的起始月份开始将明细账顺序排页,再从第一页开始将其打印输出,打印起始页号为“1 页”。这样,若所选月份范围不是第一个月,则打印结果的页号必然从“1 页”开始排。按年排页,即打印时从本会计年度的第一个会计月开始将明细账顺序排页,再将打印月份范围所在的页打印输出,打印起始页号为所属月份在全年总排页中的页号。这样,若所选月份范围不是第一个月,则打印结果的页号有可能不是从“1 页”开始排。

③凭证、账簿套打方式选择。

（3）“凭证打印”选项卡

①合并凭证显示、打印：选择此项，则在填制凭证、查询凭证、出纳签字和凭证审核时，以系统选项中的设置显示；在科目明细账显示或打印时凭证按照“按科目、摘要相同方式合并”或“按科目相同方式合并”合并显示，并在明细账显示界面提供是否“合并显示”的选项。

②打印凭证的制单、出纳、审核、记账等人员姓名：在打印凭证时，是否自动打印制单人、出纳、审核人、记账人的姓名。

③打印包含科目编码：在打印凭证时，是否自动打印科目编码。

④摘要与科目打印内容设置：通过此功能，可设置凭证中的摘要栏与科目栏内打印的辅助项。

⑤打印转账通知书：启用了此项，才能够在科目编辑时指定可打印的科目，在凭证中可打印转账通知单。

⑥凭证、正式账每页打印行数（老式打印控件适用）：“凭证打印行数”可对凭证每页的行数进行设置，“正式账每页打印行数”可对明细账、日记账、多栏账的每页打印行数进行设置。双击表格或按空格对行数直接修改即可。

（4）“预算控制”选项卡

①专家财务评估：选择“专家财务评估”选项后此项才起作用。从专家财务评估取预算数，如果制单输入分录时超过预算也可以保存超预算分录，否则不予保存。

②预算管理系统：在此显示预算管理系统是否启用总账预算控制，当启用时该选项选中。

（5）“权限”选项卡

①制单权限控制到科目：要在系统管理的“功能权限”中设置科目权限，再选择此项，权限设置有效。选据此项，则在制单时，操作员只能使用具有相应制单权限的科目制单。

②制单权限控制到凭证类别：要在系统管理的“功能权限”中设置凭证类别权限，再选择此项，权限设置有效。选择此项，则在制单时，只显示此操作员有权限的凭证类别。同时在凭证类别参照中按人员的权限过滤出有权限的凭证类别。

③操作员进行金额权限控制：选择此项，可以对不同级别的人员进行金额大小的控制，例如财务主管可以对 5 万元以上的经济业务制单，一般财务人员只能对 5 万元以下的经济业务制单，这样可以减少由于不必要的责任事故带来的经济损失。如为外部凭证或常用凭证调用生成，则处理与预算处理相同，不做金额控制。

④凭证审核控制到操作员：如只允许某操作员审核其本部门操作员填制的凭证，则应选择此选项。

⑤出纳凭证必须经出纳签字：若要求现金、银行科目凭证必须由出纳人员核对签字后才能记账，则应选择此项。

⑥凭证必须经由主管会计签字：如要求所有凭证必须由主管签字后才能记账，则应选择此项。

⑦允许修改、作废他人填制的凭证：若选择了此项，在制单时可修改或作废别人填制的凭证，否则不能修改。

⑧可查询他人凭证：如允许操作员查询他人凭证，则应选择此项。

⑨制单、辅助账查询控制到辅助核算：设置此项权限，制单时才能使用有辅助核算属性的科目录入分录，辅助账查询时只能查询有权限的辅助项内容。

⑩明细账查询权限控制到科目:这里是权限控制的开关,在系统管理中设置明细账查询权限,必须在总账系统选项中打开,才能起到控制作用。

⑪查询客户(供应商)往来辅助账:某些版本,默认在总账中查询客户(供应商)往来辅助账。

(6)"会计日历""其他"和"自定义项核算"选项卡

①"会计日历"选项卡,可查看各会计期间的起始日期与结束日期,以及启用会计年度和启用日期;还可以查看建立账套时的一些信息:账套名称、单位名称、账套存放的路径、行业性质和定义的科目级长、数量小数位、单价小数位、本位币精度等。

②"其他"选项卡:可外币及本位币。

a. 币核算:如果企业有外币业务,则应选择相应的汇率方式——固定汇率、浮动汇率。

b. 本位币:可以在这里输入核算的本位币的币符和币名,例如如果企业核算本位币是人民币,那么币符为"RMB",币名为"人民币"。其中,部门排序方式,在查询部门账或参照部门目录时,是按部门编码排序还是按部门名称排序,可根据需要在这里设置;个人排序方式,在查询个人账或参照个人目录时,是按个人编码排序还是按个人名称排序,对根据需要在这里设置;项目排序方式,在登记项目账或参照项目目录时,是按项目编码排序还是按项目名称排序,可根据需要在这里设置。

c. 分销联查凭证 IP 地址:在这里输入分销系统的网址,可以联查分销系统的单据。

d. 启用调整期:如果希望在结账后仍旧可以填制凭证用来调整报表数据,可在总账选项中启用调整期。调整期启用后,加入关账操作,在结账之后关账之前为调整期。在调整期内填制的凭证为调整期凭证。

③"自定义项核算"选项卡:如果系统提供的个人、部门、项目、供应商、客户等辅助核算项不够时,可在此将某些自定义项设置为辅助核算。针对设置为辅助核算的自定义项提供期初录入、凭证录入的必录控制,提供自定义转账、汇兑损益、期间损益、销售成本等结转按自定义项结转,提供对账及多辅助账查询。其余没有设置为辅助核算的自定义项,只在凭证中作为备注信息录入,查询多辅助账时只能作为栏目项显示,不提供小计。

2. 期初余额

为了保证会计数据连续完整,并与手工账簿数据相衔接,总账系统第一次投入使用前还需将各种经过整理的手工账目的期初余额录入系统。期初余额包括各明细科目的年初余额和系统启用前各月的发生额,其上级科目的余额和发生额由系统自动进行汇总。正式使用总账系统其实是从各科目期初数据录入开始的。在开始使用总账系统时,应先将各账户启用月份的月初余额和年初到该月的借贷方累计发生额计算清楚。如果是年初时建账,则期初余额就是年初余额,可直接录入各账户的年初余额。如果是在年中建账,则应录入启用当月的期初余额及年初到该月的借贷方累计发生额,系统自动倒算出年初余额。

录入期初余额时,所有数据基本上只与最末级会计科目直接相关联。所谓最末级会计科目是指不含有下级科目的会计科目。其会计科目底色为白色,表示可以直接录入。录入最末级期初余额后,其上级科目的余额和发生额就由系统自动计算产生。其会计科目底色为灰色,表示不可以直接录入。

3. 辅助账期初余额录入

如果某科目在会计科目设置过程中，被定义为部门、往来、项目等辅助核算科目，或被设置为数量、外币等多种辅助计量手段时，则应在初始建账时录入详细的辅助项目期初数据资料。通常，在遇到辅助核算类会计科目时，某科目的底色为黄色，双击需要输入数据的辅助核算科目的期初余额栏，打开相应的辅助账窗口，由用户根据辅助项目属性输入相应内容。因此，在输入期初余额时，通常并不是在一个界面上完成全部期初数据录入手续的。

实际操作中，对于部门辅助核算科目，系统将要求输入各部门的年初余额和本年累计发生额；对于往来辅助核算科目，除了按要求输入年初余额和本年累计发生额外，还需要逐笔输入往来未销账务的发生时间、内容、经手人、编号等内容。对于辅助数量核算的科目，则应在录入金额的同时，输入数量和单价资料，并且数量和单价要与金额相协调。而对于外币核算科目，则要求输入外币原币金额、外币汇率和折算后的综合本位币金额。输入完成后，单击退出，辅助账余额会自动带回总账。

在期初余额录入中，可能会遇到需要输入科目反方向余额的情况。在绝大多数软件系统中，反方向余额都是用负数形式输入的，也可利用软件提供的调整余额方向功能将其方向调整后直接录入。

若使用了应收（应付）系统，并且客户（供应商）往来在应收（应付）中核算，那么应该到应收（应付）系统中录入含客户（供应商）辅助核算科目的明细账期初数额。而在总账中只能录入这些科目的总账余额，若这些科目还有其他辅助核算，如部门或项目核算，则只能录入这些科目下各部门或各项目的总余额。

4. 试算平衡

各科目的期初余额和累计发生额全部录入后，为保证初始数据的正确性，必须对会计科目余额进行试算平衡。系统根据“资产 = 负债 + 所有者权益 + 收入 − 成本费用”的原则进行平衡校验。

试算平衡是由计算机自动完成的，校验完成后系统会自动生成一个校验结构报告，如果试算结果不平衡，则应依次逐项进行认真检查、更正后，再次进行试算平衡，直至平衡为止，否则后续业务处理都将不能进行。

在检查校验不平衡的余额时，首先要注意科目的余额方向，录入过程中很可能因为余额方向确认不当而产生错误；其次要留意所有不在基本余额录入界面输入的科目余额，要注意为这些科目所录入的余额与其在基本界面录入的余额的平衡关系。

试算平衡后，即可开始进行日常业务处理活动。此时，有些软件系统将以“启用账套”形式使当前系统过渡进入日常业务处理过程。

5. 其他设置

（1）数据权限设置

数据权限设置必须在系统管理中定义角色或用户，并分配完功能级权限后才能在这里进行“数据权限分配”。数据权限分配包括：

①记录权限分配：是指对具体业务对象进行权限分配。使用前提是在“数据权限控制设置”中选择控制至少一个记录级业务对象。

②字段权限分配:是对单据中包含的字段进行权限分配。

(2)金额权限设置

金额权限控制用于设置用户可使用的金额级别,对业务对象提供金额权限设置,如采购订单的金额审核额度、科目的制单金额额度。在设置这两个金额权限之前必须先设定对应的金额级别。设置金额权限后会出现以下情况:

①设置科目级别时,当对一个用户设置了一个级别后,相当于该用户对所有的科目均具有相同的级别,若该科目没有设置金额级别,即表示该科目不受金额级别控制。

②设置金额授权前需要先分别设置金额级别,级别总共分六级。对于科目来说,可以根据需要设置对应科目的金额级别,可以直接对上级科目设置级别,也可以明细到末级进行级别设置,但不允许对有上下级关系的科目同时进行级别设置。采购订单的金额审核级别设置一条记录即可。

③从级别一至级别六,金额必须逐级递增,不允许中间为空的情况存在,但允许最后有不设置的级别存在。

④只能直接对用户进行授权,对于一个对象,一个用户只能有一条记录存在。

⑤若对一个用户授权的级别没有对应的金额,但是该级的前面级别有金额,则对于该用户来说表示其拥有无穷大权限。

⑥在需要进行金额权限控制时,若申请权限的用户还没有金额权限记录,则作为没有任何金额权限处理。

但是金额权限控制中有三种情况不受控制:

a. 调用常用凭证生成的凭证。

b. 期末转账结转生成的凭证。

c. 在外部系统生成的凭证,如果超出金额权限,保存凭证时不受限制。

11.1.2 实务应用

1. 实训要求

- 设置系统参数
- 输入期初余额
- 试算平衡

2. 实训资料

(1)系统参数

- 取消“现金流量科目必录现金流量项目”
- 自动填补凭证断号
- 取消“允许修改、作废他人填置的凭证”
- 其他采用系统默认值

(2)期初余额(表 11－1)

表 11－1　期初余额

科目	辅助项	期初余额
库存现金	日记账	4 935
银行存款	日记账、银行账	364 500
原材料	数量金额式	400 000
内存条	数量金额式(800 条)	240 000
机芯	数量金额式(1 300 个)	160 000
库存商品	数量金额式	500 000
U 盘	数量金额式(600 个)	300 000
mp3	数量金额式(250 个)	200 000
应收账款	客户往来	395 500
坏账准备		16 065
预收账款	客户往来	
其他应收款	个人往来	2 000
固定资产		400 000
累计折旧		40 000
固定资产减值准备		2 000
短期借款		605 870
应付账款	供应商往来	474 600
预付账款	供应商往来	
应交税费		
应交增值税		
进项税额		
销项税额		
未交税金		
未分配利润		400 000
股本		528 400
制造费用	部门核算	
管理费用	部门核算	
主营业务收入	数量金额式	
U 盘	数量金额式(个)	
mp3	数量金额式(个)	
主营业务成本	数量金额式	
U 盘	数量金额式(个)	
mp3	数量金额式(个)	

(3)辅助项期初余额(表11－2至表11－4)

表11－2 应收账款(正向销售专用发票)

开票日期	客户名称	销售部门	业务员	货物名称	数量	价税合计
8.15	北京新发	销售科	孙强	mp3	4	226 000
8.20	天津新品	销售科	陈鑫	mp3	2	113 000
8.30	上海电子	销售科	孙强	mp3	1	56 500

表11－3 应付账款(正向采购专用发票)

开票日期	供应商	业务员	货物名称	数量	无税单价	价税合计
8.19	英特尔	王海	内存条	1 000	230	259 900
8.20	微软	李浩	内存条	1 000	110	124 300
8.30	北京新电子	李浩	机芯	10 000	8	90 400

表11－4 其他应收款

日期	业务员	金额	用途
7.25	王一虹	2 000	预支差旅费

3.实训指导

(1)设置系统参数

在企业应用平台中,选择工作列表中“业务工作”,执行“财务会计”—“总账”—“设置”中的“选项”命令,打开“选项”窗口。

单击“编辑”按钮,激活可编辑状态。分别选择“凭证”“权限”“会计日历”“其他”,以及“凭证打印”“账薄”“预算控制”“自定义项核算”等选项卡进行具体设置。设置完毕后单击“确定”按钮。

(2)输入期初余额

在企业应用平台中,选择工作列表中“业务工作”,执行“财务会计”—“总账”—“设置”中的“期初余额”命令,打开“期初余额录入”窗口(图11－1)。

白色的单元为末级科目,可以直接输入期初余额,如库存现金4 935等。

灰色的单元为非末级科目,不允许录入期初余额,待下级科目余额录入完成后自动汇总生成。

黄色的单元代表对该科目设置了辅助核算,不允许直接录入余额,需要在该单元格中双击进入辅助账期初设置,在辅助账中输入期初数据,完成后自动返回总账期初余额表中(图11－2)。如双击“应收账款”所在行“期初余额”栏,进入“应收账款期初”窗口。单击“增行”按钮,录入该科目的期初往来明细资料,单击“退出”按钮。

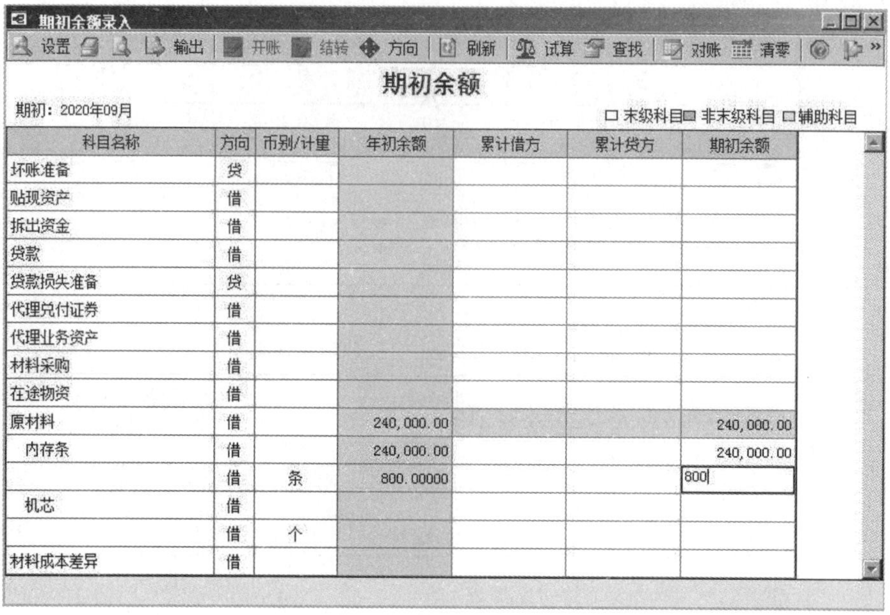

科目名称	方向	币别/计量	年初余额	累计借方	累计贷方	期初余额
坏账准备	贷					
贴现资产	借					
拆出资金	借					
贷款	借					
贷款损失准备	贷					
代理兑付证券	借					
代理业务资产	借					
材料采购	借					
在途物资	借					
原材料	借		240,000.00			240,000.00
内存条	借		240,000.00			240,000.00
	借	条	800.00000			800
机芯	借					
	借	个				
材料成本差异	借					

图 11－1　期初余额录入窗口

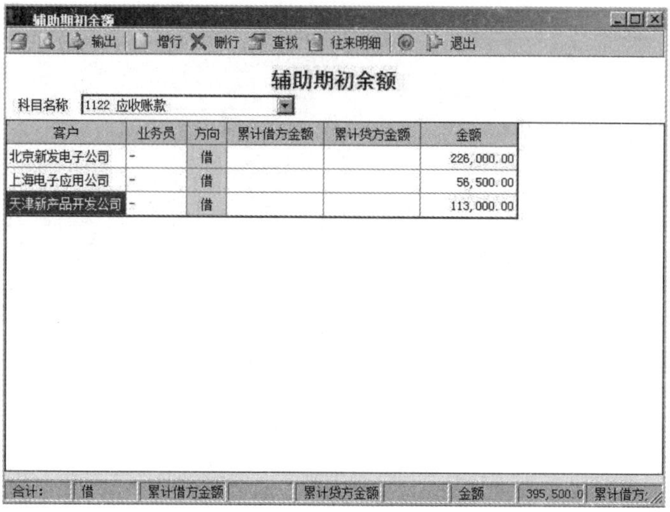

客户	业务员	方向	累计借方金额	累计贷方金额	金额
北京新发电子公司	-	借			226,000.00
上海电子应用公司	-	借			56,500.00
天津新产品开发公司	-	借			113,000.00

图 11－2　辅助期初余额窗口

(3)试算平衡

各账户期初余额录入完毕后，单击“试算”按钮，弹出“期初试算平衡表”对话框(图 11－3)，当显示“试算结果平衡”时，表明期初数据录入基本正确，否则需要进一步核对期初数据。试算完成，单击“确定”按钮。

提示：

- 只需录入末级科目的余额，非末级科目的余额由系统自动计算生成。
- 如果期初余额试算不平衡，将不能记账，但可以填制凭证。

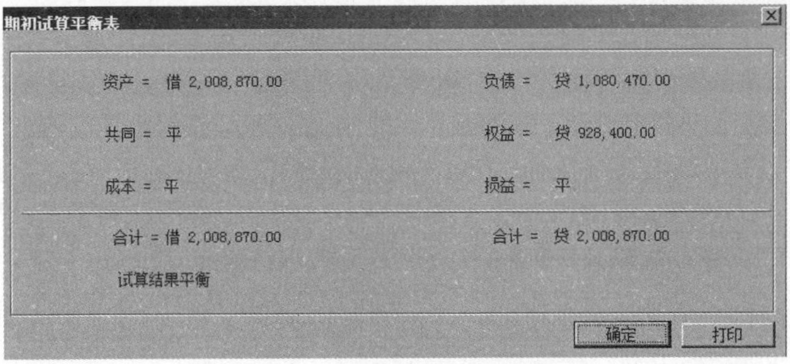

图 11 -3 期初试算平衡对话框

- 凭证记账后,期初余额变为只读状态,不能再修改。

11.2 总账系统日常业务处理

11.2.1 理论知识

记账凭证是本系统日常处理的起点,也是所有查询数据的最主要的一个来源。凭证管理主要完成对记账凭证的录入、修改、打印、汇总、出纳签字、审核和记账等工作。

1. 填制凭证

记账凭证是登记账簿的依据,在实行计算机处理账务后,电子账簿的准确与完整完全依赖于记账凭证,因而使用者要确保记账凭证输入的准确完整,在实际工作中,用户可直接在计算机上根据审核无误准予报销的原始凭证填制记账凭证(即前台处理),也可以先由人工制单而后集中输入(即后台处理),用户采用哪种方式应根据本单位实际情况,一般来说,业务量不多或基础较好或使用网络版的用户可采用前台处理方式,而在第一年使用或人机并行阶段,则比较适合采用后台处理方式。

记账凭证的内容包括两部分:一是凭证头部分,包括凭证类别、凭证编号、凭证日期和附件张数;二是凭证正文部分,包括摘要、会计科目和金额等。

(1)凭证类别:单击"参照"按钮或按"F2"键,参照选择一个类别,确定后双击或按回车键,系统将自动生成凭证编号。

(2)凭证编号:如果在"选项"对话框中选择"系统编号",则由系统按时间顺序自动编号。否则,需要手工编号,允许最大凭证号为32767。系统规定每页凭证可以有五笔分录,当某号凭证不止一页时,系统自动将在凭证号后标上几分之一,如收 -0001 号 0002/0003 表示为收款凭证第 0001 号凭证共有三张分单,当前光标所在分录在第二张分单上。

(3)制单日期:系统自动取当前业务日期为记账凭证填制的日期,可修改。

(4)附单据数:在"附单据数"处输入原始单据张数,输完后按回车键。

(5)凭证自定义项:该项是自定义的凭证补充信息。输入方法为:用户根据需要输入,单击"填制凭证"窗口右上角的文本框输入即可。

(6)摘要:是指经济业务的简要内容,要求简洁明了,单击"参照"按钮或按"F2"键调出常用摘要库输入常用摘要，但常用摘要的选入不会清除原来输入的内容。

(7)会计科目：必须输入末级会计科目。它可以输入科目编码、中文科目名称、英文科目名称或助记码。输入科目时可在“科目名称”栏中单击“参照”按钮或按“F2”键参照录入。

(8)辅助信息：如果科目设置了辅助核算属性，则在这里还要输入辅助信息，如部门、个人、项目、客户、供应商、数量、自定义项等。在这里输入的辅助信息将在凭证下的“备注”中显示。

(9)金额：录入该笔分录的借方或贷方本位币发生额，金额不能为零，但可以是红字，红字金额以负数形式输入。如果方向不符，可按空格键调整金额方向。

2. 出纳签字

出纳凭证由于涉及企业库存现金的收入与支出，应加强对出纳凭证的管理。出纳人员可通过出纳签字功能对制单员填制的带有库存现金银行科目的凭证进行检查核对，主要核对出纳凭证的出纳科目的金额是否正确，审查认为错误或有异议的凭证，应交与填制人员修改后再核对。

3. 审核凭证

审核凭证是审核员按照财会制度，对制单员填制的记账凭证进行检查核对，主要审核记账凭证是否与原始凭证相符，会计分录是否正确等、审查认为错误或有异议的凭证，应交与填制人员修改后，再审核，只有具有审核权的人才能使用本功能。

4. 主管签字

在许多企业中为加强对会计人员制单的管理，常采用经主管会计签字后的凭证才有效的管理模式。因此，本系统提供“主管签字”的核算方式，即其他会计人员制作的凭证必须经主管签字才能记账。

具体操作和审核操作类似。

5. 查询凭证

本功能用于查询已记账及未记账凭证。

6. 记账

记账凭证经审核签字后，即可用来登记总账和明细账、日记账、部门账、往来账、项目账以及备查账等。本系统记账采用向导方式，使记账过程更加明确。

7. 恢复记账前状态

当系统在记账时，万一发生记账被中断，系统将自动进入本功能恢复中断状态，然后重新记账。另外，由于某种原因，事后发现本月记账有错误，利用本功能则可将本月已记账的凭证全部重新变成未记账凭证，进行修改，然后再记账。进入系统时，本功能并没有显示，如果要使用该功能，必须在“对账”功能界面按下快捷键“Ctrl + H”激活“恢复记账前状态”功能，退出“对账”功能，在系统主菜单“凭证”下显示该功能。

8. 常用凭证

在单位里，会计业务都有其规范性，因而在日常填制凭证的过程中，经常会有许多凭证完全相同或部分相同，如果将这些常用的凭证存储起来，在填制会计凭证时可随时调用，必将大大提高业务处理的效率。确切地说，“常用凭证”提供的是常用会计凭证的模板，在调用常用凭证后，仍可做修改，使其符合当时会计业务的需要。

11.2.2 实务应用

1. 实训要求

- 填制凭证
- 审核凭证
- 出纳签字
- 记账
- 查询凭证

2. 实训资料

(1)11 日　王一虹出差回来报销差旅费 2 000 元。

(2)16 日　购买一批办公用品，供各部门使用，共计 500 元。

(3)18 日　购买龙胜公司股票 6 000 股，每股 10 元，公司打算长期持有该股票。

3. 实训指导

(1)填制凭证

在企业应用平台中，单击“重注册”，以“002”会计的身份进入企业应用平台。在“业务工作”选项卡中，执行“总账”—“凭证”—“填制凭证”命令，进入“填制凭证”窗口。

单击“增加”按钮或者按 F5 键，增加一张空白凭证。输入凭证相关信息。依次输入摘要、科目代码、借方金额或贷方金额，然后按回车键，继续下一条分录的摘要、科目代码、借方金额或贷方金额。若借、贷方均无辅助项，则输入完成后，可单击“保存”按钮(图 11 -4)。

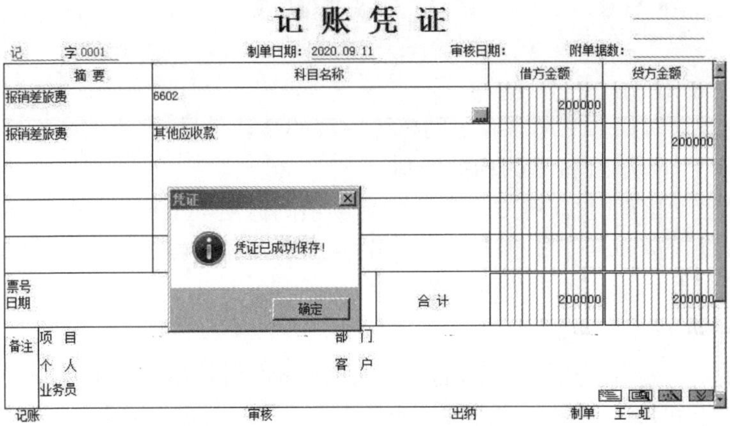

图 11 -4　填制凭证窗口

提示：

- 采用序时控制时，凭证日期应大于等于启用日期，不能超过业务日期。
- 凭证填制完成后，在未审核前可以直接修改，但其凭证类别、凭证编号不能修改。
- 正文中不同行的摘要可以相同也可以不同，但不能为空。每行摘要将随相应的会计科目在明细账、日记账中出现。
- 科目编码必须是末级的科目编码。
- 金额不能为“零”；红字以“－”号表示。
- “＝”键的意思是取借贷方差额到当前光标位置，每张凭证上只能使用一次。
- 如果凭证的金额录错了方向，可以直接按空格键改变余额方向。

（2）填制凭证—输入凭证的辅助核算信息

若借、贷方科目有辅助核算项，则要在弹出的对话框中输入辅助核算内容，如果银行结算方式、往来核算、部门核算、数量核算等内容，然后单击“保存”按钮（图 11－5）。

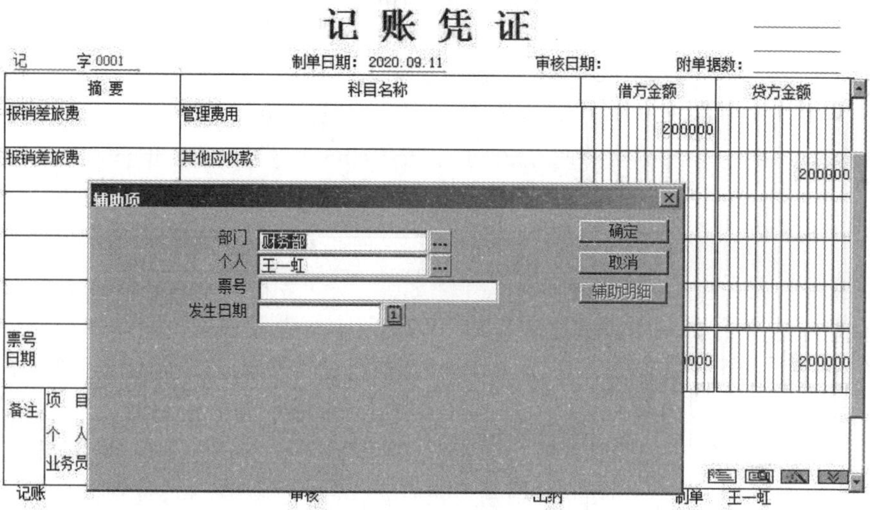

图 11－5 凭证辅助项

提示：

- 在填制凭证时如果使用含有辅助核算内容的会计科目，则应选择相应的辅助核算内容，否则将不能查询到辅助核算的相关资料。
- 如遗漏辅助核算内容，可双击备注栏辅助项图标便可出现“辅助项”对话框。
- 系统根据数量×单价自动计算出金额，并将金额先放在借方，如果方向不符，可将光标移动到贷方后，按空格键即可调整金额方向。

（3）查询凭证

执行“凭证”—“查询凭证”命令，打开“凭证查询”对话框。选择输入查询条件，单击“辅助条件”按钮，可输入更多查询条件。单击“确认”按钮，进入“查询凭证”窗口。双击某一凭证行，则屏幕可显示出此张凭证（图 11－6）。

（4）修改凭证

执行“凭证”—“填制凭证”命令，进入“填制凭证”窗口。单击“查询”按钮，输入查询条件，找到要修改的凭证。对于凭证的一般信息，将光标放在要修改的地方，直接修改；如果要修改凭证的辅助项信息，首先选中辅助核算科目行，然后将光标置于备注栏辅助项，待鼠标变形时双击，弹出“辅助项”对话框，在对话框中修改相关信息。单击“保存”按钮，保存相关信息。

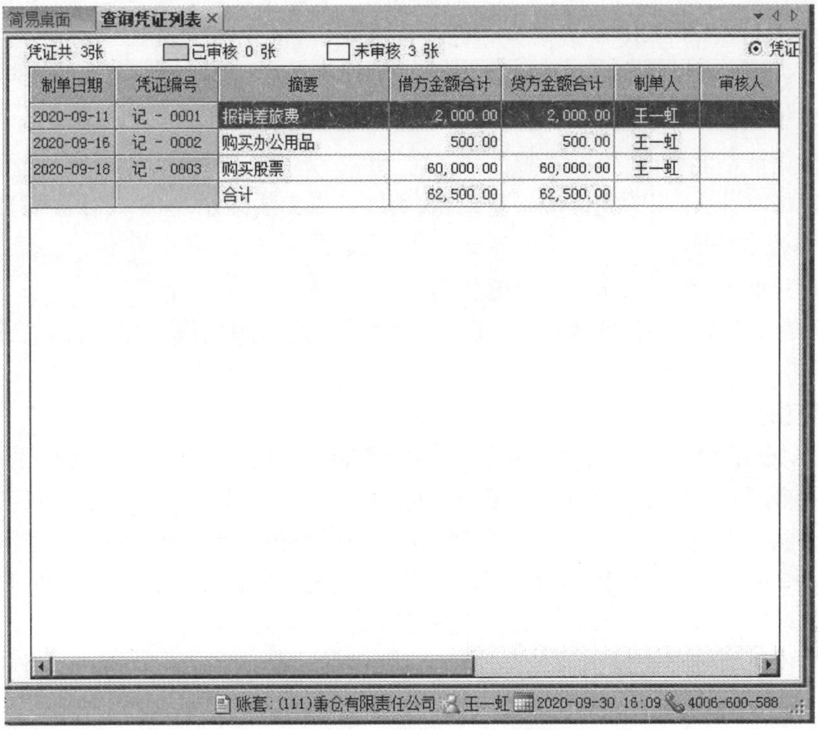

图 11－6　查询凭证窗口

提示：

- 未审核的凭证可直接修改，但是凭证类别不能修改。
- 已审核或已出纳签字的凭证应先取消审核和出纳签字后，再进行修改。
- 若已采用制单序时控制，则在修改制单日期时，不能在上一张凭证的制单日期之前。
- 若选择“不允许修改或作废他人填制的凭证”权限控制，则不能修改或作废他人填制的凭证。
- 如果涉及银行科目的分录已录入支票信息，并对该支票做过报销处理，修改操作将不影响“支票登记簿”中的内容。
- 外部系统传过来的凭证不能在总账系统中进行修改，只能在生成该凭证的系统中进行修改。

(5)冲销凭证

在“填制凭证”窗口，执行“制单”—“冲销凭证”命令，打开“冲销凭证”对话框。输入条件：选择“月份”“凭证类别”；输入“凭证号”等信息。单击“确定”按钮，系统自动生成一张红字冲销凭证。

提示：

- 通过红字冲销法增加的凭证，应视同正常凭证进行保存和管理。
- 制作红字冲销凭证将错误凭证冲销后，需要再编制正确的蓝字凭证进行补充。

（6）删除凭证

①作废凭证

在“总账系统”窗口，通过“首页”“上页”“下页”“末页”按钮翻页查找，或单击“查询”按钮，输入条件查找要作废的凭证。在“填制凭证”窗口中，执行“制单”—“作废/恢复”命令，凭证的左上角显示“作废”，表示该凭证已作废。

提示：

- 作废凭证仍保留凭证内容及编号，只显示“作废”字样。
- 作废凭证不能修改，不能审核。
- 在记账时，已作废的凭证应参与记账，否则月末无法结账，但不对作废凭证做数据处理，相当于一张空凭证。
- 账簿查询时，查不到作废凭证的数据。
- 若当前凭证已作废，可执行“编辑” -“作废/恢复”命令，取消作废标志，并将当前凭证恢复为有效凭证。

②整理凭证

在“填制凭证”窗口中，执行“制单” -“凭证删除/整理”命令，打开“选择凭证期间”对话框，选择要整理的“月份”，单击“确定”按钮，打开“作废凭证表”对话框。双击需删除凭证所在行“删除?”空白栏，显示“Y”标志，单击“确定”按钮。系统提示“是否还需要整理凭证断号”，选择凭证断号重新排列方式，如选择“按凭证号重排”，单击“是”按钮进行整理。

提示：

- 如果作废凭证不想保留，则可以通过“凭证删除/整理”功能，将其彻底删除，并对未记账凭证重新编号。
- 只能对未记账凭证做凭证整理。
- 已记账凭证做凭证整理，应先恢复本月月初的记账前状态，再做凭证整理。

（7）出纳签字

在企业应用平台中，单击“重注册”，以“003”出纳的身份进入企业应用平台。在“业务工作”选项卡中，执行“总账”—“凭证”—“出纳签字”命令，弹出“出纳签字”对话框(图 11 -7)。

图 11 -7　出纳签字对话框

输入查询条件，单击“确认”按钮，进入“出纳签字”的凭证列表窗口，双击某一要签字的凭证或者单击“确定”按钮，进入“出纳签字”的签字窗口。单击“签字”按钮，凭证底部的“出纳”处自动签上出纳人姓名。单击“下张”按钮，对其他凭证签字，最后单击“退出”

按钮。

提示：

● 涉及指定为库存现金科目和银行科目的凭证才需出纳签字。

● 凭证一经签字，就不能被修改、删除，只有取消签字后才可以修改或删除，取消签字只能由出纳人自己进行。

● 凭证签字并非审核凭证的必要步骤。若在设置总账参数时，不选择“出纳凭证必须经由出纳签字”，则可以不执行“出纳签字”功能。

● 可以执行“签字”—“成批出纳签字”功能对所有凭证进行出纳签字。

(8)审核凭证

在企业应用平台中，单击“重注册”，以“001”账套主管的身份进入企业应用平台。在“业务工作”选项卡中，执行“总账”—“凭证”—“审核凭证”命令，打开“审核凭证”对话框。

在“审核凭证”对话框中，单击“确定”按钮，打开“审核凭证”窗口(图11－8)。在“审核凭证”窗口中，单击“确定”按钮，打开待审核签字的第一张凭证，检查无误后，单击“审核”按钮，凭证底部的“审核”处自动签上审核人姓名。单击“下张”按钮，对其他凭证审核签字，最后单击“退出”按钮。

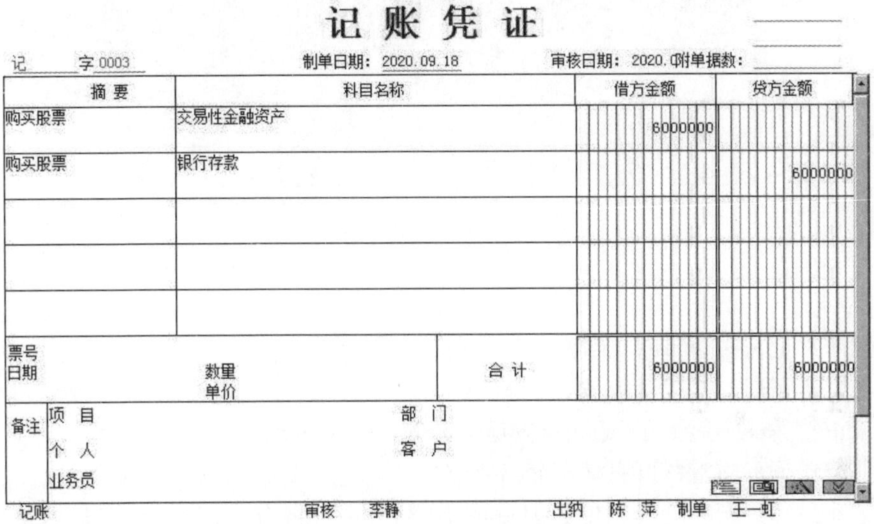

图11－8 审核凭证

提示：

● 审核人必须具有审核权。当通过“凭证审核权限”设置了明细审核权限时，还需要有对制单人所制凭证的审核权。

● 作废凭证不能被审核，也不能被标错。

● 审核人和制单人不能是同一个人，凭证一经审核，不能被修改、删除，只有取消审核签字后才可修改或删除，已标记作废的凭证不能被审核，需先取消作废标记后才能审核。如图11－8所示。

（9）凭证记账

在企业应用平台中，单击“重注册”，以“001”账套主管的身份进入企业应用平台。在“业务工作”选项卡中，执行“总账”—“凭证”—“记账”命令，打开“记账”窗口。

选择要进行记账的凭证范围，选择所有要记账的凭证或直接单击“记账”按钮，系统默认为对所有凭证进行记账。系统打开记账报告即“期初试算平衡表”，如果需要打印记账报告，可单击“打印”按钮。如果不打印记账报告，单击“确定”按钮。系统开始登录有关的总账和明细账、辅助账。登记完后，弹出“记账完毕”信息提示对话框。单击“确定”，记账完毕（图 11－9）。

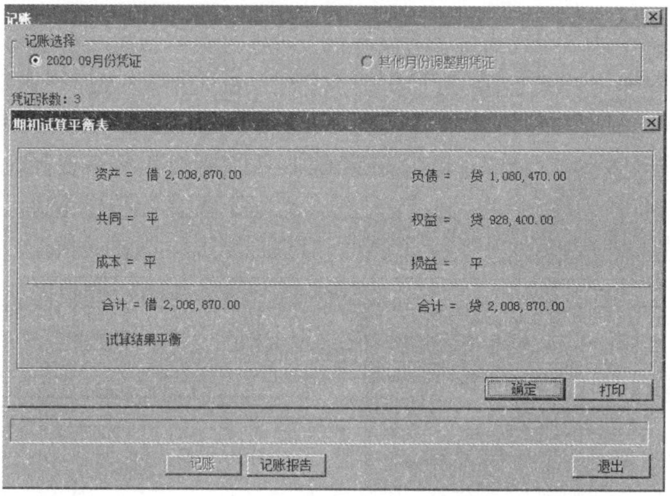

图 11－9　记账窗口

提示：

- 第一次记账时，若期初余额试算不平衡，不能记账。
- 上月未记账，本月不能记账。
- 未审核凭证不能记账，记账范围应小于等于已审核范围。
- 作废凭证不需审核可直接记账。
- 记账过程一旦断电或其他原因造成中断后，系统将自动调用“恢复记账前状态”恢复数据，然后再重新记账。

（10）取消记账

取消记账也叫反记账，或恢复记账前状态。

在企业应用平台中，单击“重注册”，以“001”账套主管的身份进入企业应用平台。在“业务工作”选项卡中，执行“总账”—“期末”—“对账”命令，打开“对账”窗口。

按“Ctrl＋H”键，弹出“恢复记账前状态功能已被激活”信息提示框，单击“确定”按钮，

单击“退出”按钮。返回到“总账”，执行“凭证”—“恢复记账前状态”命令，打开“恢复记账前状态”对话框。选择一种恢复方式，如果选择“最近一次记账前状态”，单击“确定”按钮，弹出“恢复记账完毕”信息提示对话框，单击“确定”按钮（图 11－10）。

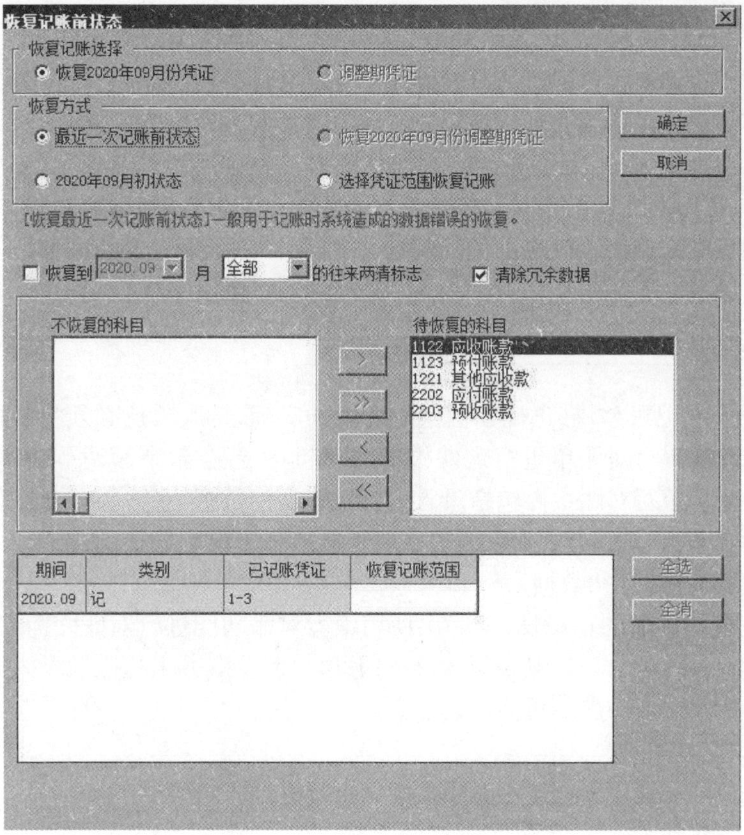

图 11－10　恢复记账前状态对话框

提示：

- 只有账套主管才能激活“恢复记账前状态”。
- 已结账月份的数据不能取消记账。
- 取消记账后，一定要重新记账。

11.3　出纳管理

出纳管理是由系统为出纳人员提供的一套管理工具，它主要可以完成库存现金和银行存款日记账的输出、支票登记簿的管理，进行银行对账以及对长期未达账提供审计报告。

11.3.1　理论知识

1. 库存现金日记账

本功能用于查询库存现金日记账，库存现金科目必须在“会计科目”功能下的“指定科目”中预先指定。

2. 银行日记账

本功能用于查询银行日记账，银行科目必须在“会计科目”功能下的“指定科目”中预先指定。如要打印正式存档用的银行日记账请调用“打印银行日记账”功能打印。

3. 资金日报

本功能用于查询输出库存现金、银行存款科目某日的发生额及余额情况。用鼠标单击“出纳”下的“资金日报”，进入后，屏幕显示资金日报表查询条件窗。

4. 银行对账

为了及时发现记账差错，正确掌握银行存款的实际余额，单位必须将银行存款日记账与开户银行出具的银行对账单进行定期核对，并编制银行存款余额调节表和未达账报告，这就是银行对账。银行对账主要包括录入银行对账期初数据、录入银行对账单、银行对账、编制银行存款余额调节表、查询对账勾对情况和核销已达账等。

(1)录入银行对账期初数据

为了保证银行对账的正确性，第一次使用银行对账功能进行对账之前，必须先将启用日期之前的企业银行存款日记账余额、银行对账单余额及双方未达账项录入到系统中。在开始使用银行对账之后一般不再使用。

(2)银行对账单

银行对账单的功能主要用于平时录入开户银行提供的对账单。

(3)银行对账

银行对账采用自动对账与手工对账相结合的方式。自动对账是计算机根据对账依据自动进行核对、购销，对账依据由用户根据需要选择，方向相同、金额相同是必选条件，其他可选条件为结算票号相同、结算方式相同、日期相差在多少天之内。对于已核对上的银行业务，系统将自动在银行存款日记账和银行对账单双方写上两清标志，并视为已达账项。对于在两清栏未写上两清标志的记录，系统则视其为未达账项。由于自动对账是以银行存款日记账和银行对账单双方对账依据完全相同为条件，因此为了保证自动对账的正确和彻底，使用者必须保证对账数据的完全合理。比如，银行存款日记账和银行对账单的票号要统一位长，如果对账双方不能统一规范，各成体系，系统将无法识别。这样就需要手工对账来补充，即使用完自动对账后，对那些特殊的已达账项但自动对账没有对出来，而被视为未达账项的，为了保证对账更彻底正确，应采用手工对账来加以调整。

(4)编制银行存款余额调节表

在对银行对账进行两清勾对后，便可调用此功能查询打印“银行存款余额调节表”，以检查对账是否正确。

(5)查询对账勾对情况

查询对账勾对情况可以查询单位日记账及银行对账单的对账结果。

(6)核销已达账

在银行对账正确后，如果想将已达账删除并只保留未达账时，可使用核销已达账功能。但如果银行对账不平衡，不要使用本功能，以免造成以后对账错误。

5. 长期未达账审计

本功能用于查询至截止日期为止未达天数超过一定天数的银行未达账项，以便企业分析长期未达原因，避免资金损失。

6. 支票登记

在手工记账时，银行出纳员通常建立支票领用登记簿，它用来登记支票领用情况，为此系统特为银行出纳员提供了“支票登记簿”功能，以供其详细登记支票领用人、领用日期、支票用途、是否报销等情况。用鼠标单击系统主菜单中“出纳”下的“支票登记簿”。

11.3.2 实务应用

1. 实训要求

- 查询日记账
- 查询资金日报表
- 银行对账
- 账套备份

2. 实训资料

工商银行8月份银行存款余额调节表与9月份银行对账单(表11－5、表11－6)。

表11－5 银行存款余额调节表

银行:工商银行 8月31日

单位日记账		银行对账单	
账面余额	605 870	账面余额	610 390
加:银行已收,企业未收		加:企业已收,银行未收	
减:银行已付,企业未付		减:企业已付,银行未付	
调整后余额	605 870	调整后余额	610 390

表11－6 银行对账单

2020年9月 工商银行

日期	结算方式	票号	借方金额	贷方金额
1日	转账支票	4568		93 600
12日	转账支票	4569		2 000
18日	转账支票	4570		60 000
30日		0101	4 520	

3. 实训指导

(1)查询库存现金日记账

以“003”出纳的身份进入企业应用平台。在“业务工作”选项卡中，执行“总账”—“出纳”—“现金日记账”命令，打开“现金日记账查询条件”对话框(图11－11)。

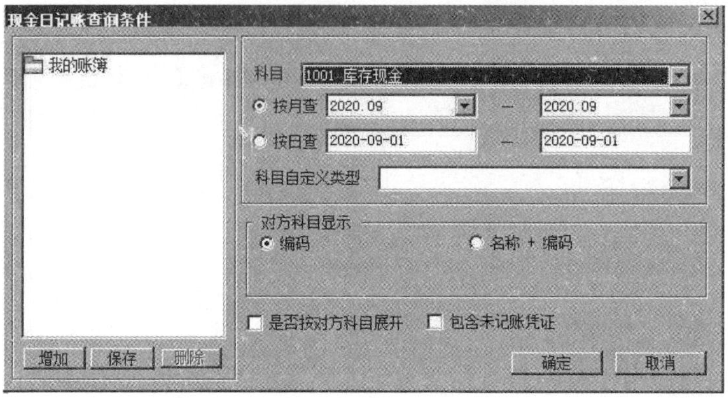

图11－11　现金日记账查询条件对话框

在“现金日记账查询条件”中，录入查询条件“科目”等，单击“确认”按钮，进入“库存现金日记账”窗口。

(2)查询资金日报表

执行“出纳”—“资金日报”命令，打开“资金日报表查询条件”对话框(图11－12)。输入查询日期，选择“有余额无发生也显示”复选框。单击“确认”按钮，进入“资金日报表”窗口，单击“退出”按钮。

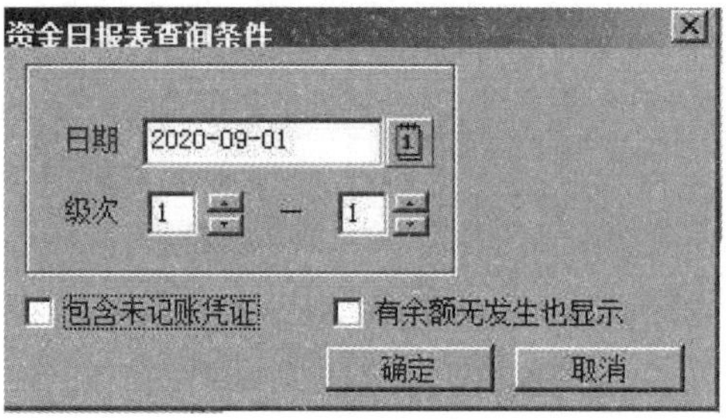

图11－12　资金日报表查询条件对话框

(3)录入银行对账期初数据

执行“出纳”—“银行对账”—“银行对账期初录入”命令，打开“银行科目选择”对话框。

选择科目，单击“确定”按钮，进入“银行对账期初”窗口。在单位日记账“调整前余额”栏录入金额。在银行对账单“调整前余额”栏录入余额。

单击“对账单期初未达项”录入单位日记账期初未达项，在“银行方期初”窗口单击“增加”按钮，输入未达账项数据。单击“返回”按钮，在“银行对账期初”窗口显示调整后余额(图11－13)。单击“退出”按钮。

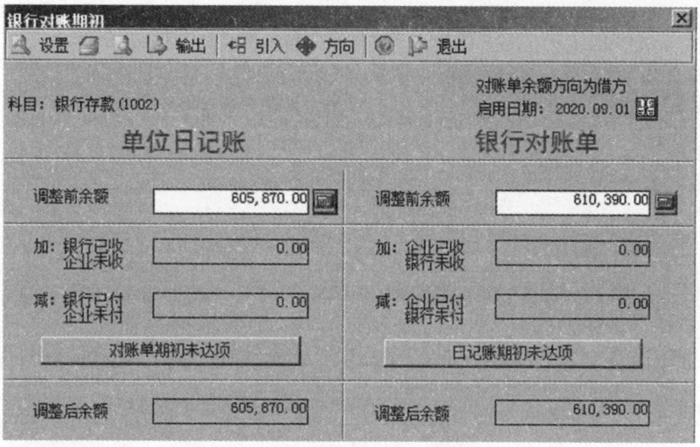

图 11－13 银行对账期初窗口

(4)录入银行对账单

执行“出纳”—“银行对账”—“银行对账单”命令,打开“银行科目选择”对话框。

选择科目,单击“确定”按钮,进入“银行对账单”窗口。单击“增加”按钮，输入银行对账单数据，单击“保存”按钮。

(5)银行对账

执行“出纳”—“银行对账”—“银行对账”命令,打开“银行科目选择”对话框。

选择科目,单击“确定”按钮,进入“银行对账”窗口。单击“对账”按钮,打开“自动对账”对话框。输入截止日期,默认系统提供的其他对账条件。单击“确定”按钮,显示自动对账结果。

提示:

- 对账条件中的方向、金额相同是必选条件,对账截止日期可输入可不输入。
- 对于已达账项,系统自动在银行存款日记账和银行对账单双方的两清栏打上圆圈标志。

(6)输出余额调节表

执行“出纳”—“银行对账”—“余额调节表”命令,进入“银行存款余额调节表”窗口。

选中科目,单击“查看”或双击该行,即显示该银行账户的银行存款余额调节表。单击“打印”按钮,打印银行存款余额调节表。

11.4 期末业务

会计电算化下的期末业务包括会计账簿的查询以及月末处理。

会计账簿是以会计凭证为依据,对经济业务进行全面、系统、连续、分类地记录和核算,并按照专门格式以一定形式结合在一起的账页所组成的。在会计电算化中,账簿分为基本核算账簿和辅助核算账簿两大类。基本核算账簿包括总账、余额表、明细账、序时账、多栏账、综合多栏账和日报表等。辅助核算账簿包括客户往来辅助账、供应商往来辅助账、个人往来辅助账、部门辅助账和项目辅助账等。

月末处理是指在将本月所发生的经济业务全部登记入账后所要做的工作,主要包括计提、分摊、结转、对账和结账。月末是会计最为繁忙的时候，但月末的业务规律性很强，所以由计算机来处理这些规律性很强的业务，能够减少会计人员的工作量。

11.4.1 理论知识

1. 账表管理

在账表管理中，系统提供了丰富的账表查询输出功能，用以满足单位对会计账表资料的查询、统计和打印需求。

（1）科目账管理

①总账查询

总账查询不但可以查询各总账科目的年初余额、各月发生额合计和月末余额，而且还可查询所有二至六级明细科目的年初余额、各月发生额合计和月末余额。查询总账时，标题显示为所查科目的一级科目名称 + 总账，如应收账款总账。联查总账对应的明细账时，明细账显示为应收账款明细账。

②余额表查询

余额表用于查询统计各级科目的本期发生额、累计发生额和余额等。传统的总账，是以总账科目分页设账，而余额表则可输出某月或某几个月的所有总账科目或明细科目的期初余额、本期发生额、累计发生额、期末余额，在实行电算化后，用户可用余额表代替总账。

③明细账查询

明细账查询用于平时查询各账户的明细发生情况，以及按任意条件组合查询明细账。在查询过程中可以包含未记账凭证。本功能提供了三种明细账的查询格式：普通明细账、按科目排序明细账、月份综合明细账。普通明细账是按科目查询，按发生日期排序的明细账；按科目排序明细账是按非末级科目查询，按其有发生的末级科目排序的明细账；月份综合明细账是按非末级科目查询，包含非末级科目总账数据及末级科目明细数据的综合明细账，使使用者对各级科目的数据关系一目了然。

④多栏账查询

多栏账是总账系统中一个很重要的功能，可以使用本功能设计自己企业需要的多栏明细账，按明细科目保存为不同的多栏账名称，在以后的查询中只需要选择多栏明细账直接查询即可。方便快捷，自由灵活，可按明细科目自由设置不同样式的多栏账。

（2）辅助账管理

辅助账管理包括客户往来辅助账、供应商往来辅助账、个人往来账、部门辅助账、项目辅助账等内容，其查询方法与科目账基本相同，不再赘述。

2. 自动转账

企业期末处理的业务有许多是重复性、程序化的，并且处理方法相对不变，如月末各收支类账户结转“本年利润”账户、月末结转已销产品成本、月末计提坏账准备、月末结转制造费用等。这类业务编制凭证时，其摘要、借贷方科目始终不变，金额来源、计算方法也基本不变。这样我们就可以把这些相对的、固定的期末业务预先定义好凭证框架，并为其定义好账务取数公式，以后只要每月月末调用自动转账凭证的编号，即可由计算机自动生成转账凭证，这就是自动转账。

(1)定义自动转账凭证

定义自动转账凭证主要包括自定义转账、对应结转、销售成本结转、汇兑损益结转、期间损益结转等。

①自定义转账

为了实现各个企业不同时期期末会计业务处理的通用性,用户可以自行定义自动转账凭证以完成每个会计期末的固定会计业务的自动转账。自定义转账功能可以完成的转账业务主要有:“费用分配”的结转,如工资费用的分配等;“费用分摊”的结转,如制造费用等;“税金计算”的结转,如增值税、所得税等;“提取各项费用”的结转,如工会经费、职工教育经费等;“部门核算”的结转;“项目核算”的结转;“个人核算”的结转;“客户核算”的结转;“供应商核算”的结转等。可见,自定义转账适用于所有的自动转账业务。

如果客户和供应商使用应收、应付系统管理,那么在总账系统中,不能按客户、供应商辅助项进行结转,只能按科目总数进行结转。

②对应结转

对应结转可用于费用结转、费用分摊、应交税费结转、年度利润结转等转账业务,不仅可以进行两个科目一对一结转,还可以进行科目的一对多结转,但必须知道多个科目的转入比例。对应结转的科目可为上级科目,但其下级科目的科目结构必须一致(相同明细科目),如有辅助核算,则两个科目的辅助账类也必须一一对应。如将“所得税费用”账户余额转入“本年利润”账户。

注意:

- 对应结转功能只结转期末余额。如想结转发生额,需到自定义结转中设置。
- 转账编号不是凭证号。转账凭证的凭证号在每月转账生成时自动产生。

③销售成本结转

销售成本结转是将月末商品销售数量乘以库存商品的平均单价,计算各类商品销售成本并进行结转。定义销售成本结转时,要求库存商品科目、主营业务收入科目、主营业务成本科目及下级科目的结构必须相同(即所有明细科目都有数量核算,同时都不能有辅助核算)。如果想对辅助类的科目进行销售成本的自动结转,可在“自定义转账”中加以定义。

④期间损益结转。

期间损益结转用于在一个会计期间终了将损益类科目的余额结转到本年利润科目中,从而及时反映企业利润的盈亏情况。若损益类科目与本年利润科目都有辅助核算时,辅助账类必须相同;本年利润科目必须为末级科目。

(2)生成自动转账凭证

在定义完转账凭证后,每月月末只需执行本功能即可快速生成转账凭证,在此生成的转账凭证将自动追加到未记账凭证中去。由于转账是按照已记账凭证的数据进行计算的,所以在进行月末转账工作之前,必须先将此前的所有未记账凭证记账,否则,生成的转账凭证数据可能有误。如果使用了应收、应付系统,那么,在“总账系统”中,不能按客户、供应商进行结转。

由于自定义转账凭证是企业根据自身业务需要所采用的转账方式,因此在生成凭证时必须注意业务发生的先后次序,否则计算金额时就会发生差错,特别是相关转账分录。

3. 对账

对账是对账簿数据进行核对，以检查记账是否正确，以及账簿是否平衡。它主要是通过核对总账与明细账、总账与辅助账数据来完成账账核对。一般来说，实行计算机记账后，只要记账凭证录入正确，计算机自动记账后各种账簿都应是正确、平衡的，但由于非法操作或计算机病毒或其他原因有时可能会造成某些数据被破坏，因而引起账账不符，为了保证账证相符、账账相符，用户应经常使用本功能进行对账，至少一个月一次，一般可在月末结账前进行。进入系统时，隐藏了“恢复记账前状态”功能，如要使用必须进入此功能按“Ctrl + H”激活该功能。

4. 结账

结账是当月期末处理的最后一项工作，结账只能在月末进行一次，而且必须按月连续进行。结账实际上就是计算和结转各账簿的本期发生额和期末余额，并终止本期的账务处理工作。如果结账已经完成，就不能再进行凭证和账簿处理操作了，系统会自动计算本月各账户的发生额和期末余额，并将期末余额结转到下期期初，为下个会计期间的连续核算做好初始化准备。结账工作由计算机自动完成，不用人工干涉。

11.4.2 实务应用

1. 实训要求

- 定义转账分录
- 生成机制凭证
- 对账
- 结账
- 账套备份

2. 实训资料

(1)30 日结转损益。
(2)30 日计提所得税。
(3)30 日结转所得税。

3. 实训指导

(1)期间损益结转设置

以“002”会计的身份进入企业应用平台。在“业务工作”选项卡中，执行“总账”—“期末”—“转账定义”—“期间损益”命令，进入“期间损益结转设置”窗口(图 11－14)。

选择凭证类别“转账凭证”，选择本年利润科目“3131”，单击“确定”按钮。

(2)自定义转账设置

在“业务工作”选项卡中，执行“总账”—“期末”—“转账定义”—“自定义结转转账”命令，进入“自定义转账设置”窗口。

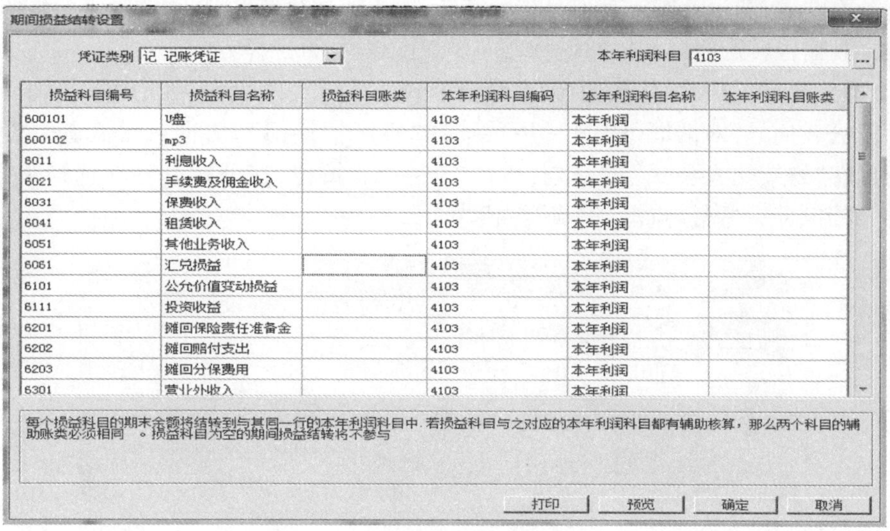

期间损益结转设置

凭证类别 记 记账凭证　　本年利润科目 4103

损益科目编号	损益科目名称	损益科目账类	本年利润科目编码	本年利润科目名称	本年利润科目账类
600101	U盘		4103	本年利润	
600102	mp3		4103	本年利润	
6011	利息收入		4103	本年利润	
6021	手续费及佣金收入		4103	本年利润	
6031	保费收入		4103	本年利润	
6041	租赁收入		4103	本年利润	
6051	其他业务收入		4103	本年利润	
6061	汇兑损益		4103	本年利润	
6101	公允价值变动损益		4103	本年利润	
6111	投资收益		4103	本年利润	
6201	摊回保险责任准备金		4103	本年利润	
6202	摊回赔付支出		4103	本年利润	
6203	摊回分保费用		4103	本年利润	
6301	营业外收入		4103	本年利润	

每个损益科目的期末余额将结转到与其同一行的本年利润科目中。若损益科目与之对应的本年利润科目都有辅助核算，那么两个科目的辅助账类必须相同 。损益科目为空的期间损益结转将不参与

打印　预览　确定　取消

图 11－14　期间损益结转设置窗口

在“自定义转账设置”窗口，单击“增行”按钮，输入第一行记录的科目编码、方向、金额公式等栏目内容。单击“增行”按钮，同样方法继续定义转账分录下一行(图 11－15)。

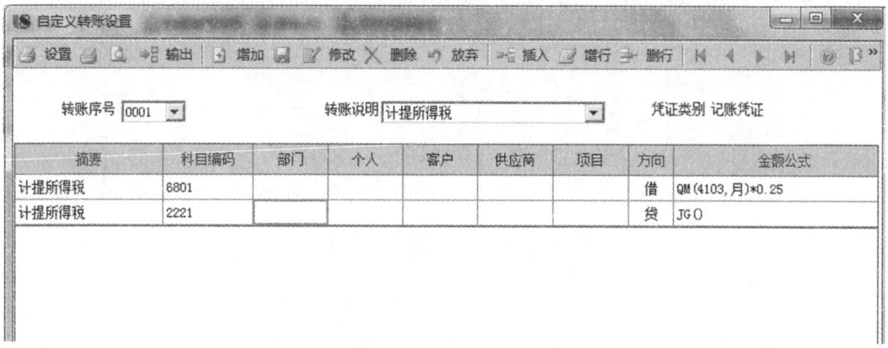

自定义转账设置

设置　输出　增加　修改　删除　放弃　插入　增行　删行

转账序号 0001　　转账说明 计提所得税　　凭证类别 记账凭证

摘要	科目编码	部门	个人	客户	供应商	项目	方向	金额公式
计提所得税	6801						借	QM(4103,月)*0.25
计提所得税	2221						贷	JG()

图 11－15　自定义转账设置窗口

①摘要：录入每笔转账凭证分录的摘要，可单击“参照”按钮。

②科目编码：录入每笔转账凭证分录的科目，可单击“参照”按钮。

③部门：当输入的科目为部门核算科目时，如要按某部门进行结转时，需在此处指定部门，若此处不输入，即表示按所有部门进行结转，对于非部门核算科目，此处不必输入。

④个人：当输入的科目为个人往来核算科目时，如要按某个人进行结转时，需在此处指定个人，若此处不输入，即表示按所有个人进行结转，对于非个人往来科目，此处不必输入。

⑤客户：当输入的科目为客户往来科目时．如要按某客户进行结转时，需在此处指定客户，若此处不输入，即表示按所有客户进行结转，对于非客户核算科目，此处不必输入。

⑥供应商：当输入的科目为供应商往来科目时，如要按某供应商进行结转时，需在此处指定供应商，若此处不输入，即表示按所有供应商进行结转，对于非供应商往来科目，此处不必输入。

⑦项目：当输入的科目为项目核算科目时，如要按某项目进行结转时，需在此处指定项

目，若此处不输入，即表示按所有项目进行结转，对于非项目核算科目，此处不必输入。

⑧方向：输入转账数据发生的借贷方向。双击该栏，可选择方向。

⑨金额公式：单击“参照”按钮，定义计算公式。

打开“公式向导”对话框（图11－16），选择“科目”“期间”“方向”，公式若是没有输入完毕，可以在“继续输入公式”前打勾，单击“下一步”按钮，在公式名称栏选择常数，单击“下一步”按钮，录入常数，点击“完成”按钮。

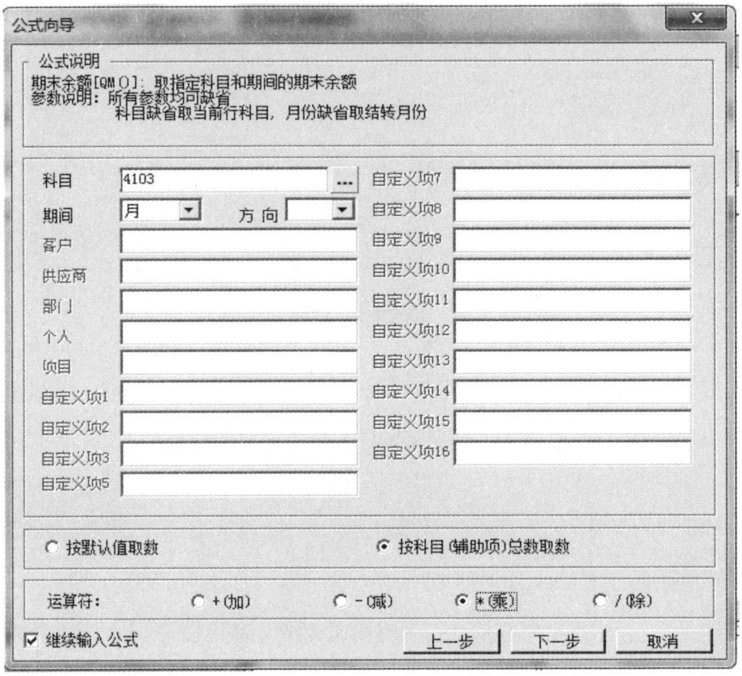

图11－16　公式向导对话框

提示：

- 转账科目可以为非末级科目、部门可为空，表示所有部门。
- 如果使用应收、应付系统，则在总账系统中，不能按客户、供应商辅助项进行结转，只能按科目总数进行结转。
- 输入转账计算公式有两种方法：一是直接选择计算公式；二是引导方式录入公式。

（3）期间损益结转生成

执行“期末”—“转账生成”命令，进入“转账生成”窗口。

单击“期间损益结转”单选按钮，选择损益类型“支出”。单击“全选”按钮，单击“确定”按钮，生成转账凭证。单击“保存”按钮，系统自动将当前凭证追加到未记账凭证中。

（4）自定义转账生成

更换操作员，对之前生成的凭证进行审核、签字。

执行“期末”—“转账生成”命令，进入“转账生成”窗口。

单击“自定义转账”单选按钮，单击“全选”按钮。单击“确定”按钮，生成转账凭证。单击“保存”按钮，系统自动将当前凭证追加到未记账凭证中。

提示:

- 转账生成之前,注意转账月份为当前会计月份。
- 进行转账生成之前,先将相关经济业务的记账凭证登记入账。
- 转账凭证每月只生成一次。
- 若使用应收、应付系统,则总账系统中,不能按客户、供应商进行结转。
- 生成的转账凭证,仍需审核,才能记账。

(5)对账

执行“期末”—“对账”命令,进入“对账”窗口(图 11-17)。

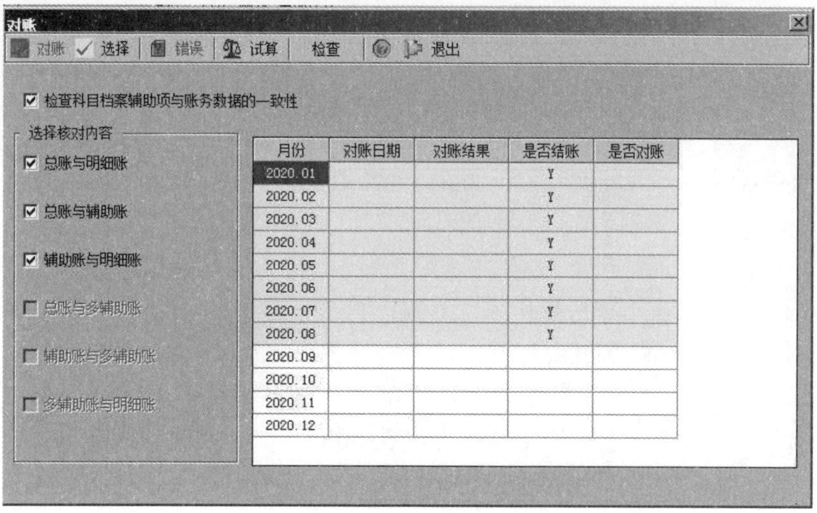

图 11-17 对账窗口

将光标定位在要进行对账的月份,单击“选择”按钮。单击“对账”按钮,开始自动对账,并显示对账结果。单击“试算”按钮,可以对各科目类别余额进行试算平衡。单击“确认”按钮。

(6)结账

执行“期末”—“结账”命令,进入“结账”窗口(图 11-18)。

单击要结账月份,单击“下一步”按钮。单击“对账”按钮,系统对要结账的月份进行账账核对。单击“下一步”按钮,系统显示“9 月工作报告”。查看工作报告后,单击“下一步”按钮,单击“结账”按钮,若符合结账要求,系统将进行结账,否则不予结账。

提示:

- 结账只能由有结账权限的人进行。
- 本月还有未记账凭证时,则本月不能结账。
- 结账必须按月连续进行,上月未结账,则本月不能结账。
- 若总账与明细账对账不符,则不能结账。
- 如果与其他系统联合使用,其他子系统未全部结账,则本月不能结账。
- 结账前,要进行数据备份。

(7)取消结账(取消结账后,必须重新结账)

执行“期末”—“结账”命令,进入“结账”窗口。

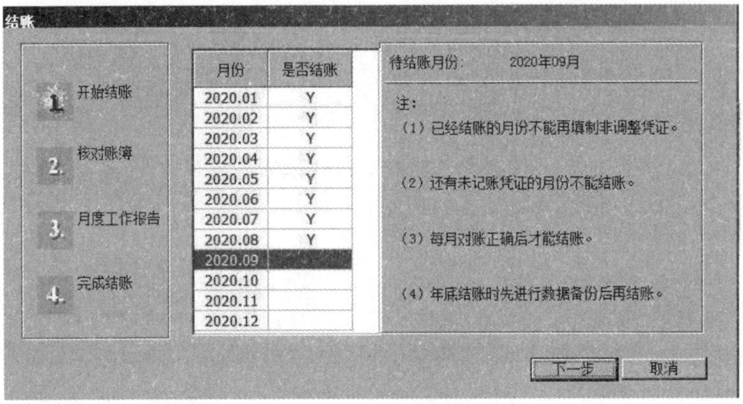

图 11-18　结账窗口

选择要取消结账的月份，按“Ctrl + Shift + F6”键激活“取消结账”功能，单击“确认”按钮，取消结账标记。

提示：

- 当在结完账后，由于非法操作或计算机病毒或其他原因可能会造成数据被破坏，这时可以在此使用“取消结账”功能。

课后实训

一、总账系统业务控制参数（表 11-7）

表 11-7　总账控制参数

选项卡	参数设置
凭证	制单序时控制（不能倒流） 进行支票控制 进行资金及往来科目赤字控制 可以使用其他系统受控科目 凭证由系统编号 取消现金流量科目必录现金流量项目
账簿	账簿打印位数每页打印数按软件标准设定 明细账打印按年排页
凭证打印	打印凭证的制单、出纳、审核、记账等人员姓名
权限	由出纳填制的凭证必须经出纳签字 不可修改、作废他人填制的凭证
会计日历	会计期间为 2020 年 1 月 1 日—2020 年 12 月 31 日 数量小数位、单价小数值、本位币精度设置为 2 位
其他	外币核算采用固定汇率 部门、个人、项目按编码方式排序

二、会计科目期初余额

1.2020 年 9 月总账科目期初余额(表 11 -8)

表 11 -8 2020 年 9 月总账科目期初余额表

类型	科目编码	科目名称	方向	辅助账类型	币别/计量	期初余额
资产	1001	库存现金	借	日记账		2 956.20
资产	1002	银行存款	借	日记账、银行账		
资产	100201	工行存款	借	日记账、银行账	人民币	900 000.00
资产	100202	中行存款	借	日记账、银行账	人民币 美元	6 362.80 1 000.00
资产	1012	其他货币资金	借			
资产	101201	外埠存款	借			150 000.00
资产	101202	银行本票	借			
资产	101203	银行汇票	借			
资产	101204	信用卡	借			
资产	1121	应收票据	借	客户往来		
资产	1122	应收账款	借	客户往来		80 000.00
资产	1123	预付账款	借	供应商往来		
资产	1221	其他应收款	借	个人往来		2 000.00
资产	1231	坏账准备	贷			400.00
资产	1401	材料采购	借			
资产	140101	唐钢	借			
资产	14010101	A 材料	借			
资产	14010102	B 材料	借			
资产	140102	首钢	借			
资产	14010201	A 材料	借			
资产	14010202	B 材料	借			
资产	1403	原材料	借			
资产	140301	A 材料	借	数量金额	金额 千克	100 000.00 800
资产	140302	B 材料	借	数量金额	金额 千克	180 000.00 2 000
资产	1405	库存商品	借			
资产	140501	A 材料	借	数量金额	金额 台	5 000 000.00 4 000

表 11－8(续 1)

类型	科目编码	科目名称	方向	辅助账类型	币别/计量	期初余额
资产	140502	B 材料	借	数量金额	金额 台	500 000.00 500
资产	1471	存货跌价准备	贷			
资产	1601	固定资产	借	部门核算		6 000 000.00
资产	1602	累计折旧	贷	部门核算		2 049 834.00
资产	1603	固定资产减值准备	贷			
资产	1606	固定资产清理	借			
资产	1701	无形资产	借			157 370.00
资产	1702	累计摊销	贷			10 000.00
资产	1811	递延所得税资产	借			
负债	2001	短期借款	贷			78 000.00
负债	2201	应付票据	贷	供应商往来		
负债	2202	应付账款	贷	供应商往来		80 000.00
负债	2203	预收账款	贷	客户往来		
负债	2211	应付职工薪酬	贷			
负债	221101	工资	贷			
负债	2221	应交税费	贷			
负债	222101	应交增值税	贷			
负债	22210101	进项税额	贷			
负债	22210102	已交税金	贷			
负债	22210103	销项税额	贷			
负债	222102	未交增值税	贷			150 000.00
负债	222104	应交所得税	贷			
负债	2231	应付利息	贷			3 000.00
权益	4001	实收资本	贷			7 126 000.00
权益	4002	资本公积	贷			410 000.00
权益	4103	本年利润	贷			
权益	4104	利润分配	贷			
权益	410406	未分配利润	贷			3 189 955.00
成本	5001	生产成本	借	项目核算		
成本	500101	直接材料	借	项目核算		10 000.00
成本	500102	直接人工	借	项目核算		5 000.00
成本	500103	制造费用	借	项目核算		3 500.00
成本	5101	制造费用	借			

表 11－8(续2)

类型	科目编码	科目名称	方向	辅助账类型	币别/计量	期初余额
成本	510101	材料费	借			
成本	510102	工资	借			
成本	510103	折旧费	借			
成本	510110	其他	借			
损益	6001	主营业务收入	收入			
损益	600101	甲产品		数量金额	台	
损益	600102	乙产品		数量金额	台	
损益	6401	主营业务成本	支出			
损益	640101	甲产品		数量金额	台	
损益	640102	乙产品		数量金额	台	
损益	6601	销售费用	支出			
损益	660101	广告费				
损益	660102	工资				
损益	660103	折旧费				
损益	660110	其他				
损益	6602	管理费用				
损益	660201	工资		部门核算		
损益	660202	折旧费		部门核算		
损益	660203	差率费		部门核算		
损益	660220	其他		部门核算		
损益	6603	财务费用				
损益	660301	利息				
损益	6701	资产减值损失				
损益	6801	所得税费用				

2. 辅助账期初余额(表 11－9 至表 11－13)

表 11－9 应收账款业务数据

日期	凭证号	客户名称	摘要	方向	期初余额	业务员	票号
2020.8.26	转－28	宏大	销售商品	借	17 901	陈方	20111226
2020.8.26	付－35	宏大	代垫运费	借	2 099	陈方	00005443
2020.8.31	转－32	丰收	销售商品	借	56 160	韩毅	20111231
2020.8.31	付－39	丰收	代垫运费	借	3 840	韩毅	00006567

表 11－10 应付账款业务数据

日期	凭证号	客户名称	摘要	方向	期初余额	业务员	票号
2020.8.01	转－1	唐钢	采购材料	贷	28 922.40	张靖	20111201
2020.8.01	转－25	唐钢	采购材料（运费）	贷	1 077.60	张靖	27110212
2020.8.15	转－16	首钢	采购材料	贷	47 238.75	魏华	20111215
2020.8.15	转－17	首钢	采购材料（运费）	贷	2 761.25	魏华	27112899

表 11－11 其他应收款业务数据

日期	凭证号	部门	个人	摘要	方向	余额
2020.8.30	付－10	供应部	魏华	出差借款	借	2 000

表 11－12 生产成本业务数据

科目名称	甲产品	乙产品	合计
直接材料	6 000	4 000	10 000
直接人工	3 000	2 000	5 000
制造费用	2 000	1 500	3 500
合计	11 000	7 500	18 500

表 11－13 固定资产业务数据

科目编码	科目名称	部门编码	部门名称	借方金额	贷方金额
1601	固定资产	01	总经理办公室	458 000	
		02	财务部	274 000	
		03	供应部	105 000	
		04	销售部	98 000	
		0501	生产一部	2 460 000	
		0502	生产二部	2 605 000	
1602	累计折旧	01	总经理办公室		195 811
		02	财务部		94 738
		03	供应部		36 130
		04	销售部		35 317
		0501	生产一部		817 576.50
		0502	生产二部		870 261.50

三、2020 年 9 月发生的部分经济业务

（1）3 日，收到外商投资资金 50 000 美元，汇率 1:6.832 4（转账支票号：ZB05345871）。（附单据 3 张）

借:银行存款——中行存款　　341 620

　贷:实收资本　　341 620

(2)4 日,供应部魏华出差回来,报销差旅费 2 000 元(出差前预借 2 000 元)。(附单据 1 张)

借:管理费用——差旅费(供应部)　　2 000

　贷:其他应收款——魏华　　2 000

(3)5 日,用银行存款缴纳上月增值税 150 000 元(转账支票号:ZZ154783)。(附单据 1 张)

借:应交税费——未交增值税　　150 000

　贷:银行存款——工行存款　　150 000

(4)6 日,以银行存款发放职工工资 90 735.34 元(转账支票号:ZZ154784)。(附单据 2 张)

借:应付职工薪酬——工资　　90 735.34

　贷:银行存款——工行存款　　90 735.34

四、银行对账

1. 银行对账期初

银行对账的启用日期为 2020 年 9 月 1 日,单位银行存款日记账(工行存款)最后一次银行对账期末余额为 900 000 元,银行已收企业未收未达账项为 56 160 元,银行对账单最后一次银行对账期末余额为 956 160 元。

2. 工行发来的对账单(表 11－14)

表 11－14　工行对账单

日期	结算方式	票号	借方金额	贷方金额	余额
2020.9.01	转账支票	ZZ06050	56 160.00		956 160.00
2020.9.03	转账支票	ZZ046605	5 265 000.00		6 221 160.00
2020.9.04	汇兑结算	HD066160		100 000.00	6 121 160.00
2020.9.05	转账支票	ZZ154783		150 000.00	5 971 160.00
2020.9.06	转账支票	ZZ154784		90 735.34	5 880 424.66
2020.9.06	转账支票	ZZ154785		30 000.00	5 850 424.66
2020.9.07	转账支票	ZZ154786		351 000.00	5 499 424.66
2020.9.08	转账支票	ZZ154787		105 300.00	5 394 124.66
2020.9.28	商业汇票	SY357462	3 840.00		5 397 964.66
2020.9.30	委托收款	WS338121		10 000.00	5 387 964.66
2020.9.30	转账支票	ZZ465053	2 099.00		5 390 063.63

五、期末处理

2020 年 9 月期末业务如下:

(1)29 日，将“制造费用”结转到“生产成本”账户，分配比例为甲产品占 60%，乙产品占 40%。(附单据 1 张)

借：生产成本——制造费用(甲产品)　　FS(5101，月，借) ×0.6

　生产成本——制造费用(乙产品)　　FS(5101，月，借) ×0.4

　贷：制造费用——材料费　　FS(510101，月，借)

　　制造费用——工资　　FS(510102，月，借)

　　制造费用——折旧费　　FS(510103，月，借)

　　制造费用——工会经费　　FS(510104，月，借)

　　制造费用——职工教育经费　　FS(510105，月，借)

　　制造费用——其他　　FS(510110，月，借)

(2)29 日，本月生产的甲产品 490 台、乙产品 495 台全部完工，结转本月完工入库产品成本。(附单据 1 张)

①借：库存商品——甲产品　　JG(　　)

　贷：生产成本——直接材料(甲产品)　　QM(500101，月，借，1)

　　生产成本——直接人工(甲产品)　　QM(500102，月，借，1)

　　生产成本——制造费用(甲产品)　　QM(500103，月，借，1)

②借：库存商品——乙产品　　JG(　　)

　贷：生产成本——直接材料(乙产品)　　QM(500101，月，借，2)

　　生产成本——直接人工(乙产品)　　QM(500102，月，借，2)

　　生产成本———制造费用(乙产品)　　QM(500103，月，借，2)

(3)29 日，结转本月已销商品成本。(附单据 1 张)

库存商品科目：1405

商品销售收入科目：6001

商品销售成本科目：6401

(4)29 日，结转本月各损益类账户发生额到“本年利润”账户。(附单据 1 张)

凭证类别：转账凭证

本年利润科目：4103

凭证生成时，收入生成一次，费用支出生成一次。

(5)29 日，按本月利润的 25%(所得税税率)计算应交所得税。(附单据 1 张)

借：所得税费用　　(FS(4103，月，贷) - FS(4103，月，借)) ×0.25

　递延所得税资产　　CE(　　)

　贷：应交税费——应交所得税

　　(FS(4103，月，贷) - FS(4103，月，借) + FS(6701，月，借)) ×0.25

(6)30 日，将所得税费用转入“本年利润”账户。(附单据 1 张)

凭证类别：转账凭证

转出科目编码：6801

转入科目编码：4103

结转系数：1

第12章　UFO报表系统

【理论知识目标】

- 理解UFO报表在ERP财务管理系统中的重要意义
- 明确UFO报表的主要任务
- 掌握报表编制的原理及流程

【实务应用目标】

- 学会自定义报表和使用报表模板生成报表的方法
- 懂得报表格式设计和公式设置的方法以及报表数据的计算方法
- 熟悉报表数据处理、表页管理及图表功能等操作

会计报表管理系统是会计电算化中一个子系统，它为企业内部各管理部门及外部相关部门提供综合反映企业一定时期财务状况、经营成果和现金流量的会计信息。

UFO报表系统是报表事务处理的工具，利用UFO报表系统既可编制对外报表，又可编制各种内部报表。它的主要任务是设计报表的格式和编制公式，从总账系统或其他业务系统中取得有关会计信息自动编制各种会计报表，对报表进行审核、汇总、生成各种分析图，并按预定格式输出各种会计报表。

12.1　报表格式设计

12.1.1　理论知识

1. 基本术语

(1)格式状态

在格式状态下设计报表的格式，如表尺寸、行高列宽、单元属性、组合单元等。报表的单元公式(计算公式)、审核公式、舍位平衡公式也在格式状态下定义。

在格式状态下所做的操作对本报表所有的表页都发生作用。在格式状态下不能进行数据的录入、计算等操作。在格式状态下时，所看到的是报表的格式，报表的数据全部都隐藏了，并且不能得到。

(2)数据状态

在数据状态下管理报表的数据，如输入数据、增加或删除表页、审核、舍位平衡、做图形、汇总等。在数据状态下不能从根本上修改报表的格式。在数据状态下时，看到的是报表的全部内容，包括格式和数据。

(3)单元

单元是组成报表的最小单位,单元名称由所在行、列标识。行号用数字 1 ~9 999 表示,列标用字母 A ~ IU 表示。例如,D22 表示第 4 列第 22 行的那个单元。

单元有以下 3 种类型:

①数值单元:是报表的数据,在数据状态下输入。数值单元的内容必须是数字,可以是 1.7×(10E -308) ~1.7×(10E +308)的任何数(15 位有效数字),数字可以直接输入或由单元中存放的单元公式运算生成。建立一个新表时,所有单元的单元属性均为数值型。

②字符单元:是报表的数据,在数据状态下输入。字符单元的内容可以是汉字、字母、数字及各种键盘可输入的符号组成的一串字符,字符单元的内容可以直接输入,也可以由单元公式生成。

③表样单元:是报表的格式,是定义一个没有数据的空表所需的所有文字、符号或数字。一旦单元被定义为表样,那么在其中输入的内容对所打表页都有效。表样在格式状态下输入和修改,在数据状态下不允许修改。

(4)组合单元

其由相邻的两个或更多的单元组成,这些单元必须是同一种单元类型(表样、数值、字符),UFO 在处理报表时将组合单元视为一个单元。

(5)区域

区域由一张表页上的一组单元组成,自起点单元至终点单元是一个完整的长方形矩阵。在 UFO 中,区域是二维的,最大的区域是一个二维表的所有单元(整个表页),最小的区域是一个单元。

(6)表页

一个 UFO 报表最多可容纳 99 999 张表页,每一张表页是由许多单元组成的。一个报表中的所有表页具有相同的格式,但其中的数据不同。表页在报表中的序号在表页的下方以标签的形式出现,称为“页标”。页标用“第 1 页”到“第 99 999 页”表示。

(7)报表的大小

行数:1 ~9 999　　(缺省值为 50 行)

列数:1 ~255　　(缺省值为 7 列)

行高:0 ~480　　(缺省值为 15)

列宽:0 ~640　　(缺省值为 75)

表页数:1 ~99 999　　(缺省值为 1)

(8)固定区和可变区

固定区是组成一个区域的行数和列数的数量是固定的数目。一旦设定好以后,在固定区域内其单元总数是不变的。

可变区是指屏幕显示一个区域的行数或列数是不固定的数字,可变区的最大行数或最大列数是在格式设计中设定的。

(9)关键字

关键字是游离于单元之外的特殊数据单元,可以唯一标识一个表页,用于区别并选择表页,为多维操作起“关键字”的作用。

UFO 共提供了以下六种关键字:

①单位名称:字符型(最长 28 个字符),为该报表表页编制单位的名称。

②单位编号:字符型(最长10个字符),为该报表表页编制单位的编号。

③年:段字型(1 980 ~2 099),该报表表页反映的年度。

④季:数字型(1 ~4),该报表表页反映的季度。

⑤月:数字型(1 ~12),该报表表页反映的月份。

⑥日:数字型(1 ~31),该报表表页反映的日期。

除此之外,UFO 报表还有自定义关键字功能,可以用于业务函数中。

(10)关联

UFO 报表中的数据有着特殊的经济含义,因此报表数据不是孤立存在的,一张报表中不同表页的数据或多个报表中的数据可能存在着这样或那样的经济关系或钩稽关系,要根据这种对应关系找到相关联的数据进行引用,就需要定义关联条件。UFO 在多个报表之间操作时,主要通过关联条件来实现数据组织。

(11)筛选

筛选是在执行 UFO 报表的命令或函数时,根据用户指定的筛选条件,对报表中每一个表页或每一个可变行(列)进行判断,只处理符合筛选条件的表页或可变行(列);不处理不符合筛选条件的表页或可变行(列)。

筛选条件分为表页筛选条件和可变区筛选条件。表页筛选条件指定并处理的表页,可变区筛选条件指定要处理的可变行或可变列。

2. 设计报表表样

设计报表表样属于报表格式设计阶段,在格式状态下进行,因此对报表文件中的所有表页都有效。设计报表表样的具体内容一般包括设计报表尺寸、定义报表的行高和列宽、画表格线、定义组合单元、输入报表表间项目、定义单元属性、设置关键字等。通过设计报表表样可以确定整张报表的大小和外观。下面简要说明设计报表格式的操作步骤。

(1)设计报表尺寸

设计报表尺寸是指设计报表的行数和列数。

(2)定义报表的行高和列宽

如果报表中某些单元的行或列要求比较特殊,则需要调整该行的行高或该列的列宽。

(3)画表格线

报表的尺寸设置完之后,在数据状态下,该报表是没有任何表格线的,所以为了满足查询和打印的需要,还需要画上表格线。

(4)定义组合单元

在设计报表表样时,有些内容如标题、编制单位、日期及货币单位等信息一个单元容纳不下,为了实现这些内容的输入和显示,需要定义组合单元。

(5)输入报表表间项目

报表表间项目是指报表的文字内容,主要包括表头、表体和表层等内容。

(6)定义单元属性

单元属性主要指单元类型、数字格式、边框样式等内容的设置。

(7)设置关键字

在 UFO 报表中,用户可以根据自已的需要设置相应的关键字,如单位名称、年、月等,设置关键字在格式状态下进行。在设置关键字时既要考虑编制报表的需要,又要考虑打印的需要。

3. 编辑报表公式

报表公式指报表或报表单元中的各种公式，包括单元公式、审核公式和告位平衡公式等。单元公式也称计算公式，是指为报表数据单元进行赋值的公式。其主要用于定义报表数据来源以及运算关系。

单元公式一般是由目标单元、取数单元、函数和运算符序列组成的。企业常用的会计报表数据一般来源于总账系统或报表系统本身，取自于报表的数据又可分为从本表取数和其他报表的表页取数。所以单元公式又可分为账务取数公式、本表页内部统计公式、本表他页取数公式和报表之间取数公式。

设置单元公式可以将单元赋值为数值，也可以赋值为字符。对于需要从报表本身或其他模块（如总账、薪资、成本、固定资产等模块）中取数以及一些小计、合计、汇总等数据的单元，都可以利用单元公式进行取数。

（1）账务取数公式

账务数据是会计报表数据的主要来源，账务取数函数架起了报表和总账等其他系统之间进行数据传递的桥梁，可实现报表系统从账簿、凭证中采集各种会计数据生成报表，从而实现账表一体化。

账务取数公式是会计报表系统中使用最为频繁的一类公式，此类公式中的函数表达式最为复杂，公式中往往要使用多种取数函数，每个函数中还要说明如科目编码、会计期间、发生额或余额、方向、账套号等参数。

账务函数的基本格式为：函数名（ <科目编码>，[<会计期间>]，[<方向>]，[<账套号>]，[<会计年度>]. [<编码 1>]，[<编码 2>]，[<截止日期>]，[<是否包含未记账凭证，默认 N 不包含>]，[<编码 1 汇总>]，[（编码 2 汇总>]，[<是否包含调整期，默认 Y 包含>]）。

参数说明：

①科目编码：也可以是科目名称，如果是科目名称，则不能重名，且必须用双引号将科目引起来。

②会计期间：可以是“年”“季”“月”变量，也可以是具体数字表示的“年”“季”“月”。

③方向：即“借”或“贷”，其作用是表明取“科目编码”哪一方向的金额。

④账套号：为数字，缺省时系统默认为当前账套。

⑤会计年度：即取数所属的年度，缺省时系统默认为当前账套的登录年度。

⑥[编码 1]与[编码 2]：与科目编码的辅助核算账类有关，可以取科目的辅助账。

⑦截止日期：可以是某一具体日期或“天”。若为某一具体日期则计算该日期的余额；若为“天”则计算当前系统日期的余额。

⑧是否包含未记账凭证：即所取数据是否包括“科目编码”在未记账凭证中的金额。合法的值为“是”“否”“Y”“N”“y”“n”，默认 N 不包含。

⑨编码汇总：（编码汇总）合法的值为“t”“T”，缺省时由用户在应用环境中设置的值决定。

⑩是否包含调整期：即所取数据是否包括“科目编码”在调整期中的金额，默认“Y”包含。

当编辑单元公式时，可以直接使用函数。如果不愿意记忆一连串的名字、参数、括号等复杂格式,可以使用"函数向导"按钮,在函数向导对话框的指导下一步一步完成函数的设置,并随时可以用"F1"键调出相关帮助。

除数学函数、条件取值函数外其他函数均不允许嵌套使用。

(2)表页内部统计公式

本表页内部统计公式主要是用于在本表页的指定区域内做出诸如求和、求平均值、计数、求最大值、求最小值及求统计方差等统计结果的运算。

(3)本表他页取数公式

本表他页取数公式是指同一报表文件中不同报表(表页)之间通过数据连接获取数据。可使用 SELECT 函数从本表其他表页取数。

(4)报表之间取数公式

对于取自于其他报表的数据,可以用"报表[.REP]→单元"格式指定要取数的某张报表的单元。

12.1.2 实务应用

1. 实训要求

- 设计自定义报表
- 编辑报表公式
- 设置表内统计公式
- 保存自定义的报表

2. 实训资料

(1)2020 年 9 月 30 日,秉仓有限责任公司账套主管李静,定义货币资金表,格式见表 12-1。

表 12-1 货币资金表

编制单位　　　　　　　　　　　年　　月　　日　　　　　　　　　　　单位:　　表

项目	行次	期初数	期末数
现金	1		
银行存款	2		
合计	3		

制表人:

其中,将编制单位、年、月、日定义为关键字。

(2)定义货币资金表中各项目的"期初数""期末数"取数公式。

(3)设置表内统计公式——"合计"。

(4)保存报表到 D 盘,以"秉仓有限责任公司 9 月份的货币资金表"命名。

3. 实训指导

(1)设置自定义报表

在企业应用平台中,单击"重注册",以"001"账套主管的身份进入企业应用平台。登录

"UFO 报表"系统，执行"文件"—"新建"命令，打开一张空白表，报表名默认为 report1。

在报表"格式"状态下，执行"格式"—"表尺寸"命令，打开"表尺寸"对话框（图 12－1）。录入行数"4"，列数"7"，单击"确认"按钮。

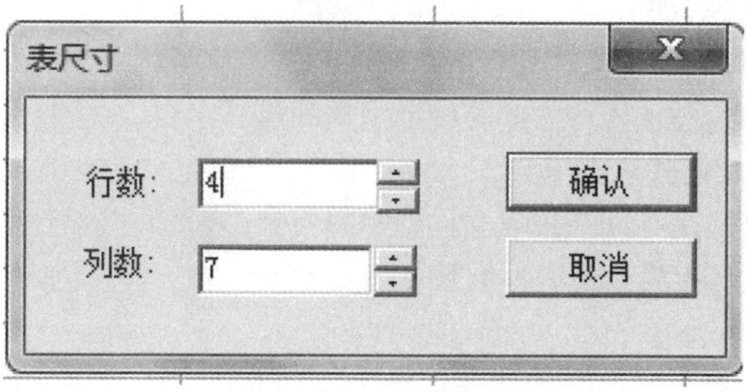

图 12－1　表尺寸对话框

选中整张表格，执行"格式"—"行高"命令，输入"10"；单击"确认"按钮；执行"格式"—"列宽"命令，输入"35"；单击"确认"按钮。在表格内选定区域 A3：D6，执行"格式"—"区域划线"命令，打开"区域划线"对话框（图 12－2），单击"确认"按钮。

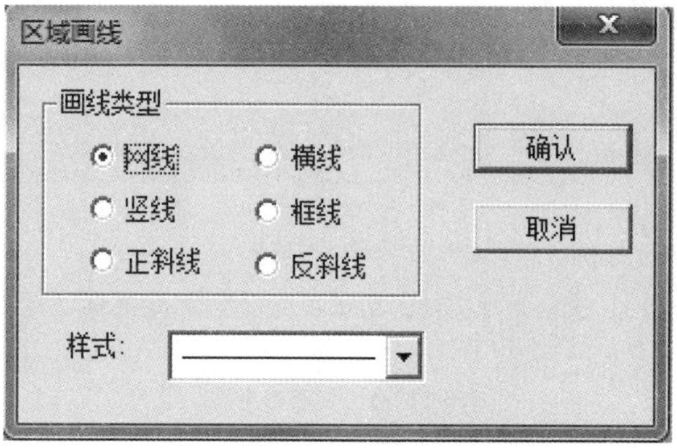

图 12－2　区域划线对话框

选定 A1 行各单元，执行"格式"—"组合单元"命令，打开"组合单元"命令，打开"组合单元"对话框，选择"整体组合"按钮，将第一行组合为一个单元，录入文字"货币资金表"并单击"居中"按钮。

选定 A2 行各单元，执行"格式"—"组合单元"命令，打开"组合单元"命令，打开"组合单元"对话框，选择"整体组合"按钮，将第二行组合为一个单元，执行"数据"—"关键字"—"设置"命令，打开"设置关键字"对话框（图 12－3），系统默认为单位名称，单击"确定"按钮。同理，设置"年""月""日"为关键字。执行"数据"—"关键字"—"设置"命令，打开"定义关键字偏移"对话框，输入年偏移量"－150"、月偏移量"－120"、日偏移量"－90"。

提示：

- 每个报表可以同时定义多个关键字。
- 如果要取消关键字，须执行"数据"—"关键字"—"取消"命令。

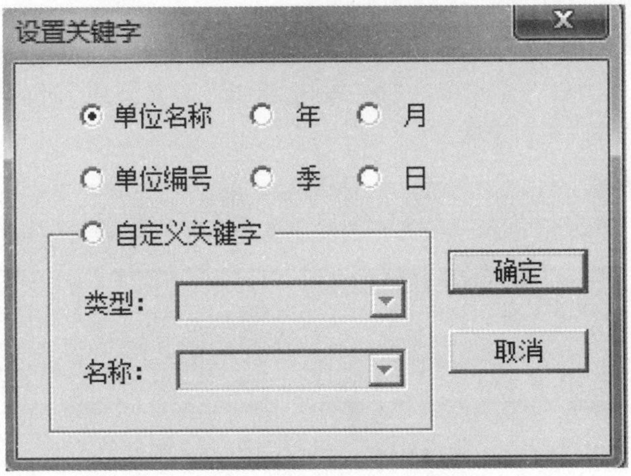

图 12-3 设置关键字对话框

- 关键字的位置可以用偏移量来表示,负数值表示向左移,正数值表示向右移。在调整时,可以通过输入正或负的数值来调整。
- 关键字偏移量单位为像素。

录入表内文字,并可根据需要设置单元格属性。选中需设置单元属性的单元,执行“格式”—“单元属性”命令,打开“单元格属性”对话框(图 12-4)。单击“字体图案”选项卡,设置字体“黑体”,字号“14”,单击“对齐”选项卡,设置对齐方式“居中”,单击“确定”按钮。单击“单元类型”选“数值”,“格式”选“逗号”,小数位数选“0”后确定。G6:H42 的设置重复以上各步。

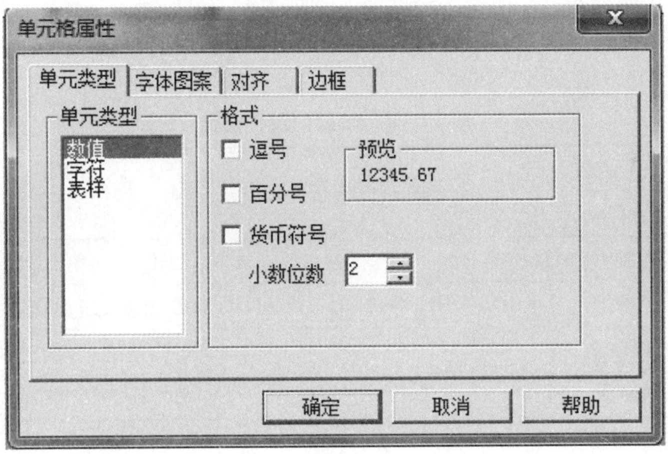

图 12-4 单元格属性对话框

提示:

- 格式状态下输入内容的单元均默认为表样单元,未输入数据的单元均默认为数值单元,在数据状态下可输入数值。若希望在数据状态下输入字符,应将其定义为字符单元。
- 字符单元和数值单元输入后只对本表页有效,表样单元输入后对所有表页有效。

(2)编辑报表公式

选定要输入公式的单元,如选中 C4 单元。可以手工输入单元公式,也可以利用函数向导来定义单元公式。可按“ = ”或单击“fx”按钮,弹出“定义公式”对话框(图 12 –5),点击函数向导,弹出“函数向导”对话框。

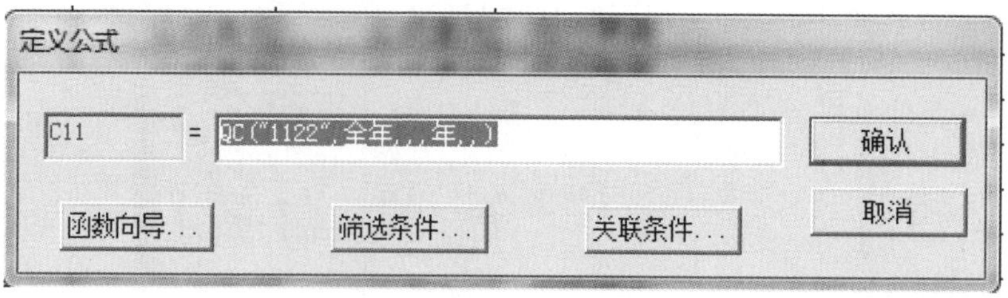

图 12 –5　定义公式对话框

在“函数向导”对话框,左侧“函数分类”窗口选择“用友账务函数”和“函数名”列表框中的“期初(QC)”选项,单击“下一步”按钮。打开“账务函数”对话框。可在“函数录入”栏中直接录入取数公式。或单击“参照”按钮,打开“账务函数”对话框,输入账套号,选择会计年度、科目、期间、方向和辅助核算,勾选“包含未记账凭证”复选框。设置完毕,单击“确定”按钮,返回报表窗口。

同理,继续录入其他单元的计算公式。单击“保存”按钮,保存设置好的取数公式。

提示:

- 单元公式中涉及的符号均为英文半角字符。

(3)表页内统计公式

①利用统计函数

表页内统计公式用于求合、求平均值、计数等,常用的统计函数见表 12 –2。

表 12 –2　常用的统计函数

函数	作用
PTOTAL(　)	求区域内单元的总和
PAVG(　)	求区域内单元和平均值
PCOUNT(　)	计算区域包括多少单元
PMAX(　)	得出所表示区域的最大值
PMIN(　)	得出所表示区域的最小值

例如,在 C6 单元求“期初数”合计数,即 C4 到 C5 的合计数。

选择 C6 单元格,按“ = ”或单击“fx”按钮,弹出“定义公式”对话框。在对话框内输入“PTOTAL(D5:D18)”。

②直接输入计算公式

如果表页内有数字对应关系,可以直接输入公式。

例如,C6 = C4 + C5。

选择 C6 单元格,按“ = ”或单击“fx”按钮,弹出“定义公式”对话框,在对话框内输入

"C6 = C4 + C5"。

(4)保存报表

执行"文件"—"另存为"命令,打开"另存为"对话框,选择"D:\"路径,录入文件名"秉仓有限责任公司9月份的货币资金表",单击"另存为"按钮。

12.2 报表数据处理

12.2.1 理论知识

1. 录入关键字的值

关键字可以唯一标识一个表页,关键字的值和表页中的数据是相关联的,所以要在数据状态下在每张表页上录入关键字的值。

2. 录入报表数据

在数据状态下录入数值单元和字符单元的内容,它们都是报表的数据。

移动当前单元到要录入或修改的单元,输入内容,按回车键或按光标移动键后输入数据写入单元中。按"Esc"键则放弃输入的内容。

3. 执行审核

各财务报表中的数据通常都有明确的经济含义,并且各数据之间一般还存在着某种钩稽关系。如在资产负债表中,"负债合计"等于"流动负债合计"与"非流动负债合计"之和,"资产总计"等于"流动资产合计"与"非流动资产合计"之和,"资产总计"等于"负债和所有者权益总计"等。在实际工作中,为了确保报表数据的准确性,我们经常用这种报表之间或报表内的钩稽关系对报表进行钩稽关系检查,这种检查称为报表数据的审核。UFO 提供了数据的审核公式,它将报表数据之间的钩稽关系用公式表示出来。

审核公式由验证关系公式和提示信息组成。定义报表审核公式,首先要分析报表中各单元之间的关系,以确定审核关系,然后再根据确定的审核关系定义审核公式。

审核公式的格式:[<算术表达式> <关系表达式> <算术表达式>,] × <算术表达式> <关系表达式> <算术表达式>[FOR <页面筛选条件>[;<可变区筛选条件>]][RELATION <页面关联条件>[,<页面关联条件> ×]MESSAGE <提示信息>"

4. 增加、删除表页

在数据状态下,点取"编辑"菜单下的"追加"中的"表页"可以在报表的最后增加新的表页;点取"编辑"下"插入"中的"表页"可以在当前表页的前面插入新的表页。

在数据状态下点取"编辑"菜单下的"删除"中的"表页",将弹出"删除表页",在对话框中输入要删除的表页后它们被删除。其中的数据全部被删除,不能恢复。报表的格式和单元公式不会被删除。

12.2.2 实务应用

1. 实训要求

- 理解报表编制的原理及流程
- 掌握报表数据处理、表页管理及图表功能等操作
- 对上述实训的货币资金表，进行报表数据处理、表页管理及图表功能操作

2. 实训资料

生成自定义的货币资金表的数据。

3. 实训指导

在“UFO 报表”窗口，执行“文件”—“打开”命令，打开自定义的货币资金表，切换报表界面格式窗口为数据窗口。

执行“数据”—“关键字”—“录入”命令，打开“录入关键字”对话框（图 12－6），输入单位名称“秉仓有限责任公司”，年“2020”，月“9”，日“30”等关键字，单击“确定”按钮，系统提示“是否重算第一页”。单击“是”按钮，系统会自动根据单元公式计算数据。若单击“否”按钮，系统不计算数据，以后可利用表页重算功能生成数据。

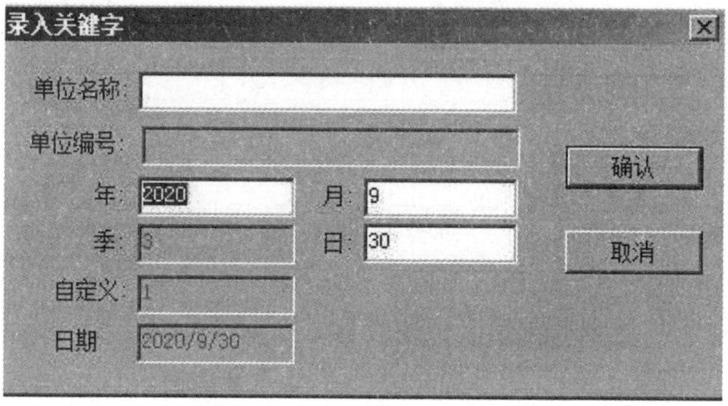

图 12－6　录入关键字对话框

12.3 报表模板

12.3.1 理论知识

设计一个报表，即可以从头开始按部就班地操作，也可以利用 UFO 提供模板直接生成报表格式，省时省力。

UFO 提供的报表模板包含了 19 个行业的 70 多张标准财务报表（包括现金流量表），也可以包含用户自定义的模板。用户可以根据所在行业挑选相应的报表套用其格式及计算公式。

12.3.2 实务应用

1. 实训要求

- 按新会计科目生成 9 月的“资产负债表”
- 保存“资产负债表”到“D”盘中

2. 实训资料

调用报表模板生成秉仓有限责任公司 2020 年 9 月份的资产负债表。

3. 实训指导

(1)建立资产负债表

在企业应用平台中,单击“重注册”,以“001”账套主管的身份进入企业应用平台。登录“UFO 报表”系统,执行“文件”—“新建”命令,打开一张空白表,报表名默认为 report1。

执行“格式”—“报表模板”命令,打开“报表模板”对话框(图 12 –7)。您所在的行业选择“2007 新会计制度科目”和财务报表选择“资产负债表”,单击“确认”按钮。

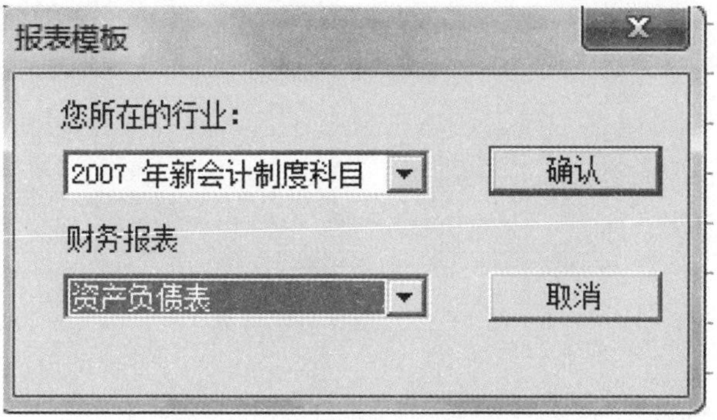

图 12 –7 报表模板对话框

系统弹出“模板格式将覆盖本表格式! 是否继续?”信息提示对话框,单击“确定”按钮,打开“资产负债表”模板格式。

(2)设置关键字

在报表“格式”状态窗口中,将“编制单位”删除,执行“数据”—“关键字”—“设置”命令,打开“设置关键字”对话框(图 12 –8)。设置关键字“单位名称”,单击“确定”按钮。

(3)录入关键字并计算报表数据

在报表“格式”状态窗口中,单击“数据”按钮,系统提示“是否确定全表重算?”。单击“否”按钮。进入报表的“数据”状态窗口。在报表的“数据”状态窗口中,执行“数据”—“关键字”—“录入”命令,打开“录入关键字”对话框。录入各项关键字,单击“确认”按钮。系统提示“是否重算第 1 页?”,单击“是”按钮,生成资产负债表的数据(图 12 –9)。

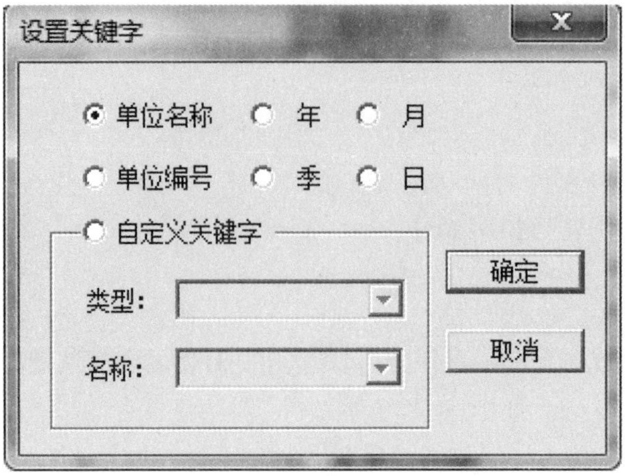

图 12－8　设置关键字对话框

图 12－9　重算提示界面

(4)保存资产负债表

执行“文件”—“保存”命令,在“D:/”中将文件存为“资产负债表”。

课 后 实 训

一、报表实训

根据实训资料,由 0202 操作员独立设计资产负债表和利润表的格式,并保存报表。编辑报表公式,并生成报表数据,进行报表管理。

第13章　薪资管理

【理论知识目标】

- 了解会计电算化软件薪资管理系统的基本功能
- 熟悉工资账套基础设置的操作内容
- 掌握工资业务的操作内容

【实务应用目标】

- 能够根据需要进行工资账套设置
- 能够根据工资业务要求进行软件操作
- 能够进行工资数据分析

工资是以货币形式支付给个人的劳动报酬,是企事业单位使用职工的知识、技能、时间和精力而给予职工的一种补偿。薪资管理是企业管理的重要组成部分,是企业财务部门最基本的业务之一。薪资管理系统是会计电算化软件的一个子系统。

工资核算主要工作包括编制职工工资单、生成工资汇总表和编制工资核算的记账凭证,以便进行账务处理和成本核算。

13.1　薪资管理基础设置

13.1.1　理论知识

1. 建立工资账套

(1)参数设置

工资账套参数设置有以下两项。

①设置工资类别

工资类别有两类:“单个”和“多个”。当核算单位对所有人员的工资实行统一管理时,选择“单个”类别,当核算单位每月多次发放工资,以及不同职工发放工资的项目不同,计算公式也不同,但需要统一管理时,选择“多个”类别。

②设置核算币种

系统提供币种参照,用户可选择使用,通常选择本位币为账套核算币种,如果选择本位币以外的其他币种,还需在工资类别参数维护中设置汇率。

(2)扣税设置

该操作在于确定是否从工资中代扣个人所得税,如要从工资中代扣的话,选定该项即可,则在工资核算时系统就会自动生成工资项目“代扣税”,并根据输入的税率自动计算出个人所得税。

(3)扣零设置

扣零指的是将本月工资的零头扣下，待积累成整时再补上的处理方式。扣零的类型包括以下几种：

①扣零至元，即不发10元以下的元、角、分，如5元，2元，1元。

②扣零至角，即不发1元以下的角、分，如5角，2角，1角。

③扣零至分，即不发1角以下的分，如5分，2分，1分。

(4)人员编码

人员编码即设置单位人员的编码长度，人员编码可结合企业部门和职工人数的情况自由定义，但必须符合人员编码规定，总长不能超过10位字符。

2. 公共信息设置

建立了新的工资账套后，需要对工资管理系统的一些基础信息进行初始设置，完成系统初始化。具体内容包括部门设置、人员类别设置、人员附加信息设置、工资项目设置、银行名称设置等。如果先建立了工资类别，则要注意账套基础信息的设置应该在关闭工资类别的情况下进行。

(1)部门设置

为了按部门进行各类人员工资的核算，就需要设置部门档案。设置部门档案就是让发放的工资可以按部门汇总、统计和记入账簿，达到分部门考核经营业绩的目的。由于部门档案可以在企业门户、总账、工资等任何一个模块录入，并且结果都是各个模块共享的，因此在进入工资系统时将显示在基础信息中定义的部门档案，这时我们就可以对工资管理系统所需要涉及的部门进行增加和删除了。

(2)人员类别设置

人员类别是指按某种特定的方式将职员分成若干类型，不同类型的人员工资水平可能不同。设置人员类别主要是为了便于系统能够按人员类别进行工资汇总的计算。

(3)人员附加信息设置

这项设置可以增加人员的附加信息，丰富人员档案的内容，更有效地加强人员的管理。例如，可以增加设置人员的性别、年龄、民族、职称、职务、工龄等信息。

(4)工资项目设置

工资项目设置主要用于定义工资项目的名称、类型、宽度。系统中提供了一些固定的项目，如"应发合计""扣款合计'"实发合计"等，这些项目不能删除和重命名，其他的项目可以根据需要自由设置，如"基本工资""奖金"等。

系统还根据账套的设置提供了一些常用项目，若在参数设置时选择了"核算计件工资"，则在工资项目中会出现"计件工资"项目；若在扣零设置时选择了"扣零处理"，则在工资项目中会出现"本月扣零"和"上月扣零"两个指定项目；若在扣税设置时选择了"从工资中代扣个人所得税"功能，则在工资项目中会出现"代扣税"项目。

(5)银行名称设置

当企业发放工资采用银行代发的形式时，必须设置代发银行的名称和账号长度。账号长度不得超过11位，且设定后不能修改。在银行名称设置中可按实际需要设置多个代发工资的银行，且发放工资的银行名称设置是针对所有工资类别的。

(6)工资类别设置

工资类别，指的是在一套工资账中，根据不同情况而设置的工资管理类别。由于有的单位有多种不同类别的人员，在工资发放时的项目也存在差异，计算方法也不一样，因此就需要建立多个工资类别进行统一核算管理。

3. 人员档案设置

(1)增加人员档案

人员档案用于登记发放工资人员的自然信息，如姓名、职工编号、所在部门、人员类别等，员工的增减变动也在本功能中处理，这样有利于加强各部门对职工的管理。

(2)修改人员档案

人员档案可以进行“停发工资”“调出”“数据档案”的修改处理。如为已调出人员，则信息不可以修改，但其编号可以再次使用。工资停发人员不进行工资的发放，但保留人员信息且以后可恢复发放。调出和工资停发人员不参加工资发放的汇总。

(3)删除人员档案

在没有进行工资变动的情况下，可以在人员档案中直接将人员信息删除。

4. 设置计算公式

(1)工资项目的设置

其实在打开工资类别之前，我们已经在基础设置中建立了各种工资类别所需要的工资项目。但是由于不同的工资类别，发放项目存在差异，计算公式也不一样，所以在进入工资类别后，还要有一步选择本类别所需工资项目的过程，再依据所设置的项目定义计算公式。

(2)计算公式设置

工资项目中，往往有很多项目相互之间是有关联的，一个项目变动了，另外一个或几个项目会跟着变动，比如请假天数和请假扣款就有这样的关联，请假天数越多，扣款肯定也越多。像这样的关联我们是可以用公式表示出来的，知道了一方的数据就可以推出其他方或几方的数据，从而灵活地进行工资计算的处理。

13.1.2 实务应用

1. 实训要求

- 建立工资账套
- 设置工资项目、人员档案
- 设置工资公式

2. 实训资料

2020年9月1日，秉仓有限责任公司账套主管李静，根据本公司薪资核算与管理的要求，建立工资核算账套。其中：

(1)账套参数(表13-1)

表13-1 账套参数

项目	工资类别	计件工资	核算币别	个人所得税	扣零处理	人员编码长度	启用日期
参数	单个	否	人民币(RMB)	是	否	3位	2020年9月1日

(2)工资项目(表13-2)

表13-2 工资项目

工资项目	类型	数据宽度	小数位数	增减项
基本工资	N	10	2	增项
工龄	N	5	0	其他
工龄工资	N	10	2	增项
交通补贴	N	8	2	增项
住房公积	N	8	2	减项
病假天数	N	5	0	其他
病假扣款	N	8	2	减项
事假天数	N	5	0	其他
事假扣款	N	8	2	减项

(3)人员档案(表13-3)

表13-3 人员档案

人员编码	姓名	人员类别	行政部门	银行账号	中方人员
101	赵秉华	企业管理人员	厂办公室	6222600101	是
201	李静	企业管理人员	财务部	6222600102	是
202	王一虹	企业管理人员	财务部	6222600103	是
203	陈萍	企业管理人员	财务部	6222600104	是
301	孙强	销售人员	销售部	6222600105	是
302	陈鑫	销售人员	销售部	6222600106	是
401	李浩	采购人员	采购部	6222600107	是
402	王海	采购人员	采购部	6222600108	是
501	张兰	生产人员	基本生产车间	6222600109	是
502	钱丽	生产人员	辅助生产车间	6222600110	是
503	赵梅	生产人员	基本生产车间	6222600111	是
504	周峰	生产人员	辅助生产车间	6222600112	是
601	李悦	企业管理人员	仓库	6222600113	是

(4)工资公式(表13－4)

表13－4 工资公式

工资项目	定义公式
工龄工资	工龄×3
病假扣款	(基本工资/22)×病假天数
事假扣款	(基本工资/22)×事假天数
住房公积	基本工资×5%
交通补贴	iff("人员类别"="企业管理人员",200,100)

3. 实训指导

(1)建立工资账

在企业应用平台中,单击"重注册",以"001"账套主管的身份进入企业应用平台。登录"薪资管理"系统。首次登录信息管理系统,自动进入"建立工资套"对话框(图13－1)。

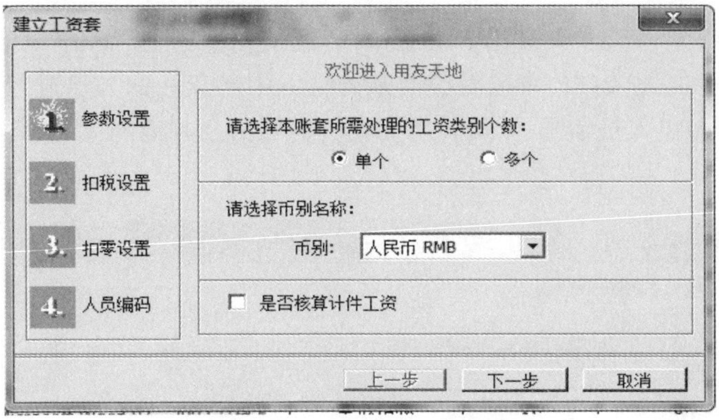

图13－1 建立工资账对话框

请选择本账套所需处理工资类别个数为"单个",默认货币名称为"人民币",单击"下一步"按钮,进入"扣税设置",选中"是否从工资中代扣个人所得税"复选框,单击"下一步"按钮,进入"扣零设置"窗口,不钩选扣零复选框,单击"下一步"按钮,进入"人员编码"窗口,单击"完成"按钮。

(2)设置工资项目

执行"设置"—"工资项目设置"命令,打开"工资项目设置"对话框(图13－2),工资项目列表中会显示系统提供的固定工资项目。

单击"增加"按钮,从"名称参照"中选择或直接输入工资项目名称,确定工资项目类型,确定工资项目长度、小数位数和工资增减项,单击"确定"按钮,保存设置。单击"重命名"按钮,可修改工资项目名称。

(3)设置人员档案

执行"设置"—"人员档案"命令,打开"人员档案"窗口。

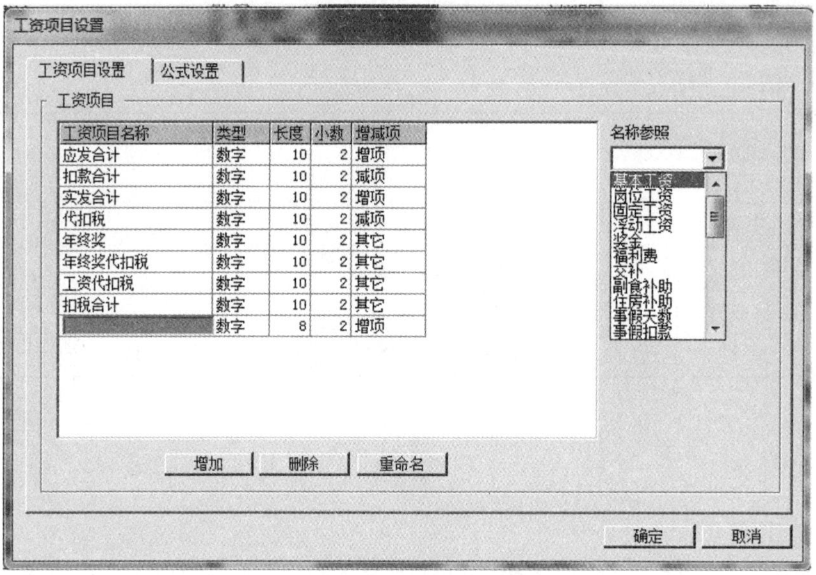

图 13－2　工资项目设置对话框

单击“增加”按钮，打开“人员档案明细”对话框（图 13－3）。单击“人员姓名”栏的参照按钮，可调出“人员选入”窗口，可以对公共基础档案中已存在的人员进行选择。双击要新增的人员记录，可带出人员编号、人员姓名及人员类别信息并返回人员档案界面，再进行其他信息的编辑。

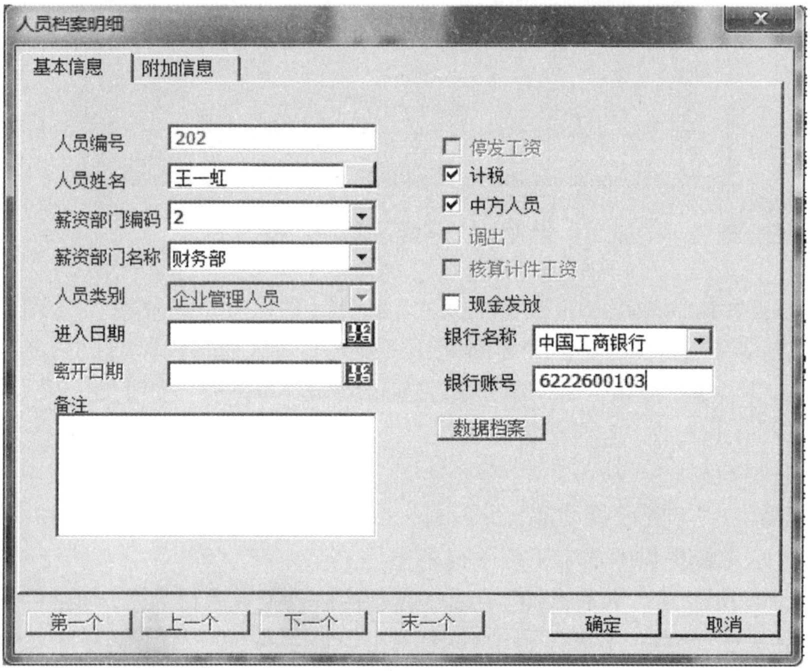

图 13－3　人员档案明细对话框

核对或选择部门信息，必须是末级部门，若和公共档案中人员对应的行政部门为末级部门且在当前工资类别/发放次数对应部门范围中，则系统自动带入，否则要手工选择。选择银行名称，输入银行账号，单击“确定”按钮保存人员信息。

重复上述步骤完成其他正式人员档案设置。

提示：

- “停发工资”“调出”和“数据档案”在增加人员档案界面不可选，在“修改”状态下才能编辑。
- 在没有工资变动的情况下，也就是尚未录入人员的工资数据时，可单击“删除”按钮，删除光标所在行的人员。

(4)设置工资公式

执行“设置”—“工资项目设置”命令，打开“工资项目设置”对话框(图 13－4)。

单击“公式设置”页签，单击“增加”按钮，在工资项目栏的下拉列表框选择“病假扣款”，在右侧的公式定义区，选择工资项目“病假天数”，在运算符区域单击“＊”和“(”，选择工资项目“基本工资”，再在运算符区域单击“/”，选择输入数字 22 和在运算符区域单击“)”。同理完成事假扣款的公式定义。

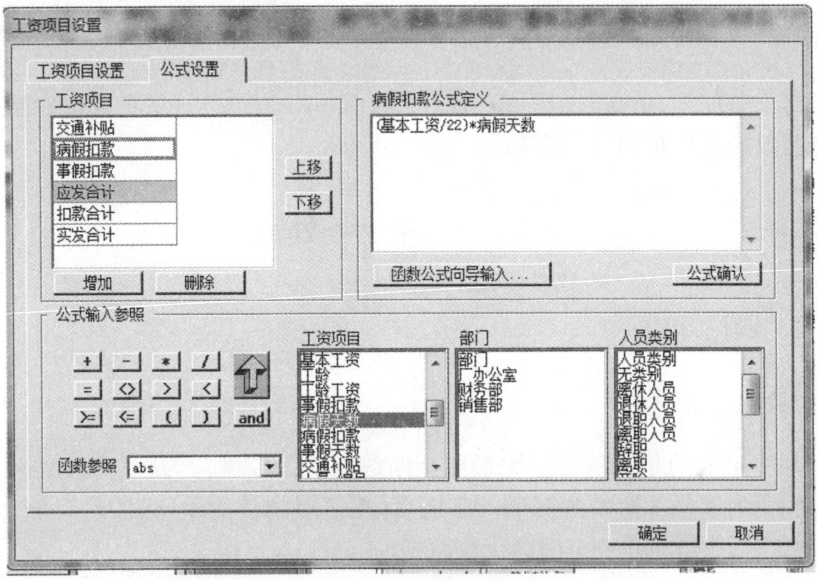

图 13－4　工资项目设置对话框(一)

设置交通补贴公式时，可以使用函数参照功能。

单击“增加”按钮，在工资项目栏的下拉列表框选择“交通补贴”，在右侧的公式定义区，单击“函数公式向导输入”按钮，打开“函数导入——步骤 1”对话框。在“函数名”列表中选择“iff 函数”，右侧出现对应的函数说明及范例。

单击“下一步”按钮，打开“函数向导——步骤 2”对话框。单击“编辑表达式”右侧的参照按钮，打开“参照”对话框。从下拉列表中选择“人员类别”，从人员类别列表中选择“企业管理人员”，单击“确认”按钮。在“算术表达式 1”文本框中输入“200”，“算术表达式 2”文本框中输入“100”，单击“完成”按钮，返回“公式设置”界面(图 13－5)。

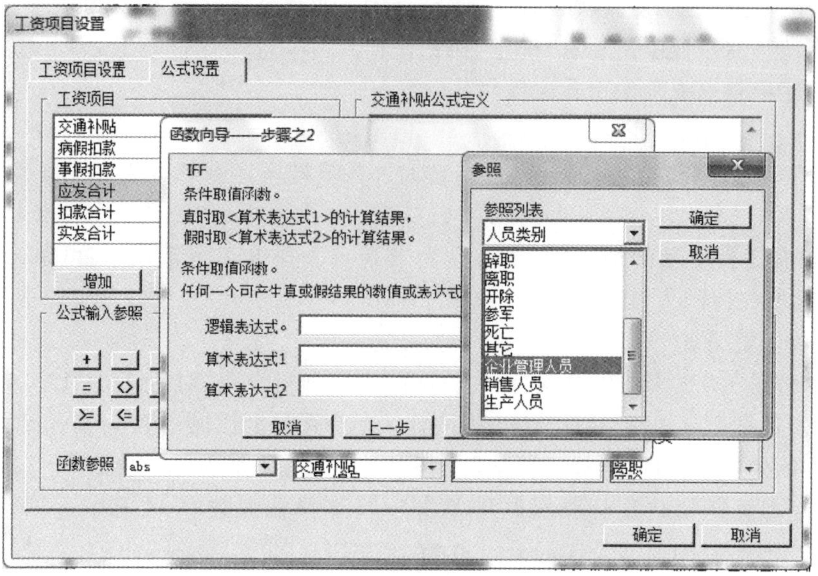

图 13－5　工资项目设置对话框（二）

公式全部设置完毕，单击“确定”按钮即可，系统将对公式进行逻辑合法性检查，不符合逻辑的系统将给出错误提示。

13.2　日常业务处理

13.2.1　理论知识

1. 工资数据的录入

在这一环节录入的是工资系统中最原始的数据，它是以后数据计算的依据和来源，所以它的正确性尤为重要。初始数据录入完成后，在以后的使用中，只需对有变动的工资项目数据进行适当调整即可得到当月的工资数据。

2. 工资数据变动的处理

（1）利用项目过滤器处理

如果要对工资项目中的某一项或某几项进行录入或修改的话，可以采用工资项目过滤的办法，使其更加方便。对于经常用到的过滤项目，可以在项目过滤选择后输入一个过滤器的名称并进行保存，以后用到这些过滤项目时，可直接选择过滤器的名称，而不用重新进行过滤选择，不需要的时候也可以将其删除。

（2）工资数据的替换

如果要对某一工资项目做统一修改，则可以使用“数据替换”这一功能来完成。

3. 扣缴个人所得税

个人所得税是根据《中华人民共和国个人所得税法》，对个人取得的各项应税所得征收的一种税。由于许多企事业单位计算职工工资薪金所得税的工作量较大,因此工资系统特别提供了个人所得税的自动计算功能,用户只需要定义所得税率,系统就能自动计算出个人所得税。这样既减轻了工作负担,又提高了工作效率。

4. 银行代发

目前社会上许多单位发放工资都采用银行代发的方式,这样既减轻了财务部门进行找零、发放工资工作的繁重,又有效地避免了财务去银行提取大笔现金所承担的风险。银行代发业务是指每月末单位应向银行提供银行给定文件格式的软盘。

第一次进入银行代发功能时,系统自动显示"银行文件格式设置"对话框,在这里可以选择银行模板、设置代发银行所要求的数据内容等。

双击"业务处理"菜单下的"银行代发"命令,单击"方式"按钮,可以进行银行代发输入格式设置。系统提供三种文件格式:TXT(定长文件)、DAT(不定长文件)、DBF(数据库文件),另外,还可以在"高级"标签中进行进一步设置。

用户设置好格式和文件类型后,在银行代发窗口中,单击"传输"按钮,可将数据输出到指定的磁盘,输入文件名称、存储路径后单击"保存"按钮即可。

5. 工资分摊

月末,企业要对各部门、各类人员的工资等费用进行分配核算,通过本系统可以设置各项费用计提基数,计提应付福利费、工会经费、职工教育经费等,并对各部门人员的工资进行工资费用和其他费用的分配,编制会计分录。

(1)工资分摊设置

首次使用工资分摊功能,应先进行工资分摊设置。所有与工资相关的费用均需建立相应的分摊类型名称及分摊比例。如职工福利费按应付工资的14%进行计提。在分摊费用时,销售部门的工资费用计入"销售费用"账户,经理室、财务室、供应部的工资费用计入"管理费用"账户,制造部门的工资费用计入"生产成本""制造费用"等账户。

(2)工资分摊凭证生成。

工资分配及费用分摊的结果最后应通过转账凭证的形式传递到总账中。

为了方便采用多种工资类别的企业进行管理,系统提供了汇总工资类别功能,统计所有工资类别本月发放工资的合计数。

13.2.2 实务应用

1. 实训要求

- 设置工资变动数据
- 设置扣缴个人所得税
- 设置工资分摊

2. 实训资料

(1)工资数据(表13-5)

表 13－5　工资数据

姓名	基本工资	工龄	病假天数	事假天数
赵秉华	3 400	15		5
李静	2 850	10		
王一虹	2 230	11	10	
陈萍	2 090	12		
孙强	1 980	8		
陈鑫	2 340	12	5	
李浩	1 670	7	6	
王海	2 340	12		
张兰	2 450	13	5	
钱丽	2 100	10		
赵梅	2 300	17		
周峰	2 020	9		
李悦	2 300	12		

（2）个人所得税

秉仓有限责任公司会计王一虹，根据现行个人所得税扣缴基数 5 000，进行扣缴个人所得税设置，并输出“系统扣缴个人所得税年度申报表”。

（3）工资分摊

根据设置好的工资分摊凭证生成本月的工资分配凭证及计提工会经费凭证。

3. 实训指导

（1）工资变动

在企业应用平台中，单击“重注册”，以“001”账套主管的身份进入企业应用平台。登录“薪资管理”系统。

执行“业务处理”—“工资变动”命令，打开“工资变动”窗口（图 13－6），即可对所有人员的工资数据进行录入、修改。可以直接录入数据，也可以通过筛选和定位、页编辑、替换、过滤器等方法，快速、准确地进行数据录入或修改。

在“工资变动”窗口，选择“过滤器”下拉列表中的“过滤设置”，打开“项目过滤”对话框，分别将“基本工资”“工龄”“事假天数”“病假天数”项目从“工资项目”列表中选到“已选项目”列表中。确认后，依资料录入各位职员的基本工资、工龄、病假天数、事假天数。

还可以使用“替换”功能。在“工资变动”窗口，单击“全选”按钮，单击“替换”按钮，选择要替换的工资项目，输入替换目标数据后，确定替换条件，单击“确定”按钮，出现系统提示，单击“是”按钮。

提示：

- 若进行数据替换的工资项目已设置了计算公式，则在重新计算时以计算公式为准。
- 如未输入替换条件而进行替换，则系统默认替换条件为本工资类别的全部人员。

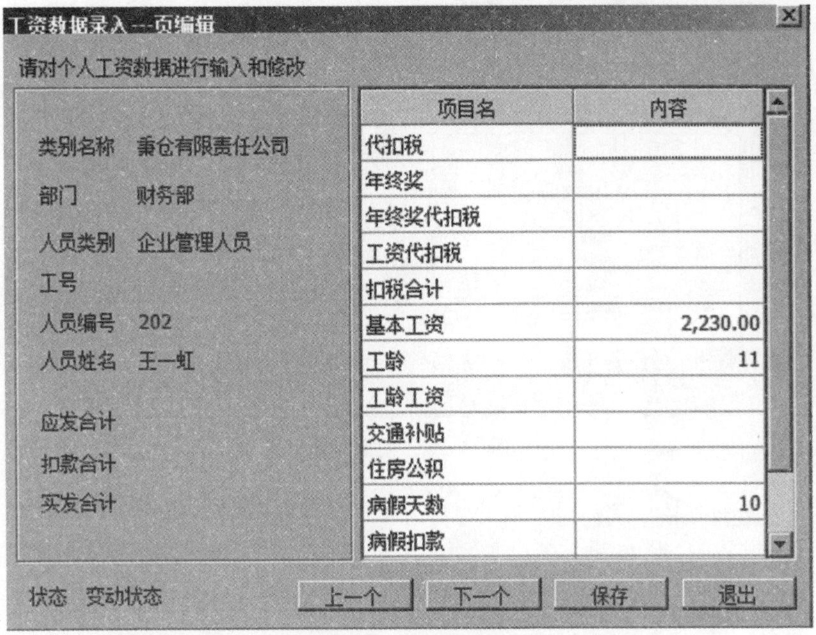

图 13－6　工资变动窗口

(2)扣缴个人所得税

执行“设置”—“选项”命令,单击“扣税设置”标签,打开“扣税设置”选项卡(图13－7)。进行各项目的选择。此处默认系统设置,不做修改。

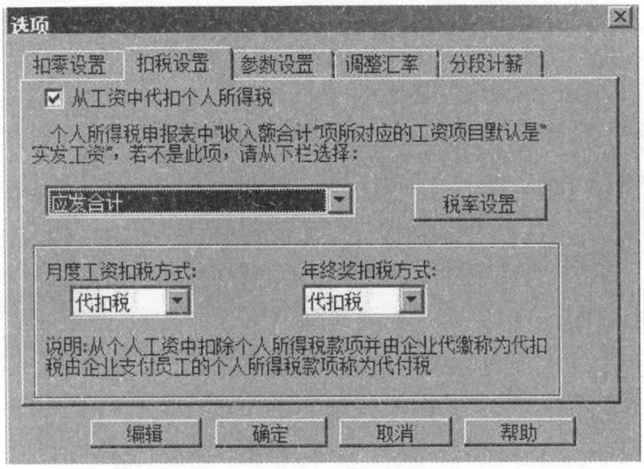

图 13－7　扣税设置选项卡

单击“税率设置”按钮进行修改。修改确认后系统自动重新计算,并将此设置保存到下次修改确认前。单击“确定”按钮,查看个人所得税扣缴情况(图13－8)。执行“输出”命令,输出到D盘进行保存。

(3)设置工资分摊

在企业应用平台中,单击“重注册”,以“002”会计的身份进入企业应用平台。登录“薪资管理”系统。

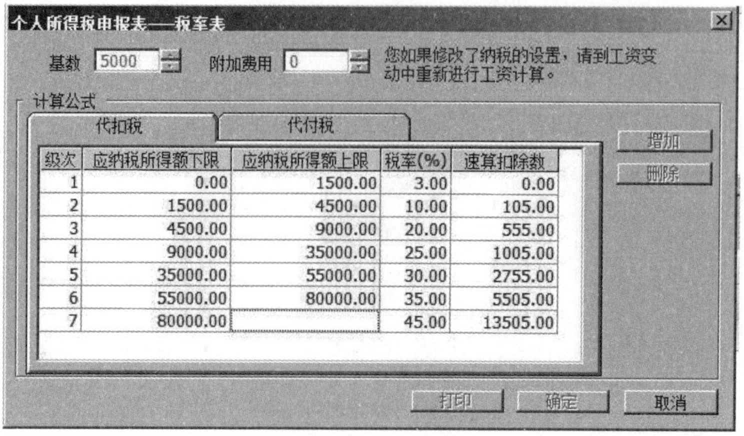

图 13－8　税率设置

执行“业务处理”—“工资分摊”命令，打开“工资分摊”对话框（图 13－9）。

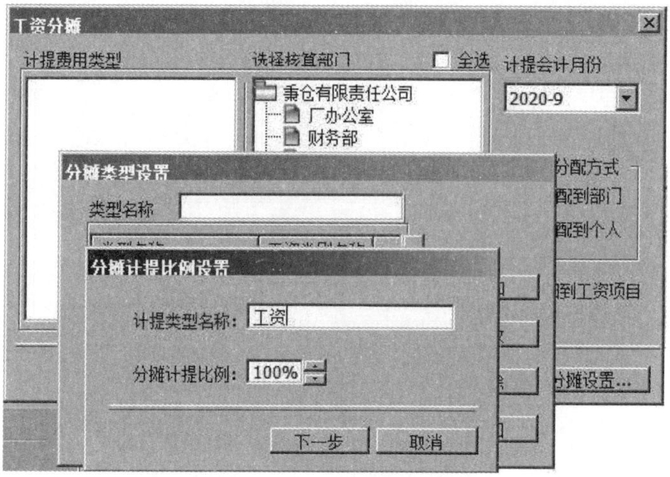

图 13－9　工资分摊对话框

在“工资分摊”对话框，单击“工资分摊设置”按钮，打开“分摊类型设置”对话框，单击“增加”按钮，打开“分摊计提比例设置”对话框，输入新的工资分配计提类型名称和计提分摊比例。单击“下一步”按钮，打开“分摊构成设置”对话框（图 13－10），输入分摊构成设置。所有的构成项目均可参照输入。设置完毕，单击“完成”按钮。

同理，完成对“计提工会经费”的设置。

（4）生成工资分摊凭证

在“工资分摊”对话框，选择参与本次费用分摊计提的类型，参与核算的部门，计提费用的月份和计提分配方式，以及选择费用分摊时是否明细到工资项目（图 13－11）。以上设置完成后，单击“确定”按钮，进入“工资一览表”。根据需要选择是否按“合并科目相同、辅助项相同的分录”显示一览表。

在“工资一览表”界面（图 13－12），从“类型”下拉列表框中选择不同的分摊类型，系统按选择的分摊类型显示相应的一览表，单击“制单”按钮，将生成当前所选择的一种“分摊类型”所对应的一张凭证。选择“凭证字”,确认“日期”,单击“保存”按钮,凭证左上角显示红色“已生成”字样,表明该凭证已传递到总账系统(图13-13)。

分摊构成设置

部门名称	人员类别	工资项目	借方科目	借方项目大类	借方项目	贷方科目	贷方项目大类
厂办公室,财务...	企业管理人员	应发合计	6602			2211	
销售部	销售人员	应发合计	6601			2211	
采购部	采购人员	应发合计	6602			2211	
基本生产车间,...	生产人员	应发合计	5101			2211	

上一步 完成 取消

图13-10 分摊构成设置对话框

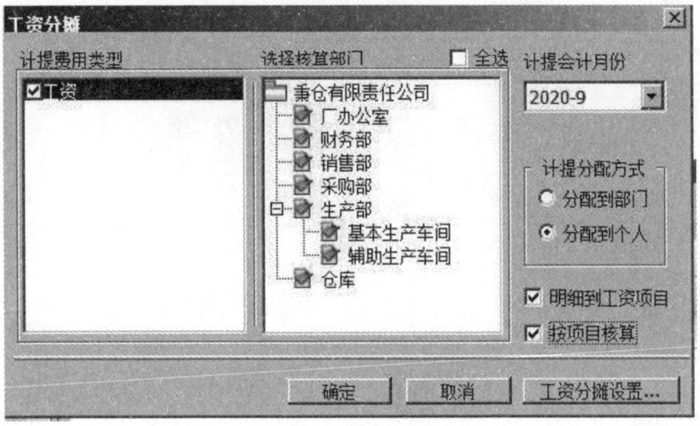

图13-11 生成分摊凭证

工资一览表

合并科目相同、辅助项相同的分录

类型 工资　　　　计提会计月份 9月

应发合计						
分配金额	借方科目	借方项目大类	借方项目	贷方科目	贷方项目大类	贷方项目
3600.00	6602			2211		
3050.00	6602			2211		
2430.00	6602			2211		
2290.00	6602			2211		
2080.00	6601			2211		
2440.00	6601			2211		
1770.00	6602			2211		
2440.00	6602			2211		
2550.00	5101			2211		
2400.00	5101			2211		
2200.00	5101			2211		
2120.00	5101			2211		
2500.00	6602			2211		

图13-12 工资一览表界面

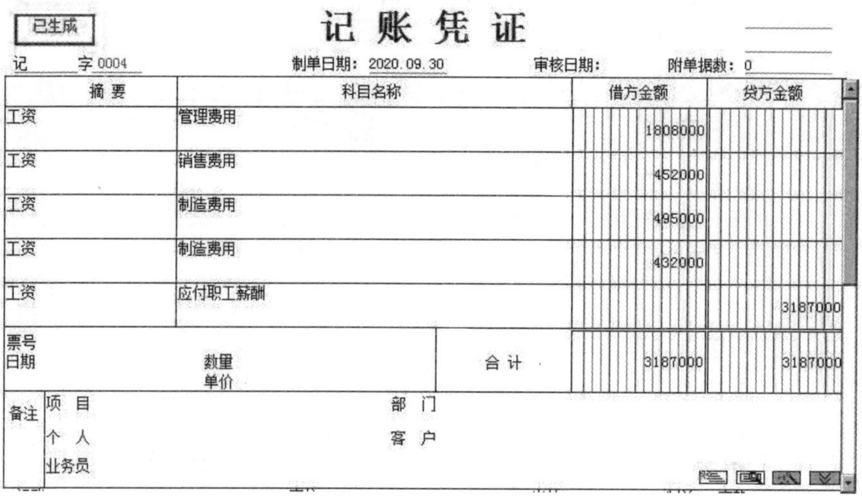

图 13－13 保存凭证

13.3 期末业务处理

13.3.1 理论知识

1. 统计分析

(1)账表管理

账表管理功能是通过“统计分析－账表”来完成的。

①我的账表

我的账表主要功能是对工资系统中所有的报表进行管理，有工资表和工资分析表两种报表类型。如果系统提供的报表不能满足企业的需要，用户还可以启用自定义报表功能，新增报表夹和设置自定义报表。

②工资表

工资表主要用于本月工资的发放和统计，本功能主要完成查询和打印各种工资表的工作。工资表包括以下一些由系统提供的原始表：工资发放签名表、工资发放条、工资卡、部门工资汇总表、人员类别工资汇总表、条件汇总表、条件统计表、条件明细表、工资变动明细表、工资变动汇总表等。

③工资分析表

工资分析表是以工资数据为基础，对部门、人员类别的工资数据进行分析和比较，产生各种分析表，供决策人员使用。工资分析表包括分部门各月工资构成分析表、分类统计表（按部门、按项目、按月）、工资项目分析表（按部门）、工资增长情况、部门工资项目构成分析表、员工工资汇总表、员工工资项目统计表。

(2)凭证查询

工资管理系统传输到总账系统的凭证，通过“凭证查询”功能来删除和冲销。

选择“统计分析”中的“凭证查询”子菜单，显示凭证查询界面。

2. 月末处理

月末处理是将当月数据经过处理后结转至下月。每月工资数据处理完毕后均可进行月末结转。在工资项目中，有的项目是变动的，即每月的数据均不相同，在每月工资处理时，均需将其数据清零，然后输入当月的数据。例如，奖金、缺勤天数、缺勤扣款等项目。此项操作是通过“业务处理”菜单中的“月末处理”命令来完成的。在进行本月工资的月末处理后，本月工资将不许变动。月末结转工作只在1月至11月进行，新年度到来时，由账套主管首先建立新年度账，再在系统管理中选择“年度账”菜单中的“结转上年数据”命令，即可将工资数据经过处理后结转至新年度。

3. 反结账

在薪资管理系统结账后，发现还有一些业务或其他事项需要在已结账月进行账务处理，此时需要使用反结账功能，取消已结账标记。双击“业务处理”菜单中“反结账”命令，屏幕显示反结账界面，选择要反结账的工资类别，确认即可。

有下列情况之一，不允许反结账：

(1)总账系统已结账。

(2)成本管理系统上月已结账。

(3)本月工资分摊、计提凭证传输到总账系统，如果总账系统已制单并记账，需做红字冲销凭证后，才能反结账；如果总账系统未做任何操作，只需删除此凭证即可。

(4)如果凭证已经由出纳签字/主管签字，需取消出纳签字/主管签字，并删除该张凭证。

13.3.2 实务应用

1. 实训要求

- 工资表查询
- 工资凭证查询
- 进行月末处理

2. 实训资料

(1)2020年9月30日，查询工资表。

(2)2020年9月30日，查询工资凭证。

(3)进行月末处理。

3. 实训指导

(1)工资表查询

在企业应用平台中，单击“重注册”，以“002”会计的身份进入企业应用平台。登录“薪资管理”系统。

执行“统计分析”—“账表”—“工资表”命令，打开“工资表”对话框(图13-14)。选择要查看的表，单击“查看”按钮，在弹出对话框中输入查询条件，即可得到相应的查询结果。

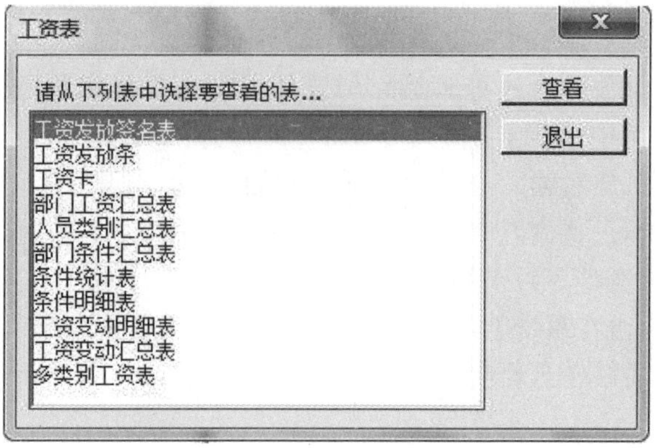

图 13－14　工资表对话框

(2)工资凭证查询

执行“统计分析”—“凭证查询”命令，打开“凭证查询”对话框(图 13－15)。选择输入所要查询的起始月份和终止月份，显示查询期间凭证列表。选中一张凭证，单击“凭证”按钮或是双击，显示单张凭证界面，即可查看到相应的凭证

单击“删除”按钮，可删除标志为“未审核”的凭证。单击“冲销”，则可对当前标志为“记账”的凭证，进行红字冲销操作，自动生成与原凭证相同的红字凭证。单击“单据”，显示生成凭证的原始凭证。

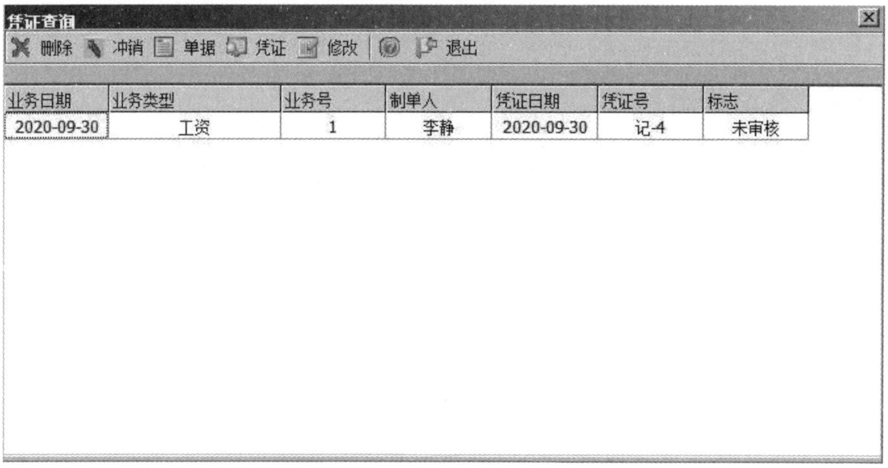

图 13－15　凭证查询对话框

(3)月末处理

执行“业务处理”—“月末处理”命令，打开“月末处理”对话框(图 13－16)。

单击“确认”按钮，弹出提示框“月末处理后，本月工资将不许变动！继续月末处理吗?”，若单击“否”按钮，则退回薪资管理主界面；单击“是”按钮，系统继续提示“是否选择清零项”对话框。若选“否”按钮，则下月完全继承当前月数据；若选“是”按钮，打开“选择清零项目”对话框(图 13－17)。

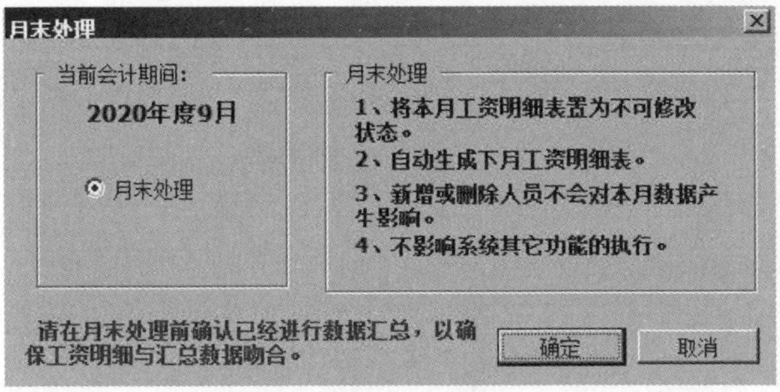

图 13－16 月末处理对话框

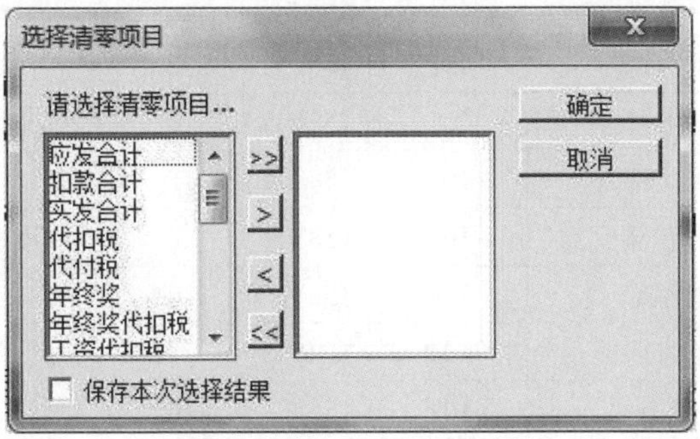

图 13－17 选择清零项目对话框

选择需要清零的项目后，单击“确认”按钮，系统提示“月末处理完毕！”。并且按用户设置将清零项目数据清空，其他项目继承当前月数据。如果选中“保存本次选择结果”，则本次选择的需清零的工资项系统将予以保存，每月不必再重新选择。

课后实训

一、薪资管理

1. 启用参数

- 工资类别：单个
- 计件工资：否
- 扣税设置：代扣个人所得税
- 扣零设置：不扣零
- 系统启用时间：2020 年 9 月

2. 人员附加信息设置：工龄、技术职称、职务

略。

3. 部门档案设置，由总账系统自动转入

略。

4. 人员档案（表 13 –6）

表 13 –6　人员档案

编码	姓名	部门	人员类别	账号	工龄	技术职称	职务
0101	张新宁	总经理办公室	101	158101	28	高级工程师	总经理
0102	顾丽	总经理办公室	101	158102	10	工程师	总经理助理
0201	李利	财务部	101	158201	25	高级会计师	财务主管
0202	张佳	财务部	101	158202	15	会计师	会计
0203	张芳	财务部	101	158203	9	助理会计师	出纳
0204	刘林	财务部	101	158204	10	会计师	会计
0205	刘方明	财务部	101	158205	10	会计师	会计
0301	朗华	供应部	101	158301	15	工程师	采购主管
0302	张靖	供应部	101	158302	5	助理工程师	采购员
0401	韩毅	销售部	104	158401	16	工程师	销售主管
0402	陈方	销售部	104	158402	6	助理工程师	销售员
0511	李伟	生产一部	102	158511	20	工程师	车间主任
0512	陈小明	生产一部	102	158512	15	工程师	技术员
0513	蒋立	生产一部	103	158513	6	技师	工人
0514	王萌	生产一部	103	158514	8	技师	工人
0515	张大力	生产一部	103	158515	8	技师	工人
0521	李月	生产二部	102	158521	20	工程师	车间主任
0522	张正	生产二部	103	158522	16	助理工程师	工人
0523	孙利	生产二部	103	158523	10	技师	工人
0524	杜鹃	生产二部	103	158524	8	技师	工人
0525	韩阳	生产二部	103	158525	10	技师	工人

5. 工资项目设置（表 13 –7）

表 13 –7　工资项目设置

项目名称	类型	长度	小数位数	增减项
基本工资	数字	8	2	增项
岗位工资	数字	8	2	增项
绩效工资	数字	8	2	增项
岗位津贴	数字	8	2	增项
奖金	数字	8	2	增项
应发合计	数字	8	2	增项

表 13－7(续)

项目名称	类型	长度	小数位数	增减项
上年月平均工资	数字	8	2	其他
病假天数	数字	8	0	其他
病假扣款	数字	8	2	减项
事假天数	数字	8	0	其他
事假扣款	数字	8	2	减项
应发工资	数字	8	2	其他
保险费	数字	8	2	减项
公积金	数字	8	2	减项
扣税标准	数字	8	2	其他
代扣税	数字	8	2	减项
扣款合计	数字	8	2	减项
实发合计	数字	8	2	增项
日工资	数字	8	2	其他
工龄	数字	2	0	其他

6. 工资计算公式

应发合计＝基本工资＋岗位工资＋绩效工资＋岗位津贴＋奖金
日工资＝(基本工资＋岗位工资)/30
病假扣款＝日工资×病假天数×0.5
事假扣款＝日工资×事假天数
应发工资＝应发合计－病假扣款
保险费＝上年月平均工资×8%
公积金＝上年月平均工资×12%
扣税标准＝应发工资－保险费－公积金
扣款合计＝病假扣款＋事假扣款＋保险费＋公积金＋代扣税
实发合计＝应发合计－扣款合计

7. 工资数据输入(表 13－8)

表 13－8 工资数据

编码	姓名	基本工资	岗位工资	绩效工资	岗位津贴	奖金	上年月平均工资
0101	张新宁	2 100	900	1 500	600	900	5 800
0102	顾丽	1 750	600	1 000	400	600	4 900
0201	李利	1 725	825	1 375	550	825	5 300

表 13－8(续)

编码	姓名	基本工资	岗位工资	绩效工资	岗位津贴	奖金	上年月平均工资
0202	张佳	1 715	735	1 225	490	735	4 700
0203	张芳	1 400	600	1 000	400	600	3 800
0204	刘林	1 435	615	1 025	410	615	3 900
0205	刘方明	1 435	615	1 025	410	615	3 900
0301	朗华	1 715	735	1 225	490	735	4 700
0302	张靖	1 050	450	750	500	450	3 000
0401	韩毅	1 715	735	1 225	490	735	4 700
0402	陈方	1 050	450	750	500	450	3 000
0511	李伟	1 960	840	1 400	660	840	5 500
0512	陈小明	1 435	615	1 025	510	615	3 900
0513	蒋立	1 225	525	875	500	525	3 500
0514	王萌	1 225	525	875	500	525	3 500
0515	张大力	1 225	525	875	500	525	3 500
0521	李月	1 855	795	1 325	550	795	5 200
0522	张正	1 435	615	1 025	500	615	4 000
0523	孙利	1 330	570	950	500	570	3 800
0524	杜鹃	1 225	525	875	500	525	3 500
0525	韩阳	1 330	570	950	500	570	3 800

8. 出勤情况(表 13－9)

表 13－9　出勤统计表

部门	姓名	病假天数	事假天数
总经理办公室	顾丽		2
生产一部	蒋立	2	
销售部	陈方		1

9. 分摊设置

(1)30 日，分配本月工资 90 735.34 元，其中生产甲产品工人工资 10 892 元，生产乙产品工人工资 15 680 元，车间管理人员工资 15 220 元，行政管理人员工资 40 893.34 元(其中总经理办公室 10 193.34 元，财务部 22 600 元，供应部 8 100 元)，销售人员工资 8 050 元。(附单据 1 张)

借：生产成本——直接人工(甲产品)　　　　10 892.00

生产成本——直接人工(乙产品) 15 680.00
制造费用——工资 15 220.00
管理费用——工资(总经理办公室) 10 193.34
管理费用——工资(财务部) 22 600.00
管理费用——工资(供应部) 8 100.00
销售费用——工资 8 050.00
贷:应付职工薪酬——工资 90 735.34

(2)30 日,计提工会经费 1 814.71 元,其中生产甲产品工人工会经费 217.84 元,生产乙产品工人工会经费 313.60 元,车间管理人员工会经费 304.40 元,行政管理人员工会经费 817.87 元(其中总经理办公室 203.87 元,财务部 452 元,供应部 162 元),销售人员工会经费 161 元。(附单据 1 张)

借:生产成本——直接人工(甲产品) 217.84
生产成本——直接人工(乙产品) 313.60
制造费用——工会经费 304.40
管理费用——工会经费(总经理办公室) 203.87
管理费用——工会经费(财务部) 452.00
管理费用——工会经费(供应部) 162.00
销售费用——工会经费 161.00
贷:应付职工薪酬——工会经费 1 814.71

(3)30 日,计提职工教育经费 2 268.38 元,其中生产甲产品工人职工教育经费 272.30 元,生产乙产品工人职工教育经费 392 元,车间管理人员职工教育经费 380.50 元,行政管理人员职工教育经费 1 022.33 元(其中总经理办公室 254.83 元,财务部 565 元,供应部 202.50 元),销售人员职工教育经费 201.25 元。(附单据 1 张)

借:生产成本——直接人工(甲产品) 272.30
生产成本——直接人工(乙产品) 392.00
制造费用——职工教育经费 380.50
管理费用——职工教育经费(总经理办公室) 254.83
管理费用——职工教育经费(财务部) 565.00
管理费用——职工教育经费(供应部) 202.50
销售费用——职工教育经费 201.25
贷:应付职工薪酬——职工教育经费 2 268.38

(4)30 日,根据领料凭证汇总表,分配本月材料费用。其中甲产品领用 A 材料 2 800 千克,金额 350 000 元,B 材料 2 300 千克,金额 207 000 元;乙产品领用 A 材料 700 千克,金额 87 500 元,领用 B 材料 4 000 千克,金额 360 000 元;销售部门领用 B 材料 500 千克,金额 45 000 元;管理部门领用 B 材料 600 千克,金额 54 000 元(其中总经理办公室 16 700 元,财务部 19 500 元,供应部 17 800 元);车间一般耗用 A 材料 200 千克,金额 25 000 元。(附单据 1 张)

借:生产成本——直接材料(甲产品) 557 000
生产成本——直接材料(乙产品) 447 500
制造费用——材料费 25 000

管理费用——其他(总经理办公室)	16 700	
管理费用——其他(财务部)	19 500	
管理费用——其他(供应部)	17 800	
销售费用——其他	45 000	
贷:原材料——A 材料		462 500
原材料——B 材料		666 000

第 14 章　固定资产管理

【理论知识目标】

- 掌握建立固定资产账套,进行基础设置及录入原始卡片的内容和方法
- 熟悉固定资产增减变动的处理方法,掌握计提折旧和制单的方法
- 了解对账、结账及账表查询的方法

【实务应用目标】

- 能够对固定资产系统进行综合运用
- 能熟练进行固定资产系统的初始设置
- 能熟练进行固定资产系统日常业务处理、期末处理

14.1　基础设置

固定资产管理系统是一套用于企事业单位固定资产核算和管理的软件,主要面向中小型企业,帮助企业进行固定资产总值、累计折旧数据的动态管理,协助企业进行成本核算,同时为设备管理部门提供固定资产实体的各项指标。

14.1.1　理论知识

固定资产管理系统总的功能是完成企业固定资产日常业务的核算和管理,生成固定资产卡片,按月反映固定资产的增加、减少、原值变化及其他变动,并输出相应的增减变动明细账,按月自动计提折旧,生成折旧分配凭证,同时输出一些相关的报表和账簿。

在系统管理中建立了账套后,若想使用固定资产管理系统,必须首先进行启动与注册。

1. 设置账套参数

(1)约定及说明

显示的内容是该账套的基本信息和系统处理的一些基本原则,需要使用者认真检查、确认。在“固定资产初始化向导—约定及说明”对话框中,检查账套号、账套名称、本位币及系统处理的基本原则,确认后选择“我同意”,单击“下一步”按钮,进入“固定资产初始化向导—启用月份”对话框。若不正确,单击“退出”按钮,重新注册。

(2)启用月份

如果需要向总账系统传递凭证,则固定资产系统的启用月份不得在总账系统的启用月份之后。启用日期确定后,在该日期前的所有固定资产都将作为期初数据,在启用月份开始计提折旧。在“固定资产初始化向导—启用月份”对话框中,单击“账套启用月份”下拉列

表框的下三角按钮，选择“2020.09”选项即可。然后单击“下一步”按钮，进入“固定资产初始化向导—折旧信息”对话框。

（3）折旧栏目设定

如果选用的是行政事业单位应用方案，则按照会计制度规定，所有的固定资产不计提折旧，若本账套不提折旧，则不选该选项。一旦确定本账套不提折旧，账套内与折旧有关的功能将无法执行操作，该设定在保存初始化设置后不能修改，所以在选择前一定要慎重。

系统提供常用的六种折旧方法：平均年限法（一）、平均年限法（二）、工作量法、年数总和法、双倍余额递减法（一）、双倍余额递减法（二）。企业在实际计提折旧时，不一定每个月计提一次，可能因行业的自身情况的不同，每季度、半年或一年计提一次，折旧费用的归集也是按照这样的周期进行的。在“折旧汇总分配周期”下拉列表框中，选择折旧计提和分配周期，然后单击“下一步”按钮，进入编码方式设置。

（4）编码方式

在“固定资产编码方式”处确定类别的编码方式。资产类别是用户单位根据管理和核算的需要给固定资产所做的分类，可参照国家标准或自己的需要建立分类体系。本系统类别编码最多可以设置4级10位，可以设定每一级的编码长度。

固定资产编号有两种输入方法，可以在输入开篇时手工输入；也可以选用自动编码的形式，根据编码原则自动生成。如果选择了“手工输入”选项，则在卡片输入时通过手工输入的方式录入资产编号；如果选择了“自动编号”选项，可单击下拉键，从“类别编号＋序号、部门编号＋序号、类别编号＋部门编号＋序号、部门编号＋类别编号＋序号”中根据单位的情况选择一种，系统根据选择的编码原则自动生成固定资产编号。自动编号中序号的长度可自由设定为1～5位。自动编号的好处在于输入卡片时简便快捷，并可根据资产编号了解资产的基本情况，便于资产管理。

（5）财务接口

如果想与账务系统对账，可勾选与账务系统对账；不打勾表示不对账。

①与账务系统进行对账

在使用总账系统的情况下，对账的含义是将固定资产系统内所有资产的原值，累计折旧和账务系统中的固定资产科目和累计折旧科目的余额核对，看数值是否相等。在系统运行中的任何时候都可执行对账功能，如果不平，则表示两个系统之间出现偏差，应引起注意，予以调整。

②固定资产对账科目和累计折旧对账科目

参照账务系统科目选择。所选择的对账科目应为账务系统内的一级科目。

2. 基础设置

系统的各项基础设置中除资产分类内用户设置外，其他各部分都有缺省内容。如果没有特殊需要，可不再设置。

（1）选项设置

由于建立固定资产子账套时已经进行了有关选项设置，因此在“选项”中只能对允许修改的参数进行修改，其他参数只能查看。

可修改项包括对账部分、折旧设置；不可修改项包括本账套是否计提折旧的判断在初始化时设置，不能修改。本账套开始使用期间在初始化时只能查看，不能修改。资产编号自动编码方式每一个账套只能设置一种自动编码方式，一经设定，不得修改。如果初始化时选择的是手工输入,则可通过“选项”修改一次,修改后一旦单击“确定”按钮退出选项界面,不能再修改。如果初始化时选择的是自动编码,则该选项不能修改。

(2)部门对应折旧科目设置

固定资产计提折旧后必须把折旧归入成本或费用,根据不同使用者的具体情况按部门或按类别归集。当按部门归集折旧费用时,某一部门所属的固定资产折旧费用将归集到一个比较固定的科目,所以部门对应折旧科目的设置就是给部门选择一个折旧科目,录入卡片时,该科目自动显示在卡片中,不必逐个输入,可以提高工作效率。然后在生成部门折旧分配表时每一部门按折旧科目汇总生成记账凭证。

(3)资产类别设置

固定资产类别复杂,种类繁多,规格不一,要强化固定资产管理,及时准确做好固定资产核算。必须建立科学的固定资产分类体系,为核算和统计管理提供依据。企业可以根据自身的特点和管理要求,确定一个较为合理的资产分类方法,对固定资产类别可以分别进行增加、修改和删除的操作。

(4)增减方式的设置

增减方式的设置包括增加和减少两种方式。增加方式主要有:直接购入,投资者投入、捐赠、盘盈,在建工程转入、融资租入;减少方式主要有:出售、盘亏、投资转出、捐赠转出、报废、毁损、融资租出等。设置资产的增加和减少方式主要是用于确定资产计价和处理原则以及对资产的汇总管理。

(5)使用状况设置

从固定资产核算和管理的角度,需要明确资产的使用状况,一方面可以正确地计算和计提折旧,另一方面可以统计固定资产的使用情况,提高资产的利用效率。系统预置的使用状况有使用中(在用、季节性停用、经营性出租、大修理停用)、未使用、不需用。

注意,修改某一使用状况的“是否计提折旧”的选择后,对折旧计算的影响从当期开始,不调整以前的折旧计算。“在用”状况下级缺省的内容不能删除,名字可以修改。因为设计卡片的大修理记录和停用记录表是自动填写的。

①使用状况增加

在使用状况目录表中选择使用状况,点击“增加”按钮,在编辑区输入上级名称、使用状况名称;根据使用状况和本单位实际情况判断该资产“是否计提折旧”;单击“保存”。

②使用状况修改

从使用状况目录中选中要修改的使用状况,单击“修改”按钮。

③使用状况删除

从使用状况目录中选中要删除的使用状况,单态“删除”按钮即可。已使用的使用状况不允许删除。

(6) 折旧方法设置

折旧方法设置是系统自动计算折旧的基础,系统给出了常用的六种折旧方法:不提折旧、工作量法、年数总和法、双倍余额递减法(一)和(二)、平均年限法(一)和(二),并列出了它们的折旧计算公式。这几种方法是系统默认的方法,只能选用,不能删除和修改。另外,系统还提供了折旧方法的自定义功能,用户可以定义折旧方法的名称和计算公式。

注意:

自定义公式中的项目只能是窗口左侧给定的项目。而且月折旧率和月折旧额公式定义时必须有单向包含关系,即月折旧额公式中包含月折旧率项目,或月折旧率公式中包含月折旧额项目,但不能同时互相包含。

3. 固定资产卡片管理

(1)定义固定资产卡片项目

卡片项目是指固定资产卡片上用来记录资产资料的栏目,如原值、资产名称、使用年限、折旧方法等,是卡片最基本的项目。系统事先设置了一些基本必备的项目,如果不能满足要求,企业可根据自身的管理目标进行取舍定义,以便得到自己所需要的卡片项目。新增加的项目称为自定义项目,下一步定义卡片样式时,把这些增加项目选择到样式中,得到真正属于自己的卡片样式。

如在自定义项目中增加两个项目:负责人和固定资产成新率。其中负责人是字符型项目,固定资产成新率是数值型项目,计算公式为(原值 - 累计折旧)/原值。

(2)卡片样式定义

卡片样式是指卡片的整个外观,包括其格式(是否有表格线、对齐形式、字体大小、字型等)、所包含的项目和项目的位置,不同的企业或不同的资产类别,由于管理的内容和侧重点不同,固定资产卡片项目可能不同,所以系统提供卡片样式定义功能,增加灵活性。系统提供了通用卡片样式,我们可以修改样式,也可以自定义新的卡片样式。

(3)原始卡片录入

固定资产卡片是固定资产核算和管理的依据,为了保持历史资料的连续性,在使用固定资产核算前,除了要进行基础设置之外,必须将建账日期以前的数据录入系统中,使固定资产系统有一个完整的数据资料。原始卡片的录入可以在任何时期。

录入原始卡片是把使用系统前的原始资料录入系统,以保持固定资产管理和核算的连续性和完整性。鉴于原始资料可能较多,在一个月内不一定能够录入完毕,所以本系统原始卡片录入不限于第一个月,也就是说,如果第一个月到月底原始资料没有录入完毕,用户可以有两种选择:一是一直以该月日期登录,直到录入完毕,再进行以下各部分操作;二是月底前没法完成全部卡片录入的情况下,继续以下各部分操作,以后各月陆续进行录入,由于固定资产系统和其他系统的制约关系,本系统不能结账,总账也不能结账,所以在特定情况下,可以采用分月录入的方法。

原始卡片是指卡片记录的资产开始使用日期的月份大于其录入系统的月份,即已使用过并已计提折旧的固定资产卡片。

14.1.2 实务应用

1. 实训要求

- 建立固定资产账套
- 设置部门对应折旧
- 设置增减方式
- 设置资产类别
- 录入原始卡片

2. 实训资料

(1)参数设置

启用固定资产系统，根据企业核算与管理的需要，由账套主管李静建立固定资产子系统，具体设置参数如下：

折旧信息：按平均年限法计提折旧，折旧分配周期为一个月。

编码方式：类别编码方式为2112，固定资产编码方式为自动，卡片序号长度为3。

账务接口：要求与账务系统进行对账，固定资产对账科目为固定资产，累计折旧对账科目为累计折旧，在对账不平衡的情况下允许月末结账，业务发生后立即制单。

(2)部门对应折旧设置(表14－1)

表14－1　部门对应折旧

部门编码	部门名称	对应折旧科目
1	厂办公室	管理费用
2	财务部	管理费用
3	销售部	销售费用
4	采购部	销售费用
5	生产部	
501	基本生产车间	制造费用
502	辅助生产车间	生产成本
6	仓库	管理费用

(3)增减方式设置

直接购入——银行存款

毁损——固定资产清理

(4)资产类别(表14－2)

表14－2　资产类别

编号	名称	使用年限	净残值率
01	建筑物	20	0.03
02	铸造设备	10	0.04
03	电子设备	3	0.04

(5)原始卡片(表14－3)

表14－3　原始卡片内容

卡片编号	1	2
固定资产编号	100101	100201
固定资产类别	建筑物	铸造设备

表 14－3(续)

卡片编号	1	2
固定资产名称	厂房	铣床
所在部门	基本生产车间	辅助生产车间
增加方式	直接购入	直接购入
使用状况	在用	在用
对应折旧名称	制造费用	制造费用
规格型号	混凝土	A416
可使用月份	240	120
开始使用日期	2018－12－01	2019－5－21
原值	200 000	200 000
累计折旧	20 000	20 000

3. 实训指导

(1)建立固定资产账套

在企业应用平台中,单击“重注册”,以“002”会计的身份进入企业应用平台。登录“固定资产”系统。执行“业务工作”—“财务会计”—“固定资产”命令,可进入固定资产主界面窗口。如果是第一次使用固定资产系统,系统会提示“是否进行账套初始化?”(图 14－1),单击“是”按钮,系统将自动运行初始化向导(图 14－2)。

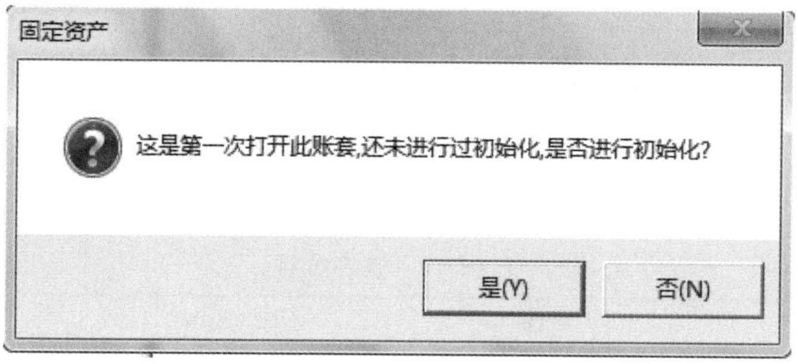

图 14－1　固定资产系统提示页面

进行约定及说明、启用月份、折旧信息、编码方式、账务接口的操作,具体信息参照实训资料。

提示:

- 初始化设置完成后,部门参数不能修改。若要修改只能通过固定资产管理系统“工具”—“重新初始化账套功能”命令完成,该操作将清空该账套所做的一切工作。

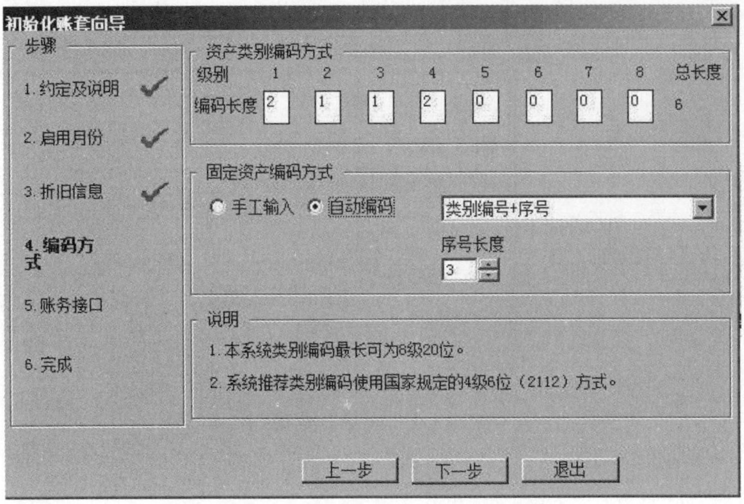

图 14－2 初始化账套向导页面

（2）设置部门对应折旧

执行“设置”—“部门对应折旧科目”命令，打开“部门对应折旧科目”窗口（图 14－3）。

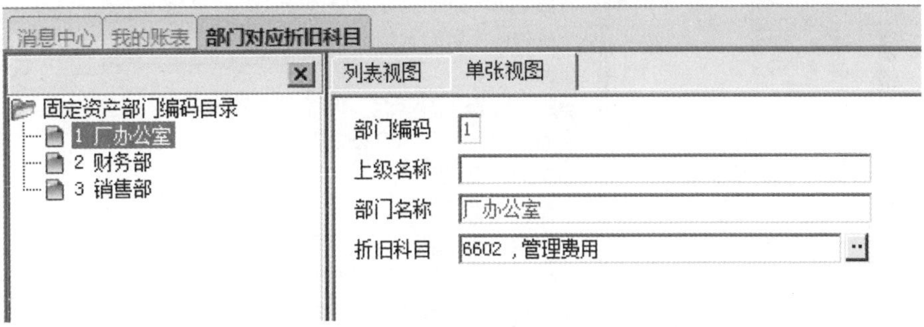

图 14－3 部门对应折旧科目窗口

选择部门，单击“修改”按钮，选择或输入折旧科目。单击“保存”按钮。

同理，根据实训资料完成其他部门折旧科目的设置。

提示：

- 如果选择科目时没有需要的子科目，则需要先设置科目再进行选择。

（3）设置增减方式

执行“设置”—“增减方式”命令，打开“增减方式”窗口（图 14－4）。

在左边列表框中，单击“直接购入”，单击“修改”按钮，输入对应入账科目“1002，银行存款”。单击“保存”按钮。

同理，根据实训资料完成其他固定资产增加方式所对应的会计科目。

提示：

- 此处所设置的对应入账科目，是为了在进行增加及减少固定资产业务处理时直接生成凭证中的会计科目。非明细级科目增减方式不能删除，已使用的增减方式不能删除。生成凭证时如果入账科目发生变化，则可以进行修改。

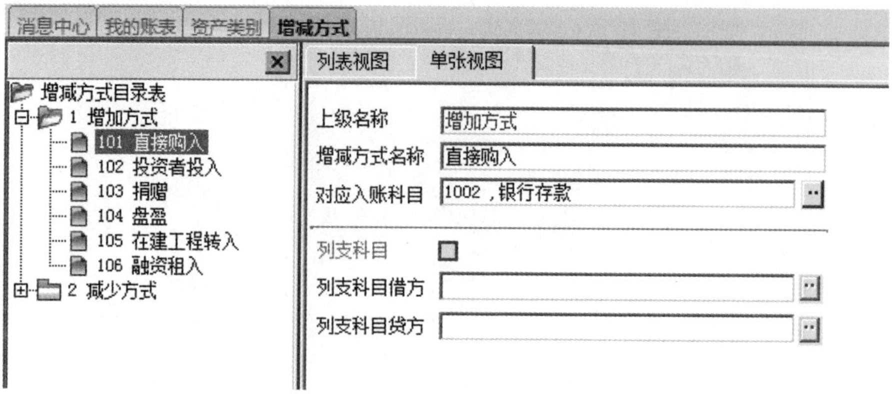

图 14－4　增减方式窗口

（4）设置资产类别

执行“设置”—“资产类别”命令，打开“资产类别”窗口。

单击“增加”按钮，打开“列表视图—单张视图”窗口（图 14－5），输入相关类别信息。单击“保存”按钮。

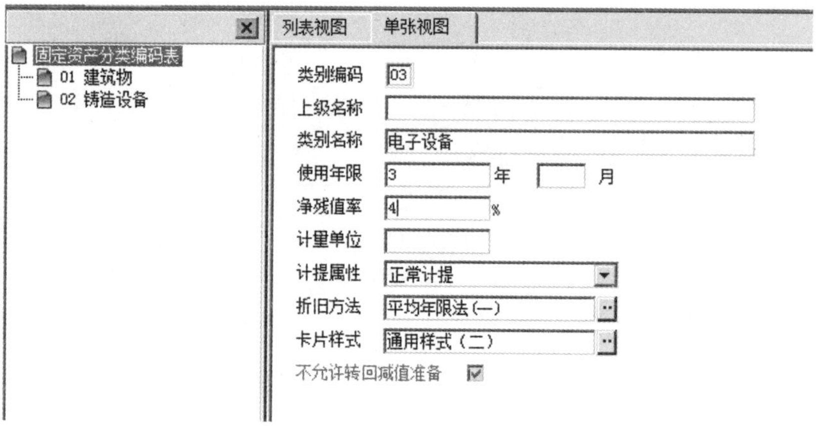

图 14－5　资产类别

同理，继续完成其他资产类别的设置。

提示：

- 只有在最新会计期间才能增加资产类别，月末结账后不能增加。
- 资产类别编码不能重复，同级别类别名称不能相同。
- 非明细类别不能删除和修改。

（5）录入原始卡片

执行“卡片”—“录入原始卡片”命令，打开“固定资产类别档案”窗口。

选择固定资产类别，单击“确认”按钮，打开“固定资产卡片”录入窗口（图 14－6），输入固定资产名称、使用部门、增加方式、使用状况、开始使用日期、原值、累计折旧、使用年限、净残值率等相关信息。单击“保存”按钮，系统提示“数据保存成功”。单击“确定”按钮。

同理，继续完成其他原始卡片。

固定资产卡片

卡片编号	00001			日期	2020-09-01
固定资产编号	01001	固定资产名称			厂房
类别编号	01	类别名称	建筑物	资产组名称	
规格型号	混凝土	使用部门			基本生产车间
增加方式	直接购入	存放地点			
使用状况	在用	使用年限(月)	240	折旧方法	平均年限法(一)
开始使用日期	2018-12-01	已计提月份	20	币种	人民币
原值	200000.00	净残值率	3%	净残值	6000.00
累计折旧	20000.00	月折旧率	0.004	本月计提折旧额	800.00
净值	180000.00	对应折旧科目	5101,制造费用	项目	
录入人	李静			录入日期	2020-09-01

图14-6 固定资产卡片录入窗口(一)

提示:

- 卡片中的固定资产编号根据初始化或选项设置中的编码方式,自动编码或需要用户手工录入。
- 录入人自动显示为当前的操作员,录入日期为当前登录日期。
- 与计算折旧有关的项目录入后,系统会按照输入的内容将本月应提的折旧额显示在“本月折旧额”项目内,可将该值与手工计算比较看是否有错误。
- 其他页签录入的内容只是为管理卡片设置,不参与计算,并且除附属设备外,其他内容在录入月结账后除“备注”外不能修改和输入,由系统自动生成。
- 原值、累计折旧、累计工作量录入的一定要是卡片录入月月初的价值,否则将会出现计算错误。
- 已计提月份必须严格按照该资产已计提月份数,不包括使用期间停用等不计提折旧的月份,否则不能正确计算折旧。
- 开始使用日期必须采用 YYYY-MM-DD 形式录入,其中年和月对折旧的计提有影响,虽然不会影响折旧计提,但是也必须录入。
- 如果输入原值和净值,可自动计算累计折旧。
- 对应折旧科目,根据所选择的使用部门自动带出。

14.2 日常业务处理

14.2.1 理论知识

固定资产日常业务处理是固定资产管理中非常重要的一部分内容,主要包括资产的增减变动、折旧处理及记账凭证的编制。当发生固定资产增加、减少以及部门间的转移时,需要及时做出处理,否则会影响折旧的计提。在月末,还需要准确计提本月折旧,及时生成记账凭证。

1. 固定资产增减管理

固定资产增减管理是固定资产日常管理中的一个重要部分,由于某种原因固定资产会出现增加或者减少以及在部门间转移的情况，这时候就需要及时地处理，否则会影响折旧的计提。

(1)固定资产增加

资产增加操作也称“新卡片录入”，固定资产采用计算机进行管理后，可能通过购进或其他方式增加，该部分固定资产通过“资产增加”操作录入系统。

资产通过“原始卡片”录入还是通过“资产增加”录入，取决于资产开始使用的日期，只有当“开始使用日期 = 录入的日期”时，才能通过“资产增加”录入。

(2) 固定资产减少

资产在使用过程中，总会由于各种原因，如毁损、出售、盘亏等，退出企业，该部分操作称为“资产减少”。在系统中提供资产减少的批量操作，为同时清理一批资产提供方便。

只有当账套开始计提折旧后才可以使用资产减少功能，否则，减少资产只能通过删除卡片完成。由于目前账套还未计提，所以不能进行资产减少操作。

选择要减少的资产，有两种方法：

如果要减少的资产较少或没有共同点，则通过输入资产编号或卡片号，然后单击“增加”按钮，将资产添加到资产减少表中。

如果要减少的资产较多并且有共同点，则通过单击“条件”按钮，屏幕显示的界面与卡片管理中自定义查询的条件查询界面一样。输入一些查询条件，将符合该条件集合的资产挑选出来进行减少操作。

在表内输入资产减少的信息：减少日期、减少方式、清理收入、清理费用、清理原因。如果当时清理收入和清理费用还不知道，可以后在该卡片的附表“清理信息”中输入。

所输入的资产的清理信息可以通过该资产的附属页签“清理信息”查看。若当前账套设置了计提折旧，则需在计提折旧后才可执行资产减少。

2. 固定资产变动管理

固定资产在使用过程中，可能会调整卡片上的一些项目，此类变动必须留下原始凭证，制作的原始凭证称为变动单。资产变动主要包括原值变动、部门转移、使用状况变动、使用年限调整、折旧方法调整、净残值率调整、工作总量调整、累计折旧调整、资产类别调整，以及固定资产停用、封存、启用等方面内容。固定资产系统对已变动的资产，要求输入相应的变动单来记录资产调整结果。

(1)原值变动

如果固定资产原值发生变动，通过“变动”功能实现。原值变动包括原值增加和原值减少两部分。

资产在使用过程中，其原值变动有五种情况：根据国家规定对固定资产重新估价；增加补充设备和改良设备；将固定资产的一部分拆除；根据实际价值调整原来的暂估价值；发现原记录固定资产价值有误。

固定资产管理系统原值发生变动通过“原值变动”功能实现。原值变动包括原值增加和原值减少两部分。

(2)部门转移

资产在使用过程中，因内部调配而发生的部门变动，通过部门转移功能实现。类似地，还可以做使用年限调整、工作总量调整、净残值率调整、类别调整、计提减值准备调整、转回减值准备调整的变动单。

变动单保存后不能修改,只能在当月删除后重新填制。

进行使用年限调整的资产在调整的当月就按照调整后的使用年限计提折旧。

进行折旧方法调整的资产在调整的当月就按照调整后的折旧方法计提折旧。

如果进行累计折旧调整,则应保证调整后的累计折旧大于净残值。

(3)资产使用状况的调整

固定资产在使用过程中,可能会因为某种原因,使得资产的使用状况发生变化。资产的使用状况可分为在用、未使用、不需用、停用、封存五种。资产使用状况发生变化应当及时调整。

(4)资产使用年限的调整

固定资产在使用过程中,资产的使用年限可能会由于资产的重估、大修等原因调整资产的使用年限。进行使用年限调整的资产在调整的当月应按照调整后的使用年限计提折旧。

(5)资产折旧方法的调整

固定资产在使用过程中,其计提折旧的方法一经采用,一般在年内不做调整。但如有特殊情况需要调整的,可通过折旧方法调整。

(6)计提减值准备

企业应当在期末或至少在每年年度终了,对固定资产逐项检查,如果由于市价持续下跌,或技术陈旧等原因导致其可收回金额低于账面价值的,应当将可收回金额低于账面价值的差额计提固定资产减值准备,固定资产减值准备应按单项资产计提。

按照新会计准则规定,已计提减值准备的固定资产价值又得以恢复时,从 2007 年开始不得冲回,只能在处置固定资产后再进行会计处理。

(7)变动单管理

变动单管理可以对系统制作的变动单进行查询、修改、制单、删除等处理。

3. 资产评估

系统提供对固定资产评估作业的管理,主要包括下列内容:将评估机构的评估数据手工录入或定义公式录入到系统;根据国家要求手工录入评估结果或根据定义公式生成评估结果;对评估中进行管理。

本系统资产评估功能提供可评估的资产内容包括原值、累计折旧、净值、使用年限、工作总量、净残值率。

4. 折旧处理

自动计提折旧是固定资产的主要功能之一。系统根据已经录入系统的有关固定资产资料每期计提折旧一次,并自动生成折旧分配表,然后制作记账凭证,将本期的折旧费用自动登账,并将当期的折旧额自动累加到累计折旧项目。

影响折旧率计算的因素有固定资产原值、累计折旧、净残值率、折旧方法、使用年限、使用状况等。

(1)录入工作量

当账套内的固定资产有使用工作量法计提折旧的,每月计提折旧前必须录入计提折旧的固定资产当月的工作量,否则该类固定资产将不被计提折旧。

(2)计提折旧

执行此功能,系统将自动计提各项资产当期的折旧额,并将当期的折旧额自动累加到累计折旧项目。

5. 制单处理

用户在固定资产管理系统完成任何一笔制单业务的同时,选择立即制作记账凭证传输到账务系统,也可以在当时不制单(选项中"业务发生是否立即制单"设置必须为不立即制单),而在某一个时间(例如月底),利用本系统提供的另一功能,即批量制单完成制单工作。批量功能可同时将一批需制单业务连续制作凭证传输到账务系统,避免了多次制单的烦琐。

14.2.2 实务应用

1. 实训要求

- 增加固定资产
- 减少固定资产
- 计提本月折旧
- 生成凭证

2. 实训资料

(1)25 日厂办公室购买一台电脑作为固定资产,价款 8 000 元,以现金支票支付(票号 4 590)。

(2)27 日因更换产品,将铣床出售。

(3)27 日计提本月累计折旧。

3. 实训指导

(1)增加固定资产

执行"卡片"—"资产增加"命令,打开"固定资产类别档案"窗口。

选择固定资产类别,单击"确定"按钮,打开"固定资产卡片"录入窗口(图 14－7),输入固定资产名称、使用部门、增加方式、使用状况、开始使用日期、原值、累计折旧、使用年限、净残值率等相关信息。单击"保存"按钮,系统提示"数据保存成功"。单击"确定"按钮。

提示:

- 卡片输入完毕后,也可以不立即制单,月末可以批量制单。
- 如果在选项中选择"业务发生时立即制单",摘要根据业务情况自动输入;如果使用批量制单方式,则摘要为空,需要手工输入。
- 修改凭证时,能修改的内容仅限于摘要、用户自行增加的凭证的分录、系统默认的分录的折旧科目,而系统默认的分录的金额与原始的不能修改。

(2)减少固定资产

执行"卡片"—"资产减少"命令,打开"资产减少"窗口(图 14－8)。

固定资产卡片

卡片编号	00003			日期	2020-09-25
固定资产编号	03001	固定资产名称			电脑
类别编号	03	类别名称	电子设备	资产组名称	
规格型号		使用部门			厂办公室
增加方式	直接购入	存放地点			
使用状况	在用	使用年限(月)	36	折旧方法	平均年限法(一)
开始使用日期	2020-09-25	已计提月份	0	币种	人民币
原值	8000.00	净残值率	4%	净残值	320.00
累计折旧	0.00	月折旧率	0	本月计提折旧额	0.00
净值	8000.00	对应折旧科目	6602,管理费用	项目	
录入人	李静			录入日期	2020-09-25

图 14－7 固定资产卡片录入窗口(二)

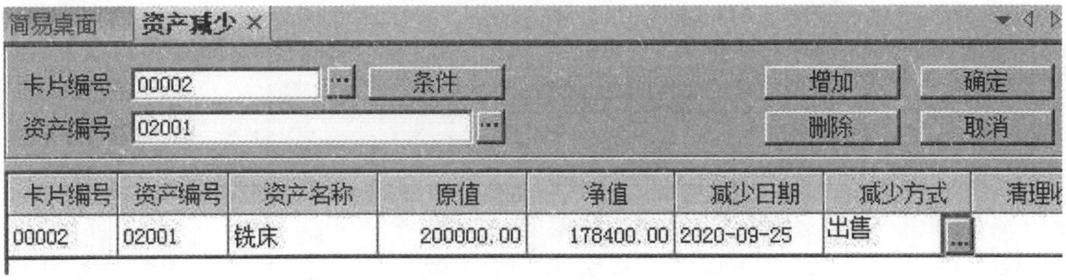

图 14－8 资产减少窗口

选择卡片编号“2”,单击“确定”按钮。单击“增加”按钮,选择减少方式,单击“确定”按钮,系统提示“所选卡片已经减少成功”,单击“确定”按钮(图 14－9)。

图 14－9 减少成功

提示:

● 本账套需要进行计提折旧后,才能减少资产。

● 如果要减少的资产较少或没有共同点,则通过输入资产编号或卡片号,然后单击“增加”按钮,将资产添加到资产减少表中。

● 如果要减少的资产较多并且有共同点,则通过单击“条件”按钮,屏幕显示的界面与卡片管理中自定义查询的条件查询界面一样。输入一些查询条件,将符合该条件集合的资产挑选出来进行减少操作。

(3)计提本月折旧

执行“处理”—“计提本月折旧”命令,弹出“是否要查看折旧清单?”提示框,单击“是”

按钮。

弹出“本操作将计提本月折旧，并花费一定时间，是否要继续？”提示框，单击“是”按钮，打开“折旧清单”窗口（图 14 – 10）。单击“退出”按钮，打开“折旧分配表”窗口，单击“退出”按钮，弹出信息提示框“计提折旧完成！”（图 14 – 11），单击“确定”按钮。

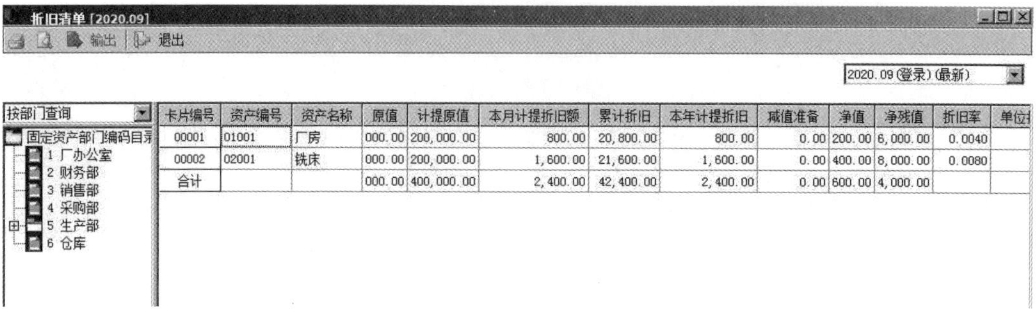

图 14 – 10　计提折旧窗口

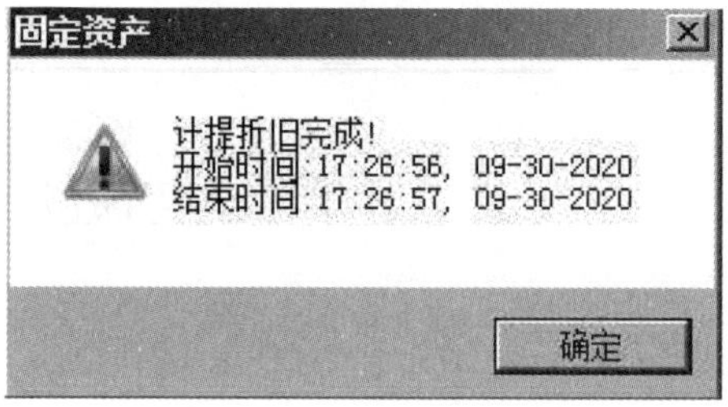

图 14 – 11　折旧完成

提示：

• 本系统在一个期间内可以多次计提折旧，每次计提折旧后，只是将计提的折旧累加到月初的累计折旧，不会重复累计。

• 如果上次计提折旧已制单并把数据传递到账务系统，则必须删除该凭证才能重新计提折旧。

• 计提折旧后又对账套进行了影响折旧计算或分配的操作，必须重新计提折旧，否则系统不允许结账。

• 如果自定义的折旧方法月折旧率或月折旧额出现负数，自动中止计提。

• 只有在总账系统审核记账后，固定资产才能保证对账和结账的完整性与正确性。

（4）生成凭证

执行“处理”—“批量制单”命令，打开“批量制单”窗口（图 14 – 12）。

单击“全选”按钮，单击“制单设置”页签，单击“制单”按钮，出现第一张凭证，选择凭证字，单击“保存”按钮。继续完成其他凭证的生成，凭证全部生成后，单击“退出”按钮（图 14 – 13、图 14 – 14）。

提示：

• 在固定资产系统中所生成的凭证可以在“凭证查询”功能中进行查询、修改和删除的操作。

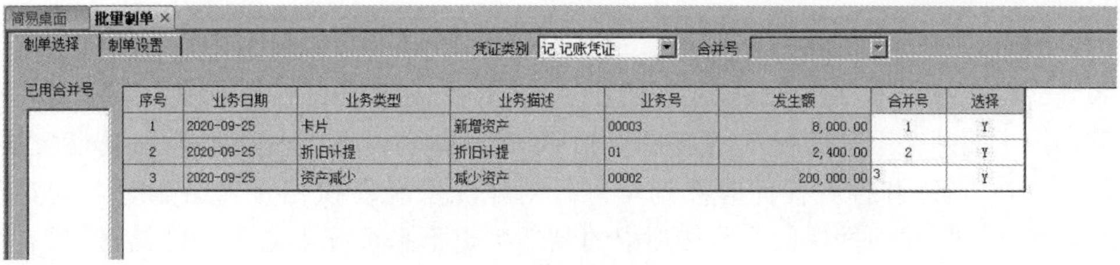

图 14－12 批量制单窗口

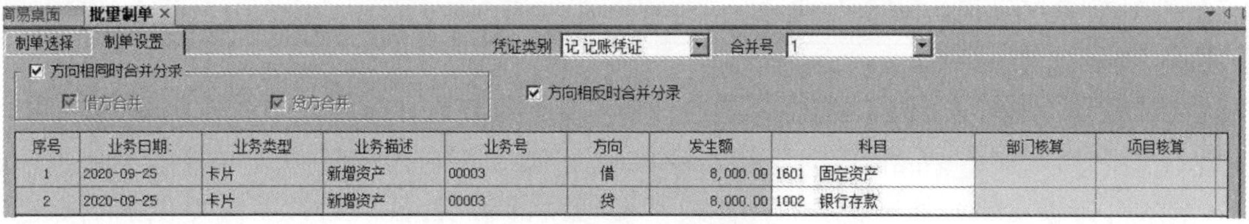

图 14－13 制单设置窗口

图 14－14 记账凭证

• 由固定资产系统传送到总账系统中的凭证，在总账系统中不能修改和删除。

• 修改凭证时，能修改内容仅限于摘要，用户自行增加的凭证分录、系统缺省的折旧科目，而系统缺少的分录的金额是与原始交易相关的，不能修改。

14.3 期末处理

14.3.1 理论知识

1. 期末处理

根据会计制度的规定，企业每月都需要进行月末结账。固定资产系统生成凭证后，自动传递到总账系统，在总账系统经出纳签字、审核凭证、科目汇总后，进行记账。

总账系统记账完毕后，固定资产系统才可以进行对账，若对账平衡，开始月末结账。若在财务接口中选中“在对账不平衡情况下允许固定资产月末结账”，则可以直接进行月末

结账、

(1)对账

系统在运行过程中,应保证本系统管理的固定资产的价值和账务系统中固定资产科目的数值相等。而两个系统的资产价值是否相等,通过执行本系统提供的对账功能实现,对账操作不限制执行的时间,任何时候均可进行对账。系统在执行月末结账时自动对账一次,给出对账结果,并根据初始化或选项中的判断确定不平情况下是否允许结账,只有系统初始化或选项中选择了"与账务对账",本功能才可操作。

如果对账不平,需要根据初始化时是否选中"在对账不平情况下允许固定资产月末结账"来判断是否可以进行结账处理。

(2)结账

当固定资产系统完成了本月全部制单业务后,可以进行月末结账。月末结账每月进行一次,结账后当期数据不能修改。结账的操作是在"处理"菜单中的"月末结账"功能中完成的。结账后如果发现本月末处理的业务或需要修改的事项,可以通过系统提供的"恢复月末结账状态"功能进行反结账。

本期不结账,将不能处理下期数据,结账前一定要进行数据备份。

不能跨年度恢复数据,即本系统年末结转后不能利用本功能恢复年末结转。

(3)取消结账

月末结账后,如果有错必须修改,可通过系统提供的"恢复月末结账前状态"功能反结账,再进行相应修改。

2. 账表管理

在对固定资产管理的过程中,需要及时掌握资产的统计、汇总和其他方面的信息。在固定资产系统中根据用户对系统的日常操作,自动提供这些信息,以报表的形式提供给财务人员和资产管理人员。

固定资产管理系统提供的报表分为四类:账簿、折旧表、汇总表、分析表。另外,如果所提供的报表不能满足要求,系统还提供自定义报表功能,可以根据需要自定义符合要求的报表。

(1)账簿

用户可以随时对账表进行查询、分析管理,取得所需要的财务信息。系统自动生成的账簿有固定资产总账、(部门、类别)固定资产明细账、固定资产登记簿。

(2)折旧类报表

用户通过账表管理功能可以对折旧类报表进行查询,了解折旧类的详细资料。与折旧计算有关的报表包括(部门)折旧计提汇总表、固定资产折旧明细表、固定资产及累计折旧表(一)、固定资产及累计折旧表(二)。

用户通过账表管理功能还可以对统计类报表进行查询。与统计有关的报表包括固定资产原值一览表、固定资产统计表、资产评估汇总表、固定资产盘盈盘亏报告表等。

分析表主要通过对固定资产的综合分析,为管理者提供管理和决策的依据。本系统提供的分析表包括固定资产使用状况分析表、固定资产部门构成分析表、固定资产类别构成分析表等。

14.3.1 实务应用

1. 实训要求

- 月末对账、结账
- 查询账表

2. 实训资料

(1)进行对账、结账。
(2)查询部门折旧汇总表。

3. 实训指导

(1)月末对账、结账

执行“处理”—“对账”命令,弹出“与账务对账结果”提示框,单击“确定”按钮。

执行“处理”—“月末结账”命令,打开“月末结账”对话框,单击“开始结账”按钮,弹出“与账务对账结果”提示框,单击“确定”按钮,弹出“月末结账成功完成!”提示框,单击“确定”按钮。结完账后系统会提示重新修改登录日期(图 14-15、图 14-16、图 14-17)。

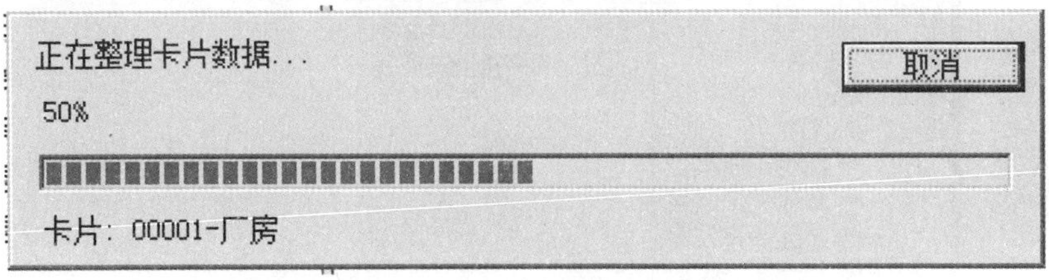

图 14-15 结账进度

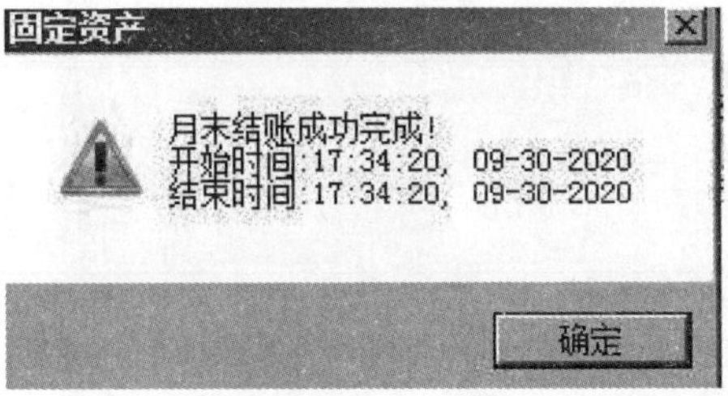

图 14-16 月末结账

提示:

- 当总账记账完毕,固定资产系统才可以进行对账。对账平衡,开始月末结账。
- 如果在初始设置时,选择了“与账务系统对账”功能,对账的操作不限制执行时间,任何时候都可以进行对账。
- 本会计期间做完月末结账工作后,所有数据资料将不能再进行修改。
- 本会计期间不做完月末结账工作,系统将不允许处理下一个会计期间的数据。

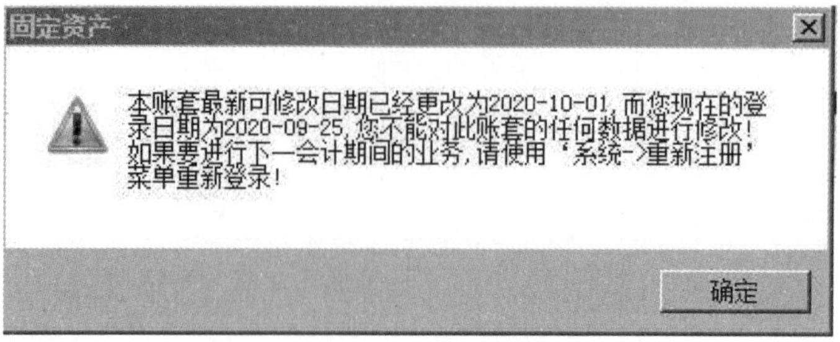

图 14－17　结账完成

(2)查询账表

执行“报表”—“我的账表”命令，打开“固定资产报表”窗口。

单击“折旧表”，选择“部门折旧汇总表”，选择期间、汇总部门，单击“确定”按钮，打开部门折旧汇总表，如图 14－18 所示。

图 14－18　折旧计提汇总表

课后实训

一、固定资产

1.初始化设置

(1)系统控制参数(表14-4)

表14-4　控制参数

参数项目	参数设置
约定反说明	默认(同意)
启用月份	与总账系统启用月份一致(2020.09)
折旧信息	本账套计提折旧:打"√" 折旧方法:平均年限法(一) 折旧汇总分配周期:1个月 当(月初已计提月份=可使用月份-1)时,将剩余折旧全部提足
编码方式	资产类别编码方式:2112 固定资产编码方式:自动编码,按"类别编号+部门编号+小号" 卡片序号长度:3
与账务接口	与账务系统进行对账:打"√" 对账科目 固定资产对账科目:1601,固定资产 累计折旧对账科目:1602,累计折旧 在对账不平情况下,允许固定资产月末结账
补充参数	业务发生后立即制单 月末结账前一定要完成制单登账业务 [固定资产]缺省入账科目:1601 [累计折旧]缺省入账科目:1602 [固定资产减值准备]缺省入账科目:1603 [增值税进项税额]缺省入账科目:22210101 [固定资产清理]缺省入账科目:1606

(2)部门对应折旧科目(表14-5)

表14-5　部门对应折旧科目

部门	对应折旧科目
总经理办公室	管理费用——折旧费
财务部	管理费用——折旧费
供应部	管理费用——折旧费

表 14－5(续)

部门	对应折旧科目
销售部	销售费用——折旧费
生产一部	制造费用——折旧费
生产二部	制造费用——折旧费

(3)资产类别(表 14－6)

表 14－6　资产类别

编码	类别名称	净残值率	单位	计提属性
01	房屋建筑类	4%	栋	正常计提
011	经营用	4%	栋	正常计提
012	非经营用	4%	栋	正常计提
02	通用设备	4%	台	正常计提
021	经营用	4%	台	正常计提
022	非经营用	4%	台	正常计提
03	专用设置	4%	台	正常计提
031	经营用	4%	台	正常计提
032	非经营用	4%	台	正常计提
04	交通运输设备	4%	部	正常计提
041	经营用	4%	部	正常计提
042	非经营用	4%	部	正常计提
05	办公设备	4%	台	正常计提
051	非经营用	4%	台	正常计提

(4)增减方式对应科目(表 14－7)

表 14－7　增减方式对应入账科目

增减方式目录	对应入账科目
增加方式:	
直接购入	100201,工行存款
减少方式:	
毁损	1606,固定资产清理

(5)原始卡片(表14-8)

表14-8 增减方式对应入账科目

固定资产名称	类别编码	所在部门	增加方式	使用状况	可使用年限	开始使用日期	原值	累计折旧
办公室	012	总经理办公室	在建工程转入	在用	30	2010-9-1	150 000	48 195
方正3号计算机	022	总经理办公室	购入	在用	5	2016-9-1	5 000	3 760
HP传真机	022	总经理办公室	购入	在用	5	2016-9-1	3 000	2 256
奥迪轿车	042	总经理办公室	购入	在用	10	2015-9-1	300 000	141 600
办公室	012	财务部	在建工程转入	在用	30	2010-9-1	260 000	83 538
方正2号计算机	022	财务部	购入	在用	5	2015-9-1	10 000	8 000
HP笔记本电脑	022	财务部	购入	在用	5	2015-9-1	4 000	3 200
办公室	012	供应部	在建工程转入	在用	30	2010-9-1	100 000	32 130
方正3号计算机	022	供应部	购入	在用	5	2015-9-1	5 000	4 000
办公室	012	销售部	在建工程转入	在用	30	2010-9-1	90 000	28 917
方正3号计算机	022	销售部		在用	5	2015-9-1	5 000	4 000
HP传真机	022	销售部		在用	5	2015-9-1	3 000	2 400
生产车间	011	生产一、二车间各站50%	在建工程转入	在用	30	2010-9-1	4 000 000	1 285 200
方正1号计算机	021	生产一部	购入	在用	5	2016-9-1	5 000	3 760
机床	031	生产一、二车间各站50%	购入	在用	15	2014-9-1	910 000	342 433
解放汽车	041	生产二部	购入	在用	15	2014-9-1	150 000	56 445

2. 日常业务及期末业务

2020年9月份发生业务如下:

(1)7日,销售部用银行存款购入卡车一部,价款300 000元,增值税进项税额51 000元,已交付使用(转账支票No. ZZ154786)。净残值率4%,预计使用10年,对应折旧科目名称为“销售费用——折旧费”科目。

(2)30日,计提本月折旧费。

借:制造费用——折旧费	16 498	
管理费用——折旧费(总经理办公室)	2 933	
管理费用——折旧费(财务部)	926	
管理费用——折旧费(供应部)	350	
销售费用——折旧费	371	
贷:累计折旧(总经理办公室)		2 933
累计折旧(财务部)		926

累计折旧(供应部)	350
累计折旧(销售部)	371
累计折旧(生产一部)	7 891.50
累计折旧(生产二部)	8 606.50

(3)30 日,对账。

(4)30 日,月末结账。

第 15 章　往来账管理

【理论知识目标】

- 理解应收款管理系统与其他模块的关系
- 明确不同模块组合时应收款系统录入数据或接收数据的方法和相应的账务处理
- 了解应收款管理在财务核算与管理服务中的作用

【实务应用目标】

- 掌握应收款管理系统初始化的一般方法
- 学会应收款系统日常业务处理的主要内容和操作方法
- 熟悉应收款系统与总账系统组合时应收款系统的基本功能和操作方法

应收款是企业资产的一个重要组成部分,过去简单的核算统计已不能满足现代企业发展的需要。用友软件系统在应收款管理方面提供了强大的功能,通过发票、其他应收单、收款单等单据的录入,对企业的往来账款进行综合管理,及时、准确地提供客户的往来账款余额资料,提供各种分析报表,如账龄分析表、周转分析表、欠款分析表、坏账分析表、回款情况分析表等,通过各种分析报表,帮助企业合理地进行资金的调配,提高资金的利用效率。

应收、应付款管理系统分别实现企业与客户、企业与供应商业务往来账款的核算与管理。应收款管理系统主要以各种单据为依据,记录业务所形成的往来款项,处理款项的收回、坏账、转账等情况,提供票据处理功能,实现对票据的管理。

应收款管理系统向总账系统传递凭证,并能够查询其所生成的凭证。应收(应付)款管理系统之间还可以进行转账处理。因两个管理系统操作流程基本相同,故本章仅以应收款管理系统为例介绍系统的功能及操作方法。

15.1　应收款管理系统初始化

15.1.1　理论知识

在使用应收及应付款管理系统之前应已经启用了该系统。启用应收及应付款管理系统的方法与启用其他系统的方法是相同的,既可以在建立账套后直接启用,也可以随时在“企业门户”中启用。

1. 应收款系统初始设置

初始设置的作用是建立应收管理的基础数据,确定使用哪些单据处理应收业务,确定需要进行账龄管理的账龄区间,确定各个业务类型的凭证科目。

(1)选项设置

在运行本系统前,应设置运行所需要的账套参数,以便系统根据所设定的选项进行相应的处理。

设置账套参数主要包括以下内容。

①“常规”选项卡

a. 单据审核日期依据:系统提供两种确认单据审核日期的依据,即单据日期和业务日期;如果选择单据日期,则在单据处理功能中进行单据审核时,自动将单据的审核日期(即入账日期)记为该单据的单据日期。如果选择业务日期,则在单据处理功能中进行单据审核时,自动将单据的审核日期(即入账日期)记为当前业务日期(即登录日期)。

b. 坏账处理方式:系统提供两种坏账处理的方式,即备抵法和直接转销法。有三种备抵的方法,即应收余额百分比法、销售收入百分比法、账龄分析法。这三种方法需要在初始设置中录入坏账准备期初和计提比例或输入账龄区间等,并在坏账处理中进行后续处理。

c. 代垫费用类型:代垫费用类型解决从销售管理系统传递的代垫费用单在应收系统用何种单据类型进行接收的功能。系统默认为其他应收单,用户也可在单据类型设置中自行定义单据类型,然后在系统选项中进行选择。该选项随时可以更改。

d. 应收(应付)账款核算模型:系统提供两种应收(应付)款管理系统的应用模型——简单核算、详细核算。用户必须选择其中一种方式,系统默认详细核算方式。

简单核算:应收(应付)只是完成将销售(采购)传递过来的发票生成凭证传递给总账这样的模式。在总账中以凭证为依据进行往来业务的查询。如果企业销售(采购)业务以及应收(应付)款业务不复杂,或者现销(现付)业务很多,可以选择此方案。

详细核算:应收(应付)可以对往来进行详细的核算、控制、查询、分析。如果企业销售(采购)业务以及应收(应付)款核算与管理业务比较复杂,或者需要追踪每一笔业务的应收(应付)款、收(付)款等情况,或者需要将应收(应付)款核算到产品一级,那么需要选择详细核算。

②“凭证”选项卡

a. 受控科目制单方式:有明细到客户(供应商)、明细到单据两种方式供选择。

明细到客户(供应商):若将一个客户(供应商)的多笔业务合并生成一张凭证,如果核算多笔业务的控制科目相同,系统将自动将其合并成一条分录。这种方式的目的是在总账系统中能够根据客户(供应商)来查询其详细信息。

明细到单据;若将一个客户(供应商)的多笔业务合并生成一张凭证,系统会将每一笔业务形成一条分录。这种方式的目的是在总账系统中也能查看到每个客户(供应商)的每笔业务的详细情况。

b. 非控科目制单方式:有明细到客户(供应商)、明细到单据、汇总制单三种方式供选择。

③“权限与预警”选项卡

通过对报警级别的设置,将客户按照其欠款余额与其授信额度的比例分为不同的类型,以便掌握各个客户的信用情况。有信用方式报警、折扣方式自动报警、超过信用额度报警三种方式可供选择。

④“核销设置”选项卡

本系统提供两种应收(应付)款的核销方式,即按单据、按产品两种方式。若选择“按单据”核销,系统将满足条件的未结算单据全部列出,由操作员选择要结算的单据,根据所选择的单据进行核销;若选择“按产品”核销,系统将满足条件的未结算单据按存货列出,由操作员选择要结算的存货,根据所选择的存货进行核销。

(2)存货信息

存货分类、计量单位以及存货档案已在前面基础档案中讲述过,在此不再累述。

(3)单据设置

①单据格式设置

本功能主要是根据系统预置的单据模板,定义本企业所需要的单据格式。单据格式设计是对报账中心、采购、存货、库存、项目管理、销售、应收、应付等模块中的各种单据进行格式设计。每一种单据格式设置分为显示单据格式设置和打印单据格式设置。

②单据编号设置

根据企业业务中使用的各种单据的不同需求,由用户自己设置各种单据的编码生成原则。

“完全手工编号”:是指用户新增单据时,不自动带入用户设置的单据流水号。单据号为主,用户可以直接输入单据号,此种方式主要应用于企业的某种单据号之间无关联或不连续的情况下,如采购发票等。

“手工修改,重号时自动重取”:由于此功能为本版新增,故在用户选择“完全手工编号”功能的情况下,有推式生单功能的单据,由于生成的单据号都为空,应将这些单据显示给用户,以便输入单据后进行保存;如果批量生单和自动生单不能显示生成的单据并填入单据号,则无法保存单据,此种情况下建议用户不使用“完全手工编号”,而采用“手工修改,重号时自动重取”功能。

(4)初始设置

①设置科目

设置科目的目的是为了系统中所处理的各种单据最后制单生成凭证而传递到总账中时,其生成凭证中相对应的会计科目自动带入。

②坏账准备设置

坏账准备设置的作用是系统根据用户的应收账款进行计提坏账准备。

2. 录入期初余额

通过期初余额功能,可将正式启用账套前的所有应收业务数据录入系统中,作为期初建账的数据,系统即可对其进行管理,这样既保证了数据的连续性;又保证了数据的完整性。

初次使用本系统时,要将上期未处理完全的单据都录入到本系统,以便于以后的处理。当进入第二年度处理时,系统自动将上年度未处理完全的单据转为下一年度的期初余额。在下一年度的第一个会计期间里,可以进行期初余额的调整。

在录入完成应收款的期初余额后,应进行“期初对账”工作。在期初余额主界面中单击“对账”按钮。屏幕上列示出各科目与总账的对账结果。

15.1.2 实务应用

1. 实训要求

- 设置系统参数
- 设置科目
- 设置结算方式
- 设置坏账准备
- 设置账龄区间
- 设置报警级别
- 录入期初余额并与总账系统进行对账

2. 实训资料

(1)系统参数

采用应收账款余额百分比法进行坏账处理;代垫费用类型:其他应收单;按客户控制科目;销售科目设置依据:按存货设置;按单据核销应收账款;录入发票时,显示提示信息。

(2)基本科目设置(表15-1)

表15-1 基本科目设置

科目	编码
应收科目	1122
销售科目	600101
税金科目	2221

(3)结算方式设置

现金结算:库存现金(1001)。

现金支票:银行存款(1002)。

转账支票:银行存款(1002)。

(4)坏账准备设置

提取比率:5%　　期初余额:16 065.00

坏账准备科目:1231　　对方科目:6602

(5)账龄区间设置(表15-2)

表15-2 账龄区间设置

序号	总天数
01	30
02	60
03	90
04	120
05	120以上

(6)报警级别设置(表15－3)

表15－3 报警级别设置

序号	总比率/%	级别名称
01	10	A
02	30	B
03	50	C
04	100	D
05		E

(7)期初数据(正向销售专用发票)(表15－4)

表15－4 期初数据

开票日期	客户名称	销售部门	业务员	货物名称	数 量	价税合计
8.15	北京新发	销售科	孙强	MP3	4	226 000
8.20	天津新品	销售科	陈鑫	MP3	2	113 000
8.30	上海电子	销售科	孙强	MP3	1	56 500

3. 实训指导

(1)设置系统参数

在企业应用平台中,单击“重注册”,以“001”账套主管的身份进入企业应用平台。登录“应收款管理”系统。

执行“设置”—“选项”命令,打开“账套参数设置”窗口(图15－1),单击“编辑”按钮,选择“坏账处理方式”栏的下三角按钮,选择“应收余额百分比法”。

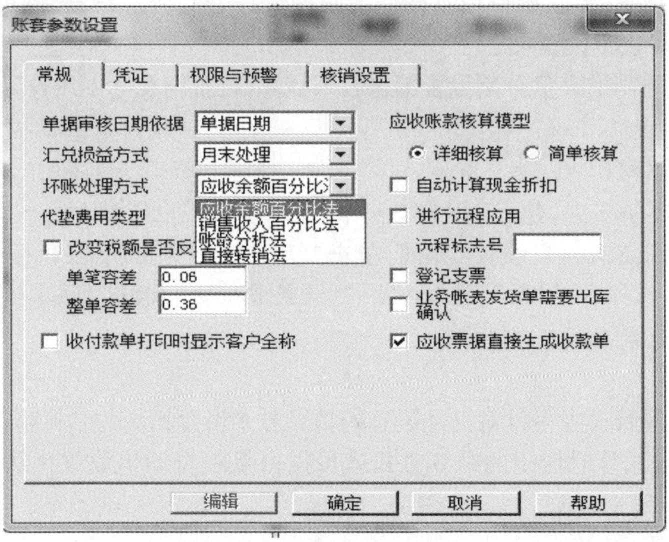

图15－1 账套参数设置窗口

提示：

- 在账套使用过程中可以随时修改账套参数。
- 如果选择单据日期为审核日期，则月末结账时单据必须全部审核。
- 如果当年已经计提过坏账准备，则坏账处理方式不能修改，只能下一年度修改。
- 关于应收账款核算模型，在系统启用时或者还没有进行任何业务处理的情况下才允许从简单核算改为详细核算；从详细核算改为简单核算随时可以进行。

（2）设置基本科目

在应收款管理系统中，执行“设置”—“初始设置”—“设置科目”—“基本科目设置”命令。在“基本科目设置”界面，录入或选择应收科目“1122” 及其他的基本科目（图 15－2）。

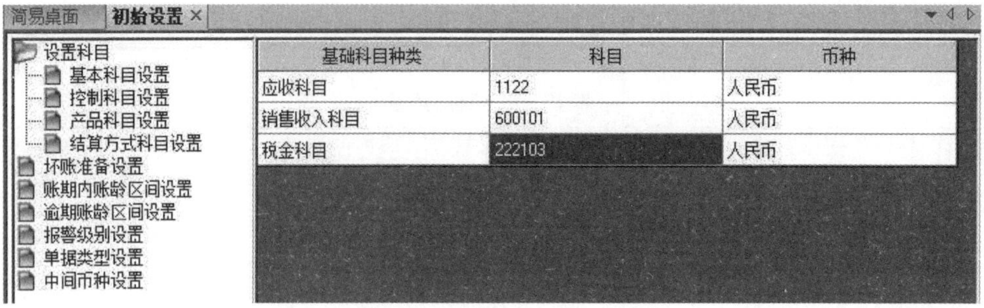

图 15－2　基本科目设置界面

提示：

- 在基本科目设置中所设置的应收科目“1131 应收账款”、预收科目“2131 预收账款”及“1111 应收票据”，应在总账系统中设置其辅助核算内容为“客户往来”，并且其受控系统为“应收系统”。否则在这里不能被选中。
- 只有在这里设置了基本科目，在生成凭证时才能直接生成凭证中的会计科目，否则凭证中将没有会计科目，相应的会计科目只能手工再录入。
- 如果应收科目、预收科目按不同的客户或客户分类分别设置，则可在“控制科目设置”中设置，在此可以不设置。
- 如果针对不同的存货分别设置销售收入核算科目，则在此不用设置，可以在“产品科目设置”中进行设置。

（3）结算方式科目

在应收款管理系统中，执行“设置”—“初始设置”—“设置科目”—“结算方式科目设置”命令。在“结算方式科目设置”界面，单击“结算方式”栏的下三角按钮，选择“现金结算”，单击币种栏，选择“人民币”，在“科目”栏录入或选择“1001”，回车（图 15－3）。以此方法继续录入其他的结算方式科目。

提示：

- 结算方式科目设置是针对已经设置的结算方式设置相应的结算科目，即在收款或付款时只要告诉系统结算时使用的结算方式就可以由系统自动生成该种结算方式所使用的会计科目。
- 如果在此不设置结算方式科目，则在收款或付款时可以手工输入不同结算方式对应的会计科目。

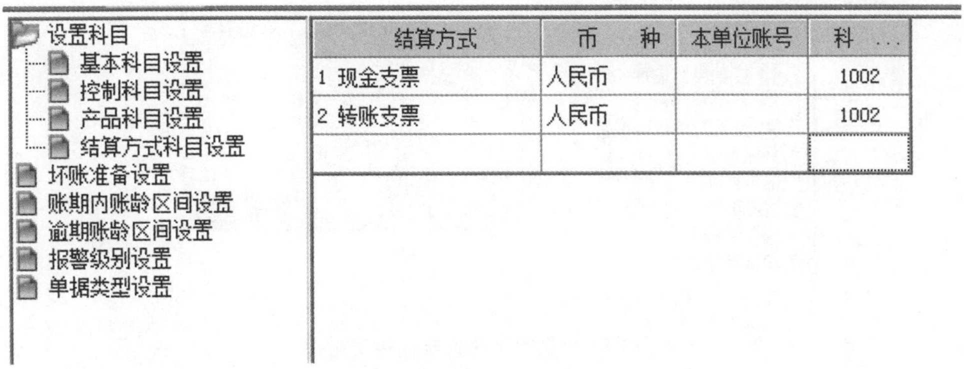

图 15－3　结算方式科目设置界面

(4)设置坏账准备

在应收款管理系统中,执行“设置”—“初始设置”—“坏账准备设置”命令,打开“坏账准备设置”界面(图 15－4),录入提取比率“5”,坏账准备科目“1231”,对方科目“6701”。单击“确定”按钮。

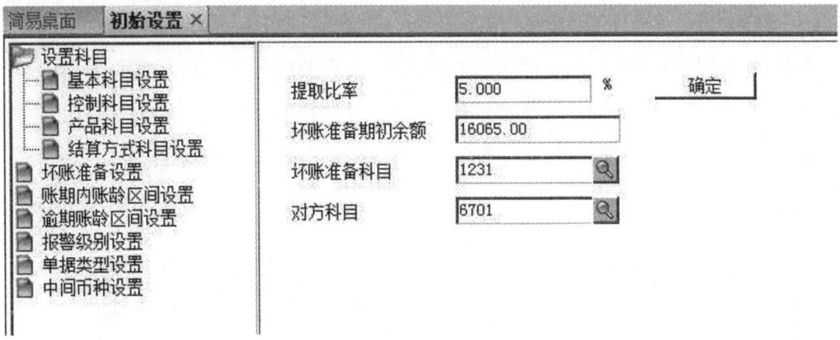

图 15－4　坏账准备设置界面

提示:

• 如果在选项中并未选中坏账处理的方式为“应收余额百分比法”,则在此处就不能录入“应收余额百分比法”所需要的初始设置,即此处的初始设置是与选项中所选择的坏账处理方式相对应的。

• 坏账准备的期初余额应与总账系统中所录入的坏账准备的期初余额相一致,但是,系统没有坏账准备期初余额的自动对账功能,只能人工核对。坏账准备的期初余额如果在借方,则用“－”号表示。如果没有期初余额,应将期初余额录入“0”,否则,系统将不予确认。

• 坏账准备期初余额被确认后,只要进行了坏账准备的日常业务处理就不允许再修改。下一年度使用本系统时,可以修改提取比率、区间和科目。

• 如果在系统选项中默认坏账处理方式为直接转销,则不用进行坏账准备设置。

(5)设置账龄区间

在应收款管理系统中,执行“设置”—“初始设置”—“账期内账龄区间设置”命令,打开“账期内账龄区间设置”窗口(图 15－5)。

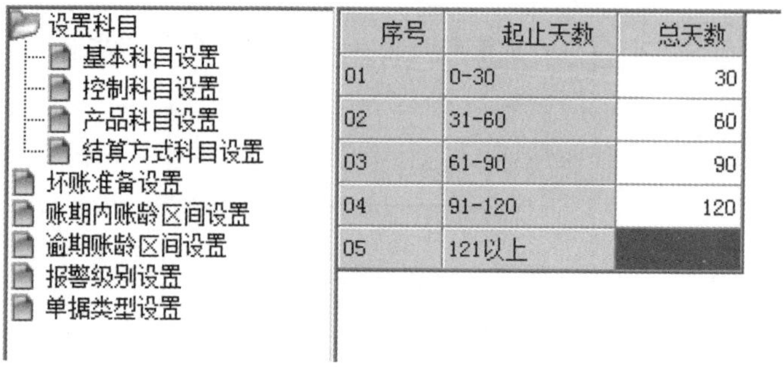

图 15－5　账期内账龄区间设置窗口

在“总天数”栏录入“30”，回车，再在“总天数”栏录入“60”后回车。以此方法继续录入其他的总天数。同样方法录入“逾期账龄区间设置”。单击“退出”按钮。

提示：

● 序号由系统自动生成，不能修改和删除。总天数直接输入截止该区间的账龄总天数。

● 最后一个区间不能修改和删除。

（6）设置报警级别

在应收款管理系统中，单击“设置”—“初始设置”，打开“初始设置”窗口。

在“初始设置”窗口中，单击“报警级别设置”，在“总比率”栏录入“10”，在“级别名称”栏录入“A”，回车，以此方法继续录入其他的总比率和级别（图 15－6）。

单击“退出”按钮。

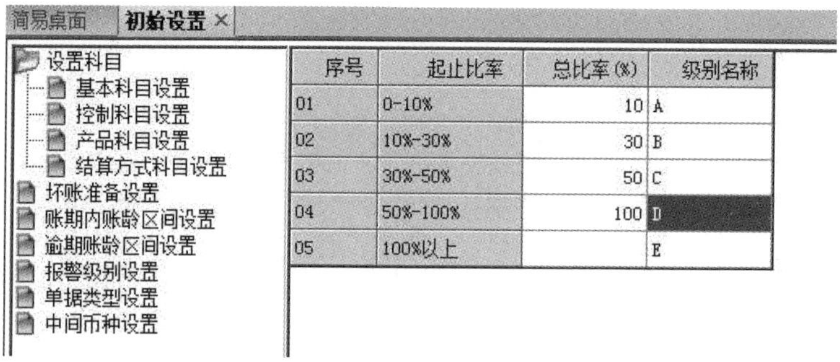

图 15－6　报警级别设置窗口

提示：

● 序号由系统自动生成，不能修改、删除。应直接输入该区间的最大比率及级别名称。

● 系统会根据输入的比率自动生成相应的区间。

● 单击“增加”按钮，可以在当前级别之前插入一个级别。插入一个级别后，该级别后的各级别比率会自动调整。

● 删除一个级别后，该级别后的各级比率会自动调整。

● 最后一个级别为某一比率之上，所以在“总比率”栏不能录入比率，否则将不能退出。

● 最后一个比率不能删除，如果录入错误则应先删除上一级比率，再修改最后一级比率。

(7)录入期初销售发票

在应收款管理系统中,执行“设置”—“期初余额”命令,进入“期初余额—查询”窗口。

单击“确定”按钮,进入“期初余额明细表”窗口。单击“增加”按钮,打开“单据类别”对话框。选择单据名称为“销售发票”,单据类型为“销售专用发票”,然后单击“确定”按钮,进入“销售专用发票”窗口(图 15-7)。

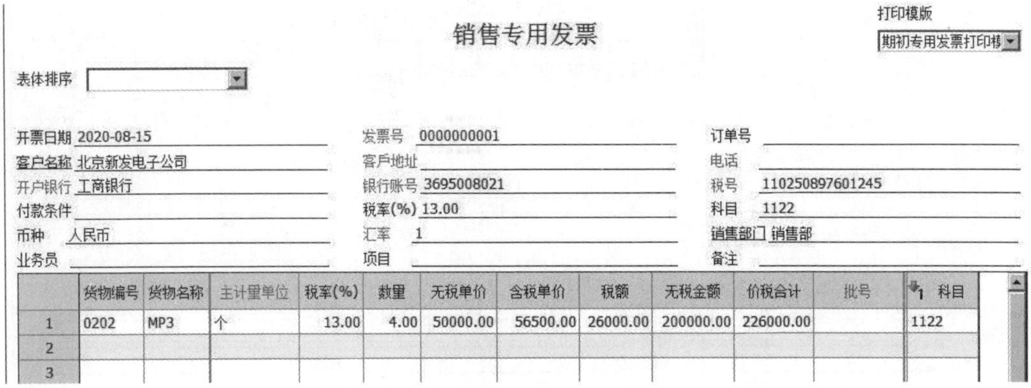

图 15-7 销售专用发票窗口(一)

修改开票日期,录入票据具体内容,录完单击“保存”按钮,以此方法继续录入其余销售专用发票。

提示:

- 在初次使用应收款系统时,应将启用应收款系统时未处理完的所有客户的应收账款、预收账款、应收票据等数据录入到本系统。当进入第二年度时,系统自动将上年度未处理完的单据转为下一年度的期初余额。在下一年度的第一会计期间里,可以进行期初余额的调整。
- 如果退出了录入期初余额的单据,在“期初余额明细表”窗口中并没有看到新录入的期初余额,应单击“刷新”按钮,就可以列示所有的期初余额的内容。
- 在录入期初余额时一定要注意期初余额的会计科目,应收款系统的期初余额应与总账进行对账,如果科目错误将会导致对账错误。
- 如果并未设置允许修改销售专用发票的编号,则在填制销售专用发票时不允许修改销售专用发票的编号。其他单据的编号也一样,系统默认的状态为不允许修改。

(8)录入期初其他应收单

在应收款管理系统中,执行“设置”—“期初余额”命令,打开“期初余额—查询”窗口。

单击“确定”按钮,打开“期初余额明细表”窗口。单击“增加”按钮,打开“单据类别”窗口(图 15-8)。单击“单据名称”栏的下三角按钮,选择“应收单”。单击“确定”按钮,打开“应收单”窗口(图 15-9)。

修改单据日期,录入票据具体内容,录完单击“保存”按钮。

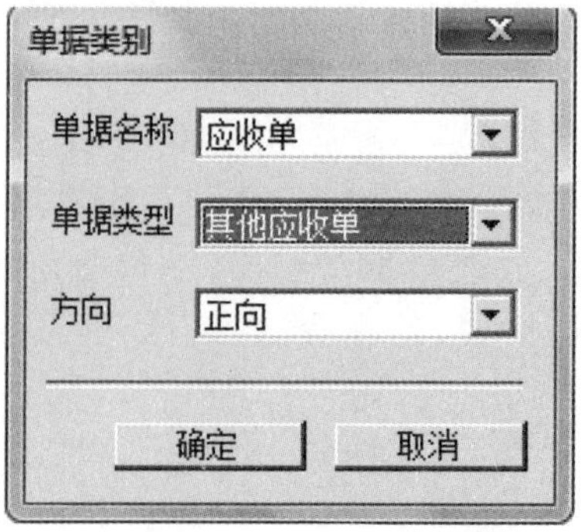

图 15－8　单据类别窗口

图 15－9　应收单窗口

提示：

- 在录入应收单时只需录入表格上半部分的内容，表格下半部分的内容由系统自动生成。
- 应收单中的会计科目必须录入正确，否则将无法与总账进行对账。

(9)应收款系统与总账系统对账

在“期初余额明细表”窗口中，单击“对账”按钮，打开“期初对账”窗口(图 15－10)。单击“退出”按钮退出。

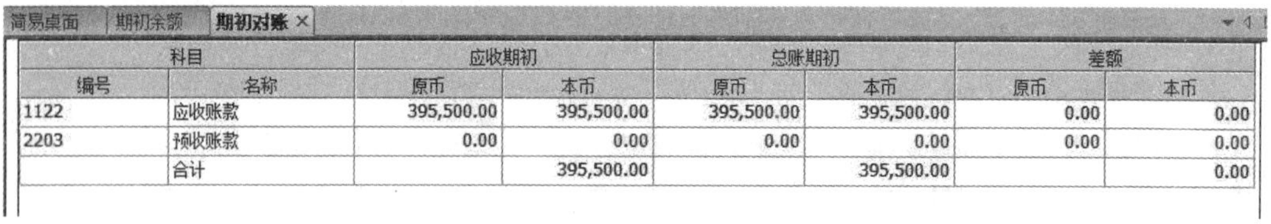

科目		应收期初		总账期初		差额	
编号	名称	原币	本币	原币	本币	原币	本币
1122	应收账款	395,500.00	395,500.00	395,500.00	395,500.00	0.00	0.00
2203	预收账款	0.00	0.00	0.00	0.00	0.00	0.00
	合计		395,500.00		395,500.00		0.00

图 15－10　期初对账窗口

提示：

- 当完成全部应收款期初余额录入后，应通过对账功能将应收系统期初余额与总账系统期初余额进行核对。

- 当保存了期初余额结果,或在第二年使用需要调整期初余额时可以进行修改。当第一个会计期已结账后,期初余额只能查询不能再修改。
- 期初余额所录入的票据保存后自动审核。
- 应收款系统与总账系统对账,必须要在总账与应收款系统同时启用后才可以进行。

15.2 单据处理

日常处理是应收款管理系统的重要组成部分,是经常性的应收业务处理工作。日常业务主要完成企业日常的应收/收款业务录入、应收/收款业务核销、应收并账、汇兑损益以及坏账的处理,及时记录应收、收款业务的发生,为查询和分析往来业务提供完整、正确的资料,加强对往来款项的监督管理,提高工作效率。

15.2.1 理论知识

1. 应收单据处理

单据处理是应收、应付款管理系统处理的起点,如果同时使用应收、应付款管理系统和销售管理系统,则发票和应收单据由销售系统录入,在应收、应付款管理系统可以对这些单据进行审核、弃审、查询、核销、制单等功能。此时,在应收、应付款管理系统需要录入的单据仅限于应收单。如果没有使用销售系统,则各类发票和应收单均应在应收、应付款管理系统录入。其基本的操作流程是:单据录入—单据审核—单据制证—单据查询。

2. 收款单据处理

收款单据处理主要是对结算单据(收款单、付款单即红字收款单)进行管理,包括收款单、付款单的录入、审核。

3. 核销处理

核销处理指用户日常进行的收款核销应收款的工作。单据核销的作用是解决收回客商款项核销该客商应收款的处理,建立收款与应收款的核销记录,监督应收款及时核销,加强往来款项的管理。系统提供手工核销和自动核销两种方式。

4. 坏账处理

坏账处理指系统提供的计提应收坏账准备处理、坏账发生后的处理、坏账收回后的处理等功能。

坏账处理的作用是系统自动计提应收款的坏账准备,当坏账发生时即可进行坏账核销,当被核销坏账又收回时,即可进行相应处理。

(1)发生坏账

发生坏账是在应收款项不能收回时进行的确认。通过本功能用户可以选定发生坏账的应收业务单据,确定一定期间内应收款发生的坏账,便于及时用坏账准备进行冲销,避免应收款长期呆滞的现象。

(2)坏账收回

坏账收回指系统提供的对应收款已确定为坏账后又被收回的业务处理功能。

(3)坏账计提

系统提供的坏账计提的方法主要有销售收入百分比法、应收账款百分比法和账龄分析法。

5. 票据管理

票据管理功能可以对银行承兑汇票和商业承兑汇票进行管理。记录票据详细信息，记录票据处理情况，查询应收票据（包括即将到期且未结算完的票据）。

票据贴现是指持票人因急需资金，将未到期的承兑汇票背书后转让给银行，贴给银行一定利息后收取剩余票款的业务活动。在“票据管理”窗口，选中一张票据，然后单击“贴现”按钮，就可以对当前的票据进行贴现处理。票据贴现后，将不能再对其进行其他处理。

6. 转账处理

在日常业务处理中，应收款管理系统经常发生如下几种转账处理的情况。

(1)应收冲应收

将一家客户的应收款转到另一家客户中。通过本功能将应收款业务在客商之间进行转入、转出，实现应收业务的调整，解决应收款业务在不同客户间入错户或合并户问题。

(2)预收冲应收

处理客户的预收款和该客户应收欠款的转账核销业务。

(3)应收冲应付

用某客户的应收账款，冲抵某供应商的应付款项。

(4)红票对冲

用某客户的红字发票与其蓝字发票进行冲抵。

在日常业务处理中，应付款管理系统经常发生如下几种转账处理的情况。

(1)应付冲应付

将一家供应商的应付款转到另一家供应商或把一个部门或业务员的应付款转到另一个部门或业务员中。通过本功能将应付款业务在供应商之间或部门间或业务员间进行转入、转出，实现应付业务的调整，解决应付款业务在不同供应商间或部门间或业务员间入错户或合并户问题。

(2)预付冲应付

可将预付供应商款项和所欠供应商的货款进行转账核销处理。

(3)应付冲应收

是用对某供应商的应付账款，冲抵对某客户的应收账款。

(4)红票对冲

将同一供应商的红字发票与其蓝字发票进行冲销。

7. 制单处理

制单即生成凭证，并将凭证传递至总账记账。系统在各个业务处理的过程中都提供了实时制单的功能；除此之外，系统提供了一个统一制单的平台，可在此快速、成批生成凭证，并可依据规则进行合并制单等处理。

15.2.2 实务应用

1. 实训要求

- 录入应收单据——销售专用发票
- 录入应收单据——其他应收单
- 审核应收单据
- 录入收款单据——收款单
- 审核收款单据
- 制单
- 核销收款单据
- 计提坏账准备

2. 实训资料

(1)5 日销售 MP3 20 个给天津新产品开发公司,每个无税售价 1 000 元,税率 13%,款项尚未收到。

(2)7 日销售 U 盘 100 个给上海电子应用公司,每个无税售价 700 元,税率 13%,收到商业汇票一张。(票号 4589)

(3)30 日计提本月坏账准备。

3. 实训指导

(1)填制销售专用发票

在企业应用平台中,单击“重注册”,以“002”会计的身份登录应收款管理系统中,执行“应收单据处理”—“应收单据录入”命令,打开“单据类别”窗口。

系统默认“单据名称”栏为“销售发票”,“单据类型”栏为“销售专用发票”后,单击“确定”按钮。打开“销售专用发票”窗口(图 15－11)。单击“增加”按钮,选择“客户简称”“销售部门”“存货名称”“数量”“单价”等信息后,单击“保存”按钮。

同样方法录入其他销售专用发票。

提示:

- 销售发票与应收单是应收款管理系统日常核算的单据。如果应收款系统与销售系统集成使用,销售发票和代垫费用在销售管理系统中录入,在应收系统中可以对这些单据进行查询、核销、制单等操作。此时应收系统需要录入的只限于应收单。
- 如果没有使用销售系统,则所有发票和应收单均需在应收系统中录入。
- 在不启用供应链的情况下,在应收款系统中只能对销售业务的资金流进行会计核算,即可以进行应收款、已收款以及收入实现情况的核算,而其物流的核算,即存货出库成本的核算还需在总账系统中手工进行结转。
- 已审核的单据不能修改或删除,已生成凭证或进行过核销的单据在单据界面不再显示。
- 在录入销售发票后可以直接进行审核,在直接审核后系统会提示“是否立即制单”,

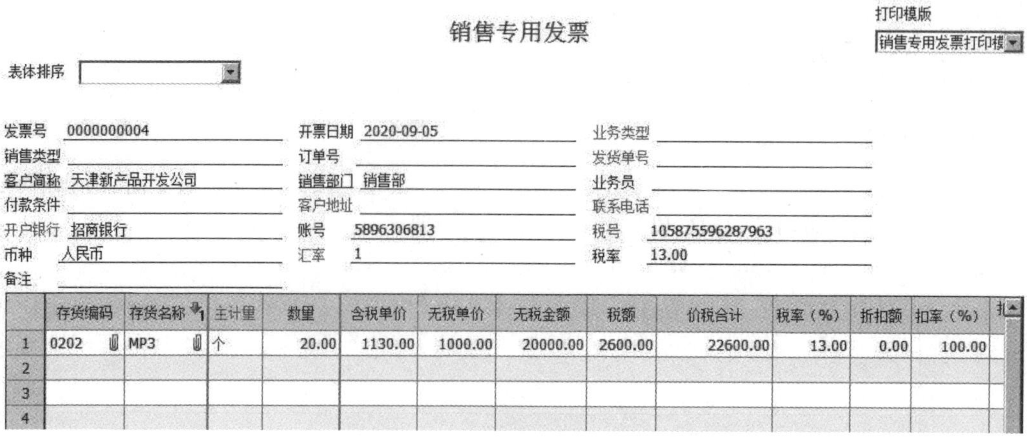

图 15－11　销售专用发票窗口（二）

此时可以直接制单。如果录入销售发票后不直接审核可以在审核功能中审核，再到制单功能中制单。

- 已审核的单据在未进行其他处理之前取消审核后再修改。

（2）填制应收单

在应收款管理系统中，执行“应收单据处理”—“应收单据录入”命令。打开“单据类别”窗口。单击“单据名称”栏的下三角按钮，选择“应收单”。单击“确定”按钮，打开“应收单”窗口。

单击“增加”按钮，录入单据相关信息后，单击“保存”按钮，保存单据。单击“退出”按钮，继续录入其他应收单。

提示：

- 在填制应收单时，只需录入上半部分的内容，下半部分的内容除对方科目外均由系统自动生成。下半部分的对方科目如果不录入可以在生成凭证后再手工录入。
- 应收单和销售发票一样可以在保存后直接审核，也可以在“应收单据审核” 功能中审核。如果直接审核系统会问是否制单，如果在审核功能中审核则只能到制单功能中制单。
- 如果同时使用销售系统，在应收款系统中只能录入应收单而不能录入销售发票。

（3）审核应收单据

在应收款管理系统中，执行“应收单据处理”—“应收单据审核”命令。打开“单据过滤条件”窗口。

单击“确定”按钮。打开“应收单据列表”窗口。在“应收单据列表”窗口中，单击“全选”按钮，单击“审核”按钮，系统提示“本次审核成功单据 × 张”（图 15－12）。单击“确定”按钮，再单击“退出”按钮退出。

（4）填制收款单

在应收款管理系统中，执行“收款单据处理”—“收款单据录入”命令，打开“收款单”窗口。

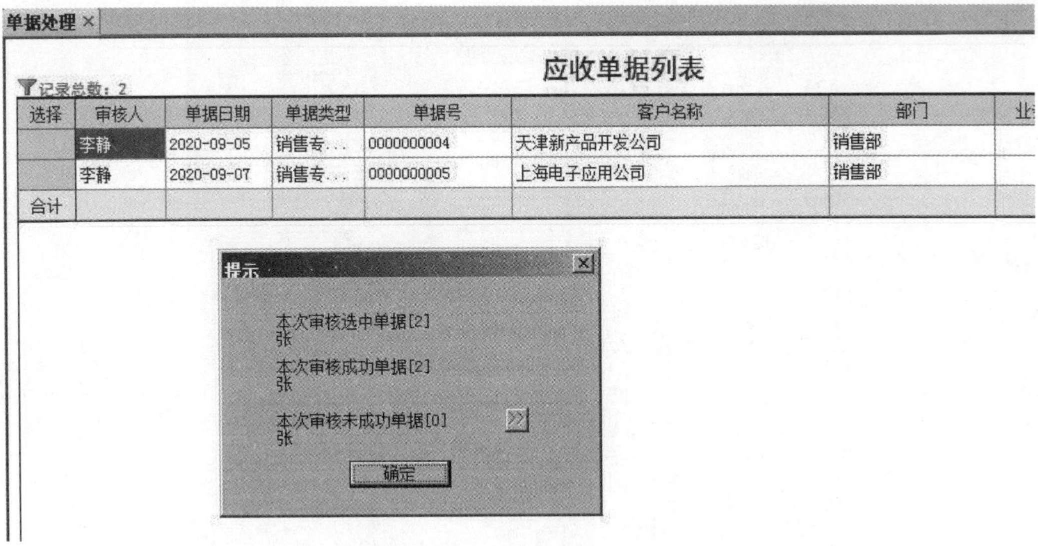

图 15 - 12　应收单据列表窗口

单击“增加”按钮。选择“客户”“结算方式”“金额”“摘要”等有关信息。单击“保存”按钮。再单击“增加” 按钮,继续录入其他收款单。

提示：

- 在单击收款单的“保存”按钮后,系统会自动生成收款单表体的内容。
- 表体中的款项类型系统默认为“应收款”,可以修改。款项类型还包括“预收款”和“其他费用”。
- 若一张收款单中,表头客户与表体客户不同,则视表体客户的款项为代付款。
- 在填制收款单后,可以直接单击“核销”按钮进行单据核销的操作。
- 如果是退款给客户,则可以单击“切换”按钮,填制红字收款单。

(5)审核收款单

在应收款管理系统中,执行“收款单据处理”—“收款单据审核”命令,打开“收款单过滤条件”对话框。

单击“确定”按钮。打开“收款单列表”窗口。单击“全选”按钮。单击“审核”按钮,系统提示“本次审核成功单据×张”。单击“确定”按钮,再单击“退出”按钮退出。

(6)制单

在应收款管理系统中,执行“制单处理” 命令,打开“制单查询”窗口(图 15 - 13)。在“制单查询” 窗口中,选择“发票制单”“应收单制单”等需制单的单据。

单击“确定”按钮,进入“应收制单”“收付款单制单”窗口。单击“全选”按钮,单击“凭证类别”栏的下三角按钮,选择“记账凭证”。单击“制单”按钮,生成第 1 张记账凭证。单击“保存”按钮。单击“下张”按钮,再单击“保存”按钮(图 15 - 14、图 15 - 15)。

提示：

- 在“制单查询” 窗口中,系统已默认制单内容为“发票制单” ,如果需要选中其他内容制单,可以选中要制单内容前的复选框。
- 如果所选择的凭证类型错误,可以在生成凭证后再修改。

图 15－13　制单查询窗口

图 15－14　制单选择

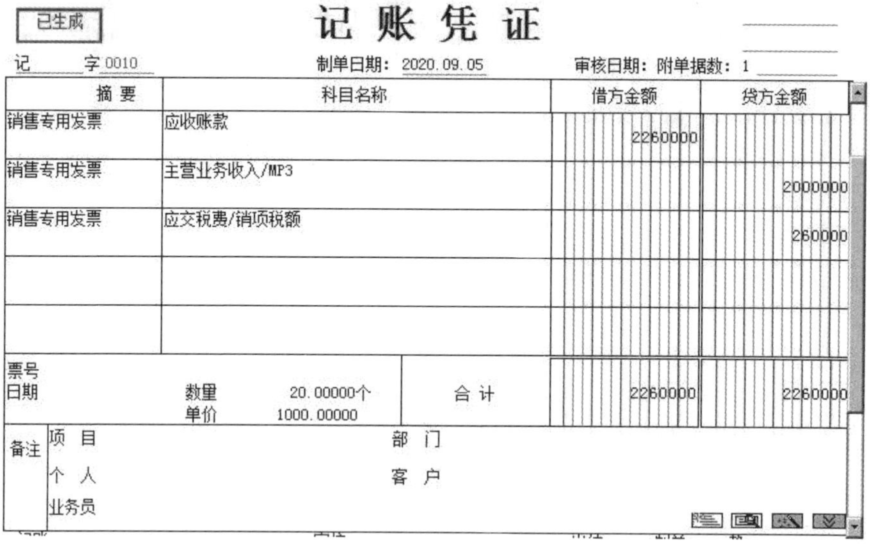

图 15－15　生成凭证

- 凭证一经保存就传递到总账系统,再在总账系统中进行审核和记账等。
- 在制单功能中还可以根据需要进行合并制单。

(7)核销收款单

在应收款管理系统中,执行"核销处理"—"手工核销"命令,打开"核销条件"对话框(图15-16)。在"客户"栏中录入客户编码,或单击"客户"栏的参照按钮进行选择。

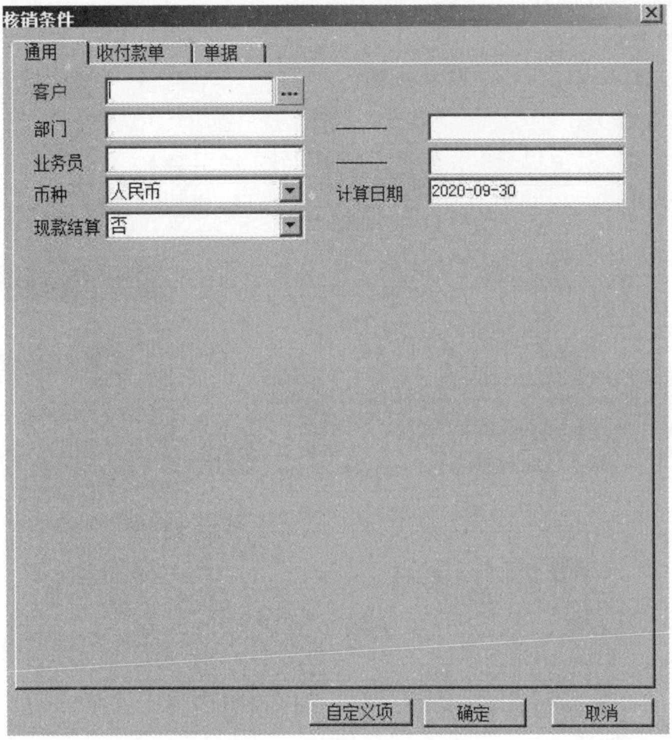

图15-16 核销条件对话框

单击"确定"按钮,进入"单据核销"窗口,在"单据核销"窗口中,单击"保存"按钮,再单击"退出"按钮退出。

提示:

- 在保存核销内容后,单据核销窗口中将不再显示已被核销的内容。
- 结算单列表显示的是款项类型为应收款和预收款的记录,而款项类型为其他费用的记录不允许在此作为核销记录。
- 核销时,结算单列表中款项类型为应收款的记录默认本次结算金额为该记录上的原币金额;款项类型为预收款的记录默认的本次结算金额为空。核销时可以修改本次结算金额,但是不能大于该记录的原币金额。
- 在结算单列表中,单击"分摊"按钮,系统将当前结算单列表中的本次结算金额合计自动分摊到被核销单据列表的本次结算栏中。核销顺序依据被核销单据的顺序排序。
- 手工核销时一次只能显示一个客户的单据记录,且结算单列表根据表体记录明细显示。当结算单有代付处理时,只显示当前所选客户的记录。若需要对代付款进行处理,则需要在过滤条件中输入该代付单位,进行核销。

• 一次只能对一种结算单类型进行核销，即手工核销的情况下需要将收款单和付款单分开核销。

• 手工核销保存时，若结算单列表的本次结算金额大于或小于被核销单据列表的本次结算金额合计，系统将提示结算金额不相等，不能保存。

• 若发票中同时存在红蓝记录，则核销时先进行单据的内部对冲。

• 如果核销后未进行其他处理，可以在期末处理中“取消操作”功能中取消核销操作。

(8)计提坏账准备

在应收款管理系统中，执行“坏账处理”—“计提坏账准备”命令，打开“应收账款百分比法”窗口(图 15－17)。

单击“确认”按钮，系统提示“是否立即制单”(图 15－18)，单击“是”按钮，生成相关凭证；若单击“否”按钮，则在“制单处理”中生成有关凭证(图 15－19)。

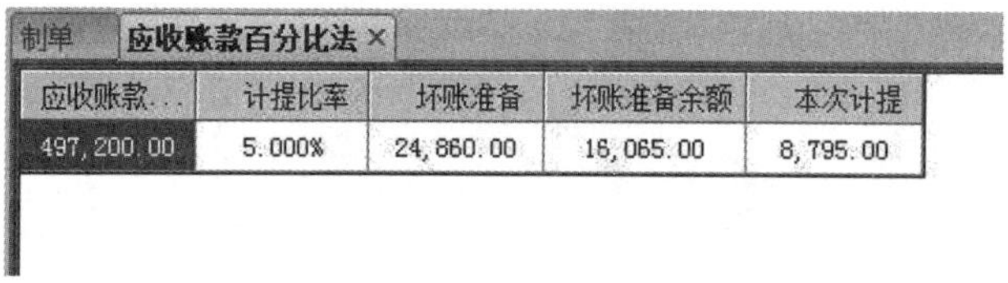

应收账款...	计提比率	坏账准备	坏账准备余额	本次计提
497,200.00	5.000%	24,860.00	16,065.00	8,795.00

图 15－17　应收账款百分比法窗口

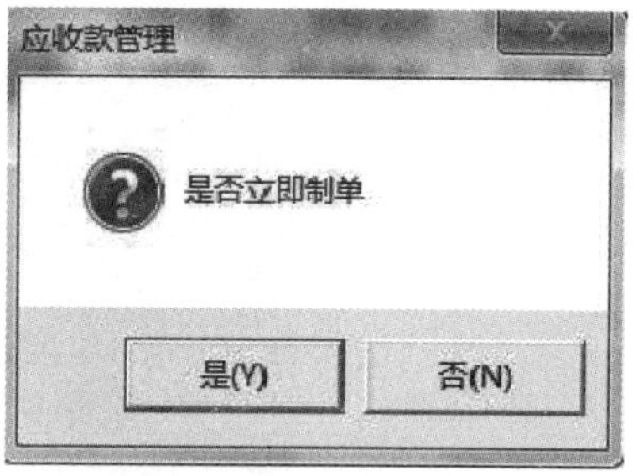

图 15－18　制单提示界面

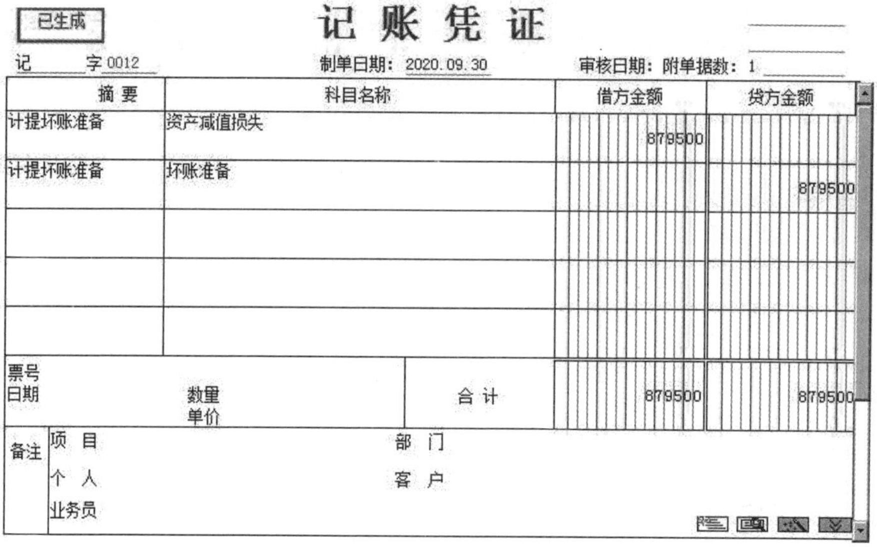

图 15－19　生成凭证窗口

15.3 账表查询及期末处理

15.3.1 理论知识

1. 单据查询

系统提供对应收单、结算单、凭证等的查询。进行各类单据、详细核销信息、报警信息、凭证等内容的查询。

在查询列表中,系统提供自定义显示栏目、排序等功能,可以通过单据列表操作来制作符合用户要求的单据的列表。用户在单据查询时,若启用客户、部门数据权限控制时,则用户在查询单据时只能查询有权限的单据。

2. 账表管理

账表管理分为我的账表、业务账表查询、科目账表查询、统计分析。

通过我的账表进行新建账夹,设置账夹口令,进行自定义报表。通过业务账表查询,可以及时地了解一定期间内期初应收款结存汇总情况、应收款发生、收款发生的汇总情况、累计情况及期末应收款结存汇总情况;还可以了解各个客户期初应收款结存明细情况、应收款发生、收款发生的明细情况、累计情况及期末应收款结存明细情况,能及时发现问题,加强对往来款项的监督管理。

通过统计分析,可以按用户定义的账龄区间,进行一定期间内应收款账龄分析、收款账龄分析、往来账龄分析,了解各个客户应收款周转天数,周转率,了解各个账龄区间内应收款、收款及往来情况、能及时发现问题,加强对往来款项动态的监督管理。

3. 月末结账

如果确认本月的各项业务已经结束,则可以选择执行月末结账功能。结账后本月不能再进行单据、票据、转账等各项业务的处理。月末处理工作是在系统引导方式下进行的。在进行月末处理时,一次只能选择一个月进行结账,前一个月如果没有结账,则本月不能结账;结算单还有未核销的,不能结账;单据(发票和应收单)在结账前应该全部审核。月末结账是在"月末结账"功能中完成的。

15.3.2 实务应用

1. 实训要求

- 查询 2020 年 9 月的业务总账
- 查询应收账款科目余额表
- 结账

2. 实训资料

(1)查询应收总账表。

(2)查询科目余额表。

(3)月末结账。

3. 实训指导

(1)查询业务总账

在应收款管理系统中,执行“账表管理”—“业务账表”—“业务总账”命令,打开“应收总账表”对话框(图 15－20)。

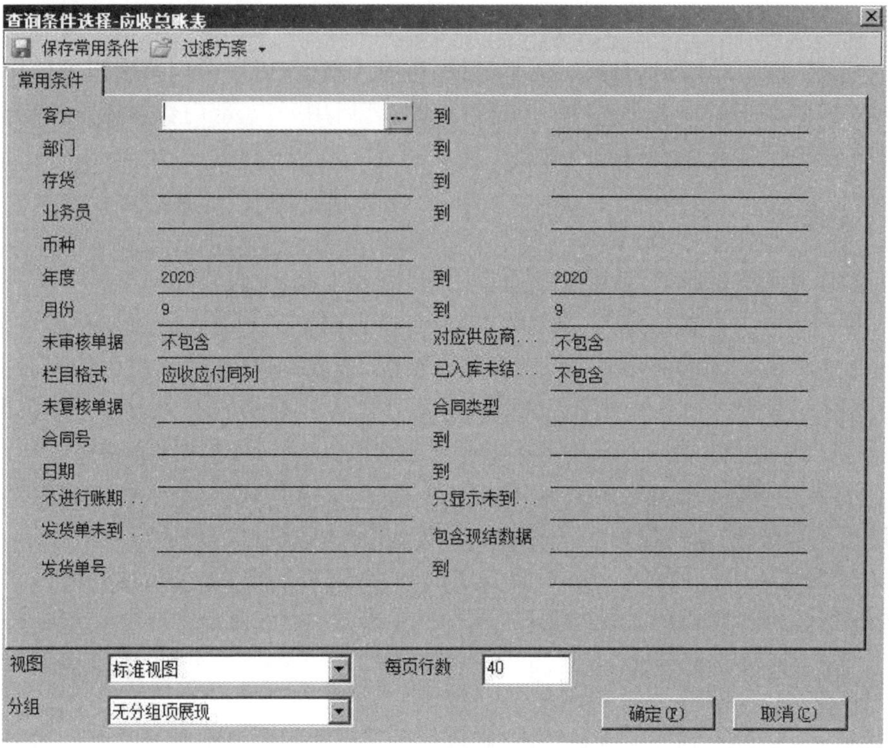

图 15－20　应收总账表对话框

单击“过滤”按钮,打开“应收总账表”窗口(图 15－21),单击“退出”按钮退出。

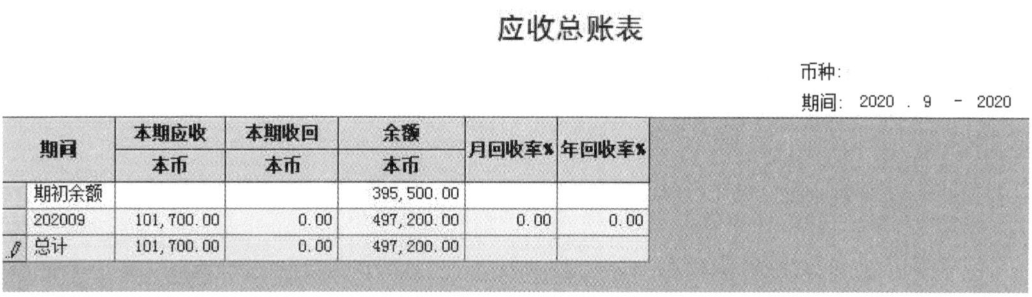

应收总账表

币种:

期间: 2020 . 9 - 2020

期间	本期应收	本期收回	余额	月回收率%	年回收率%
	本币	本币	本币		
期初余额			395,500.00		
202009	101,700.00	0.00	497,200.00	0.00	0.00
总计	101,700.00	0.00	497,200.00		

图 15－21　应收总账表窗口

提示：

● 通过业务账表查询，可以及时地了解一定期间内期初应收款结存汇总情况、应收款发生、收款发生的汇总情况、累计情况及期末应收款结存汇总情况；还可以了解各个客户期初应收款结存明细情况、应收款发生、收款发生的明细情况、累计情况及期末应收款结存明细情况，及时发现问题，加强对往来款项的监督管理。

● 业务总账查询是对一定期间内应收款汇总情况的查询。在业务总账查询的应收总账表中不仅可以查询“本期应收”款、“本期收回”应收款及应收款的“余额”情况，还可以查询到应收款的月回收率及年回收率。

(2)查询科目余额表

在应收款管理系统中，执行“账表管理”—“科目账查询”—“科目余额表”命令，打开“客户往来科目余额表”对话框(图15－22)。

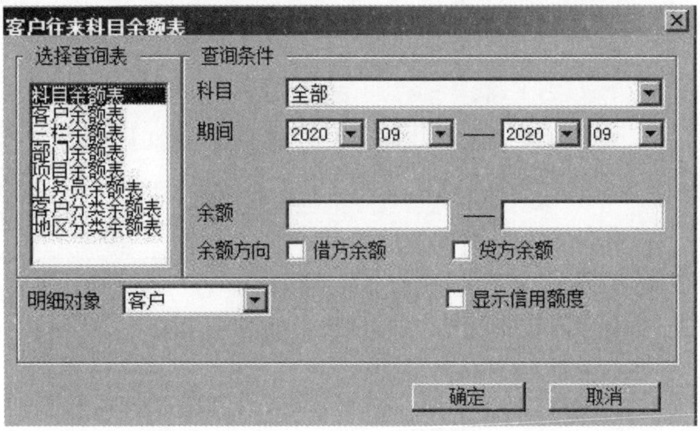

图15－22　客户往来科目余额表对话框

单击“确定”按钮，打开“科目余额表”(图15－23)。单击“退出”按钮退出。

科目余额表

金额式

科目　全部

期间：2020.09-2020.09

科目		期初余额	借　方	贷　方	方向	期末余额
编　号	名　称	本币	本币	本币		本币
1122	应收账款	226,000.00			借	226,000.00
1122	应收账款	56,500.00	79,100.00		借	135,600.00
1122	应收账款	113,000.00	22,600.00		借	135,600.00
小计：		395,500.00	101,700.00		借	497,200.00
合计：		395,500.00	101,700.00		借	497,200.00

图15－23　科目余额表界面

提示：

● 科目账查询包括科目明细账和科目余额表。

● 科目余额表查询可以查询应收受控科目各个客户的期初余额、本期借方发生额合计、本期贷款方发生额合计、期末余额，细分为科目余额表、客户余额表、三栏余额表、部门余额表、项目余额表、业务员余额表、客户分类余额表及地区分类余额表。

(3)月末结账

在应收款管理系统中，执行“期末处理”—“月末结账”命令，打开“月末处理”对话框(图 15－24)。

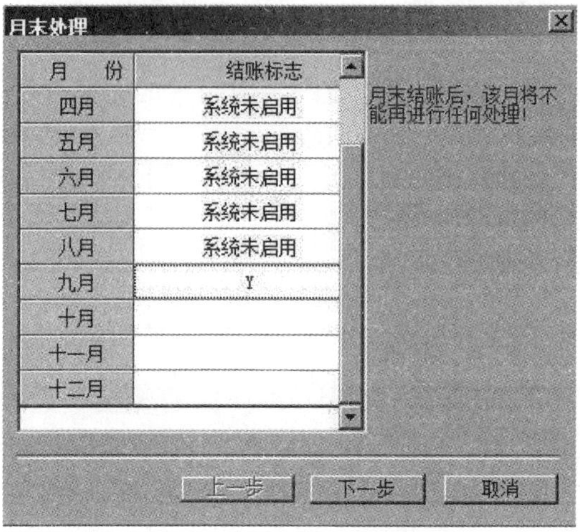

图 15－24　月末处理对话框

双击九月“结账标志”栏。单击“下一步”按钮，出现“月末处理—处理情况”表(图 15－25)。单击“完成”按钮，系统弹出“九月份结账成功”信息提示框。单击“确定”按钮。

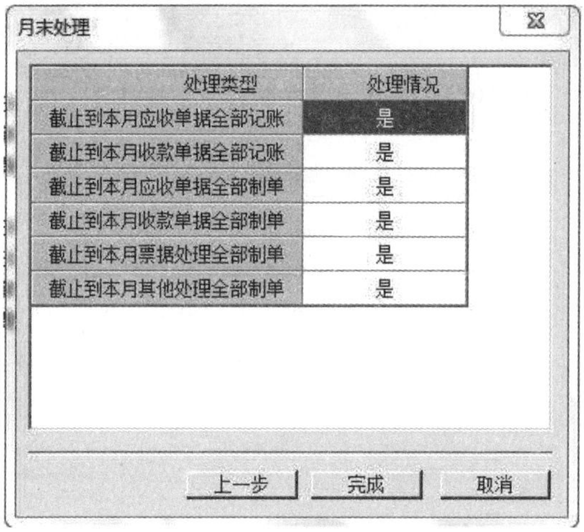

图 15－25　月末处理情况

提示：

• 如果当月业务已经全部处理完毕，应进行月末结账。只有当月结账后，才能开始下月的工作。

• 进行月末处理时，一次只能选择一个月进行结账，前一个月未结账，则本月不能结账。

• 在执行了月末结账后，该月将不能再进行任何处理。

课后实训

一、应收款管理

1. 初始设置

(1)应收款管理系统账套参数设置

“常规”页签选项:单据审核日期依据为“单据日期”,汇兑损益方式为“月末处理”,坏账处理方式为“应收余额百分比法”,代垫费用类型为“其他应收单”,应收账款核算模型为“详细核算”。

“凭证”页签选项:受控科目制单方式为“明细到客户“,非控科目制单方式为“汇总方式”;控制科目依据为“按客户”,销售科目依据为“按存货”。

“权限与预警”页签选项:启用客户权限,并且按“信用方式”根据单据提前8天自动报警。

“核销设置”页签选项:应收款核销方式为“按单据”。

(2)存货分类(表15－5)

表15－5 存货分类

存货分类编码	存货分类名称
1	原材料
2	库存商品
3	应税劳务

(3)计量单位(表15－6)

表15－6 计量单位

计量单位组	计量单位编码	计量单位名称
1 基本计量单位 (无换算率)	01	千克
	02	台
	03	千米

(4)存货档案(表15－7)

表15－7 存货档案

存货编码	存货名称	存货分类	计量单位组	主计量单位	税率	存货属性
001	A材料	1	1	千克	13%	外购、生产耗用
002	B材料	1	1	千克	13%	外购、生产耗用
003	甲产品	2	1	台	13%	自制、内销、外销
004	乙产品	2	1	台	13%	自制、内销、外销
005	运输费	3	1	千米	9%	应税劳务

（5）基本科目设置

应收科目为“1122”，预收科目为“2203”，销售收入科目为“600101”，税金科目为“22210105”，销售退回科目为“6001011”，银行承兑科目为“1121”，商业承兑科目为“1121”，现金折扣科目为“660301”，票据利息科目为“660301”，票据费用科目为“660301”。

（6）结算方式科目设置

现金结算方式科目为“1001”，现金支票结算方式科目为“100201”，转账支票结算方式科目为“100201”，银行汇票结算方式科目为“100201”。

（7）坏账准备设置

提取比率为“0.5%”，坏账准备期初余额为“400”，坏账准备科目为“1231 坏账准备”，坏账准备对方科目为“6701 资产减值损失”。

（8）单据设置

单据编号设置：销售专用发票和其他应收单编号方式采用完全手工编号。

单据格式设置：销售专用发票格式取消销售类型必输条件。

（9）期初余额（表 15－8）

表 15－8　期初余额

单据名称	开票日期	票号	客户名称	业务部门	科目编码	货物名称	数量	无数单价	价税合计
销售专用发票	8.26	20111226	宏大	销售部（陈方）	1122	甲产品	9	1 700	17 901
其他应收单	8.26	00005443	宏大	销售部（陈方）	1122	运费			2 099
销售专用发票	8.31	20111231	丰收	销售部（韩毅）	1122	乙产品	32	1 500	56 160
其他应收单	8.31	00006567	丰收	销售部（韩毅）	1122	运费			3 840

2. 日常业务处理

2020 年 9 月发生的部分经济业务如下：

（1）1 日，收到工商银行进账通知单，收回丰收公司前欠贷款 56 160 元。

（2）1 日，销售给中兴集团公司甲产品 3 000 台，无税单价为 1 500 元，增值税税率为 13%，价税合计 5 085 000 元。（销售专用发票号码：20120107）。

（3）3 日，收到中兴集团公司交来转账支票一张（转账支票 No. ZZ046605），支付销售甲产品 3 000 台的价税款 5 085 000 元。

（4）3 日，将丰收公司货款 56 160 元、销售给中兴集团公司的价税款 5 085 000 元审核后核销。

（5）4 日，销售给丰收公司乙产品 30 台，无税单价为 1 400 元，增值税税率为 13%，价税合计 47 460 元（销售专用发票号码：20120108），以库存现金代付运费 800 元。

（6）5 日，发现 2020 年 9 月 4 日向丰收公司销售的甲产品应为 300 台，价税合计应为 474 600 元，对销售专用发票号码 20120108 票据进行修改。

（7）8 日，收到丰收公司签发并承兑的商业承兑汇票一张（No. SY357462），面值为 3 840 元，用于结算上月 31 日所欠运费，到期日为 2020 年 9 月 28 日。

（8）28 日，将 8 日收到的丰收公司签发并承兑的商业承兑汇票结算。

（9）28 日，经三方协商，同意将上月 26 日形成的应向宏大公司收取的价税款 17 901 元转为向运通集团公司的应收账款。

(10)28 日,将上月 26 日形成的向宏大公司收取的应收账款 2 099 元转为坏账。

(11)30 日,收到银行通知宏大公司 2 099 元到账(转账支票 No. ZZ465053)。收回已作为坏账处理的应向宏大公司收取的应收账款 2 099 元。

(12)30 日,计提本月坏账准备。

3. 月末处理

(1)月末结账。

(2)账套备份。

二、应付款管理

1. 初始设置

(1)应付款管理系统账套参数设置

“常规”页签选项:字据审核日期依据为“业务日期”,应付账款核算模型为“详细核算”。

“凭证”页签选项:受控科目制单方式为“明细到供应商”,非控科目制单方式为“汇总方式”。

“权限与预警”页签选项:启用供应商权限,并且按信用方式根据单据提前 8 天自动报警。

“核销设置”页签选项:应付款核销方式为“按单据”。

(2)基本科目设置

应付科目为“2202”,预付科目为“1123”,采购科目为“14010101”,税金科目为“22210101”,银行承兑科目为“2201”,商业承兑科目为“2201”,现金折扣科目为“660301”,票据利息科目为“660301”,票据费用科目为“6603017P,汇兑损益科目为“66030111”,收支费用科目为“660204”。

(3)结算方式科目设置

现金结算方式科目为“1001”,现金支票结算方式科目为“100201”,转账支票结算方式科目为“100201”,商业承兑汇票结算方式科目为“100201“、银行承兑汇票结算方式科目为“100201”,银行汇票结算方式科目为“101203”。

(4)单据设置

单据编号设置:采购专用发票和采购普通发票的编号方式采用完全手工编号。

(5)存货分类、计量单位、存货档案

存货分类、计量单位、存货档案分别,见表 15 – 5、表 15 – 6、表 15 – 7。

(6)期初余额(表 15 – 9)

表 15 – 9 期初余额

单据名称	开票日期	票号	客户名称	业务部门	科目编码	货物名称	数量	价税合计
采购专用发票	8.01	20111201	唐钢	供应部(张靖)	2202	A 材料	206	28 922.40
采购普通发票	8.01	27110212	唐钢	供应部(张靖)	2202	运费		1 077.60
采购专用发票	8.15	20111215	首钢	供应部(魏华)	2202	B 材料	475	47 238.75
采购普通发票	8.15	27112899	首钢	供应部(魏华)	2202	运费		2 761.25

2. 日常业务处理

2020 年 9 月发生的部分经济业务如下：

（1）3 日，从唐钢公司采购 A 材料 3 255 千克，单价为 124 元，增值税税率为 13%（采购专用发票号码：20124557），价税款共计 456 090.6 元，运费 3 500 元，票号：27990572。料已验收入库，货款尚未支付。

（2）4 日，从邯郸钢铁公司采购 B 材料 5 000 千克，单价为 90 元，增值税税率为 13%，价税款共计 508 500 元（采购专用发票号码：20128901）。

（3）6 日，以汇兑的方式支付本月 4 日从邯郸钢铁公司购买 B 材料的部分价税款 100 000 元。其余款暂欠。材料验收入库。

（4）6 日，以转账支票（No. ZZ154785）支付上月 1 日欠唐钢公司的价税款 28 922.4 及运费 1 077.6 元。

（5）8 日，以转账支票（No. ZZ154787）向唐钢公司预付 101 700 元，采购 B 材料 1 000 千克，单价为 90 元。

（6）进行单据核销。

（7）13 日，向唐钢公司签发并承兑商业承兑汇票一张（No. SY987461），面值为 459 590.6 元，用以支付本月 3 日购入 3 255 千克 A 材料的价税款及运费，到期日为 2020 年 9 月 25 日。

（8）25 日，将本月 13 日向唐钢公司签发并承兑的商业承兑汇票（No. SY987461）结算。

（9）30 日，经三方同意，将上月 15 日形成的应向首钢公司支付的价税款 47 238.72 元（期初欠款）转为向武汉钢铁公司的应付账款。

（10）30 日，收到唐钢公司 B 材料 1 000 千克，单价 90 元价税款 101 700 元与预付款冲抵（本月 8 日已预付），增值税发票到达（No. 20127654）。

3. 月末处理

（1）月末结账。

（2）账套备份。

第16章　供应链管理系统

【理论知识目标】

- 理解 ERP 供应链管理系统是对企业供应、需求、原材料采购、市场、生产、库存、订单、分销发货等业务的管理
- 明确 ERP 系统中相关子系统之间的紧密联系和数据传递关系，以便正确处理相关业务
- 了解各模块业务的原理及流程

【实务应用目标】

- 掌握在供应链管理中各模块的初始设置、初始余额的录入及用户权限的设置方法
- 熟悉各业务单据的录入、审核、记账及制单的操作方法
- 学会供应链管理系统各业务模块的期末处理操作方法

供应链管理系统是一个通用系统，其中包含面向不同企业对象的解决方案。全面的供应链管理意味着和客户、供应厂商的全面协作，使整个供应链能达到最低的成本、最快的响应速度、最大的灵活性。

在过去，供应链只不过是一种手段：满足物料需求，尽量压低供应商的价格；以较低成本满足客户需要。但供应链管理不仅仅是这些，它包含如何设计、建立、优化、管理整个供应链管理的内外部要素。用友 ERP－U8 供应链产品包括采购管理、销售管理、库存管理、存货核算、质量管理、GSP 质量管理、委外管理、售前分析、合同管理等，本章主要讲解供销存系统。供应链管理系统各模块业务处理流程如图16－1所示。

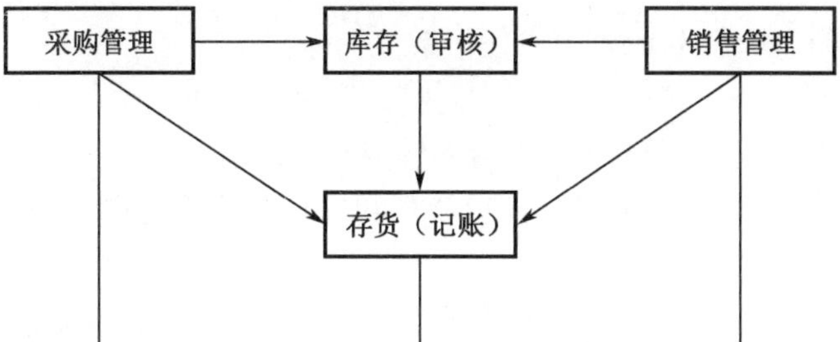

图16－1　供应链管理系统各模块业务处理流程图

16.1 供应链基础设置

16.1.1 理论知识

供应链业务的执行需首先完成总账及供应链的初始化设置,因总账部分内容在前述章节中已学习,所以本章着重供应链基础设置的学习。

1. 建立新账套

在正式应用前,建立相应的账套,设置企业名称、企业类型、企业性质、数据精度、编码方案等。

2. 启用产品

启用要使用的产品,总账、应收款系统、应付款系统、采购管理、销售管理、库存管理、存货管理。

3. 设置用户及权限

设置用户,并针对每个用户或角色设置操作权限,包括功能权限、数据权限、金额权限。

4. 设置基础数据

设置供应链产品需要的基础档案,包括分类体系、基础档案。

5. 录入期初数据

录入期初数据,对期初数据进行记账、审核。

16.1.2 实务应用

1. 实验要求

- 增加用户
- 建立核算单位账套(暂时不启用任何系统)
- 设置用户权限
- 启用供应链及其相关子系统并设置系统参数
- 分别进行采购管理、库存管理、存货核算和应付管理系统的初始设置并输入供应链各个模块启用期间的期初余额
- 对采购管理和库存管理及存货核算系统进行期初记账
- 账套备份

2. 实验资料

(1)核算体系的建立

①用户及权限

操作员李方:账套主管。

操作员宋明兰:拥有“共用目录设置”“应收”“应付”“采购管理”“销售管理”“库存管理”“存货核算”中的所有权限。

操作员王小平:拥有“共用目录设置”“库存管理”“存货核算”中的所有权限。

②账套信息

账套信息:账套号111,输入账套名称,启用日期为2020年9月。

单位信息:单位名称为“AAA电脑公司”,单位简称为“AAA”,社会信用代码为310225643721845687。

核算类型:企业类型为“工业”;
行业性质为“2007新会计制度科目”;
科目预置语言为“中文简体”;
账套主管选“李方”;
“按行业性质预置科目”。

基础信息:存货、客户及供应商均分类,有外币核算。

编码方案:科目编码级次42222;
客户分类和供应商分类的编码方案为2;
部门编码的方案为12;
存货分类的编码方案为2233;
收发类别的编码级次为11;
结算方式的编码方案为2;
其他编码项目保持不变。

说明:设置编码方案主要是为以后分级核算、统计和管理打下基础。

数据精度:保持系统默认设置。

说明:设置数据精度主要是为了核算更精确。

(2)各系统的启用

①核算体系建立后直接启用产品或者启动企业应用平台,以账套主管M001李方身份进行注册后启用产品。

② 启用“采购管理”“销售管理”“库存管理”“存货核算”“应收”“应付”“总账”系统。启用日期为2020年9月1日。

(3)基础档案

①定义部门档案(表16-1)

表16-1 部门档案

部门编码	部门名称
1	生产部
101	生产一部
102	生产二部
2	工程部
3	采购部
301	采购一部

表 16－1(续)

部门编码	部门名称
302	采购二部
4	业务部
401	业务一部
402	业务二部
5	管理部
501	财务部
6	仓储部
7	计划部
8	质量管理部

②人员档案(表 16－2)

表 16－2　人员档案

部门编码	部门名称	人员		人员类别	性别	业务或费用部门	说明
101	生产一部	10001	张大力	正式工	男	生产一部	生产管理
301	采购一部	30001	倪雪	正式工	女	采购一部	采购管理
302	采购二部	30002	王向	正式工	男	采购二部	采购业务员
401	业务部	40001	李飞	正式工	男	业务一部	业务审核
401	业务一部	40101	雷磊	正式工	男	业务一部	销售
402	业务二部	40201	何亮	正式工	男	业务二部	销售
501	财务部	50001	李方	正式工	女	财务部	财务管理
501	财务部	50101	宋明兰	正式工	女	财务部	会计
501	财务部	50102	王小平	正式工	男	财务部	会计
6	仓储部	60001	肖遥	正式工	男	仓储部	库存管理
8	质量管理部	80001	张小铃	正式工	女	质量管理部	质量管理员

③客户分类(表 16－3)

表 16－3　客户分类

分类编码	分类名称
01	批发
02	零售
03	代销
04	专柜

④客户档案(表 16 -4)

表 16 -4 客户档案

客户编码	客户简称	所属分类	社会信用代码	开户银行	账号
0001	华宏公司	批发	310003100000000054	工行	112
0002	昌新贸易公司	批发	310108700000000077	中行	567
0003	精益公司	专柜	315000100000000023	建行	158
0004	利氏公司	代销	315452400000000053	招行	763

提示:

- 当客户的基本信息编辑完成并保存后,方可使用银行的编辑功能,来编辑此客户的银行信息。
- 升级时,原开户银行和银行档案保存到客户开户银行表中,默认值为是。

⑤供应商分类(表 16 -5)

表 16 -5 供应商分类

分类编码	分类名称
01	原料供应商
02	成品供应商
03	委外供应商
04	其他

⑥供应商档案(表 16 -6)

表 16 -6 供应商档案

供应商编码	供应商简称	所属分类	社会信用代码	属性
YDGS	益达公司	原料供应商	313546800000000044	采购
XHGS	兴华公司	成品供应商	310821300000000085	采购
JCGS	建昌公司	成品供应商	314820000000005705	采购
FMSH	泛美商行	委外供应商	318478200000000028	委外
ADGS	艾德公司	其他	310400000000088008	服务

⑦计量单位

首先增加计量单位组(表 16 -7)。

表 16 -7 计量单位组

计量单位组编码	计量单位组名称	计量单位组类别
01	数量单位	无换算

其次增加计量单位（表16－8）。

表16－8　计量单位

编号	名称	所属计量单位组	计量单位组类别
0101	台	数量单位	无换算
0102	只	数量单位	无换算
0103	个	数量单位	无换算
0104	条	数量单位	无换算
0105	片	数量单位	无换算
0106	次	数量单位	无换算

⑧存货分类（表16－9）

表16－9　存货分类

编码	名称
01	产成品
02	半成品
03	外购品
04	原材料
05	模型类
06	应税劳务

⑨存货档案（表16－10）

表16－10　存货档案

存货编码	存货名称	计量单位组	计量单位	存货属性	所属类别	税率/%
0101	电脑（P3）	数量单位	台	自制/销售	产成品	13
0102	电脑（P4）	数量单位	台	自制/销售	产成品	13
0201	机箱	数量单位	个	委外/销售/生产耗用	半成品	13
0202	主机（P3）	数量单位	台	自制/销售/生产耗用	半成品	13
0203	主机（P4）	数量单位	台	自制/销售/生产耗用	半成品	13
0301	显示器	数量单位	台	外购/销售/生产耗用	外购品	13
0302	鼠标	数量单位	个	外购/销售/生产耗用	外购品	13
0303	键盘	数量单位	个	外购/销售/生产耗用	外购品	13
0304	内存条	数量单位	条	外购/销售/生产耗用	外购品	13
0305	硬盘	数量单位	个	外购/销售/生产耗用	外购品	13
0308	喷墨打印机	数量单位	台	外购/销售/生产耗用	外购品	13

表 16 – 10(续)

存货编码	存货名称	计量单位组	计量单位	存货属性	所属类别	税率/%
0309	激光打印机	数量单位	台	外购/销售/生产耗用	外购品	13
0401	金属板(1×2M)	数量单位	片	外购/生产耗用	原料库	13
0402	金属板(1×3M)	数量单位	片	外购/生产耗用	原料库	13
0601	运输费	数量单位	次	外购/销售、劳务费用	应税劳务	9

⑩其他

设置会计科目:应收账款,预收账款,辅助核算设置为“客户往来”;应付账款,预付账款,辅助核算设置为“供应商往来”。

增加会计科目:

1409　自制半成品;

222101　应交增值税;

22210101　进项税额;

22210102　销项税额;

22210103　未交税金。

定义凭证类别:“记账凭证”。

定义结算方式:见表 16 – 11。

表 16 – 11　结算方式

编码	名称
01	现金结算
02	支票结算
03	汇票结算

本企业开户银行:见表 16 – 12。

表 16 – 12　本企业开户银行

编码	银行账号	币种	开户银行
01	120076584898	RMB	工行淮海路分理处

仓库档案:见表 16 – 13。

表 16 – 13　仓库档案

仓库编码	仓库名称	计价方式
001	产成品仓库	全月平均
002	半成品仓库	全月平均
003	外购品仓库	移动平均
004	原材料仓库	移动平均

收发类别：见表 16－14。

表 16－14　收发类别

收/发	类别编码	类别名称
收	1	正常入库
	11	采购入库
	12	半成品入库
	13	产成品入库
	14	调拨入库
	2	非正常入库
	21	盘盈入库
	22	其他入库
发	6	正常出库
	61	销售出库
	62	生产领用
	63	调拨出库
	7	非正常出库
	71	盘亏出库
	72	其他出库

定义采购类型：普通采购，入库类别为“采购入库”。
定义销售类型：经销、代销，出库类别均为“销售出库”。
（4）基础科目
①设置存货科目（表 16－15）

表 16－15　存货科目

存货分类	对应科目
原材料	原材料（1403）
半成品	自制半成品（1409）
产成品	库存商品（1405）
外购商品	库存商品（1405）

②根据收发类别确定各存货的对应科目（表 16－16）

表16－16 根据收发类别确定各存货的对应科目

收发类别	对应科目	暂估科目
采购入库	在途物资(1402)	
产成品入库	生产成本(4101)	
盘盈入库	待处理流动财产损益(1901)	
销售出库	主营业务成本(6401)	
生产领用	生产成本(4101)	

③设置应收系统中的常用科目

a. 基本科目设置:应收科目为1122,预收科目为2203,销售收入科目为6001,应交增值税科目为22210102。

b. 结算方式科目设置:现金结算对应1001,支票结算对应1002,汇票结算对应1002。

c. 调整应收系统的选项:将坏账处理方式设置为“应收余额百分比法”。

d. 设置坏账准备期初:坏账准备科目为1231,期初余额为10 000元,提取比率为0.5%。

④设置应付系统中的常用科目

a. 基本科目设置:应付科目为2202,预付科目为1123,采购科目1402,应交增值税科目为22210101。

b. 结算方式科目设置:现金结算对应1001,支票结算对应1002,汇票结算对应1002。

(5)期初余额的整理录入

①录入总账系统各科目的期初余额(表16－17)

表16－17 期初余额

科目名称	方向	期初余额
应收账款	借	25 000.00
坏账准备	贷	10 000.00
在途物资	借	80 000.00
原材料	借	1 050.00
自制半成品	借	523 000.00
库存商品	借	1 596 200.00
应付账款	贷	5 000.00
实收资本	贷	2 210 250.00

说明:应收账款的单位为华宏公司,应付账款的单位为兴华公司。

②期初货到票未到数的录入

2020年8月25日收到兴华公司提供的硬盘100个,单价为800元,商品已验收入原料仓库,至今尚未收到发票。

③期初发货单的录入

2020年8月28日业务一部向昌新贸易公司出售电脑(P3)10台,报价为6 500元,由成品仓库发货。该发货单尚未开票。

④进入库存管理系统，录入各仓库期初库存（表 16－18）

表 16－18　期初库存

仓库	存货编码	存货名称	计量单位	数量
产成品	0101	电脑（P3）	台	100
	0102	电脑（P4）	台	150
半成品	0201	机箱	个	220
	0202	主机（P3）	台	70
	0203	主机（P4）	台	40
外购品	0301	显示器	台	300
	0302	鼠标	个	420
	0303	键盘	个	480
	0304	内存条	条	530
	0305	硬盘	个	620
	0308	喷墨打印机	台	230
	0309	激光打印机	台	180
原料库	0401	金属板（1×2M）	片	50
	0402	金属板（1×3M）	片	50

⑤进入存货核算系统，录入各仓库期初余额（表 16－19）

表 16－19　各仓库期初余额

仓库	存货编码	存货名称	计量单位	数量	结存单价
产成品	0101	电脑（P3）	台	100	3 000
	0102	电脑（P4）	台	150	4 800
半成品	0201	机箱	个	220	1 000
	0202	主机（P3）	台	70	2 500
	0203	主机（P4）	台	40	3 200
外购品	0301	显示器	台	300	500
	0302	鼠标	个	420	20
	0303	键盘	个	480	60
	0304	内存条	条	530	100
	0305	硬盘	个	620	300
	0308	喷墨打印机	台	230	200
	0309	激光打印机	台	180	300
原料库	0401	金属板（1×2M）	片	50	8
	0402	金属板（1×3M）	片	50	13

⑥应收款期初余额的录入及对账

应收账款科目的期初余额中涉及华宏公司的余额为25 000元。(以应收单形式录入)

⑦应付款期初余额的录入及对账

应付账款科目的期初余额中涉及单位为兴华公司的余额为5 000元。(以应付单的形式录入)

3. 实验指导

核算体系的建立及基础档案的设置同总账处理。

(1)计量单位

①执行"存货"—"计量单位"命令,打开"计量单位"窗口。

②单击"分组"按钮,打开"计量单位组"窗口。

③单击"增加"按钮,输入计量单位组的编码、名称、换算类别等信息。

④退出"计量单位组"窗口,显示计量单位列表。

⑤选中"(01)数量单位 <无换算率>"计量单位组,单击"单位"按钮,打开"计量单位"对话框。

⑥单击"增加"按钮,输入计量单位编码、名称、所属计量单位组、换算率等信息。

⑦单击"保存"按钮,保存计量单位信息,单击"退出"按钮,退出数量单位组计量单位的设置。

(2)存货分类

执行"存货"—"存货分类"命令,打开"存货分类"窗口。按实验资料输入存货分类信息。

(3)存货档案

①执行"存货"—"存货档案"命令,打开"存货档案"窗口。

②选中"(01)产成品"分类,单击"增加"按钮,打开"增加存货档案"窗口。

③根据实验资料填制"0101 电脑(P3)"的存货档案"基本"选项卡。

(4)开户银行

执行"收付结算"—"本单位开户银行"命令,打开"本单位开户银行"窗口。按实验资料输入开户银行信息。

(5)仓库档案

执行"业务"—"仓库档案"命令,打开"仓库档案"窗口。按实验资料设置企业仓库。

(6)收发类别

执行"业务"—"收发类别"命令,打开"收发类别"窗口。按实验资料输入收发类别。

(7)采购类型、销售类型

执行"业务"—"采购类型"及"销售类型"命令,按实验资料输入采购类型及销售类型。

(8)期初余额的录入

①总账系统期初数据的录入

a. 在"企业应用平台"窗口中,打开"业务"选项卡,执行"财务会计"—"设置"—"期初余额"命令,打"期初余额录入"对话框。

b. 在"期初余额录入"对话框中,依次录入每一个会计科目的期初余额。

c. 单击"试算"按钮,生成"期初试算平衡表",试算平衡后点击"确定"按钮。

②采购管理系统期初数据录入

a. 在供应链系统中打开采购管理模块。

b. 在系统菜单下，执行“采购入库”—“入库单”命令，打开“期初采购入库单”窗口。

c. 单击“增加”按钮，按实验资料要求录入第 1 张期初采购入库单信息，如图 16－2 所示。

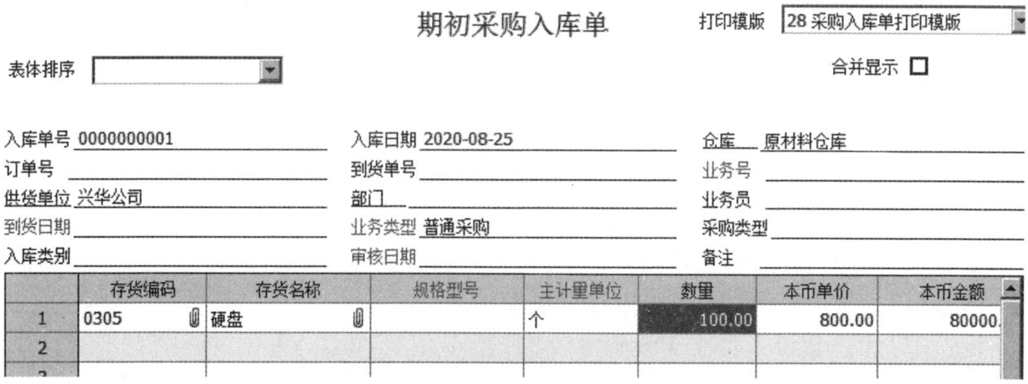
期初采购入库单　　打印模版 28 采购入库单打印模版

表体排序　　合并显示 □

入库单号 0000000001　入库日期 2020-08-25　仓库 原材料仓库

订单号　到货单号　业务号

供货单位 兴华公司　部门　业务员

到货日期　业务类型 普通采购　采购类型

入库类别　审核日期　备注

	存货编码	存货名称	规格型号	主计量单位	数量	本币单价	本币金额
1	0305	硬盘		个	100.00	800.00	80000.
2							

图 16－2　期初采购入库单窗口

d. 单击“保存”按钮，保存期初采购入库单信息。

③销售管理系统期初数据录入

a. 在供应链系统中打开销售管理模块。

b. 在系统菜单下，执行“设置”—“期初录入”—“期初发货单”命令，打开“期初发货单”窗口。

c. 单击“增加”按钮，按实验资料要求录入期初发货单信息，如图 16－3 所示。

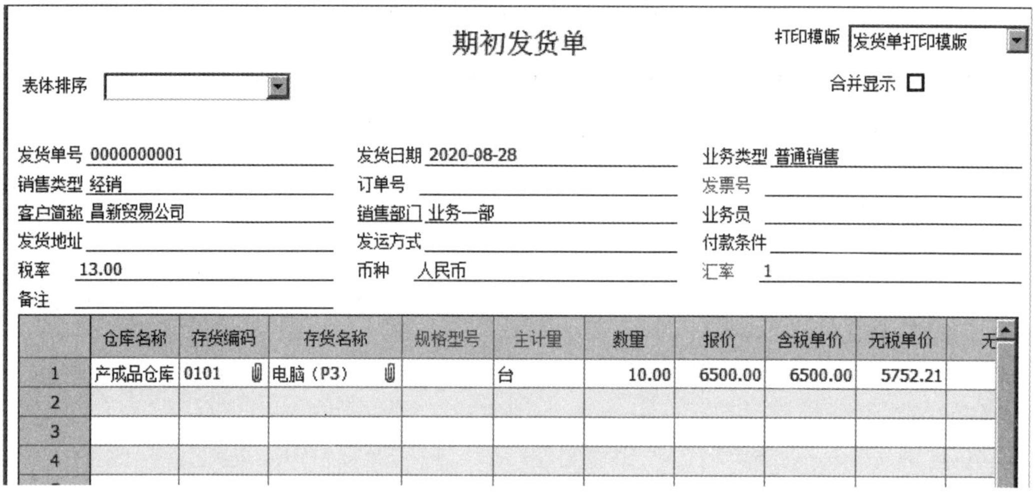
期初发货单　　打印模版 发货单打印模版

表体排序　　合并显示 □

发货单号 0000000001　发货日期 2020-08-28　业务类型 普通销售

销售类型 经销　订单号　发票号

客户简称 昌新贸易公司　销售部门 业务一部　业务员

发货地址　发运方式　付款条件

税率 13.00　币种 人民币　汇率 1

备注

	仓库名称	存货编码	存货名称	规格型号	主计量	数量	报价	含税单价	无税单价	无
1	产成品仓库	0101	电脑（P3）		台	10.00	6500.00	6500.00	5752.21	
2										
3										
4										

图 16－3　期初发货单窗口

d. 单击“保存”按钮，保存发货单信息。

e. 单击“审核”按钮，审核确认发货单信息。再单击“增加”按钮，录入、保存并审核第 2 张期初发货单。

f. 期初发货单全部录入、审核完毕，单击“退出”按钮，退出期初发货单录入与审核界面，完成期初发货单录入与审核工作。

④库存管理系统期初数据录入

a. 在库存管理系统中，执行“初始设置”—“期初结存”命令，打开“库存期初”窗口。

b. 在“库存期初”窗口中将仓库选择为“产成品”。

c. 单击“修改”按钮，再单击存货编码栏中的参照按钮，选择“0101 电脑（P3）”，在“数量”栏中输入100。

d. 以此方法继续输入其他期初结存数据，如图16－4所示。

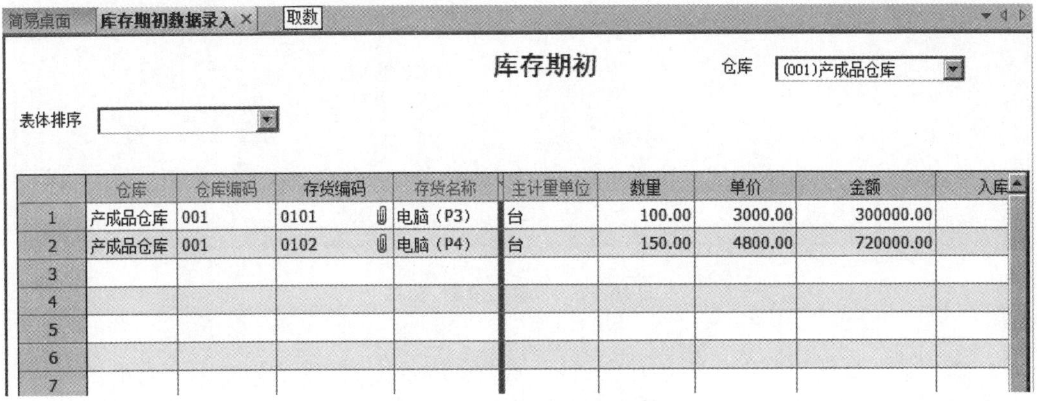

图16－4　库存期初窗口

e. 单击“审核”或“批审”按钮，确认该仓库录入的存货信息。

⑤存货核算系统期初数据录入

a. 在用友ERP－U8存货核算系统中，执行“初始设置”—“期初数据”—“期初余额”命令，打开“期初余额”窗口。

b. 仓库选择“产成品”。

c. 单击“取数”按钮，系统自动从库存管理系统取出该仓库的全部存货信息，如图16－5所示。

d. 可以将供应商等信息补充完整。

e. 以此方法继续对半成品、外购品和原料库进行取数操作。

f. 单击“对账”按钮，选择所有仓库，系统自动进行存货核算与库存管理系统的存货数据核对，如果对账成功，单击“确定”按钮。

g. 单击“退出”按钮退出。

⑥应收款期初余额的录入

a. 在应收款管理系统中，执行“设置”—“期初余额”命令，打开“期初余额—查询”窗口。

b. 单击“增加”按钮，打开“期初余额明细表”窗口。

c. 单击“增加”按钮，打开“单据类别”窗口。

d. 单击“单据名称”栏下三角按钮，选择“应收单”。

e. 单击“确定”按钮，打开“应收单”窗口。

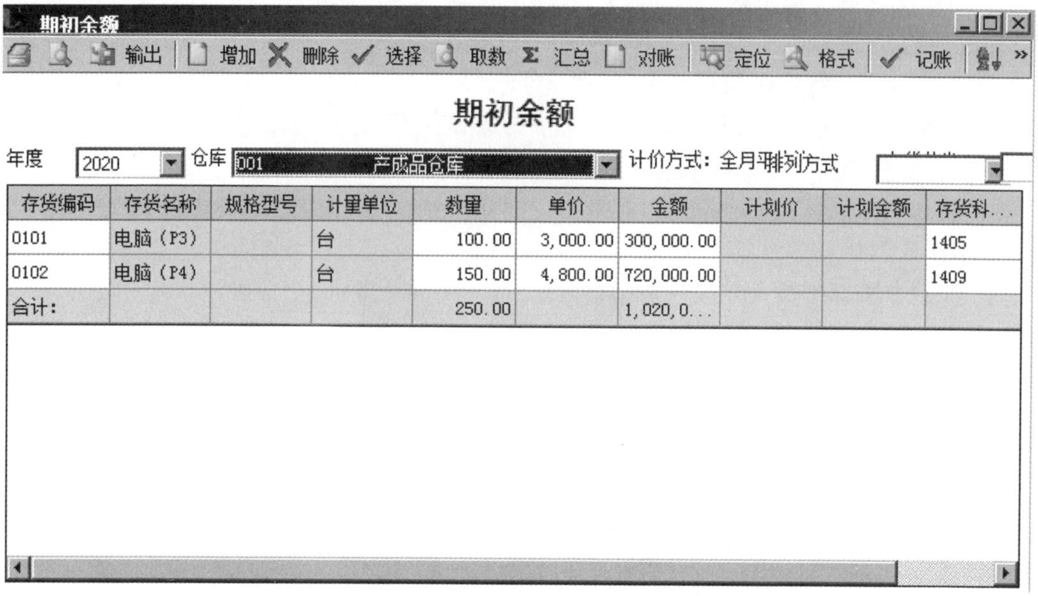

图 16－5 “期初余额”窗口

f. 修改单据日期为“2020 年 8 月 31 日”，在“客户名称”栏录入“0001”，或单击“客户”栏的参照按钮，选择“华宏公司”，系统自动带出相关信息，在“金额”栏录入“25 000”，在“摘要”栏录入“应收华宏公司款项”。

g. 单击“保存”按钮。

⑦应付款期初余额的录入

a. 在应付款管理系统中，执行“设置” －“期初余额”命令，打开“期初余额 － 查询”窗口。

b. 单击“增加”按钮，打开“期初余额明细表”窗口。

c. 单击“增加”按钮，打开“单据类别”窗口。

d. 单击“单据名称”栏下三角按钮，选择“应付单”。

e. 单击“确定”按钮，打开“应付单”窗口。

f. 修改单据日期为“2020 年 8 月 31 日”，在“供应商名称”栏录入“XHGS”，或单击“供应商”栏的参照按钮，选择“兴华公司”，系统自动带出相关信息，在“金额”栏录入“5 000”，在“摘要”栏录入“应付兴华公司款项”。

g. 单击“保存”按钮。

⑧应付款系统与总账系统对账

在“期初余额明细表”窗口中，单击“对账”按钮，打开“期初对账”窗口。对账完毕，单击“退出”按钮退出。

⑨账套备份

将账套输出到指定文件夹中。

16.2 采购管理

在现代企业中，采购成本在总成本中所占的比率相当高，企业会对采购管理进行严格的控制，企业高层领导对此也非常重视。

采购管理系统，就是通过各种可能的采购流程对采购业务进行有效的控制和管理，帮助企业降低采购成本来提升企业竞争力的控制系统。该系统是通过普通采购、直运采购、受托代销采购等采购流程对不同的采购业务进行有效的控制和管理。

16.2.1 理论知识

1.采购管理系统的主要功能

(1)有效管理供应商

在进行采购业务时，首先应建立供应商档案，包括供应商基础数据，如供应商代码、名称、地址、电话、联系人等。然后建立供应商的供应物品明细。还应该有供应商信誉记录、供应商技术水平的资料和供应商的有关账务资料，系统在下达采购订单时，会读入相应的供应商资料。

通过对供应商进行分类管理，维护供应商档案信息和供应商存货对照表，便于企业与供应商建立长期稳定的采购渠道，积极维护与供应商的良好关系。同时，系统还可以对供应商的交货时间、货物质量、供应价格等进行分析评价，确定审查合格的供应商，并调整供应商档案。

(2)严格管理采购价格

供应链管理系统可以提供完整的供应商档案文件。以使采购人员询价、对采购价格进行严格管理，并且为企业降低采购成本提供依据。同时协商采购的条款和条件，具体包括检验方式、付款方式、退货索赔方式、违约处理、经济纠纷的仲裁方式等。

(3)设置需要的采购流程

采购业务单据主要包括请购单、采购订单、采购到货单及采购入库单。在采购管理系统中，这些相关单据有序传递，企业可以根据实际采购业务的特点，设置不同的采购流程和不同的单据传递轨迹。为保证物料供应的稳定性和可靠性，可尽量缩短采购周期和降低库存，以满足企业的管理需要。

(4)及时进行采购结算

接收供应商开具的采购发票后，直接根据采购发票与采购入库单进行采购结算，确定采购成本，并将采购结算单直接传给财务部门进行相应的账务处理，以便财务部门及时支付货款。

(5)分析采购订单执行情况

可以对采购订单的执行情况进行分析，这样便于分清责任，及时发现解决采购过程中出现的问题，以便采购部门及时组织采购，确保生产顺利进行，并能够保持较低的库存，从而为降低成本提供保证。

2. 采购管理业务处理流程

一般的企业可以利用系统采购业务流程灵活配置的功能进行自行配置，一笔采购业务的发生，同时涉及请购部门、采购部门、质检部门、仓库、财务部门等多个部门，系统间通过系列采购业务单据协调运作。具体业务处理过程描述如下：

（1）请购部门填制采购请购单。

（2）采购部门根据采购请购单进行比价，确定供应商，签订合同。

（3）采购部门依照请购单填制采购订单。

（4）采购部门将采购订单发送给供应商，供应商送货。

（5）货物到达企业后，对收到的货物进行清点，参照采购订单填制采购到货单。

（6）经过仓库的质检和验收，参照采购订单或采购到货单填制采购入库单。

（7）取得供应商开具的发票后，采购部门录入采购发票。

（8）采购部门根据采购入库单和采购发票进行采购结算，确定采购成本。

（9）将采购入库单报给财务部门成本会计进行存货核算，将采购发票等票据报应付款会计进行应付账款核算。

3. 采购业务类型

企业在日常的采购活动中，由于采购方式不同以及采购物品所有权等问题，企业采购流程呈多样化，因此采购业务类型及业务应用模式也有不同。

采购管理系统结合企业的应用，提供了三种采购业务类型的处理。

（1）普通采购业务

普通采购业务支持所有正常的采购业务，适用于大多数企业的一般采购业务。

（2）受托代销业务

受托代销业务是一种先销售后结算的采购模式。其他企业委托本企业代销其商品，但商品的所有权仍属委托方。代销商品售出后，本企业与委托方进行结算，由对方开具正式的发票，商品所有权转移。

（3）直运业务

直运业务是指产品无须入库即可完成购销业务。由供应商直接将商品发给企业的客户，结算时由购销双方分别与企业结算。直运业务包括直运销售业务和直运采购业务，没有实物的出入库，货物流向是直接从供应商到客户，财务结算通过直运销售发票、直运采购发票解决。直运业务适用于大型电器、汽车、设备等产品采购销售。

4. 普通采购业务流程

采购业务流程可以根据企业的实际业务需要自行配置。采购流程中的主要单据有采购请购单、采购订单、采购到货单、采购入库单、采购结算单、采购发票等，其中采购请购单、采购订单、采购到货单为可选单据，用户可以使用，也可以不使用。

各种采购业务单据通常可以手工直接录入，也可以参照上游单据生成，但被参照的单据必须是经过审核的。

（1）请购业务

采购请购是指企业内部向采购部门提出采购申请，或采购部门汇总企业内部采购需求提出来采购清单,报上级主管批准。

请购是采购业务处理的起点,用于描述和生成采购的需求,如采购什么货物、采购多少、何时使用、谁用等内容;同时,也可为采购订单提供建议内容,如建议供应商、订货日期等。

(2)采购订单

采购订单是企业与供应商之间签订的采购合同、购销协议等。其主要内容包括采购什么货物、采购多少、由谁供货、什么时间到货、到货地点、运输方式、价格、运费等。它可以是企业采购合同中关于货物的明细内容,也可以是一种订货的口头协议。通过对采购订单的管理,可以帮助企业实现采购业务的事前预测、事中控制、事后统计。

(3)采购到货单

采购到货是采购订货和采购入库的中间环节。采购到货单一般由采购业务员根据供方通知或送货单填写,确认对方所送货物、数量、价格等信息,以入库通知单的形式传递到仓库作为保管员收货的依据,便于对物料的跟踪和查询。它的作用不仅限于此,实际上采购业务的很多工作都要通过收料通知单来完成。例如,在启用质量管理系统时,对于需要报检的存货,必须使用采购到货单,它相当于送检通知单。

一般来说,采购到货单可以通过手工录入、单据关联、单据复制等多种途径生成。

(4)采购入库

采购入库是通过采购到货、质量检验环节,对合格到货的存货进行入库验收。采购入库单通常是确认货物入库的有效证明文件。如果本月存货已经入库,但采购发票尚未收到,可以对货物进行暂估入库,待发票到达后,再根据该入库单与发票进行采购结算处理。

采购入库单在哪个系统录入与供应链启用的系统有关。录入采购入库单的系统优先级依次是库存管理系统—采购管理系统—存货核算系统,即前一个系统没有启用,就在下一个系统录入。

采购入库单包括蓝字采购入库单和红字采购入库单,红字外购入库单是蓝字外购入库单的反向单据,代表物料的退库。采购入库单的常用增加方式有手工新增和关联生成两种。手工录入比较适用于没有正式订单的零星入库。

采购管理系统可以查询采购入库单据,也可以根据采购入库单生成采购发票。

(5)采购发票

采购发票是供应商开给购货单位,据以付款、记账、纳税的依据。在收到供货单位的发票后,如果没有收到供货单位的货物,可以对发票进行压单处理,待货物到达后,再输入计算机做报账结算处理,也可以先将发票输入计算机,以便实时统计在途货物。采购发票按发票类型分为专用采购发票、普通发票及运费发票,按业务性质分为蓝字发票和红字发票。

专用采购发票即增值税专用发票,是供应商纳税人销售货物或者提供应税劳务所开具的发票,发票上记载了销售货物的售价、税率以及税额等,购货方以增值税专用发票上记载的购入货物的已支付进项税额作为扣税和记账的依据。单价是无税单价,金额是无税金额。

普通发票包括普通发票、废旧物资收购凭证、免税农产品收购凭证、其他票据等,单价是含税单价,金额是价税合计。

运费发票是记录在采购货物过程中发生的运杂费、装卸费、入库整理费等费用的单据。运费发票记录可以在手工结算时进行费用分摊,也可以单独进行费用结算。

红字发票是蓝字发票的逆向单据。

输入采购发票时，若采购入库单先填制并且已输入计算机，则发票可以用复制原采购入库单的方法输入；若本张发票与以前已有某张发票相同，则可以用复制以前发票的方法输入。

为了加强企业业务管理，应由专门的审核人员对输入的发票进行审核确认，或者对经主管领导签字准予报销的发票进行审核确认。

说明：

- 现付业务是指在采购业务发生时，收到采购发票的同时进行采购付款。现付的发票在应付款管理系统进行现付制单，对于未现付的发票在应付款管理系统中形成应付款进行反映和记录。
- 采购发票在应付款管理系统中进行审核。
- 企业在收到供货单位的发票后，如果没有收到供货单位的货物，可以对发票做压单处理，待货物到达后，再输入系统做报账结算处理；也可以先将发票输入系统，以便实时统计在途货物。

(6)采购结算

采购结算也称采购报账，即采购核算人员根据采购入库单和采购发票核算采购入库成本。采购结算的结果是采购结算单，它是记载采购入库单记录与采购发票记录对应关系的结算对照表。采购结算从操作处理上分为自动结算和手工结算两种方式。按单据处理可分为蓝字入库单与红字入库单结算、蓝字发票与红字发票结算、运费发票与入库单结算、单独进行费用折扣结算。

采购结算可以跨月，不限制业务发生的日期。

①手工结算

手工结算的适用范围比较广泛，可以进行正数入库单与负数入库单的结算、正数发票与负数发票的结算、正数入库单与正数发票的结算以及费用发票单独结算。手工结算时，可以结算入库单中部分货物，未结算的货物可以在取得发票后再结算；也可以同时对多张入库单和多张发票进行报账结算。

a. 费用折扣分摊

费用折扣分摊是指把费用按会计制度规定的方法摊入存货的采购成本。企业采购业务中，采购发生的费用根据会计制度规定，允许计入采购成本，具体可以按以下情况区别处理：如果费用发票与货物发票一起报账时应将货物发票按其发票类别录入，运费发票从运费发票功能菜单中输入计算机，之后用手工结算功能进行结算；如果运费发票在货物发票已报完账后才收到，可以将运费发票输入计算机后用手工结算功能单独进行报账。

b. 溢余短缺结算

溢余短缺是指在企业采购业务中，由于运输、装卸等原因，采购的货物会发生短缺毁损。应根据不同情况，进行相应的账务处理。

在采购结算时，如果入库数量与发票数量不一致，应确定其是否为合理损耗。合理损耗直接计入成本，即相应提高入库货物的单位成本；非合理损耗则根据业务选择相应的非合理损耗类型，并由存货核算系统根据结算列记录的非合理损耗类型自动生成凭证。

②自动结算

自动结算是由系统自动将符合结算条件的采购入库单记录和采购发票记录进行结算。

系统将按照以下三种结算模式进行自动结算。

a. 入库单与发票结算

这是指将供应商、存货、数量完全相同的入库单记录和发票记录进行结算，生成结算单。发票所记录的单价作为入库单上的实际成本。

b. 红、蓝入库单结算

在实际采购业务中，由于退货、填错入库单等情况产生了红字入库单，对于红字入库单分两种情况进行结算：填制的红字退货单，可以在取得供货单位的退货发票后，进行结算，如果退货单与退货发票一致，可以自动结算；否则，对于原数冲回负数入库单，可以用手工结算功能。

另外，在进行采购结算时，可以选择原有错误的蓝字入库单和冲销蓝字入库单的红字入库单进行结算。入库单记录可以没有金额只有数量。

c. 红、蓝采购发票结算

在收到供货单位开具的红字（负数）发票时，分以下情况进行结算：该发票对应的货物未入库，即没有对应的入库单，采用手工结算，不选入库单，直接选择原蓝字发票和红字发票进行结算；货物已退货，采用手工结算，选择对应的退货单，并选择该红字发票进行结算。

(7) 采购业务成本核算

采购业务成本核算主要是通过正常单据记账将用户所输入的采购入库单据登记于存货明细账、差异明细账/差价明细账、受托代销商品明细账等，主要包括暂估成本录入、结算成本处理、采购单据记账等处理过程。

①暂估成本录入

如果到了期末，外购的存货发票还没有到，在不知存货的具体单价时，财务人员应该暂时估计存货的价格，成批录入入库成本。

②结算成本处理

存货暂估是外购入库的货物发票未到，在不知道具体单价时，财务人员期末暂时按估计价格入账，下月用红字予以冲回的业务。系统提供了三种暂估处理方式：

一是月初回冲。它是指月初时系统自动生成红字回冲单，报销处理时，系统自动根据报销金额生成采购报销入库单。

二是单到回冲。它是指报销处理时，系统自动生成红字回冲单，并生成采购报销入库单。

三是单到补差。它是指报销处理时，系统自动生成一笔调整单，调整金额为实际金额与暂估金额的差额，以此处理暂估业务。

结算成本处理主要是对暂估业务报销的自动处理。下面以月初回冲为例，说明暂估业务的处理过程：月初时，系统对上月未报销的暂估单自动在明细账中生成红字回冲单，当结算成本处理时，系统在明细账中生成蓝字报销单，蓝字报销单的入库金额为已报销金额。月末时，系统对本月未报销的入库单进行期末处理后，系统自动生成蓝字暂估单，直接记入明细账，用户不能修改。逐月类推，直至收到发票进行结算成本处理。

③采购单据记账

经采购结算和暂估成本录入，在存货核算系统执行采购入库单据记账时，采购成本会自动登记到存货明细账中。

(8)生成采购凭证

采购业务经采购计划、订单、到货、入库等系列处理完成后，需进行财务核算。在存货核算系统中执行单据记账功能，系统会依据初始化时存货科目、对方科目、应付款科目的设置自动生成记账凭证，并在总账系统中进行审核、记账，月末可与总账系统对账。

(9)采购付款

采购业务一方面是采购入库成本的处理，另一方面是货款的结算处理。除了现付业务以外，其他采购业务要及时进行应付款的确认和付款的处理，这些工作主要由财务部门通过应付款管理系统来完成。采购结算后的采购发票会自动传递到应付款管理系统，由应付款系统审核、付款、制单，最后传递到总账系统。

5. 退货业务

在采购业务活动中，如果发现已入库的货物因质量等因素要求退货，则对普通采购业务需进行退货处理。红字单据是正常业务的逆向单据，通过红字单据实现退货业务处理。

(1)退货业务实际应用

在采购活动中，如发生退货或要求供货单位销售折让，可分以下四种情况进行处理：

①如果该项业务的发票没有录入系统，不论货物是否办理入库手续，即不论货物是否已输入入库单，都可以不进行处理，不必要求供应商开具红字发票，只需将发票退给供货单位即可。

②如果该项业务的发票已录入系统，那么若该发票还没有采购结算，则可以删除该发票，不必要求供应商开具红字发票。

③如果该发票已经结算，则必须要求供应商开具红字发票，并录入系统与相应的红字入库单进行结算。

④如果原入库单有错，用户重输一张红字入库单冲错，在进行采购结算时，选择原有错的蓝字入库单和冲错的红字入库单进行结算。

(2)退货业务类型

①结算前全部退货

结算前全部退货即已录入采购入库单，但未进行采购细算，并且全额退货。对于这种情况，要填制一张全额数量的红字采购入库单，把这张红字采购入库单与原入库单进行结算，冲抵原入库单数据。因没有结算，不需填红字发票，只需删除该发票即可。

②结算后退货

结算后退货即已录入采购入库单、采购发票，并且已进行了采购结算。对于这种情况，要填制一张红字采购入库单，再填制一张红字发票，把这张退货单与红字发票进行结算，冲抵原入库单数据。

6. 查询单据和账表

采购管理系统的查询内容主要包括采购单据、采购统计表、采购账簿和采购分析表。

采购单据查询是通过入库单明细列表、发票明细列表、结算单明细列表、凭证列表查询等进行单据查询，可以分别对入库单、发票及结算单等进行查询。采购管理系统提供了多种明细表，包括采购明细表、入库明细表、结算明细表、货到票未到明细表、票到货未到明细表及费用明细表。明细表可由使用者筛选查询条件，将采购业务一笔一笔地显示出来。

采购统计是将采购业务中的采购发票、采购入库单以及采购结算数据，由用户任选查询条件，汇总显示。采购统计表包括入库统计表、结算统计表、货到票未到统计表、票到货未到统计表及综合统计表等。

采购账簿包括在途货物余额一览表、暂估入库余额一览表、代销商品款余额表和代销商品款台账。

采购分析包括采购成本分析、供应商价格分析、采购类型结构分析、采购资金比重分析等。

综合利用采购管理系统提供的各种账表及查询功能，充分实现采购业务管理的事中控制、事后分析功能，可以全面提升企业的采购管理水平。

16.2.2 实务应用

1. 实验要求

- 录入或生成请购单、采购订单、采购到货单、采购入库单等普通采购业务单据，并进行审核确认
- 录入或生成采购发票，并按要求修改采购发票编号
- 进行采购结算
- 支付采购款项或确认应付账款，可以立即制单，也可以月末合并制单
- 账套备份

2. 实验资料

(1)2020 年 9 月 1 日业务员雷磊向建昌公司询问键盘的价格(55 元/只，含税单价)，觉得价格合适，随后向公司上级主管提出请购要求，请购数量为 300 只。业务员据此填制请购单。

(2)2020 年 9 月 2 日上级主管同意向建昌公司订购键盘 300 只，单价为 55 元，要求到货日期为 2020/09/03。

(3)2020 年 9 月 3 日收到所订购的键盘 300 只。填制到货单。

(4)2020 年 9 月 3 日将所收到的货物验收入原材料仓库。填制采购入库单。

(5)当天收到该笔货物的专用发票一张。

(6)业务部门将采购发票交给财务部门，财务部门确认此业务所涉及的应付账款及采购成本。

3. 实验指导

(1)填制并审核请购单

①在业务选项卡中，执行“供应链”—“采购发票”命令，打开采购管理系统。

②执行“请购”—“请购单”命令，打开“采购请购单”窗口。

③单击“增加”按钮，选择采购类型为“普通采购”，修改采购日期为 2020 年 9 月 1 日，部门为“业务一部”，“存货名称”选择“键盘”，在“数量”栏输入“300”，在“本币单价”栏输入“55”，如图 16-6 所示。

④单击“保存”按钮，单击“审核”按钮，直接审核该请购单。

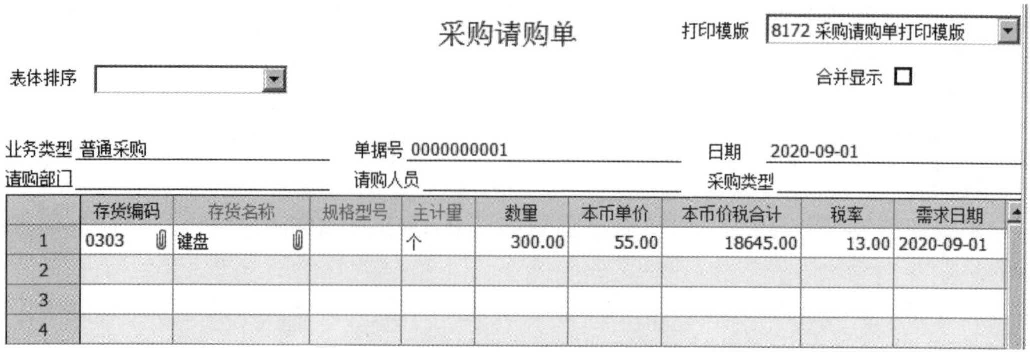

采购请购单　　打印模版 8172 采购请购单打印模版

表体排序　　合并显示 □

业务类型 普通采购　　单据号 0000000001　　日期 2020-09-01

请购部门　　请购人员　　采购类型

	存货编码	存货名称	规格型号	主计量	数量	本币单价	本币价税合计	税率	需求日期
1	0303	键盘		个	300.00	55.00	18645.00	13.00	2020-09-01
2									
3									
4									

图 16－6　采购请购单窗口

（2）填制并审核采购订单

①在采购管理系统中，执行“采购订货”—“采购订单”命令，打开“采购订单”窗口。

②单击“增加”按钮，再点击“生单”按钮，选择已审核的请购单。

③执行“拷贝采购请购单”命令，打开“过滤条件窗口”。

④单击“过滤”按钮，打开“生单选单列表”对话框，双击鼠标右键选中需要拷贝的请购单，即打上“Y”选中标志，单击“确定”按钮，选中的“请购单”资料自动传递到采购订单中。修改订单日期为2020年9月2日。单击“保存”按钮，如图16－7所示。

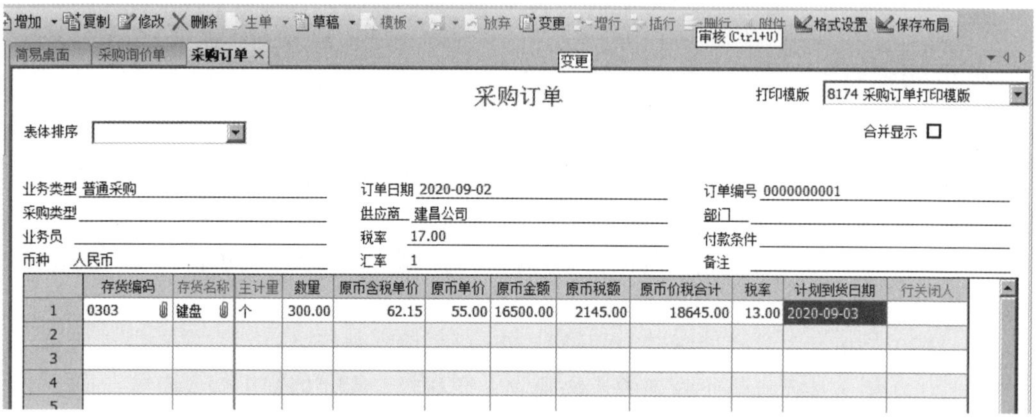

增加 复制 修改 删除 生单 草稿 模板 放弃 变更 增行 插行 删行 附件 格式设置 保存布局

审核(Ctrl+U)　变更

简易桌面　采购询价单　采购订单

采购订单　　打印模版 8174 采购订单打印模版

表体排序　　合并显示 □

业务类型 普通采购　　订单日期 2020-09-02　　订单编号 0000000001

采购类型　　供应商 建昌公司　　部门

业务员　　税率 17.00　　付款条件

币种 人民币　　汇率 1　　备注

	存货编码	存货名称	主计量	数量	原币含税单价	原币单价	原币金额	原币税额	原币价税合计	税率	计划到货日期	行关闭人
1	0303	键盘	个	300.00	62.15	55.00	16500.00	2145.00	18645.00	13.00	2020-09-03	
2												
3												
4												
5												

图 16－7　采购订单窗口

⑤单击“审核”按钮，审核确认拷贝生成采购订单。

（3）填制到货单

①在采购管理系统中，执行“采购到货”—“到货单”命令，打开“到货单”窗口。

②单击“增加”按钮，再点击“生单”按钮，选择已审核的采购订单。

③执行“拷贝采购订单”命令，打开“过滤条件窗口”。

④单击“过滤”按钮，打开“生单选单列表”对话框，双击鼠标右键选中需要拷贝的请购单，即打上“Y”选中标志，单击“确定”按钮，选中的“订单”资料自动传递到采购到货单中。修改订单日期为2020年9月3日。单击“保存”按钮。根据采购订单生成的采购到货单如图16－8所示。

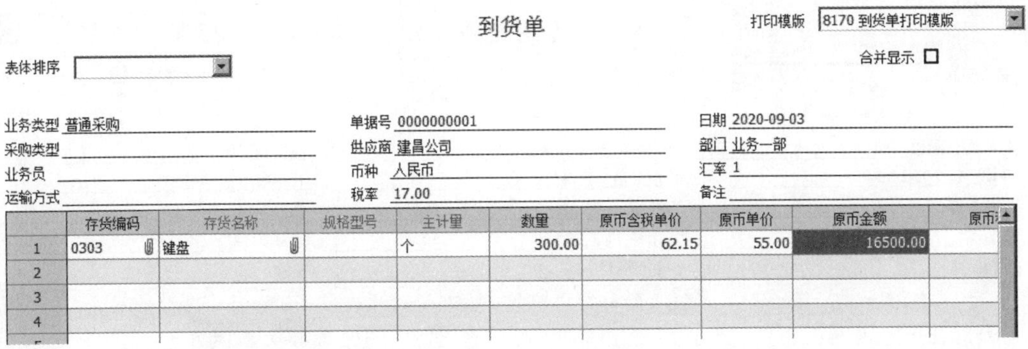
到货单

打印模版 8170 到货单打印模版

表体排序

合并显示 □

业务类型 普通采购 单据号 0000000001 日期 2020-09-03

采购类型 供应商 建昌公司 部门 业务一部

业务员 币种 人民币 汇率 1

运输方式 税率 17.00 备注

	存货编码	存货名称	规格型号	主计量	数量	原币含税单价	原币单价	原币金额	原币
1	0303	键盘		个	300.00	62.15	55.00	16500.00	
2									
3									
4									

图 16-8 采购到货单

⑤单击“审核”按钮,审核后退出。

(4)填制并审核采购入库单

①在企业应用平台中,启动“库存管理系统”。

②在库存管理系统中,执行“入库业务”—“采购入库单”命令,打开“采购入库单”窗口。

③单击“生单”按钮,打开“选择采购订单或采购到货单”对话框。打开“采购到货单”选项卡,系统提示信息“选择到货单将取消订单的所有选择,是否继续?”,单击“是”按钮,出现待选择的“采购到货单”。单击“选择”栏,选中栏出现“Y”。选中窗口右下方的“显示表体”复选框,则窗口下部显示所选择单据的表体记录,可以修改。

④在表体中的空白位置参照输入相关信息,单击“仓库”栏参照按钮,选择“原材料库”,修改入库日期为2020年9月3日。

⑤单击“确定”按钮,系统弹出“确认要生单吗?”信息提示对话框。单击“是”按钮,则系统检查合法性。如果合法,则根据参照单据生成采购入库单,否则提示警告信息。

⑥系统显示生成的采购入库单,可以对生成的采购入库单进行有限制的修改。

⑦单击“审核”按钮,确认并保存采购入库单。

(5)填制采购发票

①在采购管理系统中,执行“采购发票”—“专用采购发票”命令,打开“专用发票”窗口。

②单击“增加”按钮,输入表头部分的信息。修改发票日期为2020年9月3日。

③在表体任何栏目位置,单击鼠标右键,从快捷菜单中选择“拷贝采购入库单”命令,执行“拷贝采购入库单”命令,打开“过滤条件”窗口。

④单击“过滤”按钮,系统显示“生单选单列表”。双击所要选择的采购入库单,选择栏显示“Y”,单击“确定”按钮,系统将采购入库单自动传递过来,生成采购专用发票,如图16-9所示。

⑤所有信息输入、修改完成后,单击“保存”按钮,保存参照采购入库单生成的采购专用发票。

(6)采购结算(自动结算)

①在采购管理系统中,执行“采购结算”—“自动结算”命令。系统弹出“自动结算”对话框。

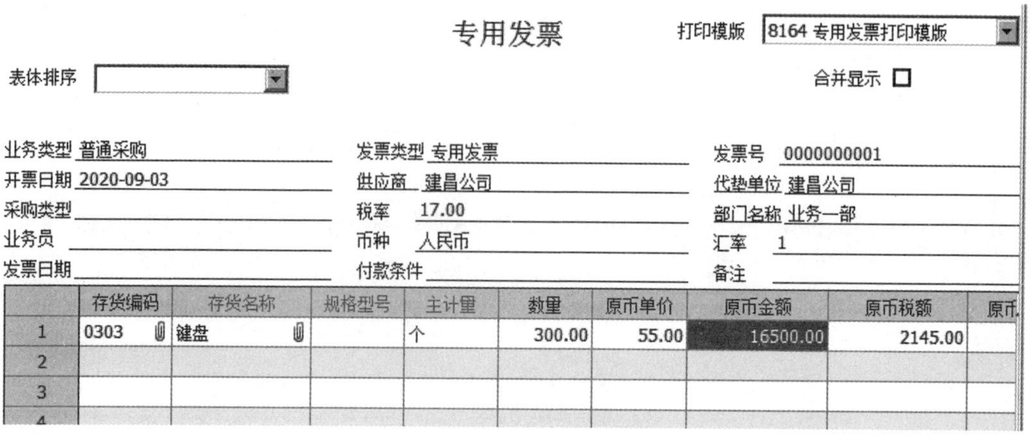

图 16－9　采购专用发票录入

②根据需要输入结算过滤条件和结算模式（入库单和发票），如单据的起止日期，选择单据和发票结算模式，单击“确定”按钮，系统自动进行结算。

③执行“结算单列表”命令，双击需要查询的结算表，可以打开结算表，查询、打印本次自动结算结果。

④单击“退出”按钮。

（7）在应付系统中，审核采购发票

①进入应付款管理系统，执行“应付单据处理”—“应付单据审核”命令，打开“单据过滤条件”对话框，输入相关查询条件。

②单击“确定”按钮，系统弹出“应付单据列表”窗口（图 16－10）。

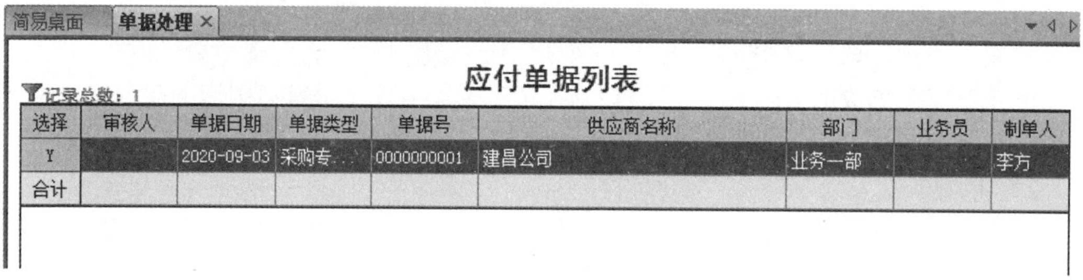

图 16－10　应付单据列表窗口

③单击“选择”栏，或单击“全选”按钮。

④单击“审核”按钮，系统完成审核并给出审核报告。单击“确定”按钮后退出。

⑤执行“制单处理”命令，打开“制单查询”对话框，选择“发票制单”。

⑥单击“确定”按钮，打开“采购发票制单”窗口。

⑦选择“记账凭证”，修改制单日期为 2020 年 9 月 3 日”，再单击“全选”按钮，选中要制单的“采购入库单”。

⑧单击“制单”按钮，生成一张记账凭证，如图 16－11 所示。

⑨ 打开总账系统，执行“凭证”—“查询凭证”命令。选择“未记账凭证”，打开所选凭证，可以查询在应付款系统生成并传递至总账的记账凭证。

已生成

记 账 凭 证

记 字 0001　　制单日期：2020.09.03　　审核日期：　　附单据数：1

摘 要	科目名称	借方金额	贷方金额
采购专用发票	在途物资	1650000	
采购专用发票	应交税费/应交增值税/进项税额	214500	
采购专用发票	应付账款		1864500
票号 日期 数量 单价	合 计	1864500	1864500

备注　项 目　　部 门
个 人　　客 户
业务员

图 16－11 “采购发票制单”窗口

(8)在存货系统中，进行入库单记账

①在存货核算系统中，执行“业务核算”—“正常单据记账”命令，打开“正常单据记账条件”对话框。

②单击“确定”按钮，打开“正常单据记账”窗口。

③单击“全选”按钮，再单击“记账”按钮记账。

④单击“退出”按钮，退出。

(9)在存货系统中，生成入库凭证

①在存货核算系统中，执行“财务核算”—“生成凭证”命令，打开“生成凭证”窗口。

②单击“选择”按钮，打开“查询条件”对话框。

③选中“采购入库单(报销记账)”复选框。

④单击“确定”按钮，打开“未生成凭证单据一览表”窗口。

⑤单击“全选”按钮，再单击“确定”按钮。

⑥单击“生成”按钮，生成一张“记账凭证”。

⑦单击“保存”按钮保存。

(10)账套备份

将账套输出到指定文件夹中。

16.3 销 售 管 理

16.3.1 理论知识

销售是企业经营活动的中心，是企业生产经营成果的实现过程。销售部门在企业供应链中处于市场与企业接口的位置，其主要职责就是为客户提供产品及其服务，从而实现企业的资金周转并获取利润，为企业提供生存与发展的动力。

销售管理系统主要提供对企业销售业务全流程的管理。销售管理系统支持以销售订单为核心的业务模式，支持普通批发销售、零售、委托代销业务、直运销售业务、分期收款销售、销售调拨等多种类型的销售业务，满足不同用户需求，用户可以根据实际情况构建自己的销售管理平台。

1.销售管理系统的主要功能

(1)有效管理客户

对客户进行分类管理，维护客户档案，制定针对客户的价格政策，建立长期稳定的销售渠道。

(2)产品销售预测

产品销售预测即根据市场需求信息，进行产品销售预测。

(3)编制销售计划

销售计划的编制是按照客户订单、市场预测情况和企业的生产情况，对一定期限内企业的销售品种、各品种的销售量与销售价格做出安排。企业也可以根据某个部门或某个业务员制订销售计划。

(4)销售订单管理

根据客户的订单数量输入、修改、查询、审核销售订单，了解订单的执行或未执行情况。

(5)销售物流管理

根据销售订单填制或生成销售发货单，并根据销售发货单生成销售出库单，在库存管理系统办理出库。

(6)销售资金流管理

依据销售发货单开具销售发票，发票审核后即可确认收入，形成应收账款，在应收款管理系统可查询和制单，并据此收款。

(7)销售计划管理

实现在部门、业务员、存货及其组合为对象考核销售的计划数与定额数的完成情况，并进行考核评估。

(8)价格政策

系统能够提供历次售价、最新成本加成及按价格政策定价等三种价格依据，同时，按价格政策定价时，支持商品促销价，可以按客户定价，也可以按存货定价。按存货定价时还支持按不同自由项定价。

(9)信用管理

系统提供了针对信用期限和信用额度两种管理制度，同时，既可以针对客户进行信用管理，也可以针对部门、针对业务员进行信用额度、信用期限的管理。如果超过信用额度，可以逐级向上审批。

(10)远程应用

可以对销售订单、销售发票、发货单、现收款单等进行远程输入、查询。

(11)批次与追踪管理

对于出库跟踪入库属性的存货，在销售开单时，可以手工选择明细的入库记录，并提供先进先出、后进先出两种自动跟踪的方法。

2. 销售管理业务处理流程

一笔销售业务的发生,同时涉及销售部门、仓库(库房)、财务部门等多个部门,系统间通过系列销售业务单据协调运作。具体业务处理过程描述如下:

(1)销售部门制订销售计划。

(2)企业向客户提供销售报价单。

(3)销售人员按照销售计划,与客户签订销售合同或协议。

(4)销售部门根据销售协议填制销售订单。

(5)销售部门参照销售订单填制销售发货单。

(6)仓库部门参照销售发货单填制销售出库单。

(7)销售部门根据销售发货单填制销售发票。

(8)将销售发票传到财务部门进行收款结算。

3. 销售业务类型

(1)普通销售

绝大多数企业所采取的业务类型,依据正常销售流程,不存在需要特殊处理的业务。企业采用该类型业务时一般先接订单,再根据订单做发货通知,库房根据发货通知办理实物出库;财务部门根据销售发货单来确认应收款、销售收入并结转成本;同时,根据发货情况开具销售发票,销售发票作为计税依据,收入与成本严格同比。

(2)委托代销

这是将货物委托另一方销售,货物所有权并未转移,待对方将货物销售出去后再进行款项结算的业务。企业采用该类型业务时先接订单,再根据订单做发货通知,并根据订单及对方实际情况开具销售发票;库房根据发货通知办理实物出库;财务部门根据销售发票来确认销售收入并结转成本;财务部门根据销售发票来确认应收款;收入与成本严格同比。

(3)分期收款

分期收款是货物销售给客户后,按照约定的结算日,分期收回货款,收入与成本按照收款情况分期确认。生产大型设备的企业往往采用这种销售模式。

(4)零售

货物采用零售方式销售,再对汇总数据进行统一入账的销售模式,企业采用该模式一般直接发货开票,属于现款销售,发货与实物出库同时进行。

(5)销售调拨

销售调拨一般是处理集团企业内部有销售结算关系的销售部门或分公司之间的销售业务。

(6)直运业务

直运业务与普通销售业务、普通采购业务的最大区别在于:货物不经过本企业出入库,直接由供应商发给客户。

4. 普通销售业务

普通销售业务模式适用于大多数企业的日常销售业务,通常有先发货后开票和开票直接发货两种业务模式，完成销售报价、订货、发货、出库、开票、收款结算、结转销售成本等一系列业务处理。用户可以根据企业的实际业务应用，结合软件系统对销售流程进行可选配置。

(1)销售报价

销售报价是企业向客户提供货品、规格、价格、结算方式等信息，双方达成协议后，销售报价单转为有效力的销售合同或销售订单。企业可以针对不同客户、不同存货、不同批量提出不同的报价、折扣率。企业报价的依据是产品的生产成本、企业利润期望值以及市场环境条件等。

销售报价管理主要帮助企业销售部门进行报价、对报价单跟踪及审核，以便对销售人员的报价过程进行管理。提供科学合理的产品报价机制，确保报价过程的连续性和审核产品报价，便于业务员主动跟催以提高成交率，加强与企业的客户联系，将有关的产品信息传递出去。

报价工作的重要内容包括报价单填制与维护、报价单审核、跟催、客户确认转销售订单等。报价单只能手工增加，它是整个销售业务的起点，已审核未关闭的报价单可以参照生成销售订单。

报价单是以文件形式体现的，报价单描述企业向客户提供的产品名称、规格、价格、产品配置、销售条件和产品服务承诺等信息。报价过程是与企业客户的协商过程，报价单一般要多次修改直到客户接受产品报价及其相关内容为止。

(2)销售订货单

销售订货是指由购销双方确认的客户要货请求的过程，企业根据销售订单组织货源，并对订单的执行情况进行管理、控制和追踪。

销售订单是反映由购销双方确认的客户要货需求的单据，它可以是企业销售合同中关于货物的明细内容，如价格、数量、日期等，也可以是一种订货的口头协议。销售订单没有关于合同中付款内容的描述，所以不能完全代替销售合同。

企业销售订单的确定是企业与客户交易活动的开始。有些时候客户和企业的分销商销售条件早已谈妥，不必经过报价程序而直接输入销售订单，业务员根据与客户达成的交易信息进行销售订单的维护与录入。销售订单录入后其标志状态为未确认，需进行销售订单审核与确认操作。

(3)销售发货

销售发货是企业执行与客户签订的销售合同或销售订单，将货物发往客户的行为，是销售业务的执行阶段。在销售订单确定后，ERP 系统会及时查询库存管理系统和生产计划系统的相关数据，进行可用量检查和发货安排准备，以确定能够准时按照客户要求的交货日将产品运送至客户手中。

发货单是销售方作为给客户发货的凭据，是销售发货业务的执行载体。无论什么性质的企业，发货单都是销售管理的核心单据。发货单由销售部门根据销售订单填制或手工录入。

注意：

- 先发货后开票模式，先填发货单，经审核后可以参照生成销售发票。对于开票直接发货模式，要先填制销售发票，系统会自动生成发货单。
- 如果在销售管理系统—销售选项中，选择“是否销售生成出库单”这一项，则填制发货单后，系统会自动生成销售出库单。

- 如果存货涉及批次管理，可以手工指定批次，也可以自动指定批号，与销售管理业务选项设置有关。不过在发货单中指定的批次、生产日期等，在库存管理系统不可修改，最好由仓库管理部门指定以上内容，避免因发生错误而不能及时出库。

(4)销售开票

销售开票是销售过程中企业给客户开具销售发票及其所附清单的过程，它是销售收入确认、销售成本计算、应交销售税金确认和应收账款确认的依据，是销售业务的重要环节。

销售发票是指销售开票过程中为用户开具的原始销售单据，包括增值税专用发票、普通发票及其所附清单。在销售结算的同时向客户收取货款的，还要对销售发票、销售调拨单、零售日报等单据进行现结处理。现结是在货款两讫的情况下，在销售结算的同时向客户收取货款。

随同销售发票、销售调拨单、零售日报一起收到货款的，可以随时对其单据进行现结处理，现结操作必须在单据复核操作之前。一张销售单据可以全额现收，也可以部分现收。

没有收到货款的销售发票审核后，由财务部门的应收款管理岗位核算应收账款，在应收款管理系统中审核、登记应收明细账并制单生成凭证。

①销售支出

销售支出是指在销售业务中，随货物销售所发生的为客户支付的运费、现金折扣、让利等费用，货物赠送也可按其成本价进行登记。销售支出处理的目的在于让企业掌握用于某客户费用支出的情况，以及承担这些费用的销售部门或业务员的情况，并作为对销售部门或业务员的销售费用和经营业绩的考核依据。

②代垫费用

代垫费用是指在销售业务中，随货物销售所发生的、不通过发票处理而形成的暂时代垫且将来需向客户收取的费用项目，如运杂费、保险费等。代垫费用实际上形成了用户对客户的应收款。代垫费用审核后，在应收款管理系统自动生成其他应收单，代垫费用的收款核销由应收款管理系统处理。

(5)销售出库单

销售出库单是销售出库业务的主要凭据，在库存管理系统主要用于存货出库数量的核算；如果存货核算系统销售成本的核算依据选择了销售出库单，那么在存货核算系统可以用于存货出库成本的核算。销售出库单按出入库方向分为蓝字销售出库单和红字销售出库单。

销售出库是出库存管理部门依据销售部门开出的发货单进行发货处理的，并对销售出库单审核确认，如果涉及货位管理的存货，要在销售出库单上指定货位，以加强仓储管理。

(6)销售业务成本核算

销售业务发生后要在存货核算系统进行单据记账并进行出库成本的核算。采用先进先出法、移动平均法、个别计价法这几种计价方式的存货，在“单据记账”时进行出库成本的核算，采用全月平均法、计划价/售价法计价的存货，在“期末处理”时进行出库成本的核算。

销售出库单上的单价和金额，依据存货核算系统的选项设置，既可以在存货核算系统进行手工修改，也可以由系统自动计算销售出库成本。对于已记账并计算出出库成本的销售出库单，可以在存货核算系统生成相关的凭证传入总账系统。

(7)生成销售凭证

销售业务的发生可以在存货核算系统实时生成凭证,从而将已售业务的发生情况及时反映到财务账上,体现了财务业务一体化的思想。

(8)销售收款

销售业务一方面是出库结转成本的处理,另一方面就是收款的处理。除了现结业务以外,销售业务要及时进行应收账款的确认和收款处理。这些工作由财务部门通过应收款管理系统完成。经过销售部门复核的销售发票会自动传递给应收款管理系统,由应收款系统审核、收款、制单,最后传递给总账系统。

(9)销售统计分析

系统提供了企业销售情况的各种统计与分析,包括信用余额统计分析、销售收入统计分析、销售计划执行分析、销售费用支出统计、销售订货统计、发货统计分析、发票统计、销售成本统计分析、委托代销统计、订单执行情况统计分析等。系统可以多种方式提供统计分析结果,如报表、统计直方图、柱形图、折线图等;还可以按发票或收款进行货龄分析、货物流向分析、市场分析、销售结构分析、销售增长分析、销售利润分析等。

16.3.2 实务应用

1. 实训要求

- 录入销售报价单、录入或生成销售订单、销售发货单
- 录入或生成销售发票,并按要求修改发票编号
- 对销售发票进行复核,确认应收款项
- 确认、收取应收款项
- 根据销售专用发票确认销售成本
- 备份账套

2. 实训资料

(1)2020 年 9 月 14 日昌新贸易公司想购买 10 台电脑(P3),向业务一部了解价格。业务一部报价为 6 300 元/台。填制并审核报价单。

(2)2020 年 9 月 16 日该客户了解情况后,要求订购 10 台,要求发货日期为 2020 年 9 月 20 日。填制并审核销售订单。

(3)2020 年 9 月 20 日业务一部从成品仓库向昌新贸易公司发出其所订货物,并据此开具专用销售发票一张。

(4)业务部门将销售发票交给财务部门,财务部门结转此业务的收入及成本。

3. 实训指导

(1)填制并审核报价单、销售订单、销售发货单

①在销售管理系统中,执行“销售报价”—“销售报价单”命令,打开“销售报价单”窗口。

②单击“增加”按钮,输入表头信息。业务类型为“普通销售”,销售类型为“经销”,日期修改为 2020 年 9 月 14 日,客户是昌新贸易公司,税率为 13%。表体中的存货为电脑

（P3），数量 10 台，报价 6 300 元/台。单击“保存”和“审核”按钮，如图 16－12 所示。

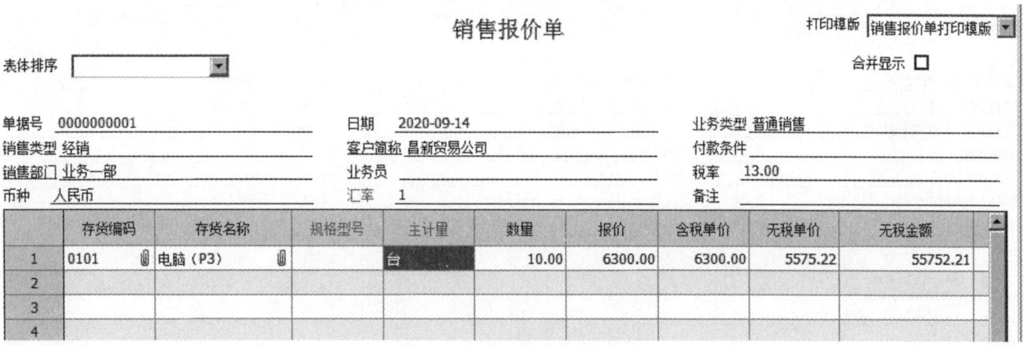

图 16－12 销售报价单窗口

③执行“销售订货”—“销售订单”命令，打开销售订单窗口。

④单击“增加”按钮，再单击“生单”按钮，选择报价，系统自动显示报价单过滤窗口。选择 9 月 14 日的昌新贸易公司的报价单，选中标志为 Y，同时选择下半部的存货电脑 P3，选中标志为 Y。

⑤系统根据报价单自动生成一张销售订单。修改订单与报价单不一致的信息，如日期为 2020 年 9 月 16 日，无税单价 6 300 元/台，数量为 10 台。信息确认后单击“保存”按钮，再单击“审核”按钮。

⑥执行“销售发货”—“发货单”命令，打开发货单窗口。

⑦单击“增加”按钮，系统自动显示选择订单管理窗口。

⑧在选择订单管理窗口，单击“显示”按钮，系统显示符合条件的销售订单。单击出现 Y 选中销售订单和存货。

⑨单击“确定”按钮，系统自动参照销售订单生成销售发货单，修改发货日期为 2020 年 9 月 16 日，输入发货仓库为成品库。单击“保存”按钮，再单击“审核”按钮。

⑩单击“退出”按钮，退出“销售发货单”窗口。

（2）根据发货单填制并复核销售发票

①在销售管理系统中，执行“销售开票”—“销售专用发票”命令，打开“销售专用发票”窗口。

②单击“增加”按钮，系统自动弹出“选择发货单”窗口。默认业务类型为“经销”，可以重新选择。

③设置过滤条件，单击“显示”按钮，系统根据过滤条件显示符合条件的全部单据年。

④在显示的发货单记录中选择客户为“昌新贸易公司”或者选择日期限 2020 年 9 月 16 日的发货单，在所选择单据前单击，出现 Y 表示选择成功。

⑤选择存货信息。系统自动显示该发货单的存货信息，选择需要开具发票的存货，在其前面单击，出现 Y 表示选择成功，选择完毕，单击“确定”按钮。

⑥系统根据所选择的发货单和存货自动生成一张销售专用发票。修改发票日期和发票号，确认后单击“保存”按钮，确认并保存发票信息，如图 16－13 所示。

⑥单击“复核”按钮，保存销售专用发票的信息。

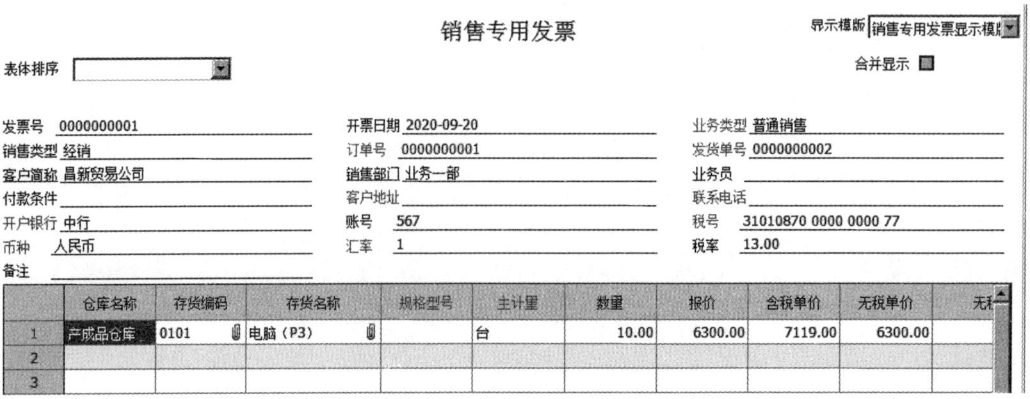

图 16－13　销售专用发票

（3）审核销售发票并生成销售收入凭证

①在企业应用平台，打开“业务”选项卡，执行“财务会计”—“应收款管理”—“应收单据处理”—“应收单据审核”命令，系统自动弹出条件过滤窗口，设置过滤条件。

②单击“确定”按钮，选择需要审核的应收单据，在记录的“选择”处单击，出现 Y 表示选择成功。

③单击“审核”按钮，系统弹出“本次审核成功单据 1 张”信息提示对话框。

④执行“制单处理”命令，系统自动打开单据过滤窗口。设置单据过滤条件，选择“发票制单”和“应收单据制单”，单击“确定”按钮。

⑤单击“全选”按钮，在需要制单的记录前的“选择标志”栏填“1”，选择凭证类别为“记账凭证”，单击“制单”按钮，系统根据所选择的应收单自动生成记账凭证，分别单击“保存”按钮，系统显示“已生成”标志，如图 16－14 所示。

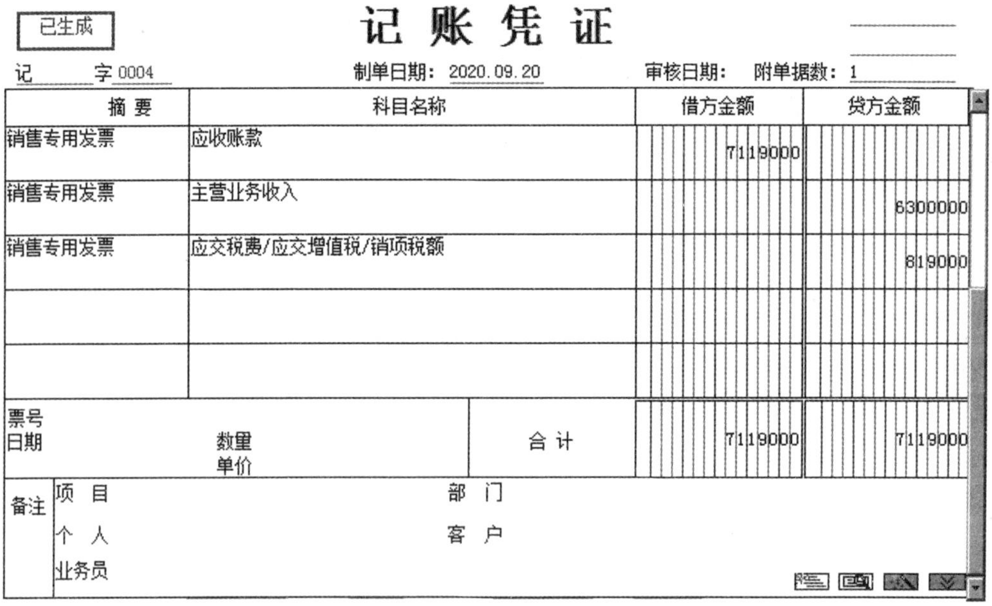

图 16－14　根据应收单生成凭证

(4)在库存系统中审核出库单并记账、生成凭证

①启动库存管理系统,执行"出库业务"—"销售出库单"命令,进入"销售出库单"窗口,单击"审核"按钮,退出库存管理系统。

②启动存货核算系统,执行"业务核算"—"正常单据记账"命令,系统自动弹出记账单据过滤窗口。设置过滤条件为昌新贸易公司。

③单击"确定"按钮,系统显示符合条件的单据。选择需要记账的单据,修改单价,单击"记账"按钮。记账后单击"退出"按钮。

④执行"财务核算"—"生成凭证"命令,进入"生成凭证"窗口。

⑤单击"选择"按钮,进入生成凭证"查询条件"对话框。选择"销售专用发票"。

⑥单击"确定"按钮,系统打开"未生成凭证单据一览表"窗口,选择需要生成凭证的单据。

⑦选择单据、凭证类型后,单击"确定"按钮,核对入账科目是否正确,或者补充输入入账科目。确定无误后单击"生成"按钮,系统自动生成了一张结转销售成本的凭证。修改凭证类型为记账凭证,单击"保存"按钮,凭证左上角显示"已生成"标志。

⑧执行"财务核算"—"凭证列表"命令,可以查询生成的结转销售成本的凭证。

(5)账套备份

将账套输出到指定文件夹中。

16.4 库 存 管 理

16.4.1 理论知识

在企业日常业务处理中,库存管理是指对企业的实物进行管理,每笔存货的收发都经过库存保管方的监督、管理和确认,是仓库或成本核算的重要基础数据来源之一,并随时为企业提供存货结存数量,保证企业的正常运营。

库存管理是用友 ERP - U8 供应链的重要产品之一,能够满足采购入库、销售出库、产成品入库、材料出库、其他出入库、盘点管理、形态转换等业务需要,提供仓库货位管理、批次管理、保质期管理、出库跟踪入库管理、可用量管理等全面的业务应用。

库存管理可以单独使用,也可以与采购管理、销售管理、物料需求计划、存货核算集成使用,发挥更加强大的应用功能。

1. 入库业务

仓库收到采购或生产要入库的货物,由仓库保管员验收货物的数量、质量和规格型号等,确认验收无误后入库并登记库存账。

入库业务包括企业外部采购物资形成的采购入库单、生产车间加工产品形成的产成品入库单,以及盘点、调拨单、调整单、组装、拆卸等业务形成的其他入库业务。

2. 出库业务

库存出库业务主要包括销售出库、材料出库以及调拨、盘亏、调整、组装、拆卸等其他出库业务。

3. 其他业务

（1）调拨

调拨单是指用于仓库之间存货的转库业务或部门之间的存货调拨业务填写的单据。同一张调拨单上，如果转出部门和转入部门不同，就表示属于部门之间的调拨业务；如果转出部门和转入部门相同，但转出仓库和转入仓库不同，就表示属于仓库之间的转库业务。

（2）盘点

为了保证企业库存资产的安全和完整，做到账实相符，企业必须对存货进行定期或不定期的清查，查明存货盘盈、盘亏、损毁的数量及其原因，并据以编制存货盘点报告表，按规定程序，报有关部门审批。

经有关部门批准后，财务部门要进行相应的账务处理，调整存货账的实存数，使存货的账面记录与库存实物核对相符。

存货盘点时，系统提供了多种盘点方式，如按仓库盘点、按批次盘点、按类别盘点、对保质期临近多少天的存货进行盘点等，还可以对各仓库或批次中的全部或部分存货进行盘点。普通仓库盘点单审核时，系统会根据盘点表生成其他出入库单：所有盘盈的存货生成一张其他入库单，业务类型为盘盈入库；所有盘亏的存货生成一张其他出库单，业务类型为盘亏出库。

16.4.2 实务应用

1. 实训要求

- 了解调拨业务流程
- 了解盘点的业务流程、盘点单生成的单据和生成单据

2. 实训资料

（1）2020 年 9 月 20 日将外购品仓库中的 50 只键盘调拨到原料仓库。

（2）2020 年 9 月 25 日对原料仓库的所有存货进行盘点。盘点后，发现金属板（1 ×2M）多出一片。经确认，该金属板（1 ×2M）的成本为 20 元/只。

3. 实训指导

（1）调拨业务

①在库存管理系统中，执行“调拨业务”—“调拨单”命令，打开“调拨单”窗口。

②单击“增加”按钮，进入新添调拨业务操作窗口。输入业务日期、转出仓库、转入仓库、出入库类别、经手人、存货等信息。

③单击“保存”按钮，并审核该调拨单，最后提示审核成功。

④在库存管理系统中，执行“入库业务”—“其他入库单”命令，并审核该其他入库单。

⑤在库存管理系统中，执行“出库业务”—“其他出库单”命令，并审核该其他出库单。

⑥以 2020 年 9 月 30 日的业务日期，登录存货核算系统，执行“业务核算” –“特殊单据记账”命令，系统弹出“特殊单据记账条件”对话框，设置特殊记账条件查询条件。

⑦选择单据类型为“调拨单”。此处出库单金额应该来自存货核算，建议选择“出库单

上系统已填写的金额记账时重新计算”复选框，单击“确定”按钮。

⑧表体中单击“选择”列，在其内显示有 Y 的表示选中该单据，再单击“记账”按钮。

(2)盘点业务

①在库存管理系统中，单击“盘点业务”，打开盘点单。

②单击“增加”按钮，进入新添盘点业务操作界面。输入业务日期 2020 年 9 月 30 日，选择盘点仓库为原材料仓库，出入库类别分别为盘亏出库和盘盈入库，并填写经手人等信息。

③单击“盘库”按钮，表示将表体中的内容清空。

④单击“确定”按钮，选择“按仓库盘点”和“账面为零时是否盘点”复选框。

⑤系统自动将该仓库中存货和存货在该仓库中的账面数量逐一列出，并按照盘点库存中的实际存货存储数量对应盘点单上相应的存货，一一地填列在“盘点数量”或“盘点件数”栏，单击“保存”按钮，保存该盘点单，并单击“审核”按钮审核该盘点单。

⑥经过确认，对原材料仓库盘盈的一片金属板以单价 20 元入账。以 2020 年 9 月 30 日的业务日期登录存货核算系统，执行“日常业务”—“其他入库单”命令，打开其他入库单之后，单击“修改”按钮，在“单价栏”中输入 20 元，再单击“保存”按钮。

(3)账套备份

将账套输出到指定文件夹中。

16.5 存货核算

16.5.1 理论知识

存货是指企业在生产经营过程中为销售或生产耗用而储存的各种资产，包括商品、产成品、半成品、在产品以及各种材料、燃料、包装物、低值易耗品等。

存货核算用于核算和分析所有业务中的存货耗用情况，正确计算存货购入成本，为企业提供成本核算的基础数据；动态掌握存货资金的变动，减少库存存货资金积压，加速资金周转；支持工商业多种核算方法；与采购管理或销售管理一起使用，可暂估采购入库或销售出库的成本。

存货核算的主要功能：添加或修正存货暂估价格；对存货价格、价值进行调整；对业务单据进行记账处理；对记账单据按照存货计价方法进行计算，为成本计算提供数据等。

存货核算系统的日常业务主要是以单据为载体，进行日常存货核算业务数据的录入和成本核算。在与采购、销售、库存等系统集成使用时，存货核算系统可以对其他系统填制的各种业务单据进行查询、部分项目的修改和成本计算。单独使用存货核算系统时，各种出入库单据的录入在本系统进行。

入库业务包括企业外部采购物资形成的采购入库单、生产车间加工产品形成的产成品入库单，以及盘点、调拨单、调整单、组装、拆卸等业务形成的其他入库业务。

出库业务包括销售出库形成的销售出库单、中间领用材料形成的材料出库单，以及盘点、调整、调拨、组装、拆卸等业务形成的其他出库业务。

调整业务包括入库调整单、出库调整单、系统自动生成的调整单以及计划价/售价调整单。

16.5.2 实务应用

1. 实训要求

- 暂估成本的录入
- 单据记账、特殊单据记账

2. 实训资料

(1)2020 年 9 月 30 日根据生产部门的统计，有 5 片金属板(1 ×2M)当月尚未耗用完。先做假退料处理，下个月再继续使用。

(2)2020 年 9 月 30 日进行正常单据记账，将所有的正常业务单据进行记账。

3. 实训指导

(1)在存货系统中，填制假退料单：

"存货核算"—"日常业务"—"假退料单"。

(2)在存货系统中，进行单据记账：

"存货核算"—"业务核算"—"正常单据记账"。

(3)在存货系统中，查询明细账。

说明：当月末结账后，可再重新查询明细账。

(4)以 2020 年 9 月 30 日的业务日期，登录存货核算系统，执行"业务核算"—"正常单据记账"命令。

(5)选择所有的仓库和所有的单据类型，以及"包括未审核单据"和"出库单上系统已填写的金额记账时重新计算"按钮，单击"确定"按钮。

(6)单击"全选"按钮，再单击"记账"按钮。

(7)账套备份。将账套输出到指定文件夹中。

16.6 期末业务处理

16.6.1 理论知识

企业的经营管理者、投资者、债权人等企业内外部的管理者都需要关于企业经营状况的定期信息，通过月末处理可以完成月份的全部业务处理，进而编制财务报告，核算财务状况及资金变动情况，以及企业的供应链管理所需要的各种相关数据报表等。在用友 ERP - U8 管理系统中，月末业务处理是自动完成的，企业完成当月的所有工作之后，系统将各个系统的单据封存，各种数据记入有关的账表当中，完成会计期间的月末处理工作。月末处理的功能主要包括对存货采用全月平均法的(或计划成本法)的仓库进行存货出库成本的计算，对各个系统进行有顺序的结账，查询相关账表数据。

1. 月末结账流程

供应链系统是由多个部分、多个模块共同组成的。原始业务单据由整个系统共享，但

单据在各个系统间的传递是一定顺序的,各个模块之间又存在控制关系,所以结账时要按照一定的顺序来进行。结账流程和规则如下:

(1)在财务业务一体化实现过程中,财务是对业务的一种核算和反映,一定是先有业务发生,后有财务核算,所以结账时一定是先结业务系统,后结财务系统。对于有密切关系的采购管理系统和应付款管理系统而言,要先结采购管理系统,后结应付款管理系统;对于联系紧密的销售管理系统和应收款系统而言,要先结销售管理系统,后结应收款管理系统;对于库存管理系统和存货核算系统而言,要先结库存管理系统,后结存货核算系统。

(2)在采购管理、销售管理、库存管理三个业务系统中,由于采购业务和销售业务都要在库存管理系统中进行出入库处理,所以要先结采购管理系统和销售管理系统,后结库存管理系统。采购管理和销售管理这两个系统间没有数据传递关系,结账时不分先后顺序。

(3)在应收款、应付款、存货核算、总账这四个财务系统中,不管是哪个系统生成的凭证,最终都要传到总账系统进行审核、记账,参与期末的结转,所以总账应该是最后一个结账的系统。由于应收款、应付款、存货核算这三个系统之间没有数据传递关系,结账时不分先后顺序。

(4)取消结账和结账顺序正好相反,所以直接逆向流程进行,通知相关系统的操作员先行取消结账。

2. 月末结账要求

账套期末结账时系统会进行一系列的检查,只有满足以下几项要求时,系统才给予结账处理:

(1)结账前用户应检查本会计月工作是否已全部完成,只有在当前会计月所有工作全部完成的前提下,才能进行月末结账,否则会遗漏某些业务。

(2)月末结账之前一定要进行数据备份,否则数据万一发生错误,将造成无法挽回的后果。

(3)期初没有记账,将不允许月末结账。

(4)结账应该逐月进行,不允许跳月结账。取消月末结账,要从最后一个月逐月向前取消。

(5)上月未结账,本月不能结账。但不影响日常业务的处理,本月单据可以正常操作。

(6)月末结账后,已结账月份的单据不可再进行修改、删除操作。

(7)月末结账功能为独自功能,与系统中其他功能的操作是互斥的,即在操作该功能之前,应确定其他功能均已退山。

16.6.2 实务应用

1. 实训要求

- 了解期末处理的作用
- 了解各种存货计价方法下期末处理的计算原理
- 了解期末处理其他各模块的状态

2. 实训资料

(1)在存货核算系统中,对所有单据记账。
(2)在采购管理系统中,进行采购管理系统月末结账。
(3)在销售管理系统中,进行销售管理系统月末结账。
(4)在库存管理系统中,进行库存管理系统月末结账。
(5)在存货核算系统中,对仓库进行期末处理。

3. 实训指导

(1)以2020年9月30日的业务日期,登录采购管理系统后,执行“月末结账”命令,并选择会计月份为9月份,单击“结账”按钮,系统弹出“月末结账完毕”信息提示对话框,且9月份是否结账处显示“已结账”,单击退出按钮退出结账界面。

(2)以2020年9月30日的业务日期,登录销售管理系统后,执行“月末结账”命令,进入销售结账窗口。单击“月末结账”按钮,最后9月份是否结账处显示“是”,单击“退出”按钮退出结账界面。

(3)以2020年9月30日的业务日期,登录库存管理系统后,执行“月末结账”命令,进入库存结账窗口。单击“月末结账”按钮,最后9月份是否结账处显示“是”,单击“退出”按钮退出结账界面。

(4)以2020年9月30日的业务日期,登录存货核算系统后,执行“业务核算”—“期末处理”命令,打开“期末处理”对话框。

(5)选择相应仓库,并选中“结存数量为零金额不为零自动生成出库调整单”复选框,单击“确定”按钮,系统弹出“您将对所选仓库进行期末处理,确认进行吗?”,单击“确定”按钮。

(6)单击“确定”按钮之后,根据不同的存货核算方法,系统开始计算。打开“生成出库调整单”窗口,单击“确定”按钮,系统提示仓库期末处理完毕。

(7)单击存货核算系统中的“业务核算”—“月末结账”即可完成存货系统的结账工作。

(8)账套备份。将账套输出到指定文件夹中。

课后实训

一、核算体系的建立

1. 启动系统管理

启动系统管理,以“Admin”的身份进行注册。

2. 增设三位操作员

001 于红,002 李平,003 何霞。

3. 建立账套信息

(1)账套信息

账套号888,账套名称为"广州宏达有限公司",启用日期为2020年9月。

(2)单位信息

单位名称为"广州宏达有限公司",单位简称为"宏达",社会信用代码为220022564372184456。

(3)核算类型

企业类型为"工业",行业性质为"新会计制度科目"并预置科目,账套主管选"于红"。

(4)基础信息

存货、客户及供应商均分类,有外币核算。

(5)编码方案

①客户分类和供应商分类的编码方案为2。

②部门编码的方案为2-2。

③存货分类的编码方案为2-2-3-3。

④收发类别的编码级次为2-2。

⑤结算方式的编码方案为2。

⑥其他编码项目保持不变。

4. 分配操作员权限

操作员李平:拥有"共用目录设置""应收""应付""采购管理""销售管理""库存管理""存货核算"中的所有权限。

操作员何霞:拥有"共用目录设置""库存管理""存货核算"中的所有权限。

二、各系统的启用

启用"采购管理""销售管理""库存管理""存货核算""应收""应付""总账"系统。启用日期为2020年9月1日。

三、定义各项基础档案

可通过企业门户中的基础信息,选择"基础档案",来增设下列档案。

(1)定义部门档案:制造中心、营业中心、管理中心。

制造中心下分:一车间、二车间;

营业中心下分:业务一部、业务二部;

管理中心下分:财务部、人事部。

(2)定义职员档案:王利(属业务一部)、李一(属业务二部)。

(3)定义客户分类:批发、零售、代销、专柜。

(4)定义客户档案(表16-20)。

表 16－20　客户档案

客户编码	客户简称	所属分类	社会信用代码	开户银行	账号	信用额度	信用期限
HRGS	华荣公司	批发	310003154667692348	工行	1121		
XYMYGS	新月贸易公司	批发	310108777885471236	中行	5676	100 000	30
JLGS	精利公司	专柜	315000123665689333	建行	1585	150 000	60
LYGS	利益公司	代销	154524539986269336	招行	7636		

（5）定义供应商分类：原料供应商、成品供应商。

（6）定义供应商档案（表 16－21）。

表 16－21　供应商档案

供应商编码	供应商名称/简称	所属分类	社会信用代码
XSGS	兴盛公司	原料供应商	310821385222686933
CDGS	昌达公司	原料供应商	314825705336635456
MLSH	美凌商行	成品供应商	318478226681586326
AXGS	爱心公司	成品供应商	310488008882647983

（7）定义存货分类（表 16－22）。

表 16－22　存货分类

编码	名称	编码	名称
01	原材料	02	产成品
0101	主机	0201	计算机
0102	芯片	03	外购商品
0103	硬盘	0301	打印机
0104	显示器	0302	传真机
0105	键盘	04	应税劳务
0106	鼠标		

（8）定义计量单位（表 16－23）。

表 16－23　计量单位

计量单位编号	计量单位名称	所属计量单位组	计量单位组类别
01	盒	无换算关系	无换算
02	台	无换算关系	无换算
03	只	无换算关系	无换算
04	千米	无换算关系	无换算

注：先定义计量单位组——无换算关系；类别——无换算。

(9)定义存货档案(表 16－24)。

表 16－24 存货档案

存货编码	存货名称	所属类别	计量单位	税率/%	存货属性
001	PⅢ芯片	芯片	盒	13	外购,生产耗用
002	40G 硬盘	硬盘	盒	13	外购,生产耗用,销售
003	17 寸显示器	显示器	台	13	外购,生产耗用,销售
004	鼠标	鼠标	只	13	外购,生产耗用,销售
005	键盘	键盘	只	13	外购,生产耗用,销售
006	计算机	计算机	台	13	自制,销售
007	1600K 打印机	打印机	台	13	外购,销售
008	运输费	应税劳务	千米	9	外购,销售,应税劳务

(10)设置会计科目。应收账款,预收账款设为“客户往来”应付账款,预付账款设为“供应商往来”。

(11)选择凭证类别为“记账凭证”。

(12)定义结算方式:现金结算、支票结算、汇票结算。

(13)定义本企业开户银行:工行天河路分理处,账号为 76584898789。

(14)定义仓库档案(表 16－25)。

表 16－25 仓库档案

仓库编码	仓库名称	计价方式
001	原料仓库	移动平均
002	成品仓库	移动平均
003	外购品仓库	移动平均

(15)定义收发类别(表 16－26)。

表 16－26 收发类别

编码	名称	编码	名称
01	正常入库	03	正常出库
0101	采购入库	0301	销售出库
0102	产成品入库	0302	生产领用
0103	调拨入库	0303	调拨出库
02	非正常入库	04	非正常出库
0201	盘盈入库	0401	盘亏出库
0202	其他入库	0402	其他出库

（16）定义采购类型：普通采购，入库类别为“采购入库”。
（17）定义销售类型：经销、代销，出库类别均为“销售出库”。

三、设置基础科目

1. 根据存货大类分别设置存货科目

在存货系统中，进入科目设置，选择存货科目（表16－27）。

表16－27　存货科目

存货分类	对应科目
原材料	原材料（1211）
产成品	库存商品（1243）
外购商品	库存商品（1243）

2. 根据收发类别确定各存货的对方科目

在存货系统中进入科目设置，选择对方科目（表16－28）。

表16－28　各存货的对方科目

收发类别	对应科目	暂估科目
采购入库	物资采购（1201）	物资采购（1201）
产成品入库	基本生产成本（410101）	
盘盈入库	待处理流动财产损益（191101）	
销售出库	主营业务成本（5401）	

3. 设置应收系统中的常用科目

在应收系统中，进入初始设置（表16－29）。

表16－29　应收系统中常用科目

<table>
<tr><td rowspan="4">基本科目设置</td><td>应收为1131</td><td rowspan="4">结算方式科目设置</td><td>现金结算对应1001</td></tr>
<tr><td>预收科目为2131</td><td>支票结算对应1002</td></tr>
<tr><td>销售收入科目为5101</td><td>汇票结算对应1002</td></tr>
<tr><td>应交增值税科目为21710105</td><td></td></tr>
<tr><td rowspan="3">调整应收系统的选项</td><td rowspan="3">将坏账处理方式设置为“应收余额百分比法”</td><td rowspan="3">设置坏账准备期初</td><td>坏账准备科目为1141</td></tr>
<tr><td>期初余额为10 000元</td></tr>
<tr><td>提取率为0.5%</td></tr>
</table>

4. 设置应付系统中的常用科目

在应付系统中,进入初始设置(表16-30)。

表16-30 应付系统中常用科目

基本科目设置	应付为2121	结算方式科目设置	现金结算对应1001
	预付科目为1151		支票结算对应1002
	采购科目为1201		汇票结算对应1002
	应交增值税科目为21710101		

四、期初余额的整理录入

1. 录入总账系统各科目的期初余额(表16-31)

表16-31 期初余额

科目编码	科目名称	方向	期初余额	科目编码	科目名称	方向	期初余额
1131	应收账款——华荣公司	借	25 000	2121	应付账款——兴盛公司	贷	165 000
1201	物资采购	借	80 000	3131	本年利润	贷	3 478 000
1211	原材料	借	1 004 000				
1243	库存商品	借	2 544 000				
1141	坏账准备	贷	10 000				
资产			3 643 000	负债和权益			3 643 000

2. 期初货到票未到数据的录入

2020年9月25日收到兴盛公司提供的40G硬盘100盒,单价为800元,商品已验收入原料仓库,至今尚未收到发票。

操作向导:

(1)启动采购系统,录入采购入库单。

(2)进行期初记账。

3. 期初发货单的录入

2020年9月28日业务一部向新月贸易公司出售计算机10台,报价为6 500元,由成品仓库发货。该发货单尚未开票。

操作向导:启动销售系统,录入并审核期初发货单。

4. 进入存货核算系统，录入各仓库期初余额（表16－32）

表16－32　各仓库期初余额

仓库名称	存货名称	数量	结存单价
原料仓库	PⅢ芯片	700	1 200
原料仓库	40G硬盘	200	820
成品仓库	计算机	380	4 800
外购品仓库	1600K打印机	400	1 800

操作向导：

（1）启动存货系统，录入期初余额。

（2）进行期初记账。

（3）进行对账。

5. 进入库存管理系统，录入各仓库期初库存（表16－33）

表16－33　各仓库期初库存

仓库名称	存货名称	数量
原料仓库	PⅢ芯片	700
原料仓库	40G硬盘	200
成品仓库	计算机	380
外购品仓库	1600K打印机	400

操作向导：

（1）启动库存系统，录入并审核期初库存，（可通过取数功能录入）。

（2）与存货系统进行对账。

6. 应收款期初余额的录入及对账

应收账款科目的期初余额中涉及华荣公司的余额为25 000元。（以应收单形式录入）

操作向导：

（1）启动应收系统，录入期初余额。

（2）与总账系统进行对账。

7. 应付款期初余额的录入及对账

应付账款科目的期初余额中涉及兴盛公司的余额为5 000元。（以应付单形式录入）

操作向导：

（1）启动应付系统，录入期初余额。

（2）与总账系统进行对账。

五、采购业务

1. 业务一

(1)2020 年 9 月 1 日业务员李平向新月公司询问键盘的价格(95 元/只),觉得价格合适,随后向公司上级主管提出请购要求,请购数量为 300 只。业务员据此填制请购单。

(2)2020 年 9 月 2 日上级主管同意向新月公司订购键盘 300 只,单价为 95 元,要求到货日期为 2020 年 9 月 3 日。

(3)2020 年 9 月 3 日收到所订购的键盘 300 只,填制到货单。

(4)2020 年 9 月 3 日将所收到的货物验收入原料仓库。当天收到该笔货物的专用发票一张。

(5)业务部门将采购发票交给财务部门,财务部门确认此业务所涉及的应付账款及采购成本。

操作向导:

①在采购系统中,填制并审核请购单。

②在采购系统中,填制并审核采购订单。

③在采购系统中,填制到货单。

④启动库存系统,填制并审核采购入库单。

⑤在采购系统中,填制采购发票,并进行结算。

⑥在采购系统中,采购结算(自动结算)。

⑦在应付系统中,审核采购发票。

⑧在存货系统中,进行入库单记账。

⑨在存货系统中,生成入库凭证。

⑩账表查询。

a. 在采购系统中,订单执行情况统计表。

b. 在采购系统中,到货明细表。

c. 在采购系统中,入库统计表。

d. 在采购系统中,采购明细表。

e. 在库存系统中,库存台账。

f. 在存货系统中,收发存汇总表。

2. 业务二

2020 年 9 月 5 日向新月公司购买鼠标 300 只,单价为 50 元/只,验收入原料仓库。同时收到专用发票一张,票号 ZY85011,立即以支票(ZP0215566889)形式支付货款。

操作向导:

①启动库存系统,填制并审核采购入库单。

②在采购系统中,填制采购专用发票,并做现结处理。

③在采购系统中,采购结算(自动结算)。

3. 业务三

2020 年 9 月 6 日向新月公司购买硬盘 200 只，单价为 800 元/盒，验收入原料仓库。同时收到专用发票一张，票号为 ZY8501233。另外，在采购的过程中，发生了一笔运输费 200 元，税率为 9%，收到相应的运费发票一张，票号为 56788989。

操作向导：

①启动库存系统，填制并审核采购入库单。

②在采购系统中，填制采购专用发票。

③在采购系统中，填制运费发票。

④在采购系统中，采购结算（手工结算）。

4. 业务四

2020 年 9 月 5 日业务员李平想购买 100 只鼠标，提出请购要求，经同意填制并审核请购单。根据以往的资料得知提供鼠标的供应商有两家，分别为新月公司和兴盛公司，他们的报价分别为 35 元/只，40 元/只。通过比价，决定向兴盛公司订购，要求到货日期为 2020 年 9 月 6 日。

操作向导：

①在采购系统中，定义供应商存货价格表。

②在采购系统中，填制并审核请购单。

③在采购系统中，执行请购比价生成订单功能。

5. 业务五

2020 年 9 月 9 日收到兴盛公司提供的上月已验收入库的 100 盒 40G 硬盘的专用发票一张，票号为 48210，发票单价为 820 元。

操作向导：

①在采购系统中，填制采购发票（可拷贝采购入库单）。

②在采购系统中，执行采购结算。

③在存货系统中，执行结算成本处理。

④在存货系统中，生成凭证（红冲单，蓝冲单）。

⑤在采购系统中，查询暂估入库余额表。

6. 业务六

2020 年 9 月 28 日收到爱心公司提供的打印机 100 台，入外购品仓库（发票尚未收到）。由于到了月底发票仍未收到，故确认该批货物的暂估成本为 65 000 元。

操作向导：

①在库存系统中，填制并审核采购入库单。

②在存货系统中，录入暂估入库成本（提示：没进行期初记账）。

③在存货系统中，执行正常单据记账。

④在存货系统中，生成凭证（暂估记账）。

7. 业务七

①2020 年 9 月 10 日收到新月公司提供的 17 寸显示器,数量 202 台,单价为 1 150 元,验收入原料仓库。

②2020 年 9 月 11 日仓库反映有 2 台显示器有质量问题,要求退回给供应商。

③2020 年 9 月 11 日收到新月公司开具的专用发票一张,其发票号为 ZY440888999。

操作向导:

①收到货物时,在库存系统中填制入库单。

②退货时,在库存系统中填制红字入库单。

③收到发票时,在采购系统中填制采购发票。

④在采购系统中,执行采购结算(手工结算)。

8. 业务八

2020 年 9 月 12 日从新月公司购入的键盘质量有问题,退回 2 只,单价为 95 元,同时收到票号为 ZY665218 的红字专用发票一张。

操作向导:

①退货时,在库存系统中填制红字入库单。

②收到退货发票时,在采购系统中填制采购发票。

③在采购系统中,执行采购结算(自动结算)。

④在库存系统中,查询销售出库单。

六、销售业务

1. 业务一

(1)2020 年 9 月 14 日新月贸易公司想购买 10 台计算机,向业务一部了解价格。业务一部报价为 2300 元/台。填制并审核报价单。

(2)2020 年 9 月 15 日该客户了解情况后,要求订购 10 台,并要求发货日期为 2020 年 9 月 16 日。填制并审核销售订单。

(3)2020 年 9 月 16 日业务一部从成品仓库向新月贸易公司发出其所订货物。并据此开具专用销售发票(ZY02188798)一张。

(4)2020 年 9 月 17 日业务部门将销售发票交给财务部门,财务部门结转此业务的收入和成本。

操作向导:

①在销售系统中,填制并审核报价单。

②在销售系统中,填制并审核销售订单。

③在销售系统中,填制并审核发货单。

④在销售系统中,调整有关选项(将新增发票默认“参照发货单生成”)。

⑤在销售系统中,根据发货单填制并复核销售发票。

⑥在应收系统中,根据发货单填制并生成销售收入凭证。

⑦在库存系统中,审核销售出库单。

⑧在存货系统中，执行出库单记账。

⑨在存货系统中，生成结转销售成本的凭证。

⑩账表查询：

a. 在销售系统中，查询销售订单执行情况统计表。

b. 在销售系统中，查询发货统计表。

c. 在销售系统中，查询销售统计表。

d. 在存货系统中，查询出库汇总表（存货系统）。

2. 业务二

（1）2020 年 9 月 17 日业务二部向新月贸易公司出售 1600K 打印机 5 台，报价为 2 300 元，成交价为报价的 90%，货物从外购品仓库发出。

（2）2020 年 9 月 17 日根据上述发货单开具专用发票（ZP0208978）。

操作向导：

①在销售系统中，填制并审核销售发货单。

②在销售系统中，根据发货单填制并复核销售发票。

3. 业务三

（1）2020 年 9 月 17 日业务一部向新月贸易公司出售计算机 10 台，报价为 6 400 元，货物从成品仓库发出。

（2）2020 年 9 月 17 日根据上述发货单开具专用发票（ZP0208987）一张，同时收到客户以支票（ZP011487）所支付的全部货款。

操作向导：

①在销售系统中，填制并审核销售发货单。

②在销售系统中，根据发货单填制销售发票，执行现结功能，并复核销售发票。

4. 业务四

（1）2020 年 9 月 17 日业务一部向新月贸易公司出售计算机 10 台，报价为 6 400 元，货物从成品仓库发出。

（2）2020 年 9 月 17 日业务二部向新月贸易公司出售 1600K 打印机 5 台，报价为 2 300 元，货物从外购品仓库发出。

（3）2020 年 9 月 17 日根据上述两张发货单开具专用发票（ZY0208988）一张。

操作向导：

①在销售系统中，填制并审核两张销售发货单。

②在销售系统中，根据上述两张发货单填制并复核销售发票。

5. 业务五

（1）2020 年 9 月 18 日业务二部向华荣公司出售 1600K 打印机 20 台，报价为 2 300 元，货物从外购品仓库发出。

（2）2020 年 9 月 19 日根据客户要求，对上述所发出的商品开具两张专用销售发票，第一张发票（ZY0208989）中所列示的数量为 15 台，第二张发票（ZY0208990）中所列示的数量为5台。

操作向导：

①在销售系统中，填制并审核销售发货单。

②在销售系统中，分别根据发货单填制并复核两张销售发票（考虑一下，在填制第二张发票时，系统自动显示的开票数量是否为5台）。

6. 业务六

2020年9月17日业务一部向新月贸易公司出售10台1600K打印机，报价为2 300元，货物从外购品仓库发出。并据此开具专用发票（ZY0208991）一张。

操作向导：

①在销售系统中，填制并审核销售发票。

②在销售系统中，查询销售发货单。

③在库存系统中，查询销售出库单。

7. 业务七

2020年9月19日业务一部在向新月贸易公司销售商品过程中发生了一笔代垫的安装费500元。

操作向导：

①在销售系统中，增设费用项目为“安装费”。

②在销售系统中，填制并审核代垫费用单。

8. 业务八

（1）2020年9月20日业务二部向精益公司出售17寸显示器20台，由原料仓库发货，报价为1 500元/台，同时开具专用发票（ZY0208992）一张。

（2）2020年9月20日客户根据发货单从原料仓库领出15台显示器。

（3）2020年9月21日客户根据发货单再从原料仓库领出5台显示器。

操作向导：

①在销售系统中，调整有关选项（将“是否销售生单”选项勾去掉）。

②在销售系统中，填制并审核发货单。

③在销售系统中，根据发货单填制并复核销售发票。

④在库存系统中，填制销售出库单。（根据发货单生成销售出库单）

9. 业务九

（1）2020年9月20日业务二部向精益公司出售17寸显示器20台，由原料仓库发货，报价为1 500元/台。开具发票时，客户要求再多买2台，根据客户要求开具了22台显示器的专用发票（ZY0208993）一张。

（2）2020年9月20日客户先从原料仓库领出18台显示器。

（3）2020年9月20日客户再从原料仓库领出4台显示器。

操作向导：

①在库存系统中，调整选项（将“允许超发货单出库”选项置上对勾标记）。

②在库存系统或销售系统中，定义存货档案（定义超额出库上限为0.2）。

③在销售系统中，填制并审核发货单。

④在销售系统中，填制并复核销售发票（注意开票数量应为“22”）。

⑤在库存系统中，填制销售出库单，根据发货单生成销售出库单。

10. 业务十

（1）2020年9月20日业务二部向精益公司出售计算机200台，由成品仓库发货，报价为6 500元/台。由于金额较大，客户要求以分期付款形式购买该商品。经协商，客户分四次付款，并据此开具相应销售发票。第一次开具的专用发票（ZY0208995）为数量50台，单价6 500元。

（2）2020年9月22日业务部门将该业务所涉及的出库单及销售发票交给财务部门，财务部门据此结转收入及成本。

操作向导：

①在销售系统中，调整有关选项：将“是否销售生单”选项置上对勾标记；将“是否销售生单”选项置上对勾标记。

②在销售系统中，填制并审核发货单（注意选择业务类型）。

③在存货系统中，执行发出商品记账功能，对发货单进行记账。

④开具发票时，在销售系统中根据发货单填制并复核销售发票。

⑤在应收系统中，审核销售发票及生成收款凭证。

⑥在存货系统中，执行发出商品记账功能，对销售发票进行记账。

⑦在存货系统中，生成结转销售成本凭证。

⑧账表查询：

a. 在存货系统中，查询发出商品明细账。

b. 在销售系统中，查询销售统计表。

11. 业务十一

（1）2020年9月20日业务二部委托利益公司代为销售计算机50台，售价为2 200元，货物从成品仓库发出。

（2）2020年9月25日收到利益公司的委托代销清单一张，结算计算机30台，售价为2 200元。立即开具销售专用发票（ZY0208996）给利益公司。

（3）2020年9月26日业务部门将该业务所涉及的出库单及销售发票交给财务部门，财务部门据此结转收入及成本。

操作向导：

①在存货系统中，调整委托代销业务的销售成本结转方法为“发出商品”确定。

②发货时：

a. 在销售系统中，填制并审核委托代销发货单。

b. 在库存系统中，审核销售出库单。

c. 在存货系统中，对发货单进行记账。

d. 在存货系统中，生成出库凭证。

③结算开票时：

a. 在销售系统中，填制并审核委托代销结算单。

b. 在销售系统中，复核销售发票。

c. 在应收系统中，审核销售发票及生成销售凭证。

④结转销售成本时：

a. 在存货系统中，对发票进行记账。

b. 在存货系统中，生成结转成本的凭证。

⑤账表查询：

a. 在销售系统中，查询委托代销统计表。

b. 在库存系统中，查询委托代销备查簿。

12. 业务十二

(1)2020 年 9 月 25 日业务一部售给新月公司的计算机 10 台，单价为 6 500 元，从成品仓库发出。

(2)2020 年 9 月 26 日业务一部售给新月公司的计算机因质量问题，退回 1 台，单价为 6 500 元，收回成品仓库。

(3)2020 年 9 月 26 日开具相应的专用发票(ZY0208997)一张，数量为 9 台。

操作向导：

①发货时，在销售系统中填制并审核发货单。

②退货时，在销售系统中填制并审核退货单。

③在销售系统中，填制并复核销售发票(选择发货单时应包含红字)。

13. 业务十三

2020 年 9 月 27 日委托利益公司销售的计算机退回 2 台，入成品仓库。由于该货物已经结算，故开具红字专用发票(ZY0208998)一张。

操作向导：

①发生退货时，在销售系统中填制并审核委托代销结算退回单。

②在销售系统中，复核红字专用销售发票。

③在销售系统中，填制并复核委托代销退货单。

④账表查询，在库存系统中，查询委托代销备查簿。

七、库存管理

1. 业务一

(1)2020 年 9 月 15 日成品仓库收到当月加工的 10 台计算机，作为产成品入库。

(2)2020 年 9 月 16 日成品仓库收到当月加工的 20 台计算机，作为产成品入库。

(3)2020 年 9 月 17 日随后收到财务部门提供的完工产品成本，其中计算机的总成本 144 000 元，立即做成本分配。

操作向导：

①在库存系统中，填制并审核产成品入库单。

②在库存系统中,查询收发存汇总表。
③在存货系统中,进行产成品成本分配。
④在存货系统中,执行单据记账。

2. 业务二

2020 年 9 月 15 日一车间向原料仓库领用 PⅢ芯片 100 盒、40G 硬盘 100 只,用于生产。
操作向导:
在库存系统中,填制并审核材料出库单(建议单据中的单价为空)。

3. 业务三

2020 年 9 月 20 日将原料仓库中的 50 只键盘调拨到外购品仓库。
操作向导:
①在库存系统中,填制并审核调拨单。
②在库存系统中,审核其他入库单。
③在库存系统中,审核其他出库单。
④在存货系统中,执行特殊单据记账。

4. 业务四

2020 年 9 月 25 日对原料仓库的所有存货进行盘点。盘点后,发现键盘多出一只。经确认,该键盘的成本为 80 元/只。
操作向导:
①盘点前:在库存系统中,填制盘点单。
②盘点后:
a. 在库存系统中修改盘点单,录入盘点数量,确定盘点金额。
b. 在库存系统中,审核盘点单。
c. 在存货系统中,对出入库单进行记账。

八、往来业务

第一部分:客户往来款的处理

1. 应收款的确认

将上述销售业务中所涉及的销售发票进行审核。财务部门据此结转各项收入。
操作向导:
①在应收系统中,进入"应收单据处理"—"应收单据审核"。
②根据发票生成凭证,在应收系统中进入"制单处理",选择"发票制单"(生成凭证时可做合并制单)。
③账表查询:
a. 根据信用期限进行单据报警查询;
b. 根据信用额度进行信用报警查询。

2. 收款结算

(1)收到预收款

2020 年 9 月 5 日收到新月贸易公司以汇票(HP0216546)方式支付的预付货款 30 000 元。财务部门据此生成相应凭证。

操作向导:

①录入收款单:在应收系统中,进入“收款单据处理”—“收款单据录入”(注意:款项类型为“预收款”)。

②审核收款单:在应收系统中,进入“收款单据处理”—“收款单据审核”。

③根据收款单生成凭证:在应收系统中,进入“制单处理”,选择结算单制单。

(2)收到应收款

业务一

2020 年 9 月 26 日收到利益公司以支票方式支付的货款 50 000 元,用于冲减其所欠的第一笔货款。

操作向导:

①录入收款单:在应收系统中,进入“收款单据处理”—“收款单据录入”(注意:款项类型为“应收款”)。

②审核收款单:在应收系统中,进入“收款单据处理”—“收款单据审核”。

③核销应收款:在应收系统中,进入“核销”—“手工核销”。

业务二

2020 年 9 月 21 日收到精益公司的 500 元现金,用于归还其所欠的代垫安装费。

操作向导:

①录入收款单:在应收系统中,进入“收款单据处理”—“收款单据录入”(注意:款项类型为“应收款”)。

②审核收款单:在应收系统中,进入“收款单据处理”—“收款单据审核”。

③核销应收款:在应收系统中,进入“核销”—“自动核销”。

④查询业务明细账。

⑤查询收款预测。

3. 转账处理

(1)预收冲应收

2020 年 9 月 26 日将收到的新月贸易公司 30 000 元的预收款冲减其应收账款。

操作向导:在应收系统中,进入“转账”—“预收冲应收”。

(2)红票对冲

将利益公司的一张红字发票与其一张蓝字销售发票进行对冲。

操作向导:在应收系统中,进入“转账”—“红票对冲”—“手工对冲”。

4. 坏账处理

(1)发生坏账时

2020 年 9 月 27 日收到通知华荣公司破产,其所欠款项将无法收回,做坏账处理。

操作向导:在应收系统中,进入“转账”—“坏账处理”—“坏账发生”。

(2)坏账收回

2020年9月28日收回华荣公司已做坏账的货款50 000元现金,做坏账收回处理。

操作向导:

①录入并审核收款单:在应收系统中,进入“收款单据处理”—“收款单据录入”(注意:款项类型为“应收款”)。

②坏账收回处理:在应收系统中,进入“转账”—“坏账处理”—“坏账收回”。

(3)计提本年度的坏账准备

操作向导:在应收系统中,进入“转账”—“坏账处理”—“计提坏账准备”。

5. 财务核算

(1)将上述业务中未生成凭证的单据生成相应的凭证

在应收系统中,进入“制单处理”。

①发票制单。

②结算单制单。

③转账制单。

④现结制单。

⑤坏账处理制单。

(2)查询凭证

略。

第二部分:供应商往来款的处理

1. 应付款的确认

将上述采购业务中所涉及的采购发票进行审核。财务部门据此结转各项成本。

操作向导:

①在应付系统中,进入“应付单据处理”—“应付单据审核”。

②根据发票生成凭证:在应付系统中,进入“制单处理”,选择发票制单(生成凭证时可做合并制单)。

2. 付款结算

2020年9月26日以支票方式支付给兴盛公司货款76 752元。

操作向导:

①录入付款单:在应付系统中,进入“付款单据处理”—“付款单据录入”(注意:款项类型为“应付款”)。

②审核付款单:在应付系统中,进入“付款单据处理”—“付款单据审核”。

③核销应付款:在应付系统中,进入“核销”—“手工核销”。

④查询业务明细账。

⑤查询付款预测。

3. 转账处理

(1)红票对冲
将新月公司的一张红字发票与其一张蓝字销售发票进行对冲。
(2)财务核算
将上述业务中未生成凭证的单据生成相应的凭证。
在应付系统中,进入“制单处理”。
①发票制单。
②结算单制单。
③现结制单。

九、出入库成本管理

1. 单据记账

将上述各出入库业务中所涉及的入库单、出库单进行记账。
(1)调拨单进行记账。
(2)正常单据记账。

2. 财务核算

(1)根据上述业务中所涉及的采购入库单编制相应凭证。
(2)查询凭证。

3. 月末结账

(1)采购系统的月末结账。
(2)销售系统的月末结账。
(3)库存系统的月末结账。
(4)存货系统的月末处理。
①各仓库的期末处理。
②生成结转销售成本的凭证(如果计价方式为“全月平均”)。
③存货系统的月末结账。

附　录

综合实训

一、实训目的与要求

1. 实训目的

会计电算化是一门实践性很强的课程，必须通过实训才能让学生真正掌握课堂教学的基本原理与技术，培养懂得使用、维护、管理会计软件或ERP的会计人才。本实训的目的在于帮助学生了解会计电算化系统的基本结构和原理，并在此基础上学会如何实现和管理企事业单位会计电算化，为学生将来使用和维护会计软件，用计算机处理财务管理中的各种实际问题打下初步基础。

2. 实训要求

本实训采用案例教学法，即给出一个企业的背景资料，然后通过会计软件或ERP的实施，实现企业会计核算与管理的电算化。为此，要求：

(1)学生通过实训必须学会一个会计软件或ERP的财务会计系统的主要功能，包括总账、工资、固定资产、通用报表、应收、应付等子系统的功能与结构，以及相互之间的关系。

(2)学生必须学会建立自己的账套，按照背景资料独立完成模拟企业的会计核算与基本管理工作，过程应该包括初始设置、日常处理、期末处理、报表编制、账表输出、信息运用等环节。如果使用应收、应付、工资、固定资产等子系统，则这些子系统必须为总账系统生成记账凭证。

二、企业概况

1. 企业基本情况

企业名称：华威有限公司（简称华威公司）（位于北京市海淀区）；
企业类型：工业企业；
法定代表人：李明；
联系电话和传真：010－88888888；
纳税人识别号：05896666666。

2. 华威有限公司采用以下会计政策和核算方法

(1)企业记账本位币为人民币。
(2)所有仓库采用实际成本法核算，采用先进先出法计价。
(3)固定资产折旧方法采用平均年限法(一)，按月计提折旧。

(4)企业所得税税率25%(企业所得税税率实行查账计征,年终汇算清缴;所有涉及的采购及销售业务均为无税单价)。

(5)损益结转采用账结法。

三、初始数据

1. 账套信息

账套号:872。
账套名称:华威有限公司。
启用日期:2020年9月1日。
基础信息:存货分类、客户不分类、供应商分类、无外币核算。
编码方案:
科目编码:4222;
部门:22;
收发类别:121;
其他采用系统默认。
数据精度:采用系统默认。

2. 设置操作员及权限(附表1)

附表1 操作员及权限

操作员编号	操作员姓名	系统权限
001	杨光	账套主管
002	李军	主管会计
003	王小明	出纳

3. 系统启用

启用总账、应收、应付、固定资产、采购、销售、库存、存货系统;启用日期统一为2020年9月1日。

4. 基础档案

(1)部门档案(附表2)

附表2 部门档案

部门编码	部门名称
01	总裁办
02	财务部
03	采购部
04	生产部
05	销售部

(2)人员类别

本账套采用系统已有的人员类别,设定所有人员的类别均为“在职人员”。

(3)人员档案(附表3)

附表3　人员档案

人员编码	人员职务	职责	行政部门	人员类别	是否业务员
01001	李明	总经理	总裁办	在职人员	是
02001	杨光	财务总监	财务部	在职人员	是
02002	李军	会计	财务部	在职人员	是
02003	王小明	出纳员	财务部	在职人员	是
03001	张毅	采购总监	采购部	在职人员	是
03002	陈琳	采购员	采购部	在职人员	是
04001	单磊	生产总监	生产部	在职人员	是
04002	刘明辰	生产工人	生产部	在职人员	是
05001	李彬	销售总监	销售部	在职人员	是
05002	张冰	销售员	销售部	在职人员	是

(4)供应商分类(附表4)

附表4　供应商分类

分类编码	分类名称
01	原料供应商
02	产品供应商

(5)供应商档案(附表5)

附表5　供应商档案

供应商编码	供应商名称	所属分类码	分管部门名称
0101	A 企业	01	采购部
0102	B 企业	01	采购部
0201	C 企业	02	采购部
0202	D 企业	02	采购部

(6)客户档案(附表6)

附表6　客户档案

客户编码	客户名称	属性	专营业务员名称	分管部门名称
01	本地客户	国内	销售员	销售部
02	区域客户	国内	销售员	销售部
03	国内客户	国内	销售员	销售部
04	亚洲客户	国外	销售员	销售部
05	国际客户	国外	销售员	销售部

(7)存货分类(附表7)

附表7　存货分类

分类编码	分类名称
01	原材料
02	产成品

(8)计量单位(附表8)

附表8　计量单位

计量单位编码	计量单位名称
01	个

(9)存货档案(附表9)

附表9　存货档案

存货编码	存货名称	存货属性
01001	R1	外购、生产耗用、内销、外销
01002	R2	外购、生产耗用、内销、外销
01003	R3	外购、生产耗用、内销、外销
01004	R4	外购、生产耗用、内销、外销
02001	P1	外购、自制、内销、外销
02002	P2	外购、自制、内销、外销
02003	P3	外购、自制、内销、外销
02004	P4	外购、自制、内销、外销
02005	P5	外购、自制、内销、外销

（10）仓库档案（附表10）

附表10　仓库档案

仓库编码	仓库名称	计价方式
1	原材料仓库	先进先出法
2	产成品仓库	先进先出法

（11）结算方式（附表11）

附表11　结算方式

编号	结算名称
1	现金

（12）凭证类型（附表12）

附表12　凭证类型

类型	限制类型	限制科目
记账凭证	无限制	无

（13）收发类别（附表13）

附表13　收发类别

收发类别编码	收发类别名称	收发类别编码	收发类别名称
1	入库类别	2	出库类别
101	采购入库	201	销售出库
102	产成品入库	202	领用出库

（14）采购类型（附表14）

附表14　采购类型

采购类型编码	采购类型名称	入库类别
1	普通采购	采购入库

（15）销售类型（附表15）

附表15　销售类型

销售类型编码	销售类型名称	出库类别
1	普通销售	销售出库

(16)会计科目(附表16)

附表16 会计科目

类型	级次	科目编码	科目名称	辅助账类型
资产	1	1001	库存现金	
资产	1	1122	应收账款	客户往来
成本	1	5001	生产成本	
成本	2	500101	基本生产成本	
成本	3	50010101	材料费	项目核算
成本	3	50010102	人工费	项目核算
损益	1	6001	主营业务收入	项目核算
损益	1	6401	主营业务成本	项目核算
损益	1	6601	销售费用	
损益	2	660101	广告费	项目核算
损益	2	660102	市场开拓费	
损益	3	66010201	本地市场	
损益	3	66010202	区域市场	
损益	3	66010203	国内市场	
损益	3	66010204	亚洲市场	
损益	3	66010205	国际市场	
损益	1	6602	管理费用	
损益	2	660201	行政费	
损益	2	660202	租金	
损益	2	660203	设备维护费	
损益	2	660204	折旧费	
损益	2	660205	产品研发费	项目核算
损益	2	660206	ISO 认证费	
损益	3	66020601	ISO 9000	
损益	3	66020602	IOS 14000	
损益	2	660207	生产线转产费	
损益	2	660208	罚款	
损益	2	660209	其他	
损益	1	6603	财务费用	
损益	2	660301	利息支出	
损益	3	66030101	长期贷款利息支出	
损益	3	66030102	短期贷款利息支出	
损益	3	66030103	贴现利息支出	

(17)项目档案

华威公司要求对所生产的P系列产品进行独立的产品盈亏核算,因此建立了“存货核算”项目大类，并按产品建立项目档案。

5. 各模块初始设置

采购管理、销售管理、库存管理、存货核算模块的各项设置均采用系统默认值。

应收款管理系统模块进行以下设置。

应收款核销方式：按单据；

基本科目设置：应收科目为 1122，销售收入科目为 6001；

结算方式科目设置：现金对应 1001。

固定资产系统的初始设置如下。

（1）初始化账套的要求

启用月份为 2020 年 9 月；主要折旧方法为平均年限法（一）；折旧汇总分配周期为 1 个月；当月初已计提月份 = 可使用月份 - 1 时，要求将剩余折旧全部提足；固定资产类别编码方式为 2 - 1 - 1 - 2；固定资产编码方式为按“类别编码 + 序号”自动编码，其中“序号”长度为 2；与账务系统进行对账，固定资产对账科目“1601 固定资产”；累计折旧对账科目“1602 累计折旧”；对账不平衡的情况下允许月末结账。

（2）初始设置

①部门及对应折旧科目（附表 17）

附表 17　部门及对应折旧科目

部门	对应折旧科目
生产部	（660204）管理费用——折旧费

②资产类别（附表 18）

附表 18　资产类别

编码	类别名称	单位	计提属性	折旧方法	卡片式样
01	厂房	幢	总不提折旧	无	
02	生产线				
021	手工线	条	正常计提	平均年限法（一）	通用
022	自动线	条	正常计提	平均年限法（一）	通用
023	柔性线	条	正常计提	平均年限法（一）	通用

③增减方式（附表 19）

附表 19　增减方式

增减方式名称		对应入账科目
增加方式	直接购入	1001，库存现金
	在建工程转入	1604，在建工程

四、考核内容

1. 初始设置

(1)系统启用前,已经发生的应收款见附表 20 所示。要求:在应收款管理系统中录入该系统的初始数据并审核。

附表 20 应收款管理系统期初余额表

单据类型	单据日期	客户名称	科目	部门	业务员	货物编号	货物名称	数量	单价
销售普通发票	2020 年 8 月 21 日	本地客户	1122	销售部	销售员	02001	P_1	5	53
销售普通发票	2020 年 8 月 25 日	区域客户	1122	销售部	销售员	02001	P_1	4	52
销售普通发票	2020 年 8 月 26 日	本地客户	1122	销售部	销售员	02002	P_2	4	71
销售普通发票	2020 年 8 月 28 日	区域客户	1122	销售部	销售员	02002	P_2	4	78

(2)科目期初余额见附表 21。要求:在总账系统中录入各科目的期初余额并进行试算平衡和对账(注意:应收账款(1122)科目的余额应从应收款管理中引入)。

附表 21 科目余额表

科目名称	方向	期初余额	科目名称	方向	期初余额
库存现金(1001)	借	680	短期借款(2001)	贷	600
应收账款(1122)	借	1 069	应交税费(2221)	贷	0
原材料(1403)	借	60	应交所得税(222101)	贷	6
库存商品(1405)	借	120	长期借款(2501)	贷	1 000
固定资产(1601)	借	1 050	实收资本(4001)	贷	600
累计折旧(1602)	贷	13	本年利润(4103)	贷	966
生产成本(5001)	借	0	利润分配(4104)	贷	0
基本生产成本(500101)	借	0	未分配利润(410101)	贷	-106
材料费(50010101)	借	60			
人工费(50010102)	借	40			

注:科目 50010101 的余额由产品 P_1 的 20 元和产品 P_2 的 40 元组成;科目 50010102 的余额由产品 P_1 的 20 元和产品 P_2 的 20 元组成。

(3)系统启用前,该公司已经拥有 1 个大厂房和 4 条生产线,具体信息见附表 22。要求:根据表中数据录入固定资产卡片。

附表 22　固定资产期初明细账

类别名称	固定资产编号	固定资产名称	使用部门	增加方式	使用状况	使用年限（月）	开始使用日期	已计提月份	原值	净残值率	累计折旧	对应折旧科目
厂房	0101	大厂房	生产部	直接购入	在用	120	2017 年 11 月 1 日	0	400		0	
自动线	02201	1 号自动线	生产部	直接购入	在用	40	2017 年 11 月 1 日	1	150	20%	3	660204
自动线	02202	2 号自动线	生产部	直接购入	在用	40	2017 年 11 月 1 日	1	150	20%	3	660204
自动线	02203	3 号自动线	生产部	直接购入	在用	40	2017 年 11 月 1 日	1	150	20%	3	660204
柔性线	02301	1 号柔性线	生产部	直接购入	在用	40	2017 年 11 月 1 日	1	200	20%	4	660204

（4）系统启用前，该公司分别向供应商 A 企业和 B 企业订购了原材料，订货信息见附表 23。要求：

①在“采购选项”中将“单据默认税率”设置为 0；

②录入初始采购订单并审核；

③在采购管理系统中完成“采购期初记账”。

附表 23　期初订单信息

业务类型	订单编号	日期	供应商	部门	存货编号	存货名称	数量	原币单价	计划到货日期
普通采购	0000000001	2020 年 8 月 26 日	A 企业	采购部	01001	R_1	2	10	2020 年 9 月 2 日
					01002	R_2	2	10	2020 年 9 月 2 日
普通采购	0000000002	2020 年 8 月 26 日	B 企业	采购部	01004	R_4	2	10	2020 年 9 月 6 日

（5）系统启用前，该公司原材料仓库和产成品仓库分别存放了原材料存货和产成品存货，具体信息见附表 24。要求：在库存管理系统录入表中各项期初数据并进行审核。

附表 24　存货系统期初数据

仓库	存货名称	数量	单价	金额	入库类别
原材料仓库	R_1	2	10	20	采购入库
原材料仓库	R_2	2	10	20	采购入库
原材料仓库	R_4	2	10	20	采购入库
产成品仓库	P_1	3	20	60	产成品入库
产成品仓库	P_2	2	30	60	产成品入库

（6）存货核算系统同样具有与库存管理系统相同的初始数据。要求：

①利用存货核算系统的“取数”功能从库存管理系统中获取期初数据；

②与库存管理系统进行对账；

③进行存货期初记账。

2. 日常业务

根据具体操作内容进行相关的业务处理并编制记账凭证，进行审核、记账。

（1）1 日，投放广告支出现金 80 元（其中投放在产品 P_1 上的广告为 33 元，投放在产品 P_2 上的广告为 25 元，投放在产品 P_3 上的广告为 22 元）。要求：编制该笔业务的记账凭证。

借：销售费用——广告费（660101）

　贷：库存现金（1001）

（2）1 日，偿还长期借款利息 100 元。要求：编制该笔业务的记账凭证。

借：财务费用——利息费用——长期贷款利息支出（66030101）

　贷：库存现金（1001）

（3）1 日，获得销售订单，订单信息见附表 25，订单日期设定为 2020 年 9 月 1 日，销售类型为普通销售，业务员为销售员。要求：在销售管理系统中录入销售订单并进行审核。

附表 25　订单信息

订单编号	客户简称	产品名称	数量	无税单价
73	区域客户	P_1	4	54
26	本地客户	P_2	4	73

（4）2 日，申请短期借款 100 元。要求：编制该笔业务的记账凭证。

借：库存现金（1001）

　贷：短期借款（2001）

（5）2 日，向 A 企业订购的原材料 R_1 和 R_2 到货，放入“原材料仓库”，同时支付该笔业务的货款 40 元。要求：

①在库存管理系统中根据采购订单生成采购入库单并审核；

②在存货核算系统中对该入库单进行记账；

③在采购管理系统中根据采购入库单生成采购普通发票（注意：该项采购业务的类型为“普通采购”）；

④在应付款管理系统中对采购发票进行审核并生成支付货款的记账凭证；

⑤在采购管理系统中对该笔业务进行采购结算。

借：原材料

　贷：库存现金

（6）3 日，从原材料仓库领用 $2R_1$ 用于生产产品 $2P_1$，领用 $2R_2$ 和 $2R_4$ 用于生产产品 $2P_2$，同时支付生产 P_1 的人工费 20 元，生产 P_2 的人工费 20 元。要求：

①在库存管理系统中编制该笔业务的材料出库单；

②在存货核算系统中对该材料出库单进行单据记账，然后编制该笔业务的记账凭证；

③在总账系统中编制支付人工费的记账凭证。

出库分录：

借：生产成本——基本生产成本——材料费（50010101）

　贷：原材料（1403）

支付生产人工费的分录：

借：生产成本——基本生产成本——人工费（50010102）

　贷：库存现金（1001）

（7）8 日，支付行政管理费 10 元。要求：在总账系统中编制该笔业务的记账凭证。

借：管理费用——行政费（660201）

　贷：库存现金（1001）

（8）8 日，直接购入中厂房 1 幢，使用部门为单部门——生产部，使用年限 120 个月，不提折旧，买厂房花费 300 000 元。要求：

①在固定资产系统中录入该项固定资产的卡片；

②在固定资产系统中编制该项业务的记账凭证。

借：固定资产（1601）

　贷：库存现金（1001）

（9）12 日，于 3 日生产的产品 $2P_1$ 和 $2P_2$ 完工，转入产成品仓库。要求：

①在库存管理系统中编制该笔业务的产成品入库单并审核；

②在存货核算系统中对该产成品入库单进行单据记账，然后编制该笔业务的记账凭证。

借：库存商品（1405）

　贷：生产成本——基本生产成本——材料费（50010101）

　　　生产成本——基本生产成本——材料费（50010102）

（10）13 日，分别按 73 号订单和 26 号订单交货，即将产品销售给客户，两笔业务的销售类型均为普通销售，所售产品从产成品仓库出库。要求：

①在销售管理系统中分别编制以上两笔业务的销售普通发票并复核；

②在存货核算系统中调出系统自动生成的销售出库单，在出库单中填写产品的出库单价；

③在库存管理系统中对以上两张销售出库单进行审核；

④在存货核算系统中对上述两张销售出库单进行正常单据记账并编制出库记账凭证；

⑤在应收款管理系统中分别对上述两张销售普通发票进行审核并编制销售记账凭证。（假设该两笔销售业务均为赊销）

（11）22 日，收到本地客户 21 日所欠应收款 265 元，结算方式为现金。要求：在应收款管理系统中编制该笔业务的收款单并审核，同时在应收款管理系统中编制该笔业务的记账凭证。

3. 期末业务

（1）30 日，计提本月折旧。要求：

①在固定资产管理系统中生成折旧清单；

②编制计提折旧的记账凭证。

（2）30 日，以 003 身份注册，在总账系统中对本月所有凭证进行审核、记账。

（3）30 日，在总账系统中进行 9 月份期间损益的结转。要求：

①设置期间损益结转的凭证模版；

②利用模版生成结转凭证。(要求:收入和支出分别结转)
(4)以 002 身份重新注册,对期间损益结转的凭证进行审核、记账。

4.报表编制

30 日,编制本月资产负债表和利润表。

考试大纲

第一部分　课程性质与目标

一、课程性质

会计电算化是高等教育自学考试会计专业的一门专业课，是在完成会计专业理论课和计算机基础课学习后开设的必修课之一，通过本课程的学习可以理解会计电算化的基本原理及相关概念、会计电算化系统的实施，掌握会计电算化系统开发方法及步骤，了解电算化审计和企业资源计划中的会计电算化系统。

本课程重点论述了会计电算化的系统管理、基础设置、总账、UFO报表系统、薪资管理、固定资产管理、往来账管理、供应链管理系统等功能，各个管理系统与其他系统的主要关系，各个管理系统业务处理流程和业务处理方法。研究和建立在现代信息技术环境下的会计电算化系统是会计专业的学生应掌握的基本技能之一。通过学习可以使学生对上述内容有系统认识，达到熟悉并理解会计电算化的基本原理，掌握会计电算化的基本技术和方法，为参加社会实践和就业打好基础。

本大纲的编写立足于适应会计专业的培养目标，叙述的内容尽可能简明实用，便于自学。

二、课程目标

通过本课程的学习和研究，认识到在信息化时代会计电算化系统在企业管理中的地位和作用，掌握会计电算化系统的基本理论、基本框架及会计电算化系统的管理和业务流程，更好地为现代企业管理服务。本课程的目标是使学生了解会计电算化的现代进展，为以后的学习和工作打下坚实基础。

(1)系统地掌握会计电算化系统的基本知识、基本理论和实现会计电算化系统的基本方法及会计电算化系统管理，这是本课程的重点考核内容。

(2)本课程又是一门实践性很强的学科，要求考生能够使用常用的商品化会计软件，能够分析会计电算化系统的基本需要。

第二部分　考核知识点

第1章　会计电算化概述

会计、数据和信息的含义；信息与数据两个概念的联系与区别；信息的特征；会计电算化系统的定义及其特征；了解会计电算化数据处理；掌握会计电算化系统与手工会计系统的比较；理解会计电算化系统的结构；领会会计电算化的发展历程和趋势。

第2章　会计电算化系统建立

会计软件概述；会计软件的概念、分类、选择；商品化会计软件的特点；选择商品化会计软件时应注意的问题；实现会计电算化系统的前期准备；理解会计电算化系统运行管理；会计电算化的组织机构设置；会计电算化运行的管理制度；会计电算化的发展历程和趋势。

第3章　会计电算化系统开发

软件危机的概念；软件工程的基本原理；会计电算化系统的开发方法和步骤；会计电算化系统的开发方法、步骤、特征、适用范围；掌握会计电算化系统开发原则。

第4章　会计电算化系统分析

会计电算化系统的可行性研究；系统初步调查；可行性分析；现行系统的详细调查；系统的需求分析；结构化分析方法；逻辑模型；数据流程图；数据词典；系统分析报告。

第5章　会计电算化系统设计

系统设计的任务和要求；系统的总体设计；系统的详细设计；系统设计的基本要求；结构化设计方法的基本内容；系统设计的策略；系统设计的原则；会计电算化系统的功能模块设计；数据库文件设计；代码设计原则、分类；校验码的设计；输出设计；输入设计；系统设计说明书。

第6章　会计电算化系统实施

会计电算化系统程序设计与调试；会计电算化系统转换的时间选择；系统转换方式；会计电算化系统试运行；替代手工记账的审批；甩掉手工账；会计软件的正式运行。

第7章　电算化审计

电算化审计含义；会计电算化对审计的影响；会计电算化系统的优点；电算化审计的程序与方法；绕过计算机审计法；穿过计算机审计法；电算化审计软件；通用审计软件的功能。

第8章　企业资源计划中的会计电算化系统

企业资源计划（ERP）系统的概念；ERP的产生和发展；ERP系统的管理思想；ERP在会计电算化系统中的应用；ERP中的财务管理；ERP中的会计人员角色转变；ERP环境下会计人员职能转变趋势。

第9章　系 统 管 理

账套备份与恢复；账套创建、修改；年度账管理；用户管理、权限管理部门人员分工；账套的含义；设置编码方案；启用所需系统；理解系统维护。

第10章 基础设置

会计电算化软件的基本功能；基础档案的设置内容和设置方法；部门档案设置；人员类别设置；职员（人员）档案设置；客户分类、客户档案设置；供应商分类、供应商档案设置；存货档案设置；财务基础设置。

第11章 总 账

总账系统的基本原理和功能；总账参数设置；期初余额录入处理；辅助账期初余额录入；试算平衡；总账系统日常业务处理；记账凭证的录入、修改、打印、汇总、出纳签字、审核和记账；出纳管理；银行对账流程；会计账簿的查询；期末业务处理计提、分摊、结转、对账和结账。

第12章 UFO报表系统

理解UFO报表在ERP财务管理系统中的重要意义；报表编制的原理及流程；自定义报表和使用报表模板生成报表的方法；报表格式设计；报表数据处理；表页管理及图表功能。

第13章 薪资管理

会计电算化软件薪资管理系统的基本功能；工资账套基础设置；日常业务处理编制职工工资单、生成工资汇总表和编制工资核算的记账凭证以便进行账务处理和成本核算。

第14章 固定资产管理

建立固定资产账套，固定资产系统的初始设置，进行基础设置及录入原始卡片的内容和方法；固定资产系统日常业务处理，固定资产增减变动的处理方法；计提折旧和制单的方法；期末处理，对账、结账及账表查询的方法。

第15章 往来账管理

理解应收款管理系统与其他模块的关系；应收款管理系统初始化的一般方法；应收款管理系统日常业务处理的主要内容和操作方法；应收款管理系统与总账系统组合时应收款管理系统的基本功能和操作方法。

第16章 供应链管理系统

供应链及其相关子系统系统参数设置；采购管理、销售管理、库存管理、存货核算的初始设置并输入供应链各个模块启用期间的期初余额；采购管理和库存管理及存货核算系统进行期初记账；采购管理、销售管理日常业务处理；供应链管理期末处理流程。

第三部分 实施要求

指定教材

刘阳. 会计电算化[M]. 2版. 哈尔滨：哈尔滨工程大学出版社，2020.

自学方法指导

(1)认真阅读《会计电算化(第2版)》自考指定教材的考试大纲,理解每章的主要内容及学习要点。

(2)阅读教材时,要逐段、逐句理解,集中精力,吃透每一个知识点。掌握基本概念、基本理论,并结合财务软件上机练习,熟练掌握财务软件理论及操作方法。

(3)自学考试内容覆盖较广,自学应考者必须全面、系统学习。

参 考 文 献

[1] 张瑞君,蒋砚章,殷建红. 会计信息系统[M]. 8 版. 北京:中国人民大学出版社,2019.

[2] 康萍,杨静,彭勇. 会计电算化[M]. 重庆:重庆大学出版社,2018.

[3] 周阅,张倩. 会计电算化原理与实务[M]. 2 版. 北京:北京理工大学出版社,2017.

[4] 王海林,吴沁红,杜长任. 会计信息系统:面向财务业务一体化[M]. 3 版. 北京:电子工业出版社,2017.